U0835900

21世纪高职高专财经类能力本位型规划教材

货币银行学

主　编　王　菲　李松华
副主编　陈中伟　孙金彦　罗　鹏
主　审　刘松林

北京大学出版社
PEKING UNIVERSITY PRESS

内容简介

本书主要分析货币、信用和银行的基本理论，货币市场理论、金融市场的运行机制以及金融发展理论等相关理论。在内容结构的组织方面，充分考虑与相关专业基础课程的衔接和逻辑性，在简单介绍已学知识的前提下渐进式地介绍货币、银行及金融等相关理论的产生与发展；在内容的难度方面，从深入浅出的角度出发，微观分析与宏观分析相结合，做到深浅适度、可接受性强。

本书突破了传统的以理论讲解为主的教材模式，注重理论与实践相结合，分析从现实案例出发；内容丰富，重点突出，并附有相关重点概念和思考题供读者深入学习。本书的宗旨是培养经济金融类专业人才，培养学生利用理论知识分析现实金融问题的能力。通过本书学习，使学生掌握扎实的理论基础并能联系客观现实，针对金融现象和金融问题有自己的见解。

本书可作为高职高专经济金融类相关专业学生教材。

图书在版编目(CIP)数据

货币银行学/王菲，李松华主编. —北京：北京大学出版社，2012.9

(21 世纪高职高专财经类能力本位型规划教材)

ISBN 978-7-301-21181-6

Ⅰ. ①货… Ⅱ. ①王…②李… Ⅲ. ①货币银行学—高等职业教育—教材 Ⅳ.①F820

中国版本图书馆 CIP 数据核字(2012)第 210838 号

书　　名：货币银行学
著作责任者：王　菲　李松华　主编
策 划 编 辑：王红樱
责 任 编 辑：刘健军
标 准 书 号：ISBN 978-7-301-21181-6/F・3321
出　版　者：北京大学出版社
地　　址：北京市海淀区成府路 205 号　100871
网　　址：http://www.pup.cn　http://www.pup6.cn
电　　话：邮购部 62752015　发行部 62750672　编辑部 62750667　出版部 62754962
电 子 邮 箱：pup_6@163.com
印　刷　者：三河市北燕印装有限公司
发　行　者：北京大学出版社
经　销　者：新华书店
787mm×1092mm　16 开本　19.25 印张　443 千字
2012 年 9 月第 1 版　2012 年 9 月第 1 次印刷
定　　价：37.00 元

前　言

随着我国市场经济的深化改革及金融的国际化，中国金融体制面临着新的挑战。在金融体制改革和金融市场繁荣发展的当前形势下，急需大批具备金融理论和创新意识的专业人才。本书是为经济金融类专业学生编写的专业基础理论教材。

在编写本书的过程中遵循以下几个基本要求：①以培养理论与实际操作相结合的专业人才为目标；②通过本书学习，使学生了解和掌握货币银行领域的基本理论和前沿观点；③让学生在掌握基本理论的基础上可以分析现实的金融问题。

本书共分 13 个项目，其内容包括：货币概述，信用、利息与利率，汇率与汇率制度，国际收支与经济均衡，金融市场，金融机构，商业银行，中央银行，货币需求与货币供给，通货膨胀与通货紧缩，货币政策，金融监管，以及几个金融理论问题。

本书内容可按照 48～64 学时安排，推荐学时分配：项目 1 为 3～4 学时，项目 2 为 4～6 学时，项目 3 为 3～4 学时，项目 4 为 4～6 学时，项目 5 为 4～5 学时，项目 6 为 3～4 学时，项目 7 为 4～5 学时，项目 8 为 3～4 学时，项目 9 为 4～6 学时，项目 10 为 4～5 学时，项目 11 为 4～5 学时，项目 12 为 4～5 学时，项目 13 为 4～5 学时。教师可根据使用专业灵活安排学时，课堂以理论讲解和案例分析为主。

本书突破了传统的以理论讲解为主的教材模式，注重理论与实践相结合，分析深入浅出，内容丰富，重点突出，并附有相关重点概念和思考题供读者深入学习。

本书由郑州大学西亚斯国际学院王菲博士(后)和华北水利水电学院李松华博士(后)担任主编，郑州大学西亚斯国际学院陈中伟、孙金彦和罗鹏担任副主编，中南财经政法大学武汉学院刘松林博士担任主审。具体编写分工为：王菲编写项目 1、项目 9 和项目 10，李松华编写项目 3、项目 5 和项目 11，陈中伟编写项目 2、项目 4 和项目 7，孙金彦编写项目 6、项目 8 和项目 12，罗鹏编写项目 13，刘松林主审了本书。北京大学出版社的王红樱编辑对本书的编写工作也提供了很大的帮助，在此一并表示感谢！

在本书编写过程中，参考和引用了国内外大量文献资料，在此谨向原书作者表示衷心感谢。

由于编者水平有限，本书难免存在不足和疏漏之处，敬请各位读者批评指正。

编　者

2012 年 8 月

目　录

项目1 货币概述

项目思考

在经济快速发展的今天，人们的日常生活及生产活动已同货币紧密地联系起来。然而，货币的产生并不是与人类社会同步出现的。在漫长的人类发展过程中，货币的形式、职能和制度也在不断变化。那么，货币的起源是什么？货币在生活中发挥着哪些职能？货币制度又是什么？

项目目标

通过本项目的学习，你将能够：

- 了解货币商品的产生和发展；
- 了解货币商品的具体形式演变过程；
- 掌握货币商品的五大职能；
- 掌握货币制度的形成及发展阶段；
- 了解中国的货币制度。

项目框架

在界定货币概念的基础上，详细阐述货币商品的产生前提和发展过程，并对实物货币、贵金属货币、代用货币、信用货币等货币形式进行区分；同时，介绍货币的五大职能：价值尺度、流通手段、支付手段、贮藏手段和世界货币；最后，比较说明各类型货币制度的形成及发展，并对中国货币制度进行介绍。本项目的知识框架如图 1.1 所示。

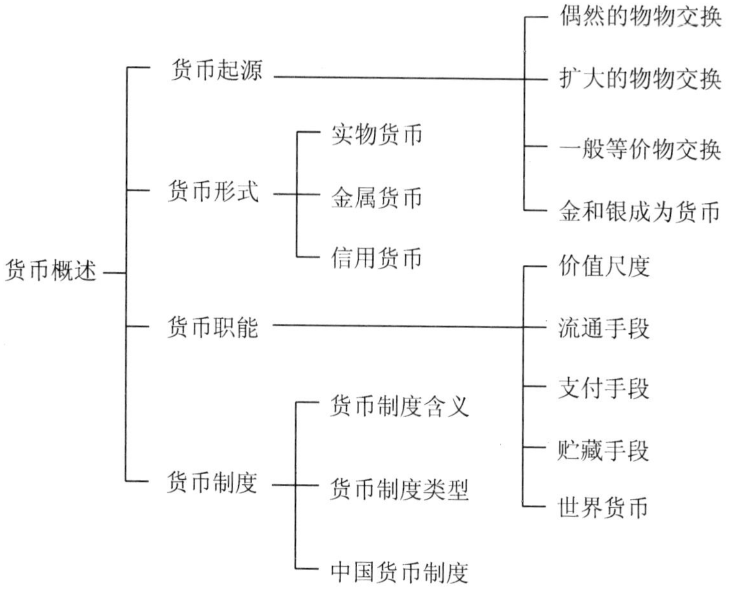

图 1.1　项目框架

引导案例

生活中的货币

假如你在商场中看中了一件衣服，接下来你肯定会详细查看衣服的价格标签，如果价格在可接受的范围内，你很可能就会欣然地将衣服买下来；如果你觉得衣服不值它所标的价格，你当然不会当冤大头。因此，你的消费行为在很大程度上取决于你用货币来对商品进行的价值判断，即“这件商品值不值这么多钱”。即便可以还价，讨价还价的过程仍然体现了价值判断过程。如果衣服的价格在你可接受范围内，或者与商家经过讨价还价确定了一个双方都可以接受的价格，那么接下来你与商家要做的事情就是“一手交钱，一手交货”。假设商家愿意接受你的延期付款要求，那么你自然可以在一段规定的时间内付款。如果你暂时不想将钱全部花掉，而是想将一部分钱作为储备金用于未来的消费，那么你会存放一部分现金在家里或者存到银行，这笔钱会在相当长一段时间不被动用。

1.1　货币的起源

货币是商品交换长期发展的产物，而社会分工和私有制则是商品交换的两大前提。因此，货币并不是伴随着人类文明的起源而出现的，而是生产力发展到一定阶段的产物。在原始社会早期，严重低下的生产力水平使得人类处于自然分工的状态，人类甚至过着衣不蔽体、食不果腹的生活，他们只能通过共同劳动获取十分有限的生活资料。自然经济条件下极大的生存压力使得剩余产品不可能出现。同时，由于原始人类之间实行平均主义的分配方式，因而也不存在私有制。因此，商品交换产生的两大前提条件均不具备，原始社会早期不存在货币。在原始社会末期，三次社会大分工的出现及完成改变了其早期的情况。第一次社会大分工是指随着生产力的提高，游牧部落从其他部落中分离出来，一部分人类开始专门从事原始农业和畜牧业活动，出现了少量的剩余产品以及偶然的物物交换，畜牧业与农业的分离使得经常的物物交换成为可能。第二次社会大分工是指手工业与农业、畜牧业相分离，从而出现了直接以交换为目的的商品生产以及简单的商品交换，这一时期的重要特征是随着交换范围的扩大，货币开始出现并成为了商品流通的媒介。第三次社会大分工产生于原始社会瓦解而奴隶社会形成的时期，商业与农业、畜牧业、手工业相分离，从而形成了商业，在生产力不断发展的基础上形成了财产私有制，继而出现了阶级和国家。三次社会大分工后，商品经济的进一步发展最终使得交换超越了国家的界限，形成了早期的对外贸易，货币也开始在人类的生产和生活中扮演日益重要的角色。

更为具体来说，货币在原始社会末期的产生大致经历了以下四个阶段。

1. 偶然的物物交换

原始社会末期，由于生产力水平极其低下，没有剩余产品，发生在两个部落之间的交换，只能是偶然的多余产品的物物交换。当时的商品交换在双方的经济生活中只占极低比重，因此，彼此都不十分计较交换的比例，如有时用2只羊换1把石斧，有时用2只羊换2把石斧。假如2只羊换1把石斧，用公式化表示即为：2只羊＝1把石斧。在这个等式中，羊的价值是通过石斧表现出来的，石斧是表现羊的价值的手段，人们把石斧看做价值的代表，或者说与价值等同，我们称之为等价物。

2. 扩大的物物交换

随着社会生产力和社会分工的发展，物物交换规模和频率不断扩大，参与交换的商品种类越来越多，一种商品可与多种商品相交换。但是，物物交换有其明显缺点，物物交换要求双方都需要对方的商品，交换才能成功，否则交换就无法进行。例如，羊的所有者需要石斧时，石斧的所有者并不需要羊，而需要粮食，粮食的所有者又需要棉花……于是，一个复杂的简单实物交换链就形成了。为了实现交换的顺利进行，必须满足三个基本条件：①需求的双重巧合，即参与交换的两种商品正好是交换双方彼此需求的商品；②时间和空间的双重巧合，即交换双方的交换需求在时间上具有同步性，在空间上具有便利性；③交换条件的双重巧合，即交换双方必须就交换比率、数量等达成一致。

3. 一般等价物作为媒介的交换

马克思指出："问题和解决问题的手段同时产生。"在商品交换的发展过程中，人们为了克服物物直接交换的局限性，逐渐出现了这样一种倾向——大家习惯地把自己的商品先和某种人们普遍需要的商品相交换，然后再以这种商品去交换自己所实际需要的商品。例如，一段时间内人们普遍需要的是羊，那么羊便成为能够同不同商品进行交换的一般等价物。此时，商品交换已经不是物物直接交换，而是通过一般等价物的间接交换。所以，只要交换成一般等价物，人们的生产劳动就已经得到社会承认。而作为一般等价物的商品，已经不是普通商品，而是起着货币作用的商品，是货币的原始形态。在一般价值形式中，充当一般等价物的商品并没有固定在某一种商品上，在不同时期、不同地区，曾有不同的商品充当过一般等价物，如石头、牲畜、贝壳、盐、布匹等，这些石头、牲畜、贝壳、盐、布匹等就是最原始的货币。

4. 一般等价物固定在金银上

社会生产力的发展使得商品交换又有了进一步的发展，商品交换的范围更加扩大，参与交换的商品日益增多，客观上就要求一般等价物固定在一种商品上，于是产生了货币形式，一切商品的价值都集中、统一地表现在一种贵金属商品(如黄金或白银)上。货币形式与一般价值形式相比并没有本质的变化，区别仅在于贵金属独占一般等价物的地位。正如马克思所言："金银天然不是货币，但货币天然是金银。"黄金和白银之所以能成为货币并固定地充当一般等价物，是由它们自身的自然属性决定的，即金银有许多适宜固定充当一般等价物的特征：体积小、价值大、便于携带、久藏不坏、质地均匀和容易分割等。首先是体积小、价值大。因为开采、冶炼金银要耗费巨大的劳动，所以金银的价值大。这样，人们只需少量的金银就能买到大量的商品。其次，金银不会腐烂，久藏不坏。金银极易保存，即使埋在地下，几千年后，仍完好无损。再次，金银质地均匀、容易分割。金银可以随意熔合，又可随意分割，其价值不会受到损失，而牲畜、布匹、贝壳等就不行。正因为金银有诸多优点，所以，固定充当一般等价物的重任就自然落在了黄金、白银上。金银一旦固定地充当一般等价物，它们也就成了货币。

由此，马克思从辩证唯物主义和历史唯物主义的观点出发，采用历史和逻辑相统一的方法观察问题，科学地揭示了货币的起源与本质，即：货币是从商品中分离出来的固定地充当一般等价物的特殊商品。马克思关于货币的定义是建立在金属货币制度基础之上的，而对于纸币的大规模流通，马克思认为纸币是货币金属的代表，是一种价值符号，间接地发挥着货币职能。然而在现代社会，大部分国家中现实流通的货币已经与贵金属(金银)脱离了关系，因而马克思有关货币的定义也具有一定局限性。在现代货币观看来，货币被认为是一种由于具有普遍的可接受性而作为购买手段，并能清偿债务的支付工具。这一定义建立在现实经济的基础上，其主要含义为：一是货币是用于媒介商品交换和支付债务的，这是货币的两个最基本功能；二是货币发挥作用的一个基本前提是"普遍可接受性"。这种普遍可接受性在金属货币流通条件下，是由货币在长期的商品交换中从商品世界中分离出来的一种充当一般等价物的特殊商品的性质所决定的；而在非贵金属货币流通的条件下，货币的普遍可接受性则是由多种因素决定的。在大部分情况下，货币的普遍可接受性是由国家的强制性力量所决定的，国家通过法律强制货币进入流通领域，并保证货币的合法流通。另一种情况是，普遍可接受性依赖于该货币发行部门的良好信誉。例如，一些国家的银行券等，尽管这种货币没有国家法律保护，但由于银行信用状况优良，故人们愿意接受和使用这种货币。

特别提示

在原始社会，由于生产资料归全体原始部落的人所有，不存在任何人的私有，部落首领实行按需分配，因此没有商品和货币；在阶级社会，随着生产力的进步，生产资料过剩，就出现了私有制，产品的价值要通过交换才能得到社会的承认，因此货币开始出现并发挥着日益重要的作用；在科学共产主义社会，生产力高度发达，生产资料公有，分配方式是按需分配，因此没有货币的存在，也没有阶级的存在，所有人一律平等，这是绝对理想的社会形态。

1.2 货币的形式

货币作为一种人们能够共同接受的支付工具，在不同时期有着不同的表现形式。货币形式的发展主要体现在币材的变化上。货币形式的发展经历了数千年的历程，虽然世界各国经济发展程度不同，同一时期不同国家的货币形式也会是不同的，但是从总体趋势来看，各国货币形式的发展大体都经历了从实物货币到金属货币，再由金属货币到信用货币的演变过程。具体形式如图1.2所示。

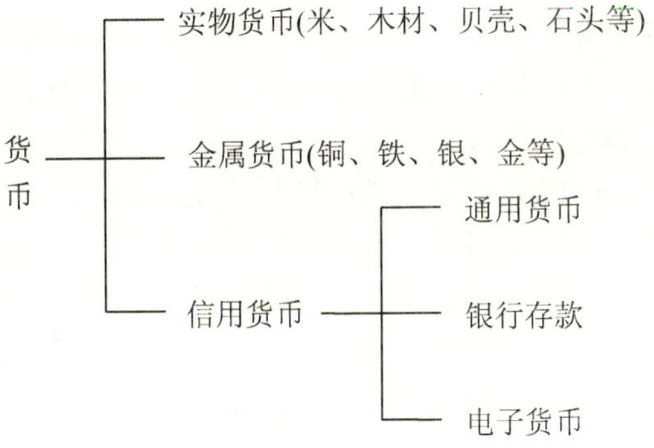

图1.2 货币形式的演变

1.2.1 实物货币

实物货币，是指金属货币出现前曾充当过交易媒介的那些特殊商品。如在美国，烟草、大米、家畜、威士忌等都充当过货币。在中国，牲畜、粮食、布帛、珠玉、贝壳等都充当过货币，其中以贝壳最为流行。这可以从我国的文字中得以印证，如货、财、贫、赋等与财富有关的汉字，其共同的特点是都带有“贝”。早期的实物货币是在商品交换过程中从普通商品中脱离出来的，在充当货币时基本保持原来的自然形态，其典型特征是能代表财富，是普通的供求对象，而并非理想的货币币材。理想的币材应当具备四个特征：一是价值比较高，这样可用较少的媒介完成较大的交易量；二是易于分割，即分割之后不会减少它的价值，以便于同价值高低不等的商品交换；三是易于保存，即在保存过程中不会损失价值，也无须支付费用；四是便于携带，以便于在较为广大的地区进行交易。而实物货币一般无法同时具备以上四个特征，如贝壳便于携带和保存，因是外来商品，其价值也比较高，但是不易于分割；牲畜价值虽高，便于转移，但保存它要花费成本，如羊在充当货币时，必须是活羊，一旦羊死亡或被分割，其价值便大大降低。

因此，实物货币的局限性是显而易见的。大部分实物货币体积较大，不能分割，或者质量不一，容易磨损，不适合充当理想的交易媒介和价值尺度。随着经济的发展，实物货币逐渐被金属货币所取代。

1.2.2 金属货币

从严格意义上来讲，金属货币实际上也是一种实物货币，只是由于金属货币在货币发展史上有独特的地位，所以这里将其单列出来作为货币形式演变的一个阶段。金属货币就是以金、银、铜、铁作为币材的货币。我国很长时期内以银作为币材，至今仍有“银行”、“银钱”的称谓。

总体来看，金属货币的演化过程表现出了以下两大特征：

第一，金属货币经历了由贱金属到贵金属的演变。货币金属最初是贱金属，多数国家和地区使用的是铜。贱金属与初步发展起来的商品经济是相适应的，但后来存在货币材料与生产资料、生活资料争夺原材料的问题，而且由于价值量的降低，不适应大宗交易。随着贵金属的开采和冶炼技术的提高，币材逐渐由铜向银和金过渡。到 19 世纪中叶，世界上大多数国家处于金银复本位货币制度时期。

第二，金属货币经历了从称量货币到铸币的演变。金属货币最初是以条块状流通的，每次交易时要称其重量、估其成色，这时的货币称为称量货币。英镑的“镑”，五铢钱的“铢”，都是重量单位，从中可以看出称量货币的踪迹。称量货币在交易中很不方便，难以适应商品生产和交换发展的需要。随着社会第三次大分工——商人阶层的出现，一些信誉好的商人就在货币金属块上打上印记，标明其重量和成色进行流通，于是出现了最初的铸币，即私人铸币。当商品交换突破区域市场的范围后，金属块的重量和成色就要求有更具权威的证明，于是国家便开始管理货币，并凭借其政治权力开始铸造货币，于是经国家证明的、具有规定重量和成色的、铸成一定形状的国家铸币出现了。最初各国的铸币有各种各样的形状，但后来都逐步过渡到圆形，因为圆形货币最便于携带而不易磨损。中国最古老的金属铸币是铜铸币，有三种形制：“布”、“刀”、“铜贝”。

金属货币虽有很多优点，但它也有不少缺点，如称量和鉴别成色十分麻烦；金属数量有限，不能满足商品流通对币材的需要；流通费用较高，等等。于是金属货币逐渐被其他货币形式所取代。

1.2.3 信用货币

信用货币是由国家法律规定强制流通的，不以任何贵金属为基础的独立发挥货币职能的货币。它是由国家和银行提供信用保证的流通手段，并通常由一国政府或金融管理部门发行。信用货币是随着资本主义商品经济的发展而产生和发展起来的。在金银铸币流通的情况下，由于金银采掘量有一定的限制，货币数量的增加赶不上流通对货币需求量的增长。与此同时，由于信用制度的扩大，使货币作为支付手段的职能随之扩大，从而为信用货币的产生提供了可能性。在 20 世纪 30 年代发生了世界性的经济危机，引起人们对经济的恐慌和金融混乱，迫使主要资本主义国家先后脱离金本位和银本位，国家所发行的纸币不能再兑换金属货币，不兑现的信用货币制度遂独占了货币历史舞台。当今世界各国几乎都采用这一货币形态，它是货币形式进一步发展的产物，是金属货币制度崩溃的直接结果。20 世纪 50 年代以后，信用货币主要采取了非实体化的存款货币的形式，人们的货币只有一小部分以现金(钞票和铸币)的形式持有，大部分以记账符号的形式存在于银行的账面上。当收到货币时，由银行将付款人账户上的存款划转到收款人的账户上；当需要支付货币时，付款人可以签发由银行发给的支票，通知银行将其存款账户中的一定金额转于收款人的账户。随着社会的进步和科学技术的飞速发展，目前这种存款货币的支票划转方式越来越多地被“电子货币转移系统”所代替。

从理论上说，信用货币作为一般的交换媒介须有两个条件：货币发行的立法保障；人们对此货币要有信心。信用货币的基本特征为：①信用货币是中央银行代表国家发行的纸币本位货币，本身不具有十足的内在价值；②信用货币是债务货币，现金是中央银行的负债，存款是商业银行的负债；③信用货币具有强制性，国家通过法律手段确定其为法定货币；④国家可以通过银行来控制和管理信用货币流通，把货币政策作为实现国家宏观经济目标的重要手段。

在现代经济中，信用货币主要包括辅币、纸币、银行存款、电子货币等形态。

1. 辅币

辅币多用贱金属制造，一般由政府独占发行，由专门的铸币厂铸造。其主要功能是充当小额或零星交易中的媒介手段。

2. 纸币

纸币多数由一国中央银行发行，其主要功能是承担人们日常生活用品的购买手段。

3. 银行存款

存款是存款人对银行的债权。对银行来说，这种货币又是债务货币。存款除银行账户的转移支付外，还要借助于支票等支付。目前在全社会的经济交易中，用银行存款作为支付手段的占绝大部分。随着信用货币的发展，一些小额交易，如顾客对零售商的支付、企业支付职工的工资等，也广泛使用这种类型的货币。

4. 电子货币

由于科技飞速发展和电子计算技术的运用，货币的交易和支付方式进入了一个崭新的阶段。电子货币通常是利用计算机或储值卡来进行金融交易和支付活动，如各种各样的信用卡、储值卡、电子钱包等。与此同时还可借助于连接 Internet 的计算机、自动柜员机或电话操作来对货币存储额进行补充。这种货币形式应用非常方便，目前仍在不断完善和进一步发展。

特别提示

货币是建立现代经济和金融体系的基础，但这并不能诠释货币的所有职能和发展趋势。在科技高度发达的今天，为了满足经济快速发展的需求，货币已经呈现出多元化的发展趋势。这使得货币的使用范围进一步扩大，以至于今天我们在进行支付和结算时可以有多种选择，包括银行卡、信用卡，以及电子钱包、网银账户等，均可作为支付和结算的工具。

1.3 货币的职能

货币的职能是货币本质的具体表现形式。根据马克思的货币职能观，货币具有价值尺度、流通手段、贮藏手段、支付手段和世界货币五种职能。其中最基本的职能是价值尺度和流通手段，而其他三种职能是在商品经济发展中陆续出现的。

1. 价值尺度

货币作为价值尺度，就是货币表现商品价值并衡量商品价值量的功能。马克思说：“金的第一个职能是为商品世界提供表现价值的材料，或者说是把商品价值表现为同名的量，使它们在质的方面相同，在量的方面可以比较。”可见该职能包含两个含义：一是在质的方面充当表现一切商品价值的手段，二是在量的方面充当计量商品价值大小的标准。

各种商品的价值并不是由于有了货币才可以互相比较，而是由于其价值反映了凝结在商品中的无差别人类劳动，因而它们本身才具有相同的质，从而在量上可以比较。商品的价值量是由物化在该商品内的社会必要劳动量所决定的。货币作为价值尺度衡量其他商品的价值，把各种商品的价值都表现在一定量的货币上，货币就充当商品的外在价值尺度。而货币之所以能够执行价值尺度的职能，是因为货币本身也是商品，也是人类劳动的凝结。可见，货币作为价值尺度，是商品内在的价值尺度，即劳动时间的表现形式。劳动时间之所以是价值量的内在尺度，是因为价值量本身是由劳动时间决定的；而货币只是商品交换发展的产物，它是存在于其他商品之外的用来表现商品价值量的材料，即价值量的外在尺度。因此，价值量的内在尺度决定外在尺度，外在尺度是内在尺度的表现形式。货币作为价值尺度同社会必要劳动时间的关系，就表现为商品同货币即价值量的外在尺度的交换比例。因为用货币来表现商品的价值量，就是商品价格，所以，这种交换比例即价格可以表现为与价值量完全相等的量，也可以表现为比它大或小的量，即价格与价值量可能发生偏离。

作为价值尺度职能的货币，可以是观念上的货币。货币作为价值尺度必须具有价值，用自己的价值(或代表的价值)去衡量商品的价值，但具体执行这一职能时并不需要用现实的货币同商品进行比较，只需要观念上的货币就可以了。但是在观念上进行标价，并不是凭空臆想，而是以商品和货币的价值比例关系为依据的，所以执行价值尺度职能的货币必须具有价值。

货币执行价值尺度职能要通过价格标准这个中间环节来完成。价格标准又叫价格标度，是人们所规定的货币单位及其等分，即货币本身的计量单位，它是一种为统一计价而做出的技术性规定。货币在执行价值尺度职能时，为了把各种商品的不同价值表现为不同的货币量(即不同的价格)，货币本身也需要计量。于是人们便把某种贵金属的某一固定重量确定为计量单位，即货币单位，这个货币单位又可以分为若干等分。在金属货币制度下，价格标准即货币含金量；在纸币制度下，价格标准主要通过规定购买力表现出来。

马克思指出，货币作为价值尺度和货币作为价格标准，它们执行着两种完全不同的职能：第一，货币作为人类劳动的社会化身，是价值尺度；它作为国家法律规定的金属重量，是价格标准。第二，货币作为价值尺度，用来使各种商品的价值变为价格，变为想象的金属重量；货币作为价格标准，用来计量这些金属重量。第三，价值尺度是用来计量作为价值的商品，价格标准是用一个单位金属重量计量各种不同的金属量。

2. 流通手段

流通手段的职能是货币作为商品交换的媒介，即购买手段的职能，它以货币的价值尺度职能为前提，是价值尺度职能的进一步发展。在货币出现以前，商品交换是直接的物物交换。货币出现以后，它在商品交换关系中起媒介作用。以货币为媒介的商品交换就是商品流通，它由商品变为货币(W-G)和由货币变为商品(G-W)两个过程组成。W-G 即卖的阶段，是商品的第一形态变化。这一阶段很重要，实现也比较困难。因为如果商品卖不出去，不能使原来的商品形态转化为货币形态，则商品的使用价值和价值都不能实现，从而商品所有者的劳动就有可能不被社会所承认。正因如此，马克思将这一环节称为“惊险的一跳”。G-W 即买的阶段，是商品的第二形态变化，由于货币是一切商品的一般等价物，如果商品充足，有货币就可以买到商品，这一阶段是比较容易实现的。由于货币在商品流通中作为交换的媒介执行流通手段的职能，打破了直接物物交换和地方的限制，扩大了商品交换的品种、数量和地域范围，从而促进了商品交换和商品生产的发展。那么，接下来的问题是，一个国家在一定时期内应该需要多少货币量来发挥流通手段职能呢？对于这一问题，货币流通规律给出了很好的解答。

货币流通规律也叫货币需要量规律，它是指一定时期内一个国家的商品流通过程中客观需要的货币量的规律。货币流通规律的内容是：流通中需要的货币量，与待实现的商品价格总额成正比，与同一单位货币的平均流通速度成反比。这里有关流通中的货币指金属货币，所以，它也被称为“金属货币流通规律”。在金属货币流通的情况下，由于金属货币具有贮藏手段的职能，能够自发地调节流通中的货币量，使之同实际需要量相适应，因而不可能出现通货膨胀或通货紧缩。

上述规律可以用公式来反映：

一定时期内流通中所必需的货币量(M)＝商品价格(P)×商品流通量(Q)/单位货币流通速度(V)＝商品价格总额(R)/单位货币流通速度(V)

从该公式中可以看出，商品流通是第一性的，货币流通是第二性的，商品流通决定货币流通，货币流通数量必须适应商品流通的规律。

货币执行流通手段职能时具有以下三个特点：

(1) 货币作为流通手段必须是现实的货币，而非观念上的货币，但它可以是不足值的货币本体。这是因为：一方面，商品买卖要求一手交钱、一手交货，观念上的货币是买不到任何商品的；另一方面，货币发挥流通手段的职能只是转瞬即逝的媒介物，不足值的铸币，甚至完全没有价值的货币符号，也可以用来代替金属货币流通，而货币持有者在交易中也仅仅关心的是货币是否能按照其所代表的价值买到所需要的商品，并不关心用于交换的货币的实际价值是多少。

(2) 在商品买卖中，商品的让渡和货币的让渡在同一时间完成。从价值运动的角度观察，货币执行流通手段职能时，在同一时间，价值的运动是双向的，即：卖方在得到价值的同时出让使用价值，买方在让渡价值的同时获得使用价值。

(3) 孕育了买卖可能脱节的矛盾。由于货币具有流通手段的职能，使商品的买和卖打破了时间上的限制，一个商品所有者在出卖商品之后，不一定马上就购买其他商品；也打破了买和卖空间上的限制，一个商品所有者在出卖商品以后，可以就地购买其他商品，也可以在别的地方购买任何其他商品。这样，就有可能产生买和卖的脱节，一部分商品所有者只卖不买，另一部分商品所有者的商品就卖不出去。因此，货币作为流通手段已经孕育着引起经济危机的可能性。

3. 贮藏手段

贮藏手段是指货币退出流通领域充当独立的价值形式和社会财富的一般代表而储存起来的一种职能。货币能够执行贮藏手段的职能，是因为它是一般等价物，可以用来购买一切商品，因而货币贮藏就有必要了。

货币作为贮藏手段，是随着商品生产和商品流通的发展而不断发展的。在商品流通的初期，有些人就把多余的产品换成货币保存起来，贮藏金银被看成是富裕的表现，这是一种朴素的货币贮藏形式。随着商品生产的连续进行，商品生产者要不断地买进生产资料和生活资料，但他生产和出卖自己的商品要花费时间，并且能否卖掉也没有把握。这样，商品生产者为了便于随时购买维持生产和生活的商品，就必须把前次出卖商品所得的货币贮藏起来，这是商品生产者为取得交换价值而进行的货币贮藏。当商品流通扩展到一切领域，一切东西都可以用货币来买卖。谁占有更多的货币，谁的权力就更大，贮藏货币的欲望也就变得更加强烈，这是一种社会权力的货币贮藏。

货币执行贮藏手段职能时具有以下三个特点：

(1) 作为价值尺度的货币可以是观念上的货币，作为流通手段的货币可以用货币符号来代替，但作为贮藏手段的货币，则必须是现实的、足值的金属货币。因此，只有金银铸币或金银条块才能作为贮藏手段，当然也可以采取其他贮藏形式，如把金银制成首饰等装饰品贮藏起来。

(2) 货币具有质上的无限性和量上的有限性。货币在质上是无限的，因为作为物质财富的一般代表，它能直接转化为任何商品；但在量上却是有限的，每一个具体的货币额只充当有限的购买手段。这种内在的矛盾，驱使人们贪婪地积累货币。这正如马克思所讲："货币贮藏者为了金偶像而牺牲自己的肉体享受。"

(3) 货币贮藏具有自发地调节流通中货币的作用。货币的贮藏手段职能，使日常的货币积累成为可能，而有了货币积累，就具备了以此自发地调节市场货币流通量的前提。由于执行贮藏手段职能的是足值的金属货币，不会因贮藏或流通而发生价值变化，所以当市场上商品流通缩小，流通中货币过多时，一部分货币就会退出流通界而被贮藏起来；当市场上商品流通扩大，对货币的需要量增加时，一部分处于贮藏状态的货币又会重新进入流通，使流通过程中的货币量与商品流通的客观需要量相适应，从而使贮藏成为"蓄水池"。

关于纸币能否充当贮藏手段的问题，存在着不同的看法：传统的观点认为纸币没有贮藏手段职能，因为纸币本身没有价值，是货币符号，纸币只有在流通中才有价值，退出了流通，它就是纸、印刷品，保存纸币达不到保存价值的目的；另一种观点认为纸币具有贮藏手段职能，因为纸币本身虽然没有价值，但如果纸币的发行量不超过商品流通中所需要的金属货币量，纸币就能代表相应的金属货币，保持稳定的社会购买力，储存纸币也能起到储存价值的作用。然而，如果纸币发行量过多，就无法保持它原有的购买力，人们就不愿意保存它。可见，纸币发挥贮藏手段的职能是有条件的，即纸币的币值必须稳定。

4. 支付手段

支付手段职能是指货币作为独立的价值形式进行价值单方面转移的功能。所谓价值形式的单方面转移，是指货币运动与商品运动不在同一时间进行，货币作为价值的独立形态先于或后于商品运动而转移。

货币作为支付手段的职能是适应商品生产和商品交换发展的需要而产生的。商品交易最初是用现金支付的。但是，各种商品的生产时间是不同的，有的长些，有的短些，有的还带有季节性；同时，各种商品销售时间也是不同的，有些商品就地销售，销售时间短，有些商品需要运销外地，销售时间长。生产和销售时间上的差别，使某些商品生产者在自己的商品没有生产出来或尚未销售之前，就需要向其他商品生产者赊购一部分商品。商品的让渡同价格的实现在时间上分离开来，即出现赊购的现象。赊购以后到约定的日期清偿债务时，货币便执行支付手段的职能。货币作为支付手段，开始是由商品的赊购、预付引起的，即为商品流通服务的。之后随着商品交换和信用经济的发展，货币执行支付手段职能日益普遍，开始超越商品流通领域，为非商品流通服务，如支付工资、交纳房租、地租、水电费等，货币都是进行价值单方面转移，发挥支付手段职能。

货币执行支付手段职能时具有以下五个特点：

(1) 买者和卖者的关系已经不是简单的买卖关系，而是一种债权债务关系。等价的商品和货币，就不再在售卖过程的两极上同时出现了。这时，货币首先被当作价值尺度，计量所卖商品的价格。

(2) 货币作为观念上的购买手段，使商品从卖者手中转移到买者手中时，没有货币同时从买者手中转移到卖者手中。

(3) 货币必须是现实的货币，但可以是不足值的货币，价值符号、纸币都可以发挥支付手段的职能。

(4) 货币作为支付手段，可以减少流通中所需要的货币量，节省大量现金，促进商品流通的进一步发展。在此情况下，流通中的货币量可以由以下公式计算：

一定时期内流通中所必需货币量＝(商品价格总额－赊销价格总额＋到期支付总额－相互抵消的支付总额)/单位货币流通速度

(5) 进一步扩大了商品经济的矛盾，使经济危机的可能性进一步提高。因为赊买赊卖的发展，使商品生产者债权债务的链条环环相连，一旦某一环节不能按期偿债，必然引起社会经济的一系列连锁反应，甚至会导致整个国民经济发生信用危机。

5. 世界货币

世界货币职能是指货币超越国界，在国际市场上发挥一般等价物作用的功能。作为金属货币流通条件下的世界货币，必须是足值的金和银，而且必须脱去铸币的地域性外衣，以金块、银块的形式出现，原先在各国国内发挥作用的铸币等在世界市场上都失去作用。在信用货币流通条件下，一些国家和地区所发行的纸币，由于其经济实力雄厚、对外贸易发达、可以自由兑换、币值相对稳定，被世界各国在国际贸易中广泛接受，当作国际贸易的计价、结算手段以及储备货币，具备了某种世界货币的职能，所以被称为硬通货。如美元、欧元、英镑、日元等。此外，在国内流通中，一般只能由一种货币商品充当价值尺度，但在国际上，由于有的国家用金作为价值尺度，有的国家用银作为价值尺度，所以在世界市场上金和银可以同时充当价值尺度的职能。后来，在世界市场上，金取得了支配地位，并主要由其执行价值尺度的职能。

除了价值尺度的职能以外，世界货币还是有以下职能：

(1) 国际支付手段。世界货币最主要的职能是作为支付手段，平衡贸易差额。对外贸易带有双方的性质，即每个国家既输出商品也输入商品，而且主要以信用方式进行，因此，国与国之间就发生了相互的债务关系。这些债务关系的结算可以利用信用工具(如汇票、支票等)，通过相互抵消来进行。对于抵消后的差额，即利用真实的货币作为最终的结算手段来偿付。这时，世界货币就执行着国际支付手段的职能。

(2) 国际购买手段。当货币直接被用来向国外购买商品时，它就发挥着国际购买手段的职能。这时，与在国内流通中作为商品交换的媒介不同，它是作为货币商品同其他商品相交换的。这种情况主要发生在由于意外事件(如战争、灾荒等)使不同国家之间的正常商品交换受到突然干扰，平衡遭到破坏，因而一国不得不大量购买别国商品的场合；或者发生在一个国家单方面向另一个国家购买商品，买与卖彼此分离的场合。

(3) 财富的国际转移手段。当把财富从一个国家转移到另一个国家去，但由于各种原因，不能或不适于以商品形式实现，而要以货币形式进行时，货币就充当社会财富的化身，借以实现财富的国际转移。例如，战败国向战胜国支付货币赔款，一国向其他国家提供货币贷款，或资本家将货币资本从国内转移到国外等，均属此类。

特别提示

西方经济学家把货币职能表述为交换中介、价值标准、延期支付标准和财富贮藏手段。其中，交换中介、延期支付标准和财富贮藏手段与马克思的流通手段，支付手段和贮藏手段的内涵并没有很大的区别，但是西方经济学的价值标准与马克思的价值尺度有根本的区别。马克思认为，货币的流通手段职能与价值尺度职能是相互独立的，货币的价值尺度职能在其进入流通过程以前就已经具备了。而西方经济学的交换中介职能与价值标准职能不是相互独立的，货币发挥价值标准职能与发挥交换中介职能是同一个过程，因为货币本身没有价值，只有进入流通以后才有价值。

1.4 货币制度及其演变

1.4.1 货币制度含义

货币制度(monetary system)是国家对货币的有关要素、货币流通的组织与管理等加以规定所形成的制度，或者说是国家法律规定的货币流通的规则、结构和组织机构体系的总称。货币制度是随着商品经济的发展而逐步产生和发展的，到近代形成比较规范的制度。完善的货币制度能够保证货币和货币流通的稳定，保障货币正常发挥各项职能。

通常，货币制度的主要内容如下。

1. 规定货币材料

规定货币材料就是规定币材的性质，确定不同的货币材料就形成不同的货币制度。但是哪种物品可以作为货币材料不是国家随意指定的，而是对已经形成的客观现实在法律上加以肯定。目前各国都实行不兑现的信用货币制度，对货币材料不再做明确规定。

2. 规定货币单位

货币单位是货币本身的计量单位，规定货币单位包括两方面：一是规定货币单位的名称；二是规定货币单位的值。在金属货币制度下，货币单位的值是每个货币单位包含的货币金属重量和成色；在信用货币尚未脱离金属货币制度条件下，货币单位的值是每个货币单位的含金量；在黄金非货币化后，确定货币单位的值表现为确定或维持本币的汇率。

3. 规定货币种类

规定流通中货币的种类主要指规定主币和辅币，主币是一国的基本通货和法定价格标准，辅币是主币的等分，是小面额货币，主要用于小额交易支付。金属货币制度下主币是用国家规定的货币材料按照国家规定的货币单位铸造的货币，辅币用贱金属并由国家垄断铸造；信用货币制度下，主币和辅币的发行权都集中于中央银行或政府指定机构。

4. 规定货币法定支付偿还能力

货币法定支付偿还能力分为无限法偿和有限法偿。无限法偿指不论用于何种支付，不论支付数额有多大，对方均不得拒绝接受；有限法偿即在一次支付中有法定支付限额的限制，若超过限额，对方可以拒绝接受。金属货币制度下，一般而言主币具有无限法偿能力，辅币则是有限法偿。在信用货币制度条件下，国家对各种货币形式支付能力的规定并不十分明确和绝对。

5. 规定货币铸造发行的流通程序

货币铸造发行的流通程序主要分为金属货币的自由铸造与限制铸造、信用货币的分散发行与集中垄断发行。自由铸造指公民有权用国家规定的货币材料，按照国家规定的货币单位在国家造币厂铸造铸币，一般而言主币可以自由铸造；限制铸造指只能由国家铸造，辅币为限制铸造。信用货币分散发行指各商业银行可以自主发行。早期信用货币是分散发行的，目前各国信用货币的发行权都集中于中央银行或政府指定机构。

6. 规定货币发行准备制度

货币发行准备制度是为约束货币发行规模，维护货币信用而制定的，要求货币发行者在发行货币时必须以某种金属或资产作为发行准备。在金属货币制度下，货币发行以法律规定的贵金属作为发行准备；在现代信用货币制度下，各国货币发行准备制度的内容比较复杂，一般包括现金准备和证券准备两大类。

1.4.2 货币制度类型

根据货币的不同特性，货币制度分为金属货币制度和不兑现的信用货币制度：

1. 金属货币制度

金属货币制度包括银本位制、金银复本位制和金本位制。

1) 银本位制

银本位制是以白银为本位货币的一种货币制度，它是历史上最早出现，也是实施时间最长的一种货币制度。银本位制以白银作为本位币币材，它又分为银两本位与银币本位。银币具有无限法偿能力，其名义价值与实际含有的白银价值一致。银本位制最大的缺点是白银价值不稳定。由于白银储藏量相对丰富，白银的开采技术提高较快，使得白银的产量较多，导致白银价值不断下降，而作为一种货币金属，只有当其价值能保持相对稳定，才适合作为货币材料，才能保证货币价值的稳定性。一笔大宗交易往往需要支付大量的白银，对于交易商来说，在参与交易时就要携带大量的白银。在交通不发达、信用制度比较落后的条件下，携带大量白银既不方便也不安全。商品经济的发展需要价值含量更高、更稳定、携带更方便的货币，一些国家开始采用黄金作为货币材料。随着白银采铸业的劳动生产率的提高，白银价值不断降低，金银之间的比价大幅度波动，影响了经济的发展，除中国、印度、墨西哥等少数国家仍实行银本位制外，主要的资本主义国家开始放弃这种货币制度，并先后过渡到金银复本位制和金本位制。

2) 金银复本位制

金银复本位制是指以金和银两种金属同时作为本位币币材，并规定其币值对比的一种金属货币制度。实行金银复本位实际上是同时实行金本位和银本位。在这种货币制度下，金银是货币金属，均可自由铸造和熔化，两种货币自由兑换、无限法偿，金银可以自由输出、输入。金银复本位的优点是：由于货币单位以两种贵金属为基础，复本位货币价值比金本位或银本位的货币更加稳定。但其缺点也很明显：它有时成为金本位，有时成为银本位，难以起到双重本位的作用。金银复本位制是资本主义发展初期最典型的货币制度，它于 1663 年由英国开始实行，随后欧洲各主要国家纷纷采用。该制度又可分为平行本位制、双本位制和跛行本位制三种类型。

(1) 平行本位制。平行本位制即金币和银币是按照它们所包含的金银实际价值进行流通的，即金币和银币是按市场比价进行交换的。在此制度下，商品具有金币和银币表示的双重价格，金银市场比价波动必然引起商品双重价格比例波动，这样会使两种货币都不能很好地发挥价值尺度的作用，造成交易的混乱。于是一些国家就用法律规定了金币和银币的兑换比率，这就形成了双本位制。

(2) 双本位制。该制度是金银币按法定比价同时流通的货币制度。在这种货币制度下，生金银的市场比价大幅波动的情况下，会出现生金银市场比价与金银币的兑换比率相背离的情况，其结果是出现“劣币驱逐良币”的现象。在流通中，实际价值高于名义价值的良币会被人们收藏起来退出流通，而实际价值低于名义价值的劣币会充斥市场。这种现象被称为“劣币驱逐良币”规律，也称格雷欣法则(Gresham’s Law)。例如，当国家规定 1 金币＝15 银币的法定比价，而市场价为 1 金币＝16 银币时，人们就会先按市场比价用 1 个金币换 16 个银币，然后按法定比价用 15 个银币换 1 个金币，结果可多得一个银币。当人们用 15 个金币按市场比价换取银币，然后再按法定比价换回金币时(不考虑兑换费用)，就会多得 1 个金币，人们就会将多得的金币收藏，或熔化成金块，或输出国外。如此循环往复，必然使流通中的价值含量相对高的金币越来越少，价值含量相对低的银币则充斥市场。

(3) 跛行本位制。为了解决“劣币驱逐良币”现象，资本主义国家又采用跛行本位制度，即金币和银币都是本位币，可以同时流通，但国家规定金币能自由铸造，而银币不能自由铸造，并限制每次支付银币的最高额度，金币和银币按法定比价兑换。这种货币制度中的银币实际上已成了辅币，该制度是金银复本位制向金单本位制过渡的形式。

3) 金本位制

金本位制是指以黄金作为本位货币的货币制度。其主要形式有金币本位制、金块本位制和金汇兑本位制。

(1) 金币本位制。金币本位制是以黄金为货币金属的一种典型的金本位制，其主要特点有：金币可以自由铸造、自由熔化；流通中的辅币和价值符号(如银行券)可以自由兑换金币；黄金可以自由输出、输入。在实行金本位制的国家之间，根据两国货币的黄金含量计算汇率，称为金平价。

(2) 金块本位制。金块本位制又称生金本位制，是指由中央银行发行、以金块为准备的纸币流通的货币制度。它与金币本位制的区别在于：其一，金块本位制以纸币或银行券作为流通货币，不再铸造、流通金币，但规定纸币或银行券的含金量，纸币或银行券可以兑换为黄金；其二，规定政府集中黄金储备，允许国民当持有本位币的含金量达到一定数额后兑换金块，如英国在 1925 年规定银行券在 1 700 英镑以上才能兑换黄金，法国在 1928 年规定银行券在 215 000 法郎以上才能兑换黄金。

(3) 金汇兑本位制。金汇兑本位制又称虚金本位制，是指以银行券为流通货币，通过外汇间接兑换黄金的货币制度。金汇兑本位制与金块本位制的相同之处在于都规定货币单位的含金量，国内流通银行券，没有铸币流通，但金汇兑本位制规定银行券只可以换取外汇，不能兑换黄金。本国中央银行将黄金与外汇存于另一个实行金本位制的国家，允许以外汇间接兑换黄金，并规定本国货币与该国货币的法定比率，从而稳定本币币值。

2. 不兑现的信用货币制度

不兑现的信用货币制度又称不兑现本位制或不兑现的纸币流通制度，它是一种不能兑现黄金、取消黄金保证、凭借国家信用、通过信用渠道发行和流通的货币制度。实行不兑现货币制度的原因在于：首先，金属货币制度本身具有难以克服的缺陷。金属货币制度虽然具有币值相对稳定的优点，但它需要足够的贵金属作为货币发行准备和货币流通基础。随着经济的发展，贵金属储藏量和产量的有限性与商品生产和流通规模不断扩大的矛盾日益尖锐，人类社会的商品生产和商品流通规模远远大于贵金属的存量总和。人类社会经济发展在客观上要求有一种不受自然资源限制，并可以调节其数量的货币。其次，在金属货币制度下，一国经济受国外影响太大。特别是在实行金汇兑本位制时，各国为了维持汇率稳定，须被迫调整其国内的经济政策和经济目标，这些都不利于一国实行独立的经济政策。最后，纸币制度有其天然的优势。纸币是以国家信用为担保而发行和流通的，它除了可以根据经济发展的需要由政府或中央银行加以规模调节以适应经济发展要求外，还可以执行价值尺度、流通手段、支付手段等多项货币职能；而且以纸币作为货币材料，纸的价值含量很低，即使有了磨损，也不会造成社会财富的巨大浪费，同时也更便于携带和保管。

不兑现的信用货币制度的基本特点是：①不兑现的信用货币一般是由中央银行发行的，并由国家法律赋予无限清偿的能力；②货币不与任何金属保持等价关系，也不能兑换黄金，货币发行一般不以金银为保证，也不受金银的数量控制；③货币是通过信用程序投入流通领域，货币流通是通过银行的信用活动进行调节的，而不像金属货币制度下，由金属货币进行自发地调节；④当国家通过信用程序所投放的货币超过了货币需要量，就会引起通货膨胀，这是不兑现的信用货币流通所特有的经济现象；⑤流通中的货币不仅指现钞，银行活期存款也是通货。

由于纸币是货币金属的价值符号，不同于金属货币，所以纸币有其特殊的流通规律，这一规律体现的是纸币和货币金属之间的比例关系，用公式表示如下：

单位纸币所代表的货币金属量(即单位纸币的购买力水平)＝流通中所必需的货币金属量/流通中的纸币总量

如果流通中所必需的货币金属量总值为100亿元，而流通的纸币总量是200亿元，那么单位纸币所代表的货币金属量价值就是0.50元。由此可见，在其他条件不变情况下，单位纸币购买力与纸币发行量成反比。因此，纸币的肆意发行必然导致纸币贬值，进而引起经济社会的通货膨胀。

依据货币制度作用的范围不同，货币制度包括国家货币制度、国际货币制度和区域性货币制度。

1. 国家货币制度

国家货币制度是国家货币主权的体现，作用范围仅限于国内。国家货币制度产生于国家统一铸造铸币，完善规范的国家货币制度是随着资本主义制度的产生而出现的。16世纪以来，国家货币制度的演变经历了银本位制、金银复本位制、金本位制和不兑现的信用货币制度的发展过程。

2. 国际货币制度

国际货币制度是支配各国货币关系的规则以及国际间进行各种交易支付所依据的一套安

排和惯例。它主要包括以下几个方面的内容：①汇率制度，即各国货币汇率的确定和变化机制，它在国际货币制度中居于核心地位，制约着国际货币制度的其他方面，并反映着一定时期内国际货币制度的特点；②国际储备资产的确定，即为满足国际支付和调节国际收支的需要，一国应持有的储备资产总额和构成；③各国货币的可兑换性与国际结算的原则，即一国货币能否自由兑换，在结算国际间债权债务时采取什么样的结算方式，对支付是否加以限制等；④国际收支调节方式，即当出现国际收支不平衡时，各国政府应采用什么方法调节国际收支，各国间政策措施如何相互协调。

世界上首次出现的国际货币制度是国际金本位制，1880 年～1914 年的 35 年间是国际金本位制的黄金时代。在这种制度下，黄金充当国际货币，各国货币之间的汇率由它们各自的含金量比例决定，黄金可以在各国间自由输出、输入，在“黄金输送点”的作用下，汇率相对平稳，国际收支具有自动调节的机制。由于 1914 年第一次世界大战爆发，各参战国纷纷禁止黄金输出和纸币停止兑换黄金，国际金本位制受到严重削弱，之后虽改行金块本位制或金汇兑本位制，但因其自身的不稳定性都未能持久。在 1929 年～1933 年的经济大危机冲击下国际金本位制终于瓦解。随后，国际货币制度一片混乱，直至 1944 年重建新的国际货币制度——布雷顿森林体系。

第二次世界大战爆发后，资本主义世界各国都出现了剧烈的通货膨胀。战后，欧洲各国经济实力大大削弱，美国成为世界第一大国，黄金储备迅速增长，约占当时资本主义各国黄金储备的 3/4。西欧各国为弥补巨额贸易逆差需要大量美元，出现了“美元荒”。国际收支大量逆差和黄金外汇储备不足，导致多数国家加强了外汇管制，对美国的对外扩张形成严重障碍，美国力图使西欧各国货币恢复自由兑换，并为此寻求有效措施。

1944 年 7 月在美国新罕布什尔州的布雷顿森林召开由 44 国参加的“联合国联盟国家国际货币金融会议”，通过了以“怀特计划”为基础的《国际货币基金协定》和《国际复兴开发银行协定》，总称《布雷顿森林协定》。这个协定建立了以美元为中心的资本主义货币体系。布雷顿森林体系的主要内容是：①以黄金作为基础，以美元作为最主要的国际储备货币，实行“双挂钩”的国际货币体系，即美元与黄金直接挂钩，其他国家的货币与美元挂钩；②实行固定汇率制；③国际货币基金组织通过预先安排的资金融通措施，保证向会员国提供辅助性储备供应；④会员国不得限制经常性项目的支付，不得采取歧视性的货币措施。这个货币体系实际上是美元—黄金本位制，也是一个变相的国际金汇兑本位制。

以美元为中心的布雷顿森林体系，对第二次世界大战后资本主义经济发展起过积极作用。但是随着时间的推移，布雷顿森林体系的种种缺陷也渐渐地暴露出来。20 世纪 60 年代以后，美国外汇收支逆差大量出现，黄金储备大量外流，导致美元危机不断发生。1971 年 8 月 15 日美国公开放弃金本位，同年 12 月美国又宣布美元对黄金贬值，1972 年 6 月至 1973 年初，美元又爆发两次危机，同年 3 月 12 日美国政府再次将美元贬值。1974 年 4 月 1 日起，国际协定上正式排除货币与黄金的固定关系，以美元为中心的布雷顿森林体系彻底瓦解。

布雷顿森林体系崩溃后，国际货币制度又一次陷于混乱，导致国际金融形势动荡不安。1976 年 1 月，国际货币基金组织“国际货币制度临时委员会”在牙买加举行会议，达成了著名的《牙买加协定》。同年 4 月，国际货币基金组织理事会通过《国际货币基金协定第二次修正案》，并于 1978 年 4 月 1 日正式生效，从而形成了新的国际货币制度——牙买加体系。牙买加体系的实行，对于维持国际经济运转和推动世界经济发展发挥了积极的作用。但是牙买加体系并非是理想的国际货币制度，它目前仍存在着一些缺陷，国际货币制度仍有待于进一步改革和完善。

3. 区域性货币制度

区域性货币制度是指由某个区域内的有关国家(地区)通过协调形成一个货币区，由联合组建的一家中央银行来发行与管理区域内的统一货币的制度。区域性货币制度的建立，以货币一体化理论为依据，其中以西方经济学家罗伯特·A. 蒙代尔的“最适度货币区理论”为代表。区域性货币制度一般与区域性多国经济的相对一致性和货币联盟体制相对应。

区域性货币制度的发展大致经历以下两个过程：

(1) 较低阶段。各成员国仍保持独立的本国货币，但成员国之间的货币采用固定汇率制和自由兑换，成员国以外由各国自行决定，对国际储备部分集中保管，但各国保持独立的国际收支和财政货币政策。

(2) 较高阶段。区域内实行单一的货币；联合设立一个中央银行为成员国发行共同使用的货币和制定统一的货币金融政策，监督各成员国的金融机构及金融市场，对成员国的政府进行融资，办理成员国共同商定并授权的金融事项等；各成员国之间不再保持独立的国际收支，实行资本市场的统一和货币政策的统一。

区域性货币制度的现存类型如下：

(1) 西非货币联盟制。其最初组建于1962年，由非洲西部8个国家组成，并成立了西非国家中央银行，发行共同的货币“非洲金融共同体法郎”，供各成员国使用。

(2) 中非货币联盟制度。其成立于1973年，由中非5个国家组成，并成立了中非国家中央银行，发行共同的货币“中非金融合作法郎”。

(3) 东加勒比货币联盟制度。其于1965年成立了共同的货币管理局，发行“东加勒比元”，实行与英镑挂钩的联系汇率，1976年脱钩改为与美元挂钩。

(4) 欧洲货币制度。它是从欧洲货币联盟开始的，最早可以追溯到1950年建立的“欧洲支付同盟”和1958年取代该联盟的“欧洲货币协定”。欧洲共同体建立以后，1994年成立欧洲货币局，1998年成立欧洲中央银行，1999年1月1日欧元正式启动。

国家货币制度、国际货币制度和区域性货币制度之间的关系表现在以下三方面：

(1) 适用范围不同。国家货币制度是一国货币主权的一种体现，由本国政府或司法机构独立制定实施，其有效范围一般仅限于国内。国际货币制度通常是由参与的各国政府磋商而定的，一旦商定，各参与国都应自觉遵守。区域性货币制度的适用范围限于一定的区域内。

(2) 内容不同。国家货币制度的主要内容包括：规定货币材料，规定货币单位，规定流通中的货币种类，规定货币法定支付偿还能力，规定货币铸造发行的流通程序以及规定货币发行准备制度。国际货币制度的主要内容包括：确定国际储备资产，确定汇率制度的类型，确定国际收支的调节方式。区域性货币制度分为两种情况：一种是在各成员国仍保持独立的本国货币的条件下规定成员国之间货币的兑换关系；另一种是在实行统一货币的条件下，对统一货币的货币单位、流通中的货币种类、货币法定支付偿还能力、货币铸造发行的流通程序以及货币发行准备制度进行规定。

(3) 作用不同。国家货币制度主要是为了保证一国货币和货币流通的稳定。国际货币制度通过建立稳定的国际货币秩序、提供足够的国际清偿能力并保持国际储备资产的信心、保证国际收支的失衡得到有效而稳定的调节来促进国际贸易和国际经济活动的发展。区域性货币制度通过货币区内协调的货币、财政和汇率政策使货币区内各个国家实现充分就业、物价稳定和国际收支平衡。

易见，国家货币制度与国际货币制度是两种并行的、作用层面不同的货币制度，每个国家对内实现国家货币制度，对外则要遵循国际货币制度；国家货币制度与区域性货币制度则是相互替代的，一个国家如果实施区域性货币制度就必须放弃原有的国家货币制度，发行共同使用的货币和制定统一的货币金融政策，各成员国之间不再保持独立的国际收支，而是实行资本市场的统一和货币政策的统一。

1.4.3 中华人民共和国货币制度

人民币制度的建立是以人民币发行为标志的。1948 年 12 月 1 日，在石家庄由华北银行、北海银行和西北农民银行合并正式成立了中国人民银行，同时正式发行人民币作为全国统一的货币。新中国成立前，国民党政府发行的货币和中国共产党领导的各解放区的各种货币在不同区域同时流通，而广东则以港币占主导地位。随着大片国土的解放，人民银行迅速收兑了旧经济制度下的法币、金圆券和银元券，同时逐步统一了解放区的货币，实现了当时提出的建立起人民的、统一的、独立自主的新货币制度。

人民币制度的主要内容如下：

第一，人民币是我国唯一法定货币。以人民币支付我国境内的一切公共和私人的债务，任何单位和个人不得拒收。为了保证人民币的唯一合法地位，国家规定：严禁金银计价流通，严禁外币计价流通，严禁伪造、变造人民币，严禁任何单位和个人印制、发售代币票券代表人民币在市场上流通。

第二，人民币的单位为元，人民币的辅币单位为角、分。1 元等于 10 角，1 角等于 10 分。人民币的符号为“¥”。

第三，人民币是由中国人民银行统一印制、发行的钞票，采取的是不兑现的银行券形式。人民币没有法定含金量，不能兑换黄金，也不与任何外币确定正式联系。人民币的发行实行高度集中统一的原则。中国人民银行是唯一的发行机关，在中国人民银行内部发行权集中于总行。

第四，国家对货币流通还分不同情况规定了不同的管理制度。现金主要用于工资、劳务支付，服务于消费品分配；而国有企业事业单位、机关部队团体和集体经济单位相互之间的货币支付，小额的可以使用现金，大额的必须由银行转账。

第五，我国建立的金银储备和外汇储备是国际支付的准备金，主要不作为货币发行的准备或保证，但对稳定国内货币流通也能起作用。这两项储备是由中国人民银行集中掌管，储备情况定期公布。

中国分别于 1997 年 7 月 1 日和 1999 年 12 月 20 日恢复对香港、澳门行使主权后，港币与澳元仍分别是区内唯一流通货币。同时按照现行的外汇管理规定，港币、澳元仍属于外汇，在中国大陆是不能直接流通的。

特别提示

1960 年，美国经济学罗伯特·家特里芬指出了布雷顿森林体系的内在不稳定性及危机发生的必然性，即著名的“特里芬难题(Triffin Dilemma)”。其逻辑为：由于美元与黄金挂钩，而其他国家的货币与美元挂钩，美元虽然取得了国际核心货币的地位，但是各国为了发展国际贸易，必须用美元作为结算与储备货币，这样就会导致流出美国的货币在海外不断沉淀，对美国来说就会发生长期贸易逆差；而美元作为国际货币核心的前提是必须保持美元币值稳定与坚挺，这又要求美国必须是一个长期贸易顺差国。这两个要求互相矛盾，因此是一个悖论。

项目小结

货币在原始社会末期的产生依次经历了偶然的物物交换、扩大的物物交换、一般等价物作为媒介的交换、一般等价物固定在金银上这四个阶段。马克思认为货币是从商品中分离出来的固定地充当一般等价物的特殊商品。但在现代货币观看来，货币是一种由于具有普遍的可接受性而作为购买手段，并能清偿债务的支付工具。货币经历了实物货币、金属货币和信用货币三种形式的演变。货币具有价值尺度、流通手段、贮藏手段、支付手段和世界货币五种职能。货币制度是国家对货币的有关要素、货币流通的组织与管理等加以规定所形成的制度，或者说是国家法律规定的货币流通的规则、结构和组织机构体系的总称。货币制度的主要内容包括规定货币材料、规定货币单位、规定货币种类、规定货币法定支付偿还能力、规定货币铸造发行的流通程序、规定货币发行准备制度。根据货币的不同特性，货币制度分为金属货币制度和不兑现的信用货币制度。其中，金属货币制度包括银本位制、金银复本位制和金本位制；不兑现的信用货币制度又称不兑现本位制或不兑现的纸币流通制度。依据货币制度作用的范围不同，货币制度分为国家货币制度、国际货币制度和区域性货币制度。

专栏一

第二次世界大战期间，在纳粹的战俘集中营中流通着一种特殊的商品货币：香烟。当时的红十字会设法向战俘营提供了各种人道主义物品，如食物、衣服、香烟等。由于数量有限，这些物品只能根据某种平均主义的原则在战俘之间进行分配，而无法顾及每个战俘的特定偏好。但是人与人之间的偏好显然是会有所不同的，有人喜欢巧克力，有人喜欢奶酪，还有人则更想得到一包香烟。因此这种分配显然是缺乏效率的，战俘们有进行交换的需要。

但是即便在战俘集中营这样一个狭小的范围内，物物交换也显得非常不方便，因为它要求交易双方恰巧都想要对方的东西，也就是所谓的需求的双重巧合。为了使交换能够更加顺利地进行，需要有一种充当交易媒介的商品，即货币。那么，在战俘集中营中，究竟哪一种物品适合做交易媒介呢？许多战俘集中营都不约而同地选择香烟来扮演这一角色。战俘们用香烟来进行计价和交易，如一根香肠值 10 根香烟，一件衬衣值 80 根香烟，替别人洗一件衣服则可以换得两根香烟。有了这样一种记账单位和交易媒介之后，战俘之间的交换就方便多了。

香烟之所以会成为战俘营中流行的“货币”，是和它自身的特点分不开的。它容易标准化，而且具有可分性，同时也不易变质。这些正是和作为“货币”的要求相一致的。当然，并不是所有的战俘都吸烟，但是，只要香烟成了一种通用的交易媒介，用它可以换到自己想要的东西，自己吸不吸烟又有什么关系呢？我们现在愿意接受别人付给我们的钞票，也并不是因为我们对这些钞票本身有什么偏好，而仅仅是因为我们相信，当我们用它来买东西时，别人也愿意接受。

(资料来源：殷孟波. 货币金融学. 北京：中国金融出版社，2004)

实 训 练 习

一、核心概念

实物货币	金属货币	信用货币	价值尺度	流通手段
贮藏手段	支付手段	世界货币	货币制度	金属货币制度
不兑现的信用货币制度		银本位制	金银复本位制	金本位制
国家货币制度	国际货币制度	区域性货币制度		

二、问答题

1．货币的本质是什么？
2．简述货币形式的演变。
3．比较说明货币五大职能的联系与区别。
4．什么是货币流通规律？
5．货币制度的主要内容有哪些？
6．何谓格雷欣法则？
7．不兑现的信用货币制度有哪些基本特点？
8．什么是纸币流通规律？
9．比较分析国家货币制度、国际货币制度和区域性货币制度之间的关系。
10．简述人民币制度的主要内容。

三、案例分析

中国央行行长周小川近日连续发表署名文章，倡议将 SDR(特别提款权)发展为超主权储备货币，并逐步替换现有储备货币。这一方案与俄罗斯之前所提建议基本一致，并获得澳大利亚及以“金砖四国”(巴西、俄罗斯、印度和中国)为代表的新兴市场国家的拥护。周小川的设想是，“通过创造一种与主权国家脱钩，并能保持币值长期稳定的国际储备货币，才能避免主权信用货币作为储备货币的内在缺陷，是国际货币体系改革的理想目标。”他认为，应特别考虑充分发挥 SDR 的作用，SDR 具有超主权储备货币的特征和潜力。同时它的扩大发行有利于国际货币基金组织克服在经费、话语权和代表权改革方面所面临的困难。SDR 是国际货币基金组织设立的一种记账单位，其价值由一揽子主要货币决定。但 SDR 的市场却一直难以做大，目前主要被用于国际货币基金组织与其成员国之间的交易记账。目前，SDR 只有 2500 亿美元的规模，但全球一年的贸易量高达 5 万亿美元。对于发展超主权储备货币的困难，周小川也坦承，重建具有稳定的定值基准并为各国所接受的新储备货币可能是一个需要较长时期才能实现的目标。建立约翰•梅纳德•凯恩斯设想的国际货币单位更是人类的大胆设想，并需要各国政治家拿出超凡的远见和勇气。而在短期内，国际社会特别是基金组织至少应当承认并正视现行体制所造成的风险，对其不断监测、评估并及时预警。

美国方面对于新兴国家建立国际储备货币的呼声反应强烈。美国总统奥巴马回应说，美元异常强劲，目前没有建立国际储备货币的必要。美国财政部长盖特纳也表示，美元将继续作为世界主要储备货币，美国政府的举措将确保美元这一地位。美元的未来主要取决于政府能在多大程度上实现经济复苏并促使政府恢复更具可持续性的财政状况。

(资料来源：经济参考报. 2009-4-2.)

请思考：美国为何反对以超主权储备货币替代其主权信用货币？当前的国际货币制度存在哪些缺陷？

项目2 信用、利息与利率

项目思考

我们知道，信用产生之后，伴随着商品经济的发展而不断发展，随着社会生产方式的改变，依次经历了多种现代信用的形态。现代信用的主要形式有哪些呢？利息的来源是什么？利率是由什么决定的？利率有哪些作用呢？

项目目标

通过本章的学习，你将能够：

- 掌握信用的基本定义和特征；
- 了解信用的产生与发展过程；
- 熟悉现代经济中信用的主要形式；
- 理解利息的本质，了解利息的来源；
- 了解利率的基本类型，掌握利率体系的构成；
- 掌握利率决定理论及其影响因素；
- 理解利率的作用及应用。

项目框架

首先界定信用的定义，介绍其特征，阐述信用的产生与发展。重点分析商业信用、银行信用、国家信用、消费信用和国际信用等现代信用形式。然后阐述利息的起源及利率的分类，重点分析利率的决定理论及其影响因素。最后分析利率的作用及案例分析。本项目的知识框架如图2.1所示。

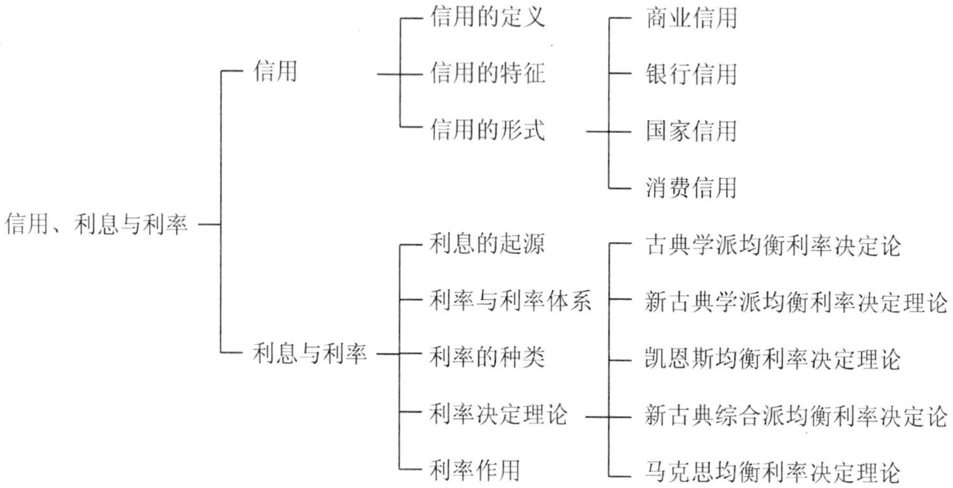

图 2.1　项目框架

引导案例

荷兰利用信用赢得海上贸易世界市场

16 世纪末，为了打破西班牙人和葡萄牙人对印度洋航线的垄断，同时也为了攫取更大的利润，荷兰人试图寻找一条属于自己的通往中国和东印度群岛的航线。1596 年，荷兰人组织的一次探险航行，使船长威廉•巴伦支(Willem Barents)成为了举世瞩目的英雄，北冰洋西面的海洋也以他的名字命名。但是，让人们久久难以忘怀的并不是巴伦支那传奇般的探险经历，而是巴伦支所带领的那些无名水手的信用。

探险船起程前，阿姆斯特丹的商人们把一些准备与中国进行贸易交换的货物装上航船。当探险船抵达北冰洋后，夏季结束，探险船被冻结在冰水中。全体船员被迫登陆，他们在新地岛上自己动手修建了木棚，并掘洞来过冬。陋室中所生的火抵挡不住北极的严寒，穿在身上的衣服在背部都结了冰。他们不得不设法宰杀北极熊和海象来充饥，但他们的食物储备很快耗尽了。当时的天气非常寒冷，他们只有把手指头伸进嘴里才能保持温暖，但只要手指一露出来立刻就冻成冰棍。在极端恶劣的环境下，在饥寒交迫的困境中，一些水手由于饥饿和患病而不幸死去。

第二年冰雪融化后，探险队就迫不及待地踏上了归途。1597 年 6 月，幸存者通过了一段冰海，在新地岛南端遇到了俄罗斯人，幸运地获救。尽管此时水手们衣衫褴褛，不少人身患重病，在海风中瑟瑟发抖，但没有一个人动用船上的衣物和药品。1597 年 10 月 29 日，探险队终于回到了自己的故乡，这支深入到极北海域的探险队员早已财尽囊空，但临行前商人们所托付的货物却完璧归赵。船员们用生命捍卫了信用，也为荷兰商人赢得了海上贸易的世界市场。

2.1　信用概述

2.1.1　信用的定义和特征

1. 信用的定义

日常生活中，“信用”一般用来评价一个人的道德标准，指的是“遵守诺言”这样一种基本的道德准则，这是从社会学的角度来解释信用。人们常说的“诚信”、“讲信用”、“一诺千金”、“言行一致”、“君子一言，驷马难追”反映的就是这个层面的意思。英文“credit”一词最早源于拉丁文“credo”，作为名词是信用、声望、信誉、威望，作为动词是相信、信任，也是从社会学角度解释信用。在经济学中，信用是指借贷行为，是从属于商品生产关系的经济范畴，是以偿还和付息为基本特征的价值运动的特殊形式，体现的是一种债权债务关系。如果从法律的层面理解“信用”，有两层含义：第一层含义是指契约当事人之间的一种关系，只要契约当事人之间的权利和义务不是即期交割，而是存在时滞，就存在信用关系；第二层含义是指双方当事人按照“契约”规定所享有的权利和应承担的义务。

2. 信用的构成要素与特征

信用是由四大要素构成的：一是信用主体。信用是一种借贷行为，信用的行为主体就是借贷双方及信用中介人。借者是资金的需求者，是接受资产转移的一方，称为受信者；贷者是资金的供给者，是转移资产的一方，称为授信者。信用中介人是为借贷双方的借贷活动提供中介服务的金融机构或经纪人，是社会资金融通的中介和桥梁，如商业银行。二是信用客体。信用客体又称信用标的物，是指信用活动中被交易的对象。在信用活动转移的资产可以是有形的(如实物商品或货币)，也可以是无形的(如各种服务或知识产权)。信用活动中交易的对象是授信方所拥有的资产的使用权而不是所有权。三是信用工具。借贷双方在信用交易中所形成的债权债务关系的书面证明就是信用工具，它规定了借贷双方的权利和义务，具有法律效力。信用工具是实现资金融通的载体。四是信用条件。主要条件指借贷的期限和利率，其他条件包括付息方式、有否抵押等。

从信用本质的描述中可以概括出信用的四个基本特征：一是暂时性。信用关系中商品或货币的所有权与使用权的分离是暂时的，信用关系结束后，商品或货币的使用权重新回归到债权人手中，其所有权始终未发生转移。二是偿还性。在信用活动中商品或货币的让渡不同于捐赠，不是无偿的，其债务具有偿还性。信用关系建立后，债务人必须承担按期还本付息的义务，债权人拥有按期收回本息的权利。三是收益性，即债权人让渡商品或货币的使用权应以利息的形式得到价值补偿，并形成债权人的收益。四是风险性，即债权人让渡商品和货币的使用权以后，要承受本金和利息不能收回，或不能全部收回的风险。信用活动中偿还本息的不确定性，主要受债务人的偿还意愿、偿还能力，以及法律的完善程度和社会道德规范的约束力等因素影响。

2.1.2 信用的产生与发展

1. 信用的产生

信用是与商品货币经济密切相联系的一个经济范畴，它是商品货币关系发展到一定阶段的产物。一般认为，当商品交换出现延期支付、货币执行支付手段职能时，信用就产生了。这句话中无疑包含着这样一层意思，即信用产生于货币之后。然而，从现有的资料来看，很难说明二者谁先谁后，从逻辑上也很难推导出谁成为谁的前提条件。不可否认的是信用与货币自古以来就存在着紧密的联系，二者都以私有经济和商品交换的存在与发展为前提。信用产生与发展的条件如下：

(1) 社会分工和私有制出现。私有制的出现，造成财富占有的不均和贫富的分化。富裕家庭拥有较多的可供交换的商品和货币，生活条件较为优越，贫困家庭则因缺少生活或生产资料，生活难以为继，于是，借贷关系产生的现实基础出现了，最早的信用活动也就随之产生。

(2) 商品交换的发展。因为最初的商品交换规模小，人们为了满足生活的需求而交换，所以只需要物物交换和现金交易就可以满足需求；后来随着社会分工和生产资料的私有化，产生了以生产为目的的商品交换，商品交换的规模扩大了，由于生产周期长短不一、商品购销地点远近不同，商品买卖脱节，使得一部分商品交换必须借助信用的方式实现，才能保证社会再生产的连续进行。

(3) 货币支付手段职能的产生。马克思是在论述货币的支付手段职能时谈及信用关系的，说明信用的产生与发展与货币的支付手段职能的发挥有密切的关系。信用产生于货币与商品的交换，或者更进一步说，信用和“信用货币的自然根源是货币作为支付手段的职能”。当发生商品的赊销和货币的借贷时，商品的运动与货币的运动在时间上分离开来，货币作为独立的价值形态进行价值单方面的转移，货币发挥着支付手段的职能。因此，货币职能的衍生和扩张，不断地克服自身的束缚，不仅促进了商品交换的发展，也促进了信用关系的产生和发展；反过来，信用的发展又扩大了货币的支付手段职能发挥作用的范围，因为信用扩大，债务规模就要扩大，就要以更多的货币发挥支付手段职能来偿还债务。

2. 信用形态的发展

信用产生之后，伴随着商品经济的发展而不断发展，随着社会生产方式(或生产经营方式)的改变而改变，依次经历了高利贷信用、借贷资本信用和现代信用等多种形态。

(1) 高利贷信用。随着商品生产和商品交换的发展，出现了货币，也就出现了货币借贷。由于社会分工的发展、交换的增长和私有制的出现，原始社会内部出现了贫富分化，当经济地位不稳定的贫者生活陷入窘迫境地时，为维持生计，只能开始采用还本付息的方式借贷。此外，奴隶主和封建主阶级为了弥补因为穷奢糜烂的生活或战争等开支而发生的赤字，也只能求助于高利贷。由于当时剩余产品有限，可贷资产极少，而借贷的需求量相比又很大，供求不平衡决定了借入者只有付出高额利息才能得到急需的商品和货币，于是，高利贷在奴隶社会和封建社会获得了广泛的发展。

高利贷信用具有以下特征：①利率水平非常高。高利贷的年利率一般在 30%～40%，有的甚至高达 200%～300%。②高利贷具有非生产性。从高利贷资本来源来看，它是商人、奴隶主、封建主、僧侣、修道院和教堂等通过各种途径积聚起来的货币资本，不是社会再生产中暂时闲置的资本。从高利贷资本的用途看，一般只用于生活消费和支付债务，而不能用于发展生产。因为在高额利息的盘剥下，不仅将借款人所创造的全部剩余劳动价值侵吞，甚至连一部分必要劳动所创造的价值也被夺走，所以，如果用高利贷进行生产连简单再生产也无法维持。③高利贷具有保守性。在高利贷的压榨下，小生产者和债台高筑的奴隶主、封建主会破产而沦为奴隶、农奴，而不能成为自由人。高利贷不能改变旧的生产方式，创造新的生产方式，而是像寄生虫一样紧紧吸附在它身上，使旧的生产方式每况愈下。因此，高利贷起着维护落后生产方式的作用，阻碍着新生产方式的产生。由于高利贷信用促使劳动者与生产资料分离，促进了货币财富的集中，所以同时也为资本主义生产方式的产生准备了前提条件。

(2) 借贷资本信用。封建社会末期，高利贷者手中积累了相当数量的货币资本，可以随时投入资本主义生产、创办资本主义企业。但由于高利贷资本数量有限，无法满足资本家的需要，又因为它过高的利息吞没了资本家的全部利润，不适应资本主义发展对信贷的迫切需要，于是新兴的资产阶级展开了反对高利贷的斗争，斗争的焦点是降低利率。斗争方式基本上有两种：一种是通过法律限定高利贷利率，例如，英国1545年的法律规定最高年利率为10%，1624年降低到8%，1651年降为6%，1774年降为5%；第二种方式是发展资本主义自身的信用事业。随着资本主义经济的发展，资本家将产业循环中暂时闲置的货币资本出借，并在此基础上形成了专门从事货币借贷的借贷资本和借贷资本家这样一个独特的资本家集团与高利贷者相抗衡，使借贷利息迅速降低，高利贷信用逐渐失去它的活力，借贷资本信用开始形成。

借贷资本是货币资本家为获得利息而贷放给职能资本家使用的一种货币资本，是在产业资本循环周转的运动中产生和发展起来，并为产业资本服务的生息资本。产业资本的循环和周转是借贷资本形成的基础。在产业资本的循环周转过程中，暂时游离出的一部分货币资本需要寻求发挥其职能的场所，以实现价值的增殖；同时职能资本家为保持生产过程的连续性或为扩大生产经营规模，又会对货币资本产生临时性的需求，于是职能资本家与货币资本家为追逐更多的剩余价值，就采取有偿的方式来调剂货币资本的余缺，从而产生了借贷资本的运动。借贷资本反映了资本主义生产关系：一方面，它体现了借贷资本与职能资本之间的信用关系；另一方面，它体现了借贷资本与职能资本共同剥削雇用工人，瓜分剩余价值的生产关系。

(3) 现代信用。当今的社会经济活动已被商品货币关系所覆盖，在日常的经济生活中，任何经济行为主体(即个人、企业、政府)的经济活动都伴随着货币的收支。在频繁的货币收支过程中，任何货币的盈余或赤字，都同时意味着相应金额的债权、债务关系的存在。当经济生活中广泛存在着盈余和赤字的经济行为主体时，通过信用，即借贷关系进行调剂已成为必然。现代信用就是这样一种在社会化大生产基础上建立起来的适用高度发达的市场经济的信用形式。

现代信用已成为现代经济的核心，不仅在发达的工业化国家，就是在发展中国家，在经济活动中都普遍存在着债权债务关系。现代信用本质上仍然是借贷资本运动，所不同的是现代信用的借贷资本运动越来越决定国民经济的变动，信用的范围更加扩大，形成了跨地区、跨国界的全球一体化信用。随着电子化货币时代的到来，现代信用的形式也将随着货币形式的演变而不断变化，将会随着现代货币的逐渐抽象而越来越抽象，甚至脱离任何载体，独立存在，并将继续作为促进现代社会发展的重要力量。

信用在现代经济中的作用既有积极的一面也有消极的一面。信用对现代经济发展的积极推动作用主要表现在以下几方面：①现代信用扩大了投资规模。现代经济的增长，有赖于不断扩大再生产，投资就是扩大再生产的起点，而扩大投资的前提又是增加储蓄。因此，在储蓄转化为投资过程中，信用就成为了推动资金积累的有力杠杆。②现代信用提高了消费总效用。每个家庭都必须根据收入的多少来合理安排消费，但是收入与消费在时间上并不总是一致的。借助信用关系，把现时的消费与未来的消费相交换。信用可以使每个家庭把它们的消费按时间先后做最适当的安排，从而提高了消费的总效用。③现代信用节省了流通费用和流通时间。现代信用制度的存在，使债权债务的清算采用转账结算方式成为可能，加快了商品流通速度，成为电子商务全面发展的基础。④现代信用促进了社会资金利润率的平均化。信用通过积累、集中和再分配社会资金，调剂社会资金的余缺分配，按照经济利益诱导规律，将资金从使用效益差、利润率低的项目、企业、行业和地区调往使用效益好、利润率高的项目、企业、行业和地区，从而使前者的资金利润率提高，后者的资金利润率降低，从而促使社会资金利润率平均化的形成。

信用在一定的程度上对社会生产也存在消极作用，甚至可能引发极大的危机。信用的扩张使得商品的生产和流通突破了流通手段的束缚而实现了扩张的正效应，但是也可能产生泡沫经济的负效应，因为信用的扩张以及虚拟资本的扩张都是有其边界的。如果脱离生产和流通的实际需要，盲目扩大信用规模，或在信用支持下掩盖生产经营中的问题，那么信用不但对经济无益，甚至有害。

2007 年席卷美国的次贷危机，就是由作为债务链终端的一些信用度较低的债务人无法偿还借贷资金而引起的。现代市场经济的本质就是信用经济，信用是市场经济正常运转的基石，在信用制度高度发达的情况下，任何一个信用环节的失误都可能会引起整个信用链条的断裂，可以说是“牵一发而动全身”。

由此可见，信用在现代经济中的作用具有双重性，尤其是在当前经济全球化的背景之下，世界经济体制已日趋稳定和成熟，再不是过去闭门造车的年代。十多年前的亚洲金融危机及当前的全球金融海啸一再提醒我们，如何深刻地认识信用在现代经济中的双重性，是极其重要的。而要克服或减少信用带来的种种弊端，则有赖于社会及经济管理制度的进步和完善。

特别提示

信用与商品货币一样，是一个历史的经济范畴。随着信用的发展，出现了各种信用形式和信用工具，导致了信用资金从一个部门向另外一个部门的流转，同时促进了市场经济的飞速发展。信用构成了现代市场经济的基础，现代经济实际上是信用经济。

2.2 信用的形式

2.2.1 商业信用

1. 商业信用的概念

商业信用(commercial credit)是指工商企业之间在正常的经营活动和商品交易中，以延期付款或预收货款方式进行购销活动而形成的借贷关系。它是经济活动中最基本、最普遍的债权债务关系，是现代信用制度的基础。

商业信用是较早产生的一种信用形式，它是在商品经济发展的基础上产生并发展起来的，与商品交易直接联系。商业信用产生于商品交换中货与钱在空间上和时间上的分离。例如，有些企业生产出来的商品急待销售，需要这些商品的企业却暂时缺乏支付能力。如果商品交易只限于现金的支付，势必出现“卖不出”与“买不进”同时并存的矛盾，影响生产的正常进行。而商业信用正是解决这种矛盾的有效方法。

2. 商业信用的形式

现代商业信用的具体形式很多，有赊销商品、委托代销、分期付款、预付定金、补偿贸易等等。但归纳起来可分为如下两大类：

(1) 由卖方提供给买方的商业信用。赊销商品是最典型的商业信用形式。以这种方式买卖商品时，在商品转手后，买方不立即支付现金，而是承诺在一定时期后再支付。于是，买卖双方的关系便演变成为债务人和债权人的关系。例如，原材料生产厂商给予产品生产企业，产品生产企业给予产品批发企业，或者产品批发企业给予产品零售企业商业信用。卖方给买方所提供的商业信用，相当于把一笔资本贷给买方，因而买方要支付利息。赊销的商品价格一般要高于现金支付的商品价格，其差额就类似于债务人对债权人所支付的利息。

(2) 由买方提供给卖方的商业信用。由买方提供给卖方的商业信用的典型形式为预付货款。预付货款是由卖方给予现金折扣而获取买方提前付款而形成的一种商业信用。现金折扣就是卖方筹资的成本，即买方获得的利息。预付货款又可分为预付全部货款和预付部分货款两种。从买方的角度看，都是把货币贷出并在约定的日期以商品形式收回；而从卖方的角度看，都是利用预收账款或者减少应收账款的筹资渠道。此外，由于预付货款通常是与购买某些专用、紧俏商品联系在一起的，所以这种信用的利息并不为买者所重视。

其实，无论是由卖方主动推销滞销商品而形成的商业信用(如赊销)，还是由买方主动订购紧俏商品形成的商业信用(如预付)，都是商品供求状况的反映，也就是买方和卖方之间力量的抗衡。例如，有些处于垄断地位的电力设备厂家根本不愁商品销售不出去，通常会要求买方预付 50%～60%的定金，才开始安排生产；中国家电连锁零售企业——苏宁电器，利用其销售网络优势来增强与家电供应商的讨价还价能力，要求供应商接受延长应付款周转天数。

3. 商业信用的特点

(1) 商业信用的主体是厂商。商业信用的主体，即授信的债权人和授信的债务人，都是直接参加生产和流通的厂商。

(2) 商业信用的客体主要是商品资本。商业信用的客体不是从产业资本循环中游离出来的货币资本，而是处于产业资本循环最后阶段的商品资本，具体表现为各种各样的实物商品。商业信用活动使商品资本向货币资本转化的时间延迟了。在没有发生商业信用的条件下，商品资本向货币资本的转化，是在商品交换行为发生时一次完成的。当发生商业信用的条件下，商品资本向货币资本的转化分了两个阶段才完成。当商业信用发生时商品的买卖行为完成了，商品的使用权发生了转移，但由于货款未支付，商品的所有权没有转移，买卖双方形成了债权债务关系，直到契约到期，货款支付给卖方，债权债务关系才解除，商品资本向货币资本的转化才真正完成。所以商业信用活动并没有从再生产过程中独立出来，它是产业资本循环的一个组成部分。

(3) 商业信用是一种直接信用。商业信用中的买卖双方直接成交，借贷双方直接见面。企业之间的信用关系，可以根据双方当事人的需要，通过直接协商确定，无须任何中介机构介入。

(4) 商业信用的规模受经济景气状态的影响。商业信用的供求往往与经济景气状态一致。在经济繁荣时期，商业信用的数量和规模也会随之增大；而在经济萧条时期，情况则正好相反。

4. 商业信用的局限性

商业信用的局限性主要表现在以下五个方面：

(1) 商业信用的规模和数量是有限制的。由于商业信用是企业之间相互以商品为对象提供的信用，所以商业信用的最大规模不会超过授信企业所拥有的商品资本总额，这还要以授信企业能同时从其他渠道获得资金补充为前提，否则再生产无法进行；在不能从其他渠道取得信用支持的情况下，授信企业所能提供的商业信用规模最大不能超过其所拥有的后备资本总额，否则其再生产无法进行。

(2) 商业信用受到商品流转方向的限制。由于商业信用的客体是商品资本，因此，授信企业只能按商品流转方向向需要该种商品的企业提供信用，而不能倒过来。例如，矿山机械制造厂可以以自己生产的矿山机械向矿山开采企业提供信用，矿山开采企业可以以自己开采的矿石向冶炼企业提供信用，但矿山机械制造厂却无法从矿山开采企业取得商业信用，矿山开采企业也无法从冶炼企业取得商业信用。

(3) 商业信用受到信用能力的限制。商业信用关系成立的重要条件是授予信用的企业比较了解接受信用的企业的支付能力，只有授予信用的一方相信接受信用的一方能按期如数偿还货款，信用关系才能成立。所以信用关系一般只会发生在相互熟悉、相互信任的企业之间。相互不了解信用能力的企业间不易发生商业信用关系。由于受信用能力的限制，商业信用发生的范围是有限的。

(4) 商业信用受到期限的限制。由于商业信用的对象是处于再生产过程中的商品资本，如果不能很快地转化为货币资本，则会影响产业资本的循环和周转，所以商业信用只能是短期信用。

(5) 商业信用的风险性较大。首先，商业信用不要求任何质押、抵押，全凭交易双方各自的诚信为基础，以双赢作为目的。然而，在一般情况下，对方是否诚信很难把握，而且经济活动中的许多不确定因素也难以保证双方在交易中都成为赢家，一旦一方遇到不测，极易诱发其不守信心理因素的急剧膨胀，从而导致失信。其次，由于社会分工，商业信用会通过生产供求关系把许多企业联系在一起，形成一条很长的债务链条。一旦债务链条的某一环出现问题，就会对其他相关的债权企业产生连锁影响。当债务链条断裂时，甚至会使链条上的企业陷入“债务危机”。

2.2.2 银行信用

银行信用(banking credit)，是指商业银行及其他金融机构以货币形态向企业或个人提供的信用。它属于间接信用，是在商业信用广泛发展的基础上产生与发展起来的一种更高层次的信用形式，主要包括吸收存款和发放贷款两大类业务活动。

1. 银行信用的特点

银行信用是在商业信用的基础上产生的，在一定意义上可以说银行信用是在克服商业信用的局限性的基础上产生的，所以银行信用具有与商业信用显著不同的特点。

(1) 银行信用的主体具有双重身份。银行信用的借贷双方是专门从事货币经营的银行等金融机构和企业、个人。在银行信用活动中，银行等金融机构具有接受信用和授予信用的双重身份。在吸收存款的业务活动中，授予信用的一方是企业或个人，而接受信用的一方是银行等金融机构；在发放贷款的业务活动中，授予信用的一方是银行等金融机构，而接受信用的一方是企业或个人。

(2) 银行信用的客体是单一形态的货币资金。银行信用的客体是从产业资本循环周转中暂时游离出来的货币资本和社会各阶层用做储蓄的货币收入。这一特点使银行信用在授信方向上不受限制。由于银行信用是以货币形态提供的信用，而货币是一般等价物，可以购买任何商品，所以可将它提供给任何需要它的部门、企业和个人使用，授信方向可以不受商品流转方向的限制，从而克服了商业信用授信方向上的局限性。

(3) 银行信用与产业资本循环的动态不一致。银行信用的资金来源主要取决于从生产过程中游离出的闲置货币资本的多少，而闲置资本的变动以及银行信用的规模与产业资本循环的动态是不完全一致的。例如，当经济萧条时，产业资本萎缩，在投资需求下降的同时，银行信用的需求相应减少，但是却有大量资本闲置起来游离于再生产过程之外，使借贷资本的来源过剩；当经济繁荣时期，产业资本规模扩大，对银行信用的需求也扩大，但闲置的资本相对减少，使借贷资本处于供不应求的状况。

(4) 银行信用是一种间接信用。银行并不是主要依靠自己所拥有的资本向社会提供信用，而主要是以信用中介的身份，通过吸收存款，再以发放贷款的形式向社会提供信用，所以是一种间接信用。这一特点使银行信用克服了商业信用在授信数量、期限和信用能力上的局限性。首先，银行作为信用中介能有效地聚集社会上的各种闲置资金，不仅包括产业资本周转中闲置的货币资本，而且还聚集了社会各阶层用于储蓄的货币收入，不仅包括短期资金，也包括长期资金。因此银行不仅向社会提供信用的数量远远大于商业信用的数量，而且可以向社会提供中、长、短不同期限的信用。其次，由于银行信誉高，与社会有广泛的联系，能及时地调查、了解企业的经营状况和个人的财务状况，所以能与社会上广大的企业和个人建立稳定的信用关系，这就克服了商业信用在信用能力上的局限性，信用范围扩大了。

(5) 银行信用具有信用创造的功能。银行不仅可以根据其吸收的原始存款向社会提供信用，而且可以通过自己的资金运用创造出新的资金来源，向社会提供超过原始存款的信用。

2. 银行信用与商业信用的联系

商业信用与银行信用的联系，具体可以从以下三方面进行论述：

(1) 商业信用是银行信用的基础。首先，商业信用先于银行信用产生，商业信用关系的确立表明信用关系双方有一定的资本，为银行信用提供了基础的条件，银行信用才能在商业信用关系广泛建立和发展的基础上产生和发展起来；其次，商业信用的普遍化和经常化，要求信用关系制度化，而信用关系制度化又为银行信用的建立和发展创造了条件；最后，商业票据的产生和流通，也成为银行票据产生和流通的基础。

(2) 银行信用是商业信用的延伸和发展。第一，银行信用有效地弥补了商业信用的局限性，其规模和范围远远超过了商业信用，使信用关系得以充分发展。第二，有了银行信用的支撑，企业持续运转所需资金能从银行渠道得到解决，商业信用的授信方就不必过多担心赊购赊销造成企业资金链条断裂，企业之间的商业信用才可以维持。第三，银行信用产生后，商业票据的持有者可以通过向银行办理承兑和贴现，取得现金或流动性强的银行信用工具，使得商业票据能够及时兑现，促使商业信用得到进一步发展。

(3) 商业信用与银行信用形成有效互补。银行信用凭借其在规模、范围、期限上的优势，成为现代经济中占主导地位的信用形式，但银行信用的发展并未使其完全取代商业信用。商业信用直接与商品的生产和流通紧密相连，使用便利、成本低廉，因此，企业通常会优先考虑使用商业信用。而对资金需求数量较大、期限较长的企业，则可以通过银行融通资金。此外，从银行信用的角度看，商业信用票据化以后，以商业票据为基础的放贷，反映了客观的货币流通的需要，其业务风险比单纯的信用贷款也要小得多，有利于银行进行风险管理。就这样，商业信用与银行信用相互补充、相互促进，成为现代经济生活中服务于社会经济的两种最基本的信用形式。

2.2.3 国家信用

1. 国家信用的概念

国家信用(fiscal credit)，也称政府信用，是以国家为主体的借贷行为，它包括国家以债务人身份举债和以债权人身份提供信用两个方面。而这两方面的信用活动又涉及国内借贷和国际借贷两部分。国家以债务人身份向国内居民、企业、团体取得的信用，形成国家的“内债”；国家以债务人身份向国外居民、企业、团体、政府和国际金融组织取得信用，形成国家的“外债”。国家以债权人的身份向国内企业、团体提供贷款，形成国家的“对内债权”；国家以债权人的身份向国外企业、团体、金融机构和政府提供贷款，形成国家的“对外债权”。在一般意义上，国家信用仅指国家以债务人身份举债。

2. 国家信用的形式

国家对内举债的典型形式是发行公债和国库券。其中公债是政府为筹集建设资金而发行的期限在一年以上的中长期债券。与公债互为补充的国家信用形式是国库券，它是政府发行的融资期限在一年以下的短期债券。由于国库券的债务人是国家，国家的偿债能力源于国家的财政收入，所以国库券几乎不存在信用违约风险，被看做是金融市场风险最小的信用工具，并被称为“金边债券”或“零风险债券”，有非常好的流动性。另外财政向中央银行借款透支也是国家对内举债的重要方式。财政向中央银行借款透支等于发行货币，由于货币是一种以国家信用为基础的债务凭证，债权人是货币的持有人，债务人是国家，所以，发行货币也就等于国家向广大社会公众举债。国家对外举债通常采取在国际金融市场上发行国际债券和向外国政府、国际金融机构借款的形式。

目前，世界各国普遍重视国家信用的使用。以美国为例，其联邦政府、州政府与地方政府每年都要通过向外举债才能应付各项庞大的开支。近年来，美国国债规模不断膨胀，2002年～2007年，美国国债发行量一直稳定在5 000亿美元左右，2008年和2009年更是突破了1 万亿美元。规模急剧扩张的美国国债，也开始越来越依赖于海外的资金购买。尤其是在次贷危机发生以后，美国政府更是在全球范围内积极推销美国国债，企图以大规模发行国债来应付庞大的经济刺激计划所需开支。然而，国债的发行是有界限的，在国际上常用国债负担率指标来衡量一个国家国债发行规模是否合理。所谓国债负担率，是指年末国债余额对当年国民生产总值的比率。目前公认的国债负担率的警戒线是60%。国债的发行一旦超出这个界限，不仅会使国家财政付息背上沉重的包袱，严重还会导致政府的偿付危机。1998年俄罗斯爆发的债务危机和2009年迪拜爆发的债务危机都是国家信用过度扩张的结果。美国2008年国债负担率大致在85%，预计2009年将接近甚至突破100%，大大超过了国际公认的警戒线，说明美国国债发行规模过大已积聚了较大风险。统计数据显示，我国2008年末的国债余额为5.55 万亿元，国债负担率为19.3%，大大低于国际公认的警戒线，处于较安全水平，说明中国仍有扩大国债发行规模的空间，对当前实行积极财政政策拉动经济增长、防止经济衰退极为有利。

3. 国家信用的作用

国家信用在经济中具有非常重要的作用，具体表现在以下几方面：

(1) 调节财政收支的短期不平衡。国家财政收支出现短期不平衡是经常的，由于财政收支有先支后收的特点，因而即使从整个财政年度看，财政收支是平衡的，但由于财政收入与支出发生时间不一致，也会出现某月、某季的收支不平衡。为了解决这种年度内暂时不平衡，国家往往需要发行国库券来保持短期内的平衡。

(2) 弥补财政赤字。如果财政年度支出大于收入，就出现了财政赤字。一般来说国家弥补财政赤字的途径有三种：增税、向中央银行借款透支、发行政府债券。增税不仅立法程序复杂，而且容易引起社会公众的不满。向中央银行借款透支等于发钞票，又容易导致通货膨胀。发行债券弥补赤字，比向中央银行透支有利得多，因为发行国债向社会筹资只是一部分社会资金使用权发生转移，货币供给量并没有扩大，不会造成通货膨胀；而且，由于国债的认购遵循自愿的原则，并且给认购者支付利息，对利息收入还实行免税，所以不会引起社会公众的不满。

(3) 为国家筹集生产建设资金。向国内的社会公众举债，可以变货币为资金，变消费基金为积累基金；向国外举债可以增加国内资金总量。通过国家信用集中的各方面的财力，可以由国家集中统一安排，进行资源重组，增加重点建设投资，改善产业结构，为经济发展创造良好的社会条件。

(4) 促进社会总供求平衡。在求大于供、出现通货膨胀时发行国债，可以产生“挤出效应”，抑制过热的投资需求和消费需求，减少通货膨胀的压力。当供大于求、出现通货紧缩时发行国债，可以将闲置的资金集中在国家手中，进行重点工程和基础设施建设，从而扩大内需，促进社会总供求实现平衡。

(5) 为金融宏观调节创造条件。公开市场业务是中央银行调节货币供给量的主要手段，中央银行在公开市场上通过吞吐国家债券，扩大或收缩货币供给量，实现宏观经济调控目标，所以国家信用形成的大量的、种类各异的国家债券，为中央银行进行宏观经济调控创造了条件。

2.2.4 消费信用

消费信用(consumer credit)是工商企业、银行或其他金融机构，以商品、货币或劳务的形式向消费者个人提供的信用，目的是解决消费者支付能力不足的困难，主要用于高值耐用消费品，如家具、汽车、家用电器、房屋、教育消费等。

消费信用有三种类型：一种是工商企业直接向消费者提供的信用，提供信用的主要形式是分期付款；第二种是由银行等金融机构向消费者提供的信用(买方信贷)，提供信用的主要形式是以特定的消费品为对象提供消费贷款，或者以不确定的消费品为对象提供信用卡信用；第三种是企业向消费者提供信用，银行再向企业提供信用(卖方信贷)。其中前两种是消费信用的主要类型。从消费信用的这三种类型来看，消费信用实际上不是一种独立的信用形式，第一种实际上是商业信用的延伸，只不过是将企业之间的赊销，延伸到企业和个人之间进行；第二种实际上是银行信用；第三种实际上是商业信用与银行信用的结合。

消费信用从本质上讲是购买力的提前实现、收入的提前使用，因此，它既有积极作用也有消极作用。消费信用的积极作用在于：一是消费信用的发展可以提高人们的消费水平；二是消费信用可以通过刺激消费来刺激生产，通过及时向企业提供消费信息来引导企业生产的发展；三是消费信用可以引导消费，使消费结构与生产结构相适应；四是消费信用可以调节社会供求关系；五是消费信用能促进新技术的应用、新产品的推广，以及产品更新换代。

消费信用消极作用是：第一，消费信用的过度发展，会造成消费品市场的虚假繁荣，向市场提供虚假信息，掩盖生产和消费的矛盾，不利于对产业结构调整和企业管理水平的提高。第二，消费信用的过度发展，会造成宏观经济总量失衡。如果在国家经济基础比较薄弱时，生产增长能力有限的情况下，过分发展消费信用，强调超前消费、高消费，必然会加剧市场供求矛盾，促使物价上涨，对经济发展产生破坏性影响。第三，消费信用的过度发展，隐藏着巨大的信用风险。2007 年爆发的美国次贷危机就是实际案例，美国政府为了通过发展房地产业拉动经济增长，放松了发放住房贷款的风险控制，向大量不符合贷款条件的低收入人群发放了巨额住房抵押贷款，从 2006 年开始美国房价不断走低，导致大量偿还违约发生，使美国主要的房贷公司“房利美”和“房地美”濒临破产，从而引发了美国次贷危机。在这场危机的冲击下形成的一波又一波金融海啸，最终引发了世界性金融危机和经济衰退。

2.2.5 国际信用

国际信用(international credit)也称国际借贷，是指各国银行、企业、政府之间相互提供的信用及国际金融机构向成员国政府、银行、企业提供的信用，它反映的是国际间的借贷关系。国际信用实质上是国内信用关系在国际市场上的延伸和扩展。国际信用主要包括国际商业信用、国际银行信用、政府间信用和国际金融机构信用等。

国际信用的主体是多元化的，客体既可以是商品资本，也可以是货币资本。提供信用的目的也是多样化的，主要是为了促进双边经济贸易的发展，也有的是为了地区经济、全球经济的发展或人类生存环境的保护等更高的目标，但也有纯粹为了某种政治目的。

国际商业信用是国际商品交易过程中由出口商向进口商以延期付款的方式提供的信用。来料加工、补偿贸易是国际商业信用的常见形式。

国际银行信用是进口国和出口国双方银行为进出口商提供的信用主要是以出口信贷的方式出现。出口信贷是指一个国家为了支持本国商品的出口，加强国际竞争力，以政府利息补贴的方式，通过本国银行对本国出口商提供的信贷(卖方信贷)或对外国进口商提供的信贷(买方信贷)。

政府间信用是指发生在两国或多国政府的财政部之间的融资活动。其特点是利率较低、期限较长、条件优惠，具有援助性质，但一般均附带限制性的条件，如要求受信国必须将贷款用于购买提供贷款的国家的商品等。

国际金融机构信用是指世界性或地区性国际金融机构为其成员国所提供的信用。世界性国际金融机构主要有国际货币基金组织和世界银行集团。地区性金融组织较多，如为各个洲服务的亚洲开发银行、美洲开发银行、非洲开发银行等。这些国际金融机构的贷款是一种优惠贷款，一般期限较长，最长可达 50 年，利率较低，有的还不支付利息，只收取很低的手续费，但审查较严格，一般用于受信国的经济开发和基础设施建设。

我国实行对外开放政策以来，国际信用得到了广泛运用，获得了较大发展。过去我国主要致力于引进外资发展经济，如今我国不仅继续引进外资，也积极开展境外投资。国际信用的发展对我国促进对外经济关系和充分利用外国的先进技术、设备和资金起到了积极作用。

特别提示

商业信用是现代信用制度的基础。商业信用和银行信用是现代市场经济中最重要的两种信用形式。

2.3 利息和利息率

2.3.1 利息的起源

利息的起源，就是讲利息的产生原因。在西方中世纪，高利贷十分猖獗，具有残忍的剥削性，所以，人们一般认为放债收息是不道德、不合理的。早期西方经济学家，如英国的威廉•配第、约翰•洛克、理查德•坎蒂隆、道格拉斯•诺思、雅克•杜尔阁等主要是从分析放债取息的合理性的角度来阐述利息产生的原因。威廉•配第认为，虽然借出货币收利息饱受争议，但是出租土地收地租自古以来却都被认为是天经地义的事，实际上借出货币就是租出货币，所以也应该收取租金，因此放债收息也是天经地义的事。

约翰•洛克也是从租地收租来说明利息的产生的合理性，他认为地租产生于租地的行为，而之所以出现租地的行为就是因为土地分配不均，而利息产生于借贷行为，而之所以出现借贷行为，就是因为货币分配不均。

理查德•坎蒂隆认为利息起源于货币所有者借出货币所要承担的风险。

道格拉斯•诺思认为利息是由资本分配不均而产生的，这就与约翰•洛克的观点有了本质的区别。马克思对这一点给予了高度的评价，按照马克思的观点，货币是交换的媒介，货币作为交换媒介使用，不可能增殖，只有货币作为资本使用，与生产过程结合起来，才能增殖，才能产生利息。

雅克•杜尔阁认为，利息产生的基础是对货币的所有权，贷者借出货币之所以可以要求借入者支付利息，就是基于他对货币的所有权，贷者借出了货币只是让渡了货币的使用权，而没有让渡所有权，贷者凭借着对货币的所有权就可以要求使用者支付利息，而不论借者使用货币是否赢利。

在商品经济十分发达、利息成为市场经济构成要素条件下，现代西方经济学对利息的产生一般是不讨论的，因为放债取息的合理性问题已不成问题了，所以现代西方经济学的利息理论一般只研究利息的性质、利息的决定两大问题，利息政策理论则要研究利息、利率对经济的影响以及如何运用利率杠杆调控经济的问题。有的学者认为，利息、利率的决定理论实际上已包含了利息、利率的存在理论，已经回答了利息、利率为什么存在的问题。从现代意义上理解这是有道理的。

马克思认为，借贷资本家与职能资本家的职能分离是利息形成的基础。马克思通过借贷资本运行所具有的双重使用、双重归流的特点，说明利息产生于生产过程，是工人创造的剩余价值的一部分，是职能资本家支付给借贷资本家的剩余价值的一部分，是对借贷资本家出让资本使用权所得到的补偿。

2.3.2 利率与利率体系

1. 利率的定义和表现方式

马克思在研究资本主义利率时曾经指出，利率具有两层含义：一种是利息与生息资本在数量上的比例关系，即一定时期内利息额同贷出资本额的比率，用公式可表示为

$$利息率=\frac{利息额}{借贷资本金}\times100\%$$

通过这一公式可以表现生息资本的增殖程度。

利息率的表现方式有年利、月利和日利。年利率是以年为时间单位计算利息；月利率是以月为时间单位计算利息；日利率，习惯叫“拆息”，是以日为时间单位计算利息。年利率通常以百分之几表示，称为分；月利率通常以千分之几表示，称为厘，日利率通常以万分之几表示，称为毫。年利率与月利率、日利率之间的换算关系：月利率乘以 12 为年利率；反过来年利率除以 12 为月利率；年利率除以 360 或月利率除以 30 为日利率。

在习惯上，我国不论是年息、月息、拆息都用“厘”作为单位，如年息 5 厘、月息 5 厘、拆息 5 厘等，虽然都叫“厘”，但差别极大。年息的厘是指%，年息 5 厘即为 5%；月息的厘是指‰，月息 5 厘即为 5‰；拆息的厘是指‱，拆息 5 厘即为 5‱。

在民间借贷中一般利息按月息计算，月息千分之一叫一厘息，月息百分之一叫一分息，月息十分之一叫一角息。

中央银行确定的官定利率以“基点”为计算单位，一个基点为 0.01%，即万分之一。

2. 利率体系

利率体系，是指在一个经济运行机体中存在的各种利息率及其之间的相互关系的总和，主要包括利率结构和各种利率间的传导机制。

由于世界各国的经济体制不同，经济条件不同，因而利率体系各有特色。就我国情况而论，利率体系结构主要有中央银行利率、商业银行利率和市场利率。

在中央银行利率中主要有中央银行对商业银行和其他金融机构的再贴现(再贷款)利率，商业银行和其他金融机构在中央银行的存款利率等。在商业银行利率中主要有商业银行和其他金融机构吸收各种存款的利率、发行金融债券利率、发放各项贷款利率、商业银行之间互相拆借资金的同业拆借利率等。在市场利率中主要包括商业信用利率、民间借贷利率，以及政府部门、企业发行各种债券的利率等。

在各种利率中，中央银行利率对商业银行利率和市场利率具有调节作用，甚至中央银行调整利率的意图都对其产生直接影响。因此，人们把中央银行的再贴现利率称为基准利率。商业银行利率和市场利率灵敏地反映着货币资金供求状况，因而是中央银行调整利率的指示器。

各种利率之间的传导机制是通过以下途径进行的。

首先，中央银行对商业银行存贷款利率和市场利率从两个方面施加影响：一方面，中央银行调整对商业银行的再贴现利率，调节商业银行的可贷资金量，影响商业银行的存、贷款利率，进而调节金融市场上货币资金的供求状况，使市场利率朝着中央银行的调节目标变动；另一方面，中央银行直接在金融市场上买卖有价证券，通过调节市场货币资金供求状况，影响商业银行存贷款利率和市场利率。而市场利率又是中央银行货币政策的中间目标，中央银行依此监测货币政策的执行情况，并根据市场利率变动情况采取相应的政策调节措施，其中包括调整中央银行利率和实施公开市场操作等，并最终实现货币政策的最终目标。

2.3.3　利率与收益的资本化

利息是资本所有者由于贷出资本而取得的报酬，无论何种社会条件下，它均来自于生产者使用该笔资本发挥生产职能而形成的利润。显然，没有借贷，便没有利息。但在现实生活中，利息已被人们视为资本收益的一般形态：无论资本是否贷出，利息都被资本所有者看做理所当然的收入——可能取得的或将会取得的收入；无论借入资本与否，生产经营者也总是把自己的利润分为利息和企业主收入两部分，似乎只有扣除利息后所余下的利润才算是经营所得。相应地利息率就成为一个尺度：如果投资所得与投资本金之比不大于利息率，则根本无须投资；如果投资所得中所余利润与投资本金之比甚低，则说明经营效益不高。所以，在会计制度中利息支出都列入成本，而利润则只是总利润中扣除利息支出后所余的那部分利润。

由于利息转化为资本收益的一般形态，相应地通过利息率计算公式的倒算，一切收益也就都“资本化”了。根据利息率计算公式，任何有收益的事物，都可以通过其预期收益与市场利率的对比，而倒过来算出它相当于多大的资本金额。这就是所谓“收益的资本化”。

在一般的贷放中，贷放的货币金额，即本金 P，与利息收益 B 和利息率 R 之间的关系式为

$$B=P\times R$$

当我们已知 P 和 R 时，很容易计算出 B；同样，当我们已知 B 和 R 时，P 也不难求得，即

$$P=B\div R$$

例如，已知一笔贷款一年的利息收益是 100 元，市场年平均利率为 5%，则可以算得本金为 100 元/5%＝2 000 元。

我们可以运用收益资本化理论把以上计算方法推演到土地价格的计算：土地本身不是劳动产品，没有价值，因此无法用价值定价法为其定价，但是土地有收益。例如，一块土地原来是农用土地，每亩的年预期收益为 200 元，假定市场利率为 5%，则这块土地每亩的转让价格就可以确定为 200 元/5%＝4 000 元。如果这块土地被征用为商业用地，则每亩预期收益为 1 万元，在市场利率不变的条件下，则该土地的转让价格为 20 万元(10 000/5%＝200 000)。如果土地预期收益不变，而市场利率上升，则地价反比下降；利率下降时，地价反比上升。这就是在市场竞争过程中土地价格形成的原理。因此可得到收益资本化的一般计算公式为

$$\text{某种可获取收益事物的市场转让价格}=\frac{\text{预期年收益}}{\text{市场利率}}$$

由于收益资本化，使某些本来不是资本，但是可以获取收益的事物也可以被视为资本，一些本来无法运用价值定价法来确定其转让价格的事物，也可以用其预期收益和市场利率换算出它的转让价格。通过收益资本化，我们可以对土地、人力资源和金融资产等这些无价值或无法用价值定价法来确定转让价格的事物进行定价。

特别提示

马克思认为，在资本主义社会，利息的本质是剩余价值的转化形态，体现的是一种剥削关系；在社会主义条件下，利息是社会纯收入的一部分，它不体现剥削关系。

2.4 利率的种类

2.4.1 实际利率与名义利率

名义利率是借贷契约和有价证券上载明的利息率。实际利率是名义利率剔除了通货膨胀因素以后的真实利率。用公式表示为

实际利率＝名义利率－通货膨胀率

判断利率水平高低不能只看名义利率，而必须以实际利率为主要依据，因为借贷资本的真实收益是实际利率，所以真正影响经济主体行为的不是名义利率而是实际利率。例如，当通货膨胀率大于名义利率时，实际利率就成为负数，此时的利率即为负利率。负利率实质是对债务人的补贴，而债权人转让了货币的使用权不仅得不到实际收益，而且还会因货币贬值而承受损失，负利率会造成债权债务关系的扭曲，使货币需求无穷大，加剧货币供求的失衡，对通货膨胀起“火上浇油”的作用。所以要发挥利率调节货币需求的作用，要求利率为正利率。当然正利率水平也不宜过高，会使消费需求、投资需求减少，造成通货紧缩。

2.4.2 短期利率与长期利率

短期利率一般指融资时间在一年以内的利息率。长期利率一般指融资时间在一年以上的利息率。

短期利率一般低于长期利率。首先，长期融资比短期融资风险大，期限越长，市场变化的可能性越大，借款者经营风险越大，因而贷款者遭受损失的风险越大；其次，融资时间越长，借款者使用借入资金经营取得的利润应当越多，贷款者得到的利息也应越多；再次，在现代纸币流通条件下，通货膨胀是一个普遍现象，因而，融资时间越长，通货膨胀率上升的幅度可能越大，只有较高的利率才能使贷款者避免或减少通货膨胀的损失。

2.4.3 固定利率与浮动利率

固定利率是指利息率不随借贷资金的供求状况而波动，在整个借款期间都固定不变。固定利率的最大特点是利息率不随市场利息率的变化而变化，因而具有简便易行、易于计算借款成本等优点。在借款期限较短或市场利率变化不大的条件下，可采用固定利息率。但是，当借款期限较长或市场利率变化较快时，其变化趋势很难预测，借款者或贷款者可能要承担利率变化的风险，因此，对于中长期贷款，借贷双方都不愿采用固定利率，而乐于选用浮动利率。

浮动利率又称为可变利率，指利息率随市场利率的变化而定期调整的利息率。调整期限以及调整时作为基础的市场利率的选择，由借贷双方在借款时议定。例如，欧洲货币市场上的浮动利率，调整期限一般为 3 个月或半年，调整时作为基础的市场利率大多采用伦敦市场银行间 3 个月或半年的借贷利率。

实行浮动利率，借款人在计算借款成本时要困难一些，利息负担可能加重，也可能减轻，但是，借贷双方承担的利率变化风险较小，利息负担同资金供求状况紧密结合。因此，一般中长期贷款都选用浮动利率。我国中长期贷款利率一般为一年一定，不属于浮动利率，但具有一定的浮动性。

2.4.4 市场利率与官定利率

市场利率是指在借贷货币市场上由借贷双方通过竞争而形成的利息率。市场利率是借贷资金供求状况变化的指示器。当资金供给超过需求时，利率呈下降趋势；反之，当资金需求超过供给时利率呈上升趋势。由于影响资金供求状况的因素十分复杂，因而市场利率变动非常频繁、灵敏。另外，市场利率在不同的国家由不同的具体利率表示，如我国主要以同业拆借利率作为市场利率参考指标；美国主要是指国库券利率；欧洲货币市场则以伦敦同业拆放市场的隔夜拆放利率为市场利率。

官定利率是指一国政府通过中央银行而确定的各种利息率，如中央银行对商业银行和其他金融机构的再贴现率和再贷款利率等。在现代经济中，利息率作为国家调节经济的重要经济杠杆，市场利率水平一方面会随着资金供求状况变动而波动，同时国家也会通过中央银行确定的官定利率影响市场利率的水平。官定利率在一定程度上反映了非市场的强制力量对利率的干预。因此，官定利率在整个利率体系中处于主导地位。由银行公会确定的各会员银行必须执行的利息率也是官定利率的一种形式。例如，香港银行公会有权定期调整并公布各种存、贷款利率，会员银行必须执行，具有一定的强制性。

官定利率与市场利率有密切关系。一方面，官定利率的变化代表了政府货币政策的意向，对市场利率有重要影响，市场利率随官定利率的变化而变化；另一方面，由于市场利率的变化非常灵敏地反映借贷货币资金的供求状况，又是国家制定官定利率的重要依据。

2.4.5 差别利率与优惠利率

差别利率是指针对不同的贷款种类和借款对象实行的不同利息率，一般可按期限、行业、项目、地区设置不同的利息率。由于利率水平的高低直接决定着利润在借贷双方的分配比例，影响借款者的经济利益，银行对国家支持发展的行业、地区和贷款项目实行低利率贷款，对于国民经济发展中的长线产品和经济效益不好、经营管理水平差的企业实行高利率贷款，有利于支持产业结构的调整和经济协调发展。因此，实行差别利率是运用利率杠杆调节经济的一个重要方面。

优惠利率是差别利率的有机组成部分，即对国家支持的贷款种类和借款对象实行优惠的低利率。例如，有些国家为了支持本国产品出口，对本国的出口商或国外的进口商实行优惠利率贷款。

优惠利率从短期看与银行追求利润最大化的目标相矛盾，但从长期看有利于整个经济协调、稳定地发展，这正是银行赖以生存和发展的基础，因而实行优惠利率与银行的长期利益是一致的，与国家的利益是一致的。因此国家对银行的优惠利率实行贴息的政策，即由财政部门给银行的优惠利率贷款给予一定的税收优惠或财政补贴。

2.4.6 存款利率与贷款利率

存款利率是指客户在银行或其他金融机构存款所取得的利息与存款额的比率。

存款利率的高低直接决定了存款者的利息收益和银行及其他金融机构的融资成本，对银行集中社会资金的数量有重要影响。一般来说，存款利率越高，存款者的利息收入越多，越能调动存款人的积极性，便于银行吸收更多的存款。但是，存款利率越高，银行的融资成本越高，银行的收益会减少，又会影响到银行吸收存款的积极性，所以存款利率水平要适当。

贷款利率是指银行和其他金融机构发放贷款所收取的利息与贷款本金的比率。

贷款利率的高低直接决定着剩余价值在借款企业和银行之间的分配比例，因而影响着借贷双方的经济利益。贷款利率越高，银行的利息收入越多，借款企业留利越少，企业的贷款积极性下降，所以贷款利率水平也要适当。

存款利率与贷款利率关系密切。存贷款利差直接决定着银行的经营效益；存款利率水平直接影响银行集中社会资金的规模，即决定借贷资金供给的规模；而贷款利率水平直接影响贷款规模，即借贷资金需求的高低。因此，保持合理的存、贷款利率对实现信贷收支平衡和调节货币流通有重要作用。

特别提示

费雪效应是由著名的经济学家欧文·费雪发现的，它揭示了通货膨胀率预期与利率之间的关系：当通货膨胀率预期上升时，利率也将上升。其公式为：实际利率＝名义利率－通货膨胀率。

2.5 利率决定及其影响因素

2.5.1 均衡利率决定理论

利率水平是怎样决定的，这是利息理论的重要课题。现代西方经济学的利率决定理论也是正在不断发展和完善的，并且从不同的角度形成了不同的学派。西方利率决定理论可以概括为均衡利率理论，既由市场的供求关系决定均衡利率水平的理论。西方的利率决定理论与马克思主义的利率决定理论有很大的区别，下面分别介绍。

1. 古典学派均衡利率决定理论

该理论也称投资储蓄理论，它建立在货币数量论和萨伊定律的基础之上，认为工资和物价的变化可以自动促进充分就业，其他因素如货币对实物经济的影响不存在，经济完全可以完成自动均衡。在此条件下，利率只由 I(投资)和 S(储蓄)决定。

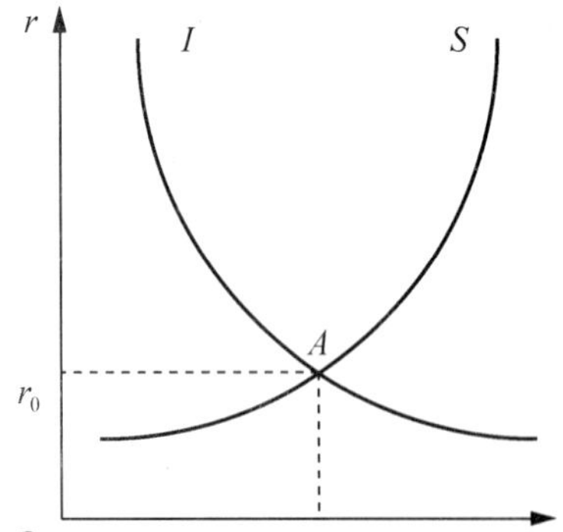

图 2.2　古典学派的投资储蓄理论

古典经济学派认为，均衡利率是一国实体经济处于均衡状态的利率水平，也就是储蓄等于投资时的利率水平。储蓄是利率的递增函数，利率越高，储蓄额越多，利率越低，储蓄额越少，所以边际储蓄曲线是一条向右上方倾斜的曲线；投资是利率的递减函数，利率越高，投资额越少，利率越低，投资额越大，所以边际投资曲线是一条向右下方倾斜的曲线。边际储蓄曲线与边际投资曲线相交的 A 点是经济均衡点，该点所决定的利率 r_0 就是均衡利率水平。

边际储蓄倾向、边际投资倾向变动也会使利率升降。在边际投资倾向不变的条件下，边际储蓄倾向提高会使 S 曲线向右下方移动，从而使利率下降；在边际储蓄倾向不变的前提下，边际投资倾向提高会使 I 曲线向右上方移动，从而使利率上升。古典利率理论着眼于实体经济均衡和均衡利率之间关系的分析，着重于分析实体经济长期因素变动对利率的影响。

2. 新古典学派均衡利率决定理论

该理论也称可贷资金利率理论，是古典学派均衡利率决定理论的延伸和发展，既重视实体经济的长期因素——储蓄和投资对利率的影响，也重视虚拟经济的短期因素——货币供给和需求变化对利率的影响。可贷资金利率理论把这两方面的影响归结为可贷资金供求对利率的影响，可贷资金供求达到均衡时所确定的利率水平是均衡利率水平。可贷资金就是可以用来借贷的资金。可贷资金的供给不仅包括储蓄(包括个人、企业和政府的储蓄)，还包括货币当局增发的货币数量以及国外资金的流入；可贷资金的需求不仅包括企业投资，还包括政府、家庭弥补赤字的货币需求，以及流向国外的资金。

可贷资金供给是利率的递增函数，因此可贷资金供给曲线是一条向右上方倾斜的曲线；可贷资金需求是利率的递减函数，因此可贷资金需求曲线是一条向右下方倾斜的曲线。均衡利率水平是可贷资金供求曲线相交时确定的利率水平，如图 2.3 所示。

通过可贷资金的利率决定原理，不仅可以分别分析可贷资金需求变动对利率的影响，以及可贷资金供给变动对利率的影响，还可以深入分析影响可贷资金供求的一些具体因素，对利率变动的影响：①实体经济的长期因素——储蓄和投资变动对利率的影响；②虚拟经济的短期因素——货币供给的增长，国外资金的流入对利率的影响，家庭赤字、政府赤字增减变动对利率的影响，以及流出国外资金的增减对利率的影响，等等。

可贷资金利率理论认为，可贷资金供给总量在很大程度上受中央银行的控制，因此政府的货币政策便成为利率的决定因素而必须考虑。

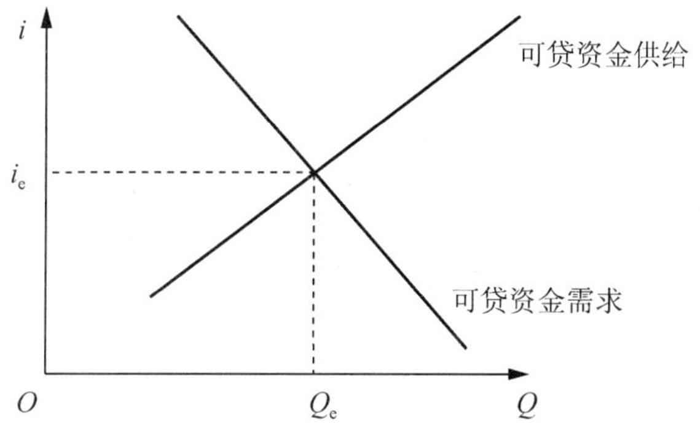

图 2.3 新古典学派的可贷资金理论

3. 凯恩斯均衡利率决定理论

凯恩斯理论体系中最具特色的就是流动性偏好理论。凯恩斯认为，利率水平是由货币需求与货币供给共同决定的，均衡利率是货币供求均衡时的利率水平，也就是货币供给等于货币需求时的利率水平，如图 2.4 所示。

凯恩斯认为，货币供给是由货币管理当局决定外生变量，与利率变动无关，因此货币供给曲线是一条平行于纵轴的直线。货币需求由人们的流动性偏好所决定，是利率的递减函数，因此货币需求曲线是一条向右下方倾斜的曲线，并且越向右，越与横轴平行。

利率决定于人们流动性偏好所决定的货币需求与中央银行所控制的货币供给之间的关系。货币供给曲线与货币需求曲线相交的点是货币供求的平衡点，对应平衡点的利率就是均衡利率水平。

在货币需求曲线不变的情况下，货币供给量的增加会使利率降低，但是当货币供给曲线与货币需求曲线平行部分相交时，货币供给量的增加不会使利率变动，只会导致储蓄的增加，这就是凯恩斯著名的“流动性陷阱学说”。

4. 新古典综合派均衡利率决定理论

新古典综合学派在利率问题上与新剑桥学派一样，试图将投资与储蓄这一对实质因素与货币供求这一对货币因素结合在一起，而且也确实更进了一步，他们提出了 IS-LM 模型。IS-LM 模型由英国经济学家约翰·希克斯和美国经济学家阿尔文·汉森共同创立，他们提出均衡利率是国民经济均衡条件下的利率水平，国民经济均衡是指商品市场供求与货币市场供求同时达到均衡的社会总供求的均衡。IS-LM 模型用来描述这种均衡关系。

在图 2.5 中，*IS* 曲线表示在一定收入和利率条件下的 *I* 与 *S* 的均衡，即投资和储蓄处于均衡水平情况下的不同利率和所得组合的轨迹；*LM* 曲线表示在一定收入和利率条件下的 *L* 和 *M* 的均衡，即货币市场均衡状态下收入和利率的组合。这样，*IS* 曲线和 *LM* 曲线的交点表示商品市场和货币市场同时达到均衡，它所对应的利率(r_0)就是均衡利率，对应的收入水平(y_0)就是均衡收入。

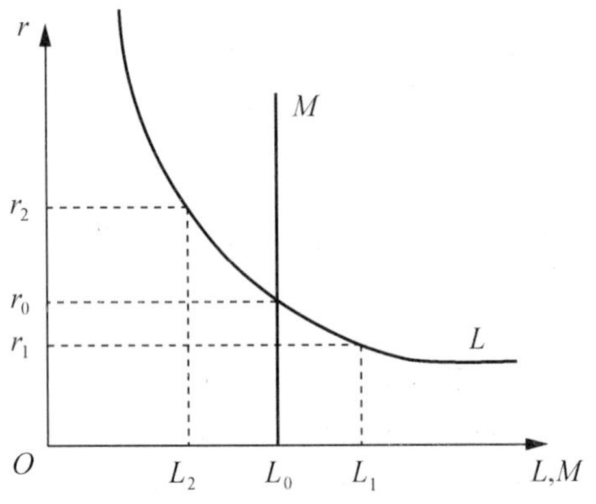

图 2.4 凯恩斯的流动性偏好理论

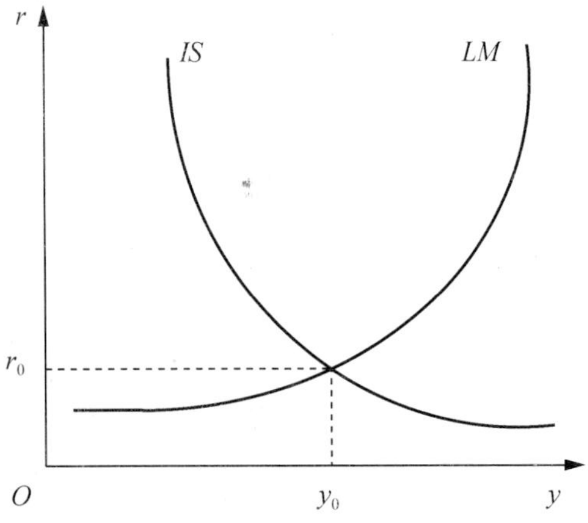

图 2.5 IS-LM 模型

5. 马克思平均利润率决定理论

所谓平均利润率就是在价值规律的作用下所形成的各行业的利润率的平均水平，它是决定利率水平的最重要、最基本的因素。马克思认为，利息是借贷资本家对剩余价值的瓜分，剩余价值表现为利润，因此，利息是利润的一部分，利息额取决于利润总额，利率水平取决于平均利润率。由于利息只能是利润的一部分，如果将借入资本创造的利润全部支付给货币资本家，职能资本家就无利可图，就没有必要借入资本，因此，利息的最高界限就是平均利润，利率的最高界限就是平均利润率；另一方面，利率又不能等于零，如果利率等于零，则借贷资本家会因一无所获而不愿将资金借出去，因此利率的最低界限是大于零。所以，利率的变化范围是零与平均利润率之间。由于平均利润率水平是与产业周期变化相关的，因此，利率进而受到产业周期变化的调节。关于平均利率的变动趋势，马克思认为主要受平均利润率变动趋势的决定。由于平均利润率是在技术发展和资本有机构成不断提高的过程中逐渐下降的，因而从长期来看，平均利率水平是不道下降的。但是，就一段时间的平均利率水平来看，由于平均利润率是相对稳定的，因此，利率水平也是稳定的。在马克思的平均利润率决定利息的理论中，并没有排斥在短期内利率受借贷市场供求状况变化和借贷双方竞争力量影响而发生特殊波动的情况，也没有排斥在偶然情况下会有超越平均利润率限制而存在的市场利率。

2.5.2 影响利率水平的实际因素

1. 平均利润水平

根据马克思利率决定理论，利息率一般在平均利润率与零之间波动。平均利润率是决定利率的最重要、最基本的因素。

2. 借贷资金的供求关系与竞争

利息率在平均利润率与零之间究竟处于哪一具体水平，取决于借贷资本家与职能资本家对利润分割的结果，而双方分割比例的大小又是由借贷资本的供求状况及借贷双方的竞争决定的。当借贷资本供不应求时，贷方处于竞争的优势地位，贷方在利润分割中占较大的比例，所以竞争的结果促使利率上升；相反，在借贷资本供大于求时，借方在竞争中处于优势，借方在利润分割中占有较大的比例，贷方所占比例较小，所以竞争的结果会使利率下降。

3. 社会再生产状况

前面介绍了借贷资本供求状况会影响利率水平，那么又是什么影响借贷资本供求发生变化呢？马克思认为，借贷资本供求关系的变动主要是由实质经济过程所决定的，是社会再生产状况决定着借贷资本的供求，因此社会再生产是影响利率的最根本和决定性的因素。这是马克思利息理论与资产阶级利息理论最根本的区别。资产阶级经济学家认为借贷资本的供求变化是由借贷双方主观愿望即人们的心理预期决定的，而且把影响利率变动的因素仅仅局限在借贷关系上，不做进一步分析。马克思把影响利率变化的因素的分析深入生产领域，揭示了利率变化最根本的原因和决定性原因。

对于社会再生产状况对借贷资本供求的影响，马克思是从资本主义产业周期的四个阶段(危机、萧条、复苏、繁荣)进行分析的。在危机阶段生产过剩、商品积压，失业骤增，工厂纷纷破产倒闭，全社会的资金支付链条断裂，因要偿还债务，社会各方对购买手段和支付手段的需求非常强烈，所以对借贷资本的需求非常大。但由于借贷风险大，贷款人不愿提供贷款，借贷资本供给减少，致使供求矛盾尖锐，利率达到最高水平。危机过后，进入萧条阶段，市场萎缩，投资前景悲观，企业纷纷压缩生产，对借贷资本的需求极少。由于生产萎缩，从生产过程中游离出大量的闲置资本，借贷资本家希望把闲置的资本尽量贷放出去。此时，借贷资本的需求大大低于供给，利率水平跌入最低水平。当经济进入复苏阶段，虽然这一阶段市场情况好转，投资环境逐渐变好，企业对借贷资本的需求增加，但是由于这个阶段信用周转灵活，支付环节畅通，借贷资本充足，借贷资本供给仍大于需求，所以没有导致利率明显上升。进入繁荣阶段市场需求旺盛，特别是信用投机的出现，企业对借贷资本需求猛增，使利率水平迅速高涨，此时利率虽已提高到平均利润率水平，但由于对借贷资本的需求还在增大，以致利率仍在继续上升。

总之，在经济危机时期，借贷资本的供求矛盾非常尖锐，需求大大超过供给，此时利率水平最高；在萧条时期，借贷资本的供给大大超过需求，此时利率水平最低；在复苏时期，利率水平没有明显上升；在繁荣时期，借贷资本的需求迅速上升，利率水平大幅上升。

4. 物价水平

在纸币流通条件下，利率与物价水平有着密切的关系。一般来说，货币币值上升，物价下跌利率就下降；货币币值下降，物价上涨利率就上升。利率与物价的变动具有同向运动的趋势。那么，为什么发生通货膨胀，货币币值下降、物价上涨，利率会提高呢？在通货膨胀条件下，由于货币币值下降，原来一定数量的本金和利息的价值也相应下降，这样借贷资本的所有者就会遭受损失，如果借贷资本的利率不提高，借贷资本的所有者就会把资本用在其他的用途上，如购物保值等，这样借贷资本的来源就会减少，所以为了使借贷资本所有者不受通货膨胀所带来的损失，利率应随通货膨胀率的上升而提高。一般来说应该使名义利率高于通货膨胀率或物价上涨率，使实际利率为正数。存款利率提高后，银行就会提高贷款利率，这样借款人须支付更多的利息。保值储蓄利率就是一种保证存款人利益不受通货膨胀损失的利率。在通货紧缩物价下降、币值上升的情况下，借贷资本的本金和利息会随着币值的上升而升值，实际利率也会随之提高，债务方的借贷成本实际是在提高的，为了鼓励借贷就必须降低利率。

5. 国家经济政策

当今任何国家的经济都不同程度地受制于政府，利率也愈来愈成为国家较为重要的一种货币政策工具，在相当程度和范围内为国家所控制。因此，利率水平和结构变化在很大程度上反映了国家调控宏观经济的政策和意图。例如在国民经济结构失衡时，通过低利率支持某些产业、部门、企业的发展，同时通过高利率限制某些产业、部门、企业的发展。当国民经济总量失衡时，国家可以通过利率水平的升降来调节货币供求，使社会总供求实现均衡。所以某一时期利率水平的高低还要考虑国家宏观经济政策的需要。

6. 银行的经营成本

贷款利息是商业银行收入的主要来源，贷款利息收入弥补经营成本后的余额是商业银行的利润。银行经营成本包括存款利息、职工工资、固定资产折旧、办公费等经营费用，因此，贷款利率应在经营成本的基础上加上合理利润决定。

7. 贷款对象的信用等级和风险程度

贷款对象的信用等级高、经济实力强，贷款的风险程度就低，贷款利率就可以相对低一些；而贷款对象信用等级低、经济实力弱，贷款的风险程度高，贷款利率就会高一些。

8. 历史和国际的影响

从历史上看，大部分国家都有一个历史上习惯形成的利率水平，该利率对现实利率的形成有一定的影响，并成为确定现实利率的基础。

由于世界经济的一体化，国际市场利率水平及其变动趋势对一国利率水平的变动影响也会越来越大，主要表现为：一是国际市场利率水平及变动趋势对一国利率水平具有很强的示范效应，使国际间的利率水平有很强的联动性，尤其是经济联系比较密切的国家之间，如欧盟国家之间东盟国家之间等；二是由于受市场规律的影响，当国际市场利率水平低于该国利率水平时，国际借贷资本会流入该国，使该国利率水平以向下运动的趋势向国际市场利率水平靠拢，反之，则以向上运动的趋势向国际市场利率水平靠拢。

特别提示

几个世纪以来，西方经济学家主要形成了古典学派的储蓄投资理论、凯恩斯的流动性偏好理论、新古典学派的可贷资金理论、IS-LM 框架下的利率决定理论以及蒙代尔-弗莱明开放经济条件下的利率决定理论等，他们分别从不同角度阐述了利率的决定。

2.6 利率的作用

2.6.1 利率的经济杠杆作用

1. 利率对宏观经济的调节作用

1) 聚集社会闲散资金

积聚和积累资金是利率最主要的功能。正是因为利率的存在及其作用的发挥，才使得分散在各个阶层的货币收入和再生产过程中暂时闲置的货币资金通过有偿的手段得以集中起来，转化为信贷资金，通过信贷资金的分配满足生产发展的资金需求，促使经济快速发展。

2) 优化产业结构

利率作为资金的价格，会自发地引导资金流向利润率高的部门，实现社会资源的优化配置。同时，国家还可以自觉地运用差别化的利率政策，对国家急需发展的农业、能源、交通运输等行业以及有关的企业和产品适当降低贷款利率，大力支持其发展；对需要限制的行业，可以适当提高利率，限制其发展，适当地调整产业结构，实现经济结构合理化。

3) 协调积累与消费的比例

要达到经济持续发展的目标，还要保证社会总需求和总供给不断地运动，并处于一种平衡状态，呈螺旋式上升。在给定的资源和产出条件下要做到这一点，就要切实安排好消费和积累的比例，合理的消费和积累比例是至关重要的。利率可以通过调整将部分消费转化为积累，或部分积累转化为消费来达到两者之间的平衡。

4) 调节信贷规模

利率对银行信贷规模具有重要的调节作用。贷款利率水平与企业的收益呈反比，提高贷款利率必然使企业留利减少，使企业对投资的兴趣减小，贷款数量和投资规模随之收缩。当贷款利率提高到一定的程度，生产企业不仅会减少新借款，而且还会收缩现有的生产规模；反之，降低贷款利率，减少借款者的借款成本，增加其投资收益，企业就会增加贷款，扩大生产规模。因此，贷款利率水平与信贷资金总量呈反方向变化。

5) 稳定货币流通

存款利率水平直接影响银行的存款规模，对实现社会购买力与商品可供量的平衡有调节作用：提高存款利率，会减少市场上的即期购买力。贷款利率水平直接影响银行的贷款规模，决定货币供应量，对币值稳定有重要作用；提高贷款利率，会减少信贷需求，减少货币供应量，反之，则增加货币供应量。贷款的差别利率对贷款结构和产业结构有重要的影响，而产业结构的合理化直接关系到货币正常流通的基础。利率水平直接影响企业的生产规模和经营状况，从而影响社会商品供给总量和结构，对货币正常流通有重要作用。

6) 平衡国际收支

当国际收支不平衡时，可以通过利率杠杆来调节。例如，当国际收支逆差比较严重的时候，可以将本国的利率调到高于其他国家的程度，这样一方面可以阻止本国资金的流出，另一方面还可以吸引外资的流入。但是当本国国际收支逆差发生在经济衰退时期，则不宜采用调节利率水平的做法，而只能通过调整利率结构来平衡国际收支。

2. 利率对微观经济的调节作用

(1) 对于微观主体——企业而言，利率能够促使企业加强经济核算，提高经济效益。通常情况下，产品成本和税金是稳定的。如果企业的销售收入不变，企业的利润就取决于应付利息，而利息的多少又与企业占用的信贷资金的多少相关。如果利率变动，企业利润就随之变动。企业作为最大利润的追求者就会加强经营管理，加快资金周转，努力节约资金，提高资金的使用效率。

(2) 对于个人而言，利率也会影响其行为。一方面利率能够引导人们的储蓄行为，合理的利率能够增强人们的储蓄愿望和热情，不合理的利率会削弱人们的储蓄愿望，因此，利率的变动，在某种程度上可以调节个人的消费倾向和储蓄倾向。另一方面，利率可以引导人们选择金融资产。人们在将收入转化为金融资产时，通常会考虑资产的安全性、流动性和收益性。在金融商品多样化的今天，保证一定安全性和流动性的前提下，主要由利率决定的收益率往往是人们选择金融商品时所考虑的主要因素。因此，金融商品利率差别成为引导人们选择金融资产的有效依据。

2.6.2 利率发挥杠杆作用的前提条件

如上所述，利率作为一个经济杠杆，对宏观和微观经济运行均有着重要的调节作用。但是，在现实生活中，并不是有了利率的存在，其作用就能充分地发挥。要使利率发挥作用，必须具备一定的条件，包括利率自身的条件和外部宏观环境及微观基础。

1. 自身条件

利率发挥作用的自身条件包括市场化的利率决定机制、灵活的利率联动机制、适当的利率水平、合理的利率结构。

市场化的利率决定机制是指利率既不是政府人为决定的，也不受少数寡头的制约，而是通过市场和价值规律机制，由市场的资金供求状况灵活自由决定的。市场化的利率决定机制既能真实地反映资金的供求状况，又能促使资金合理流动，缓和资金供求的矛盾，有利于筹集资金，调剂余缺。

灵活的利率联动机制是指各种利率之间不是互相独立的，而是相互联系、相互影响，联动性很强。在中央银行基准利率发生变化时，利率体系中的其他利率也会同步起伏。在灵活的联动机制下，商业银行和市场利率能随中央银行基准利率的变动而迅速反映并呈现同方向变动，中央银行货币政策措施就能通过利率的杠杆作用调控宏观经济，实现货币政策目标。

适当的利率水平是指利率水平既不高也不低。适当的利率水平一方面能真实地反映社会资金的供求状况，另一方面使借贷双方都有利可图，从而促使利率对社会总供给、物价、收入等因素发挥作用，推动经济稳定发展。

合理的利率结构是指利率的期限结构、行业结构、地区结构、风险结构等能真实地体现经济发展的时期、地域、产业及风险差别，通过利率结构的变动，引起一连串的资产调整，从而使投资结构、投资趋向发生改变，使经济环境产生相应的变化，更加充分地发挥利率对经济结构、产业结构以及发展比例的协调作用。

2. 微观基础

利率发挥作用的微观基础是指具备利率发挥作用的现代企业制度。具体地说，企业要真正成为自主经营、自负盈亏的市场主体。因为利息是对企业利润的扣除，只有利息支出成为企业追求最大利润的约束条件时，利率的变动才会对企业的行为产生影响，从而对利率的变动做出灵敏的反映。

3. 宏观环境

利率发挥作用的宏观环境包括：经济的商品化、货币化、信用化程度应比较高；有完善的金融市场，只有在完善的金融市场条件下，市场利率才能正确形成并发挥作用；宏观经济的调控机制应以间接调控为主；有较高的金融监管水平；有健全的社会保障制度和法律制度。

在利率市场化没有实现之前，利率发挥作用是有限的，利率市场化既是利率发挥作用首要的自身条件，也是标志。

特别提示

利率是重要的经济杠杆，对宏观经济和微观经济的运行都有极其重要的调节作用。但作用的充分发挥还取决于现实的经济条件。

项目小结

信用是以偿还为前提条件的借贷行为，是在商品货币经济发展到一定阶段，在货币的支付手段职能形成后才出现的。信用的古老形式是高利贷，在资本主义制度建立后，被现代信用形式所取代。现代的信用形式主要有商业信用、银行信用、国家信用、消费信用和国际信用。商业信用是现代信用的基础，银行信用是现代信用的主要形式。利息是指信用关系中债务人向债权人支付的报酬，利息的高低由利率决定。利率是如何决定的？几个世纪以来，西方经济学家主要形成了古典学派的储蓄投资理论、凯恩斯的流动性偏好理论、新古典学派的可贷资金理论、IS-LM 框架下的利率决定以及蒙代尔-弗莱明开放经济条件下的利率决定理论等，他们分别从不同角度阐述了利率的决定。

专栏二

迪拜是阿拉伯联合酋长国(阿联酋)第二大酋长国，面积 3885 平方公里，占阿联酋总面积的 5%。迪拜的经济实力在阿联酋也排第二位，阿联酋 70%左右的非石油贸易集中在迪拜，所以迪拜被称为阿联酋的“贸易之都”，它也是整个中东地区的转口贸易中心。迪拜拥有世界上第一家七星级酒店、全球最大的购物中心、世界最大的室内滑雪场，源源不断的石油和重要的贸易港口地位，为迪拜带来了巨大的财富。如今的迪拜成了奢华的代名词。

然而，2009 年底，在全球金融危机退潮之际，迪拜的主权投资实体迪拜世界宣布将暂停偿还近 600 亿美元的债务，令投资者对迪拜的主权信用产生严重疑虑，进而在全球金融市场引发巨大震动。2009 年 11 月 26 日，欧洲三大股市跌幅均超过 3%。

迪拜与阿联酋首都所在的阿布扎比酋长国不同，它没有丰厚的石油储藏，经济以地产、金融和旅游开发为主。过去几年来，迪拜以建设中东地区物流、休闲和金融枢纽为目标，推进了 3 000 亿美元规模的建设项目。在此过程中，政府与国有企业的债务像滚雪球一样不断增加，到 2009 年底债务约为 800 亿美元。在这种情况下，2008 年 9 月爆发的全球金融危机对迪拜造成了直接打击。房价下跌、建设项目被取消等利空因素接连出现，使暂停偿还债务的可能性越来越大。最终，全球金融危机结束了迪拜数年的辉煌发展史，众多工程被迫停工甚至取消，许多类似棕榈岛的项目成为“烂尾楼”。人们终于发现，迪拜庞大的基建项目和棕榈型旅游度假区，是名副其实“建在沙子上”的。

根据统计，迪拜世界共有超过 70 个债权人。除了汇丰控股外，其他债权银行还包括瑞士信贷、巴克莱、苏格兰皇家银行。其中最大债权银行为阿布扎比商业银行及酋长国 NBD PJSC。迪拜世界一旦无力还债，这些大银行都难逃连累，人们担心可能触发新一轮的金融风暴。

实 训 练 习

一、核心概念

利率	信用	现代信用	消费信用
银行信用	国家信用	商业信用	高利贷信用
固定利率	基准利率	市场利率	名义利率

二、问答题

1．请列举在日常生活中遇到的信用问题，并分析它属于哪种信用形式。
2．谈一谈信用对你或者你身边人们的影响。
3．信用具有哪些构成要素？
4．试分析高利贷信用与现代信用的区别。
5．试比较商业信用与银行信用的特点，并说明两者之间的相互关系。
6．利率的主要种类有哪些？
7．简述说明西方利率决定理论。
8．利率的经济作用主要体现在哪些方面？
9．如何理解名义利率和实际利率？

三、案例分析

案例

假定现有一个投资项目，投资期为 10 年，总投资额为 1000 万，市场利率为 10%且长期不变。企划部提供了两个投资方案，方案甲是第 1 年集中投资 550 万，以后 9 年每年只需投资 50 万；方案乙是每年平均投资 100 万。

请思考：哪种方案更好？

项目 3　汇率与汇率制度

项目思考

在当今开放经济条件下，外汇及汇率对各国经济非常重要，贸易等经济活动都离不开货币的跨国界流动以及不同国家货币之间的兑换问题。当前，我国人民币币值不断上升，则人民币和外国货币之间的兑换比率——汇率是如何决定的呢？汇率的变动对经济有何影响呢？各国又采取何种汇率制度呢？

项目目标

通过本项目的学习，你将能够：

- 理解外汇、汇率的概念，以及汇率的种类；
- 掌握汇率标价方法和汇率决定理论；
- 理解汇率的作用，汇率波动给经济带来的风险；
- 了解国际汇率制度的演进。

项目框架

在明确外汇和汇率概念的基础上，介绍了汇率理论中的重点问题——汇率决定理论，分析了汇率是如何影响宏观经济的，介绍了不同的汇率制度安排并对其进行了区分。此外，还介绍了中国的人民币汇率制度的演进。本项目的知识框架如图 3.1 所示。

- 汇率与汇率制度
  - 汇率
    - 概念、类型
    - 汇率决定理论
    - 作用、风险
  - 汇率制度
    - 汇率制度演进
    - 类型
    - 人民币汇率制度

图 3.1　项目框架

引导案例

人民币汇率制度改革

1) 1994 年以前的人民币汇率形成机制

新中国成立以来至改革开放前，人民币汇率由国家实行严格的管理和控制。改革开放前我国的汇率体制经历了新中国成立初期的单一浮动汇率制(1949～1952 年)、五六十年代的单一固定汇率制(1953～1972 年)和布雷顿森林体系后以“一篮子货币”计算的单一浮动汇率制(1973～1980 年)。党的十一届三中全会以后，我国的汇率体制从单一汇率制转为双重汇率制。经历了官方汇率与贸易外汇内部结算价并存(1981～1984 年)和官方汇率与外汇调剂价格并存(1985～1993 年)两个汇率双轨制时期。

2) 1994～2005 年的人民币汇率形成机制

1993 年 12 月，国务院正式颁布了《关于进一步改革外汇管理体制的通知》，采取了一系列重要措施，具体包括，实现人民币官方汇率和外汇调剂价格并轨；建立以市场供求为基础的、单一的、有管理的浮动汇率制；取消外汇留成，实行结售汇制度；建立全国统一的外汇交易市场等。1994 年 1 月 1 日，人民币官方汇率与外汇调剂价格正式并轨，我国开始实行以市场供求为基础的、单一的、有管理的浮动汇率制。企业和个人按规定向银行买卖外汇，银行进入银行间外汇市场进行交易，形成市场汇率。1997 年亚洲金融危机爆发后，中国主动收窄了人民币汇率浮动区间。此后外汇管制进一步放宽。

3) 2005 年以来的人民币汇率形成机制

2005 年 7 月 21 日，我国对完善人民币汇率形成机制进行改革。人民币汇率不再钉住单一美元，而是选择若干种主要货币组成一个货币篮子，同时参考一篮子货币计算人民币多边汇率指数的变化。实行以市场供求为基础、参考一篮子货币进行调节、有管理的浮动汇率制度。人民币汇率形成机制改革以来，以市场供求为基础，人民币总体小幅升值。

2005 年 7 月 21 日，人民币汇率形成机制改革后，中国人民银行于每个工作日闭市后公布当日银行间外汇市场美元等交易货币对人民币汇率的收盘价，作为下一个工作日该货币对人民币交易的中间价。自 2006 年 1 月 4 日起，中国人民银行授权中国外汇交易中心于每个工作日上午 9 时 15 分对外公布当日人民币对美元、欧元、日元和港币汇率中间价，作为当日银行间即期外汇市场(含 OTC 方式和撮合方式)以及银行柜台交易汇率的中间价。

4) 2008 年，我国适当收窄了人民币波动幅度以应对国际金融危机。

2010 年 6 月 19 日，中国人民银行新闻发言人表示中国人民银行决定“进一步推进人民币汇率形成机制改革，增强人民币汇率弹性”。

3.1 外汇与汇率

世界各国在经济、政治、文化、体育、卫生等诸多领域发生着越来越多的交流，这些交流往往伴随着货币的收支。而世界各国都有各自的货币，因而在国际交流中，必然涉及以何种货币进行支付、本国货币和他国货币之间以何种比率进行兑换等问题。外汇有动态和静态之分，动态的外汇是指本币与外币之间的兑换行为，静态的外汇是指以外币标示的、可用于国际结算的支付手段。汇率是两国货币之间的兑换比率，其表示有直接标价法和间接标价法两种，而且根据不同的标准，汇率可以有不同的划分，如买入和卖出汇率，名义和实际汇率，电汇汇率、信汇汇率和票汇汇率，基准汇率和套算汇率，固定汇率和浮动汇率，官方汇率和市场汇率等。

3.1.1 外汇

1. 外汇的概念

外汇(foreign exchange)是“国外汇兑”的简称。法国学者伊丹·皮诺认为外汇是国际主义的贸易与国家主义的货币共存的结果。这一概念有动态和静态之分。从动态的意义来看，外汇是指人们通过特定的金融机构(外汇银行)把一国的货币兑换成另一国的货币，借以清偿国际之间债权债务关系的行为和活动。在一定程度上，动态的外汇概念等同于国际结算。从静态的意义来看，外汇泛指以外币标示的、可用于国际结算支付手段的各种金融资产，包括外国货币、外币有价证券(如外国政府债券、信用级别较高的外国公司债券和股票)和外币支付凭证。国家货币信用活动中所广泛使用的“外汇”一词，一般是指静态的外汇。

静态意义上的外汇又有广义和狭义之分。狭义的静态外汇概念是指以外币标示的，可以用于国际之间结算的支付手段。不是所有的外国货币都是外汇，一国货币要成为外汇必须具备三个条件：①该货币可以自由输出入国境；②该货币可以自由兑换；③该货币在国际支付中能够被广泛接受。静态外汇的存在形式通常包括：①外国货币，包括纸币、铸币；②外币支付凭证，包括外币银行汇票、银行支票、银行存款凭证、邮政储蓄凭证等；③外币有价证券，包括各类长期与短期的外国政府债券、外币公司债券、外币股票、外币可转让存款单等；④以外币标示的其他可以取得外汇收入的债权凭证，包括租约、房契、地契等。广义的静态外汇概念泛指一切以外币标示的资产，强调外汇是清偿国际间债权债务的支付手段。国际货币基金组织(International Monetary Fund，IMF)对此做出过明确说明：“外汇是货币行政当局(中央银行、货币管理机构、外汇平准基金及财政部)以银行存款、财政部库券、长短期政府债券等形式所保有的在国际收支逆差时可以使用的债权。其中包括由中央银行及政府间协议而发生的在市场上不流通的债券，而不问它是以债务国货币还是以债权国货币表示。”我国于 2008 年修订的《中华人民共和国外汇管理条例》将外汇定义为：“外汇是以外币表示的可以用作国际清偿的支付手段和资产，它包括：①外币现钞，包括纸币、铸币；②外币支付凭证或支付工具，包括票据、银行存款凭证、银行卡等；③外币有价证券，包括债券、股票等；④特别提款权；⑤其他外汇资产。”

然而，在复杂的经济中，外汇并不限于外币资产，还延伸到专用于国际结算的本币资产。如欧洲金融市场上的“欧洲美元”对美国来说就是外汇；“欧洲英镑”对英国来说也是外汇。

2. 外汇的特征

作为国际之间清偿债权债务的支付手段和资产，外汇具有下列几个特征：

(1) 外汇是一种以外币计值或表示的金融资产。也就是说，用本国货币表示的信用工具和有价证券不能视为外汇，以外币计值或表示的实物资产和无形资产也不构成外汇。例如，美元为国际支付中常用的货币，但对美国人而言，凡是用美元对外进行的收支都不算是动用了外汇。但是在现实经济中，外币并不必然是外币金融资产。

(2) 外汇是具有充分可兑换性的资产，能用于多边国际结算。一般来说，只有能自由兑换成其他国家的货币，同时能不受限制地存入该国商业银行的普通账户才算作外汇。例如，美元可以自由兑换成日元、英镑、欧元等其他货币，因而美元对其他国家的人而言是一种外汇；而我国人民币现在还不能自由兑换成其他种类货币，人民币尽管对其他国家的人而言也是一种外币，却不能称做外汇。

(3) 外汇是能够在国外得到偿付、并被各国普遍接受的金融资产。外汇必须具有可靠的物资偿付的保证，以保证它的支付无论是企业、个人，还是政府都愿意接受，用来偿付对外债务。例如，空头支票、拒付的汇票等均不能视为外汇。

3. 外汇的种类

(1) 按来源和用途划分：可分为贸易外汇和非贸易外汇。贸易外汇是指一国出口收入的外汇和进口支出的外汇，以及与进出口贸易有关的从属外汇，如运费、保险费、银行手续费等。非贸易外汇是指进出口贸易以外收支的外汇，此类外汇有侨汇、旅游、航空、港口以及邮电等方面收支的外汇。

(2) 按可兑换程度划分：可分为自由外汇和记账外汇。自由外汇是指无需货币发行国批准，可以随时自由兑换成其他货币，或可以向第三方办理支付的外国货币及支付手段。常见的自由外汇有美元、日元、英镑、欧元、瑞士法郎和加拿大元等。记账外汇又称清算外汇或双边外汇，是指未经货币发行国批准，不能自由兑换成其他货币或对第三方进行支付的外汇。记账外汇只能根据两国政府之间的清算协定，在双方银行开立专门账户记载使用，通常只能根据有关协定在协定国之间使用。

(3) 按外汇交易的交割期限划分：可分为远期外汇和即期外汇。远期外汇，又称期汇或远期汇兑，是指外汇买卖双方约定在交易达成后一定期限、按合同规定的汇率进行交割的外汇。远期外汇的期限一般为 1～6 个月，也可长达 1 年。即期外汇，又称现汇或外汇现货，是指外汇买卖双方成交后立即交割或在两个营业日内完成交割的外汇。

(4) 按所有权划分：可分为官方外汇和市场外汇。官方外汇，是指由一国政府所拥有的外汇资产。市场外汇，则是指由企业和个人持有并有权进行处置的外汇。

3.1.2 汇率及其种类

1. 汇率的概念

汇率(exchange rate)又叫汇价、外汇行市，是两种货币之间的交换比率。汇率的表现形式通常是以一国货币表示的另一国货币单位的“价格”。在现今的世界中，一个国家通常要与许多其他国家发生贸易和非贸易等交往，所以，一国货币对许多国家的货币都有一个汇率。其中，最主要的是一国货币对美元、欧元、日元等主要国际性货币的交换比率。作为本国货币与外国货币之间价值联系的桥梁，汇率的变动对各国的国内经济与国际间经济关系都有重大的影响。

货币之间的交换比率由于所采用的以哪个国家的货币作为标准的不同，产生了两种不同的汇率标价方法：直接标价法和间接标价法。

2. 汇率标价法

直接标价法(direct quotation)是以一定数额的本国货币来表示一定单位(1 或 100 单位)外国货币的价格的方法，又称为应付标价法，也就是单位外币的本币价格。在直接标价法下，汇率越高，说明单位外国货币所能兑换的本国货币越多，本国货币的价值则越低；相反，汇率越低，则说明本国货币的价值越高。目前，世界上绝大多数国家都采用直接标价法来表示汇率，我国采用的也是这种方法(表 3-1，中国的外汇牌价)。

表3-1 外汇牌价(人民币：100外币)

2011年8月23日

货币名称	交易单位	中间价	现汇买入价	现钞买入价	卖出价
美元(USD)	100	639.87	638.29	633.18	640.85
港元(HKD)	100	82.04	81.87	81.22	82.18
欧元(EUR)	100	919.17	922.8	894.31	930.22
英镑(GBP)	100	1 053.67	1 054.95	1 022.38	1 063.42
日元(JPY)	100	8.328 9	8.328 1	8.071	8.395
瑞士法郎(CHF)	100	810.42	809.43	784.44	815.93
加拿大元(CAD)	100	646.2	645.57	625.63	650.75
澳大利亚元(AUD)	100	665.55	669.35	648.68	674.72
新加坡元(SGD)	100	529.69	529.41	513.06	533.66
丹麦克朗(DKK)	100	123.42	123.87	120.05	124.87
挪威克朗(NOK)	100	117.34	117.93	114.29	118.88
瑞典克朗(SEK)	100	100.54	101.21	98.09	102.03
澳门元(MOP)	100	79.6	79.45	78.78	79.75
新西兰元(NZD)	100	526.32	530.32	524.18	534.58

注：资料来源于中国银行网站(http://www.boc.cn)。

表3-1表明，银行买入某种外币100单位时要付出多少元人民币，银行卖出某种外币100单位时要收取多少元人民币。这就是直接标价法下人民币与外币之间汇率的表示。

与直接标价法相反，间接标价法(indirect quotation)是以一定数量的外国货币来表示一定单位(1或100单位)本国货币价格的方法，也称为应收标价法，也就是单位本币的外币价格。在间接标价法下，汇率越高，说明单位本国货币所能兑换的外国货币越多，本国货币的价值则越高；相反，汇率越低，则说明本国货币的价值越低。例如，伦敦外汇市场上，美元的牌价为1GBP＝1.640USD，即1英镑可以兑换1.640美元。目前，英国还采用这种方法来表示汇率，美国从1978年9月1日起也改用间接标价法，但美元对英镑、欧元等少数货币的汇率仍采用直接标价法。

上述汇率标价方法中，数额固定不变的货币被称为基准货币或被报价货币，数量不断变化的货币被称为报价货币。在直接标价法下，基准货币是外币，报价货币是本币；间接标价法下，基准货币是本币，报价货币是外币。

3. 汇率的种类

按照不同的标准，汇率可进行如下分类：

1) 按银行在外汇买卖中的地位划分

按银行在外汇买卖中的地位，可分为买入汇率和卖出汇率。买入汇率又称买入价(bid rate)，是指银行买入外汇时的汇率，通常这一汇率多用于出口商与银行之间的交易，即出口商将出口获得的外汇卖给银行，所以也常称为出口汇率。卖出汇率又称卖出价(offer rate)，是指银行卖出外汇时的汇率，通常这一汇率多用于进口商与银行之间的交易，即进口商因进口用汇而向银行买入外汇，所以也称为进口汇率。卖出价往往高于买入价(直接标价法下如此，间接标价法下则相反)，二者之间的差额一般为1‰～5‰，是银行买卖外汇的收益。

买入汇率和卖出汇率的算术平均数为中间汇率(intermediate rate)或中间价。我国外汇管理局公布的人民币对五种主要货币的基准汇率就是中间汇率。

此外，银行在对外挂牌公布汇率时，还另注明外币现钞价(bank notes rate)，即银行买入外币现钞时的汇率。现钞汇率往往低于买入汇率，这是因为外币现钞不能像其他种类的外汇资产那样可以生息，且外币现钞在本国不能流通，需要把它们运至国外才能使用，在运输现钞过程中需要花费一系列的成本，包括保险费、运费等。在外币现钞运往国外期间，银行还要承担一定外汇风险。

2) 按汇率的制定方法划分

按汇率的制定方法，可分为基准汇率和套算汇率。基准汇率(benchmark exchange rate)是一国货币与关键货币之间的汇率。由于外币种类繁多，要制定出本币与每一种外币之间的汇率多有不便，而制定基准汇率可以减少汇率的数量。当前，世界上大多数国家都把本币与美元之间的汇率称为基准汇率。我国则有五种基准汇率，即人民币对美元、欧元、日元、英镑和港元的汇率。套算汇率(cross exchange rate)，又称交叉汇率，是两国货币通过各自对第三国货币的汇率而套算出来的汇率，如英镑对瑞士法郎的汇率，可以根据英镑和瑞士法郎的基准汇率套算出来。若 1GBP＝1.40 USD，1USD＝CHF 1.50，则 1GBP＝1.40×1.50 CHF＝2.10 CHF。

3) 按外汇交易的交割期限划分

按外汇交易的交割期限，可分为即期汇率和远期汇率。即期汇率(spot rate)，也称现汇汇率，是买卖双方成交后，在两个营业日内办理交割时所使用的汇率。远期汇率(forward rate)，也称期汇汇率是买卖双方事先约定的、在未来某一时期进行外汇交割时所使用的汇率。远期汇率为国际贸易中的套期保值、规避汇率风险操作提供了工具。远期汇率通常是以“即期汇率＋调期率”的形式报出。调期率是指某种货币的远期汇率与即期汇率之间的差价，它有三种形态：①远期汇率高于即期汇率，叫做“升水”或“溢价”(at premium)；②远期汇率低于即期汇率，叫做“贴水”或“折价”(at discount)；③远期汇率等于即期汇率，叫做“平价”(at par)。在不同的标价法下，远期汇率和即期汇率之间的关系可表示为：

在直接标价法下：远期汇率＝即期汇率＋升水(或－贴水)

在间接标价法下：远期汇率＝即期汇率－升水(或＋贴水)

4) 按汇兑方式划分

按汇兑方式可分为电汇汇率、信汇汇率和票汇汇率。电汇汇率(telegraphic transfer rate，简称 T/T Rate)是指银行卖出外汇后，以电报方式通知国外分支行或代理行付款时所使用的一种汇率。目前，国际支付中绝大多数采用电讯传递，因而电汇汇率是外汇市场的基准汇率，其他汇率都以电汇汇率为基础而定。

信汇汇率(mail transfer rate，简称 M/T Rate)是指以信函解付的方式买卖外汇时所使用的汇率。由于信汇速度较慢，银行可以在一定时间内占用汇兑资金生息，因而信汇汇率要比电汇汇率低一些。信汇汇率除了中国香港和东南亚地区国家以外，其他地区较少采用。

票汇汇率(draft rate)是指以汇票作为支付工具进行外汇买卖时所使用的汇率。由于汇票从售出到付款也有一定的时间间隔，因而票汇汇率也比电汇汇率低一些。

5) 按外汇银行的营业时间划分

按外汇银行的营业时间，可分为开盘汇率和收盘汇率。开盘汇率(open rate)，又称开盘价，是指外汇市场或外汇交易所在一个营业日开市后进行首批外汇买卖时使用的汇率。收盘汇率(close rate)，又称收盘价，是指外汇市场或外汇交易所在一个营业日结束时终了最后一笔外汇交易所使用的汇率。

6) 按汇率制度划分

按汇率制度，可分为固定汇率和浮动汇率。固定汇率(fixed rate)是指两国货币之间的汇率基本固定，仅在一定幅度内波动。采用固定汇率的各国货币当局在本国货币币值波动超过一定幅度时，必须采用相关干预以维持汇率的基本稳定。金本位制度和第二次世界大战后的布雷顿森林体系下，各国货币基本上都采用这种汇率。浮动汇率(floating rate)是指货币当局不规定汇率波动的上下限，汇率由外汇市场供求自由决定。1973 年，布雷顿森林体系崩溃后，世界主要工业国家都采用浮动汇率。

7) 按是否剔除了通货膨胀因素划分

按是否剔除了通货膨胀因素，可分为实际汇率和名义汇率。名义汇率(nominal exchange rate)是指包含了通货膨胀影响在内的汇率，通常就是公布的汇率。实际汇率(real exchange rate)是指剔除了价格因素的汇率，即等于名义汇率减去通货膨胀率，可用公式表示为：

$$e=E\cdot\frac{P^*}{P}$$

其中，e 为实际汇率，E 为名义汇率，P^* 为外国的物价水平，P 为本国的物价水平。

8) 按外汇管制的程度划分

按外汇管制的程度可分为官方汇率和市场汇率。官方汇率(official rate)是指由一国货币当局规定的、要求一切外汇交易都采用的汇率，可以是单一汇率，也可以是多重汇率，如中国在 1996 年以前所实行的汇率就是多重汇率。市场汇率(market rate)是指在外汇市场上由外汇供求自行决定的汇率。此外，为规避政府对外汇市场的管制，为法律限制或禁止的外汇交易所采用的汇率叫做黑市汇率(black market rate)。

特别提示

传统上，外汇是以外币标示或计价的金融资产。但在现今复杂的经济环境中，外汇还延伸到可用于国际结算的本币资产，如欧洲美元对美国来说就是外汇。

3.2　汇率决定理论

汇率在经济中的作用越来越重要，汇率决定就成为了经济研究中的一个焦点问题。汇率决定理论研究一国货币与另一国货币之间的兑换比率如何决定、影响因素是什么等问题。汇率决定理论随着经济形式和经济理论的变迁而不断发展，它为一国货币当局制定汇率政策提供了理论依据。而不同经济和金融发展背景下所提出的汇率理论各有偏重，如国际借贷理论从国际收支即外汇供求角度解释汇率决定，购买力平价理论以货币的购买力之比来解释汇率决定，利率平价理论以各国之间的利率差异来解释远期汇率差价，汇兑心理说和货币分析法则分别从心理预期、货币供给角度解释一国货币的汇率决定，等等。

3.2.1　国际借贷理论

国际借贷理论是出现较早的汇率决定理论，它于 1861 年由英国经济学家 G. L. 格森(G. L. Goschen)提出，是在金本位制定盛行时期流行的一种阐释外汇供求与汇率形成的理论。在金本位制定下，铸币评价是汇率决定的基础，汇率决定理论偏重阐释汇率变动的原因。因而，G. L. 格森认为，一国汇率变动是由外汇需求与供给的对比变动所引起的，而外汇供求状况的变化又取决于由国际贸易往来和资本流动所引起的债权债务关系。当一国的流动性债权(即外汇收入)多于其流动性债务(即外汇支出)时，外汇的供给大于需求，因而本币将升值；反之，外汇供给小于需求，本币将贬值。这一理论中的国际借贷关系，实际是指国际收支，因此该理论又称为国际收支说。由于该理论仅用外汇供求来说明短期汇率的变动，但并未说明导致外汇供求变动的因素以及影响汇率波动的其他重要因素，从而限制了这一理论的应用价值。特别是在金本位制度崩溃之后，该汇率决定理论的局限性更加突出。

3.2.2 购买力平价理论

购买力平价理论(theory of purchasing power parity，简称 PPP 理论)是影响深远的解释汇率长期决定的理论。1914 年第一次世界大战爆发后，金币本位制崩溃，各国货币发行摆脱了限制，致使各国物价飞涨，汇率因此剧烈波动。1922 年瑞典经济学家古斯塔夫・卡塞尔(Gustav Cassel，1866～1945)在总结和发展前人思想的基础上，于其著作《1914 年以后的货币与外汇》一书中第一次系统地阐述了购买力评价的思想和理论体系。他认为，人们之所以需要外国货币是因为外币在其发行国国内具有一定的购买力，同样外国之所以需要本国货币，也是因为本币在本国具有购买力，因此，两国货币之间汇率的决定基础应是两国货币所代表的购买力之比，汇率的变动也是由两国货币购买力的变动所导致。由于货币的购买力是由价格的倒数来表示的，因此，两国货币的汇率就表现为两国国内价格水平之比。购买力平价理论提出后，受到了普遍的关注，形成了绝对购买力平价理论和相对购买力平价理论。

1. 绝对购买力平价

绝对购买力平价(absolute purchasing power parity)理论认为，在某一时点上，两国货币之间的兑换比率取决于两国货币之间的购买力之比，即两国物价水平之比。可用公式表示为

$$E=P_a/P_b$$

其中，E 为直接标价法的汇率，P_a 和 P_b 分别为 A 国和 B 国国内的一般物价水平。例如，一揽子商品和服务在德国的价格总水平为 600 欧元，相同的商品和服务在英国的价格总水平为 400 英镑，则汇率为 600/400＝1.5，即 1 英镑＝1.5 欧元。

绝对购买力平价理论实质上是开放经济条件下的一价定律(law of one price)。即在不考虑交易成本和自由贸易的条件下(即运输费用和关税为零)，同一种商品在不同国家以同一种货币衡量的价格应该是相等的；如若不等，则国际间的商品套利活动也会使其调整到相等的情况。

2. 相对购买力评价

相对购买力平价理论(relative purchasing power parity)认为一价定律的假设过于苛刻而偏离现实，因而认为汇率在一定时期内的变化取决于两个国家在这一时期内的物价水平或购买力的变化率。即在一定时期内，汇率的变化率等于两国物价水平变化率之差。用公式可表示为

$$\frac{E_1}{E_0}=\frac{P_{a1}/P_{a0}}{P_{b1}/P_{b0}}$$

其中，E_1 和 E_0 分别表示当期和基期的汇率；P_{a1} 和 P_{a0} 分别表示 A 国当期和基期的物价水平；P_{b1} 和 P_{b0} 分别表示 B 国当期和基期的物价水平。该式表明，两国货币间汇率的变动幅度等于两国物价水平的变动率之差，即当本国通货膨胀率超过外国的时，本国货币贬值；当外国通

货膨胀率超过本国时，本币升值。如果用π_a和π_b分别表示A国和B国当期的物价变动幅度，则相对购买力平价理论的公式表达可简化为：

$$\frac{E_1-E_0}{E_0}=\pi_a-\pi_b$$

例如，假设美元对人民币的基期汇率为1USD＝8 CNY，一种商品的价格在美国由原来的5美元上涨到6美元，在中国则由原来的40元人民币上涨到60元人民币。则本期美元对人民币的汇率为$E_1=\frac{60/40}{6/5}\cdot 8=10$，这说明人民币由于通货膨胀而发生了贬值，贬值幅度为

$$\frac{E_1-E_0}{E_0}=\frac{10-8}{8}=25\%$$

购买力平价理论是一种静态或比较静态分析，理论对于汇率在长期内的变化具有较强的说服力。如从统计验证上来看，相对购买力平价理论非常接近均衡汇率，特别是在物价剧烈波动、通货膨胀严重时期具有重要的意义。但同时购买力平价理论也存在着缺陷，如将物价作为影响汇率的唯一因素，不符合实际情况；该理论所要求的自由贸易、两国生产与消费结构相同以及价格体系相似等条件在现实世界里无法满足；该理论忽略了国家资本流动、贸易条件等对汇率所产生的冲击。

3.2.3 汇兑心理说

1924～1925年，法国的国际收支顺差，但法郎却存在贬值现象。之前的汇率理论国际借贷理论和购买力平价理论都无法解释这种现象。法国经济学家A. 阿夫达里昂(A. Aftalion)于1927年在其《货币、物件与外汇》一书中提出了汇兑心理说(psychology theory of exchange)，用人们的主观心理因素来解释汇率变化，认为汇率决定的最主要因素是人们的心理判断及其对国际收支、政府收支、资本流动、外汇管制措施等多方面的预测。该理论认为人们对外汇的需求是为了满足某种欲望或获得效用，如对外国商品和服务的购买和支付、投资、外汇投机、资本外逃等需要。这种欲望或需要使外国货币具有价值。因此，外国货币的价值不遵从人行规则，而是决定于外汇供求双方对外汇边际效用所做的主观评价。在经济不正常的情况下，人们的心理预期确实对汇率变动有一定的影响，但汇兑心理说过分强调主观心理因素的作用，难免有失偏颇。

3.2.4 利率平价理论

随着外汇业务的发展和汇率的剧烈波动，远期外汇业务迅速发展起来。凯恩斯于1923年在其《货币改革论》一书中首次系统地提出了远期汇率的“利率平价理论”(theory of interest rate parity)，又称为“远期汇率理论”。1931年英国学者P. 艾因奇格(P. Einzig)在其《远期外汇理论》一书中，进一步阐述了汇率的远期差价与利率之间的相互影响。凯恩斯和P. 艾因奇格认为远期汇率与利率之间的这种相互影响是通过国际间套利资金的流动产生的，即由于各国间存在利率差异，投资者为获得较高收益，就将其资金从利率低的国家转移到利率高的国家。

利率平价理论认为，在没有交易成本的情况下，远期差价是由两国的利率差异决定的，高利率国家货币在远期外汇市场上必定贴水，低利率国家货币在远期外汇市场上必定升水，并且升贴水率等于两国之间的利差。套利者在将资金由低利率国家调向高利率国家时，不仅

考虑两种资产利率所提供的收益，还要考虑两种资产由于汇率变动所产生的收益变动。套利者往往将套利与掉期业务相结合，以规避汇率风险。掉期外汇交易的结果，是低利率国货币的现汇汇率下浮、期汇汇率上浮，而高利率国货币的现汇汇率上浮、期汇汇率下浮，直到两种资产所提供的收益相等时，抛补套利活动才会停止。此时，远期差价等于两国的利差。用公式表示为：

$$P=R-R_{\mathrm{f}}$$

其中，P 代表两国货币汇率的升贴水率，即两国货币的远期汇率和即期汇率之差；R 和 R_{f} 分别代表本国和和外国的利率。此等式表明，当本国利率高于(低于)外国利率时，本币预期贬值(升值)的幅度等于国内与国际利率水平之间的差异。

由于利率平价理论忽略了套利掉期的交易成本，假定不存在资本流动障碍，忽略了资本国际流动的政治风险以及认识获利机会和实际获利之间的时滞等，因而该理论与现实还存在一定的差距。

3.2.5 第二次世界大战后汇率决定理论的发展

20 世纪 70 年代以来，随着布雷顿森林体系的解体，各国纷纷推出金融自由化资产，主要工业化国家均采用浮动汇率制度，国际经济联系日益紧密，国际金融市场一体化迅速发展。在此背景下，汇率出现了频繁而剧烈的波动，而这种波动难以简单地根据实体经济做出解释，汇率越来越表现出与其他金融资产价格相类似的特征。由此导致汇率决定理论有了很大发展，着重从资本流动和货币供给的角度进行分析，强调资产市场存量均衡对汇率决定的作用，认为汇率变动是为了实现两国资产市场的存量均衡，均衡汇率即为两国资产存量供求均衡时的两国货币相对价格。

1. 货币分析说

货币分析说(monetary approach to exchange rate)通过建立货币模型分析汇率的决定因素，它是以购买力平价理论为基础发展起来的。该理论认为，汇率是两国货币的相对价格，可以通过分析两国货币相对需求与供给来确定汇率水平。该理论的基本模型如下：

$$E_{\mathrm{t}}=M_{\mathrm{t}}^{*}-M_{\mathrm{t}}-a\left(y_{\mathrm{t}}^{*}-y_{\mathrm{t}}\right)+b\left(i_{\mathrm{t}}^{*}-i_{\mathrm{t}}\right)$$

其中，E_{t} 是以间接标价法表示的本币汇率，M_{t}^{*}、M_{t}，y_{t}^{*}、y_{t}，i_{t}^{*}、i_{t} 分别表示外国与本国的货币供给变动率、国民收入变动率和利率水平。一国货币的汇率是本币与外币的比价，其决定和变动取决于上述三类变量的变动差异。当其他条件不变，若外国货币供给的增长快于本国货币供给的增长，则使汇率上升，本币升值；若本国收入的增长率快于外国收入的增长率，那么本国货币需求就会增加，也将导致汇率上升，本币升值；若本国名义利率高于外国名义利率，则意味着本国有较高的通货膨胀预期，这时，对本国货币的需求将降低，汇率会下降，本币贬值。

货币分析法的优点在于阐明了汇率要受两国货币供给量的制约，从而把汇率与货币政策联系起来；其缺点在于过分依赖货币数量论。

2. 金融资产组合说

金融资产组合说(portfolio of exchange rate determination)也称为汇率决定的资产组合平衡理论，是在 20 世纪 70 年代兴起的。该理论认为，货币是人们可以持有的一系列金融资产中的一种，人们将根据各种资产收益与风险的权衡，将财富配置于各种可供选择的国内外金融资产。投资者要根据经济形势和预期，及时调整其外币资产的比例，从而引起货币资本在国际间的大量流动，并对汇率产生很大影响。资产组合的调整是对财富这一存量的结构调整。从长期来看，一国财富总量也会发生变动，私人部门财富的积累与流失是通过经常项目的顺差和逆差这一流量来实现的。经常项目失衡会带来本国持有的外国债券总量的变动，财富总量也相应变动，这一变动又引起资产市场汇率的调整。

这一理论把汇率决定的分析视野扩大到货币以外的其他各种金融资产供求方面，其理论贡献在于运用一般均衡分析，综合考虑多种变量、多个市场影响汇率变化的因素，承认本币资产与外币资产的不完全替代性，较好地反映了20世纪70年代之后各国货币金融资产快速增长、流动加快的客观现实。但这一理论的局限性在于忽略了贸易收支和商品市场等实际因素对汇率变动长期趋势的重要影响。

特别提示

汇率决定理论解释了两国货币之间的兑换比率是如何决定的，以及影响因素是什么。理论研究认为，国际收支逆差、本币的购买力下降、国内利率低于国外的以及货币供给过多，都将导致一国的货币贬值。此外，交易者的心理预期以及其对外汇资产的需求都会影响汇率。

3.3 汇率的作用及其风险

开放经济下，汇率对一国经济的影响深远，它通过影响一国的进出口、物价和资本流动等而对整个经济产生影响。本币贬值时，一国出口会增加，而进口会减少，而这取决于进出口商品的需求弹性、出口商品的供给弹性等。同时，本币贬值，可以通过提高进口商品的价格而对整体物价水平产生影响，且会导致资本外逃。汇率对经济的影响，还受到各国经济体制、市场条件、市场运行机制、对外开放程度的制约。汇率波动会导致进口成本上升、出口收入下降，国际储备价值下降和外债负担增加等风险，因此需要借助对收付货币的选择、外汇远期交易、期货、期权以及外汇掉期交易等以规避汇率波动的风险。

3.3.1 汇率的作用

汇率是一种重要的价格指标，对经济的各个方面都有着深刻影响：影响经济主体的行为，影响本国(及贸易伙伴)的国际竞争力水平，影响进出口、资本流出入和国际收支情况，影响一国的产出和就业等。

1. 汇率与利率

在开放经济条件下，无论采取何种汇率制度，固定汇率制或浮动汇率制，汇率与利率之间都存在着紧密的联系。

两个对外开放的市场经济国家，如果利率水平之间存在差别，货币资本就会从利率水平偏低的国家流向利率水平偏高的国家。如果利率真的引起了大量资本在国际之间转移，对于采取浮动汇率制的国家来讲，由于外国资本流入，外汇供过于求，本币升值；本国资本流出，外汇供不应求，则本币贬值。实行钉住汇率的国家和地区，在利率上必须跟随钉住货币的那个国家的利率水平；否则，货币资本大量流出、流入的冲击，必将使钉住汇率经受挑战直至被迫放弃。

实行外汇管制，可以隔开利率与汇率的联系。但必须是最严厉的管制，否则它们之间的联系还可显现。例如，我国20世纪90年代中期以后的几年，对应物价水平由升趋降，人民币存款利率一再下调。一年定期居民储蓄利率从1996年的7.47%逐步下调到1999年的2.25%。而同一时期，美国在通货膨胀的压力下，联邦基金利率一直维持在5%左右。相应地，中国的银行，其外币存款利率也不得不维持在4%～5%的高水平上。

2. 汇率对进出口的影响

一般来说，本币贬值，可以通过提高本国商品的国际竞争力，起到促进出口、抑制进口的作用；若本币升值，则有利于进口，不利于出口。其影响过程可举例说明：

假设一种玩具，在中国的出口成本为6.5元人民币，出口到美国售价1美元。按照1美元兑换6.8元人民币的汇率，可把在美国销售的1美元在中国兑换为6.8元人民币，这样出口一件这种玩具可赚0.3元人民币，利润率为4.62%。如果人民币相对于美元贬值了，1美元不是兑换6.8元人民币，而是7元人民币，那么出口这种玩具可赚0.5元人民币，利润率升至7.69%。利润的提高，自然会调动出口商的积极性，出口会增加；另一方面，本币的贬值意味着外国的进口商品相对变得昂贵，有利于抑制进口。

然而，汇率变动对于进出口的影响，必须满足一个条件，即进出口需求具有弹性——进出口品的需求会由于进出口品价格的变动而变动。概括地说，如果进出口需求对汇率和商品价格变动的反应灵敏，即需求富有弹性，那么，一国货币贬值和相应降低出口商品的价格则可以有效刺激出口的增加；而由于进口商品的国内价格上涨，则可以有效抑制对进口商品的需求，从而减少进口。

此外，本币贬值能否对进出口产生影响，还取决于其他三个条件：一是本币贬值，出口能否增加还要受商品供给扩大的可能程度，即出口供给弹性所制约。二是一国出口商是否可以从本币贬值中得到额外利润，还以该国货币对内购买力不变为前提；如果国内物价上涨则会导致出口商品在外国市场上的价格调低空间消失。例如，上例中如果出口商品的国内价格上涨到7元，即出口成本上升，则人民币兑美元贬值到1美元兑换7元人民币时，出口这种玩具则无利润可赚。三是竞争对手国家的货币汇率保持不变，否则，当竞争对手通过降低各自本币汇率等措施加以反击时，货币贬值所带来的竞争优势即不复存在。

3. 汇率对物价的影响

从进口消费和原材料来看，本币贬值可能引起进口商品的国内价格上涨。至于它对物价总指数的影响程度，则取决于进口商品和原材料在国民生产总值中所占的比重。反之，其他条件不变，本币升值，进口商品的国内价格有可能降低，从而可以起到抑制物价总水平的作用。

从出口商品来看，本币贬值有利于扩大出口，但在出口商品供给弹性小的情况下，出口扩大会引起国内市场对此类商品的抢购，从而抬高其国内价格，甚至有可能进一步波及国内的物价总水平。

总之，如果汇率变动导致了国内物价总水平的波动，其后果则不仅限于进出口，而是将影响整个经济。

4. 汇率对资本流动的影响

对于国际之间的长期资本流动，汇率对其的影响不太直接，因为长期资本流动主要以利润和风险为转移。如果吸收外资的东道国货币贬值，从而使利润汇回投资国的金额相应减少(利润兑换为投资国货币会下降)，或者其他不利的汇率变化，则东道国对外资的吸引力会由于货币贬值而减弱；相反，货币升值，可能加强对外资的吸引力。

对于短期国际资本流动，汇率的影响是直接的：当存在本币对外贬值的趋势下，本国投资者和外国投资者就不愿持有以本币计值的各种金融资产，以本币计值的各种金融资产会被转兑成外汇，发生资本外流。同时，由于纷纷转兑外汇，加剧了外汇供求状况的紧张局面(外汇供不应求)，会使本币进一步贬值。反之，当存在本币对外升值的趋势，本国投资者和外国投资者就力求持有以本币计值的各种金融资产，从而会引发资本的内流。同时，由于外汇纷纷转兑本币，外汇供过于求，会使本币进一步升值。

3.3.2 汇率发挥作用的条件

汇率影响机制能否充分发挥以及作用程度的大小，除了受上面所提到的进出口商品的需求弹性、出口商品供给弹性等的制约外，还会受到各国的经济体制、市场条件、市场运行机制、对外开放程度的制约。通常，一国的市场调节机制发育得越充分，外汇市场与其他金融市场和商品市场的相关度越高，国内市场与国际市场的联系越紧密，微观经济主体与经济变量对汇率的反应才越灵敏，汇率作用越能有效发挥。

汇率作用的发挥，还常常与一国所采取的汇率制度相联系。固定汇率制的支持者认为，固定汇率可以避免汇率频繁波动而给国际贸易和投资活动带来的汇率风险，减少收益的不确定性，从而推进国际贸易和跨国投资的发展，有利于一国的经济增长和充分就业。而浮动汇率制的支持者认为，浮动汇率可以对整个国际收支的运行进行自发的微调，避免政府强制干预而给经济带来的剧烈震荡，而浮动汇率下国际贸易和投资所面临的汇率风险可以通过金融市场的操作加以分散或转移。

3.3.3 汇率风险及其规避

1. 汇率风险及其表现形式

汇率的变化常常导致交易人实际实现的收益低于(也可能高于)其预期收益，甚至可能使其遭受损失，这通常被称为外汇风险或汇率风险(exchange risk)。汇率风险主要表现为以下几个方面：

1) 进出口贸易的汇率风险

这是指在进出口贸易的收付外汇中，因汇率变动所引起损失的可能性。例如，商品出口后到结算收入外汇往往有一段时间，在这段时间里，如果外汇贬值，则出口商品的成本和售价虽然没有发生变化，但出口商的本币出口收入却因外汇贬值而减少。同样道理，进口商品到货款支付时，如果外汇升值，则进口商需要支付更多本国货币，从而实际进口成本上升而蒙受损失。

2) 外汇储备风险

一国为了应付日常外汇支付以及平衡国际收支，常常需要保持一定数量的外汇储备。这些外汇储备表现为存放在国外的外币资产(存款、有价证券等)。如果所持有的这些外汇资产的汇率发生贬值，则这些外汇储备就会蒙受损失。

3) 外债风险

这是指对外举债因汇率变动而引起损失的可能性。例如，借入日元，折换成美元进口设备，但到还债时遇到日元升值、美元贬值，则需要更多的美元折换成日元才能清偿外债。

2. 汇率风险防范

为避免或减轻汇率风险的损失，在对外交易中往往需要采取一些防范措施。例如，在进口支付时尽量选择软货币，而出口收汇时尽量选择硬货币，还可以借助远期外汇买卖、期货和期权等外汇衍生工具来规避汇率风险。

1) 远期外汇交易的汇率风险防范

远期外汇交易(forward foreign exchange transaction)是指外汇买卖成交后，约定于未来某个日期再进行交割的外汇买卖。例如，某日本企业出口一批货物，根据合同3个月后将收到100万美元，企业担心3个月后美元贬值、日元升值，故与银行做远期交易，卖出美元、买进3个月远期日元。即期汇率为1美元＝250日元，3个月远期交易价为1美元＝248日元。3个月后，该企业收到100万美元交割给银行，获得2.48亿日元。这时，美元已跌到1美元＝175日元，100万美元只能兑换1.75亿日元，如果没做远期外汇买卖，该企业汇率损失为2.48亿日元－1.75亿日元＝7 300万日元。

2) 期货交易的汇率风险防范

期货交易的汇率风险防范即借助外汇期货交易进行套期保值，分为多头套期保值和空头套期保值。

多头套期保值是指在外汇现货市场上处于空头地位的人，即拥有外币债务的人，为防止将来偿还外币时汇价上升，而在外汇期货市上做一笔相应的买进交易。具体操作是在期货市场上先买入某种外币期货，然后再卖出期货轧平头寸。通过期货市场先买后卖的汇率变动与现货市场相关交易的汇率变动损益相抵冲，以避免汇率波动风险。

空头套期保值是指在即期外汇市场上外于多头地位的人，即持有外币资产的人，为防止外币的汇价将来下跌，而在外汇期货市场上做一笔相应的空头(卖出)交易。即在期货市场上先卖后买来固定汇率，避免汇率波动的风险。

多头套期保值举例：某美国进口商预期3个月后需支付进口货款2 500万日元，目前的即期汇率为1美元兑146.70日元，该进口商为避免3个月后因日元升值而需付出更多的美元来兑现日元，就在外汇期货市场买入2手9月到期的日元期货合约，进行套期保值：现汇市场上，6月10日，汇率为1美元＝146.7日元，2 500万元价值170 416美元，预期日元会升值，9月10日，汇率为1美元＝142.35日元，买入2 500万元日元，需付出175 623美元，成本增加175 623美元－170 416美元＝5207美元。外汇期货市场，6月10日买入2手9月到期的日元合约，每张金额为12 500 000日元，成交价为0.000 683 5美元/日元，用外汇期货市场的报价方法为6 835点，用银行外汇报价则为146.30日元/美元。9月10日卖出2手9月份到期的日元期货合约，成交价格为7 030点，用银行外汇报价法为142.25日元/美元。外汇期货获利(7 030－6 835)×12.5×2＝4 875美元。该进口商3个月后实际支付日元货款时，因日元升值而需多付 5 207 美元，但因他同时在外汇期货市场上做了套期保值，使成本的增加可以从期货市场的获利中大致得到弥补。相反，若9月10日日元贬值，则现汇市场上成本减少的好处将抵补期货市场的亏损。

3) 期权交易的汇率风险防范

外汇期权(foreign exchange option)交易是一种权利的买卖。买方有权在未来某一特定时间按约定的汇率向期权的卖方买进或卖出约定数额的外币。为取得上述权利，期权的买方必须向卖方支付一定的费用，即期权费。由此，期权的买方获得了今后是否执行买卖的选择权，而期权的卖方则承担了今后汇率波动可能带来的风险。外汇期权交易有两种方式：一是买方期权(call option)，即持有人有权按照执行价格在约定时间购买特定数量外汇的权利，也称为看涨期权；二是卖方期权(put option)，即持有人有权按照执行价格在约定时间出售特定数量外汇的权利，也称为看跌期权。

外汇期权套期保值举例：2006 年 10 月～12 月，1 美元＝(160～164)日元。中国银行某分行代客户购买一笔美元卖出权(put option)，日元买入权(call option)。协议价为 1 美元＝170 日元，费用为 4.15%，期限为 1 个月，金额为 100 万美元。按照 4.15%计算，期权买方要付 4.15 万美元的费用，从而买进“在 1 个半月后，以 170 日元的汇价卖出美元、买进日元”的权利。2007 年 1 月 30 日，该笔期权到期，美元汇率已跌至 1 美元=152.75 日元，该客户一定会要求行使期权合同，获得较大利益，即 100 万×(170－152.75)÷152.75－4.15 万≈7.143 万美元。假设期权到期，美元汇率上升，则只需支付权利金。

4) 掉期交易的汇率风险防范

外汇掉期交易是指买进或卖出某种货币的同时，卖出或买进相同金额但交割期限不同的同种货币的外汇交易。具体形式有：即期对远期的掉期，即在买进或卖出一笔即期外汇的同时，卖出或买进同一种货币、同等金额的远期外汇，这是最常见的形式。即期对即期的掉期，亦称“一日掉期”(one-day swap)，即同时做两笔金额相同，交割日相差一天。远期对远期的掉期交易，即同时做两笔交易方向相反，交割期限不同的某种货币的远期交易。

外汇掉期交易保值举例：一家瑞士投资公司需用 1 000 万美元投资美国 3 个月的国库券，为避免 3 个月后美元汇率下跌，该公司做了一笔掉期交易，即在买进 1 000 万美元现汇的同时，卖出 1 000 万美元的 3 个月期汇。假设成交时美元/瑞士法郎的即期汇率为 1.488 0/90，3 个月的远期汇率为 1.465 0/60，若 3 个月后美元/瑞士法郎的即期汇率为 1.451 0/20。比较该公司做掉期交易和不做掉期交易的风险情况(不考虑其他费用)。

做外汇掉期交易时，买进 1 000 万美元现汇需支付 1 000 万×1.489 0＝1489 万瑞士法郎，同时卖出 1 000 万美元期汇将收进 1 000 万×1.465 0＝1 465 万瑞士法郎，则掉期成本 1 465 万－1 489 万＝－24 万瑞士法郎。如果不做掉期交易，3 个月后，瑞士公司在现汇市场上出售 1 000 万美元，收进 1 000 万×1.451 0＝1 451 万瑞士法郎，则损失 1 451 万瑞士法郎－1 489 万瑞士法郎＝－38 万瑞士法郎。

特别提示

通常，一国货币贬值往往通过提高本国出口商品在国际市场上的竞争力而促进本国出口，通过提高进口商品的国内价格而抑制进口；且货币贬值对进口商品价格的影响可能导致整体物价水平的上涨。汇率对短期资本流动的影响是直接的，货币贬值会导致资本流出，升值会导致资本流入，而长期资本流动主要取决于利润和风险。

3.4 汇率制度及其演进

汇率制度是指一国货币当局对本国汇率变动基本方式所做的一系列安排或规定，包括汇率变动界限、调整手段以及维持汇率稳定所采取的措施等。汇率制度经历了由固定汇率制到浮动汇率制再到现今的混合汇率制的演进过程。固定汇率制和浮动汇率制是两种主要的汇率制度，现今各国的汇率安排多介于两者之间，而这两种汇率制度又各有利弊。

3.4.1 汇率制度的演进

汇率制度(exchange rate regime)，又称汇率安排，是指一国货币当局对本国汇率变动基本方式所做的一系列安排或规定，表明各国货币比价的确定方式和原则，包括汇率变动界限、调整手段以及维持汇率稳定所采取的措施等。汇率制度的演进大致经历了以下三个阶段：

1. 金本位制下的汇率制度

在金本位制下，各国货币之间的汇率又它们各自的含金量之比决定。而外汇市场上的汇率则围绕两国货币含金量之比所确定的金平价上下波动，但这种波动被限制在黄金输送点之间，因此，金本位制下的汇率制度是一种较为稳定的固定汇率制。其特征为：①汇率制度以黄金作为物质基础，保证了各国货币的内在价值和对外价值的稳定；②汇率具有自动稳定的机制，政府不加干预。金本位制下的汇率制度持续了 30 多年，有力地促进了世界经济的发展与繁荣。但当汇率制度稳定的基础不复存在时，必然被新的汇率制度所取代。

2. 布雷顿森林体系下的汇率制度

在布雷顿森林体系下确立的汇率制度是以黄金-美元为基础的、可调整的固定汇率制。这一汇率制度安排的特征是“双挂钩”，即美元与黄金挂钩、各国货币与美元挂钩。该汇率安排对于维护和促进第二次世界大战后各国经济的稳定与发展发挥过积极作用，但自身存在的不合理因素和不稳定性最终导致了该汇率制度的崩溃。

3. 牙买加体系下的汇率制度

牙买加体系下，汇率制度安排呈现多样性，大致有两类：可调整的盯住汇率制度、有管理的浮动汇率制度。这两种汇率制度各有优劣，浮动汇率制度可以为国内经济政策提供更大的活动空间和独立性，而钉住汇率制度可以减少本国居民可能面临的汇率风险，方便经济活动与核算。牙买加体系下汇率制度的特征为：①多种汇率安排中，以浮动汇率制度为主导；②各国货币与黄金彻底脱离，汇率安排是以信用货币本位为基础的。但牙买加体系下的汇率制度也存在一定的缺陷：①汇率波动更加严重，导致了货币危机，甚至金融危机；②浮动汇率制度并没有实现国际收支的自动调节，汇率为经常项目的失衡无能为力；③政府对宏观经济的调控难度加大。

3.4.2 汇率制度的类型

1. 固定汇率制

固定汇率制(fixed exchange rate system)是指两货币之间的汇率基本固定，其波动仅限于一个较小的幅度之内，各国中央银行有义务维持本币币值的稳定。从国际货币制度的发展来看，19世纪中后期到第二次世界大战前的国际金本位制下的汇率制度，及从第二次世界大战后到1973年布雷顿森林体系下的汇率制度，都属于固定汇率制度。

1) 金本位制下的固定汇率制

金本位制下，各国的货币都有法定含金量，因而不同国家的货币之间具有固定的关系。在金本位制下，决定两国汇率的基础是两国货币的含金量之比，即铸币平价(mint parity)。市场汇率则因供求关系变动而围绕铸币平价上下波动，但上涨或下跌具有一定限度，这个限度就是黄金输送点(gold point)。金本位制下的固定汇率制是比较典型的固定汇率制度，它为促进国际贸易的发展提供了有利的条件。金本位制从1880年开始，到1941年结束，它的全盛时期为1897～1914年，第一次世界大战的爆发标志着它的终结。其后1941～1944年，金本位制处在中断、恢复和最后崩溃阶段。

2) 布雷顿森林体系下的固定汇率制

第二次世界大战后，英美等国家开始检讨第一次世界大战后经济萧条的原因以及第二次世界大战加速爆发的根据，酝酿战后准备实施的国际货币金融体系。1944年7月，美、英、中、法等44个国家在美国的新罕布什尔州的布雷顿森林召开了“联合与联盟国家货币金融会议”，签订了《国际货币基金组织协定》和《国际复兴开发银行协定》，统称为《布雷顿森林协定》。1945年12月27日，《布雷顿森林协议》生效，从而建立了以美元为中心的布雷顿森林体系。布雷顿森林体系规定了“一固定、双挂钩、上下限、政府干预和允许调整”的固定汇率制。“一固定”是指国际货币基金组织的成员国执行固定汇率制，按照各国货币与美元的含金量之比来确定各国货币与美元的平价；“双挂钩”指各国货币与美元挂钩、美元与黄金挂钩；“上下限”是指各国货币对美元的汇率上下波动幅度为1%；“政府干预”是指汇率波动超过规定的幅度时，各国货币当局或中央银行必须在外汇市场上进行干预以维护本币对美元汇率的稳定；“允许调整”是指当一国经济发生根本变化，政府已无法通过外汇市场干预维持汇率稳定时，经国际货币基金组织同意，一国可以使本币法定升值或贬值，即调整其货币的法定平价。

2. 浮动汇率制

浮动汇率制(floating exchange rate system)是指一国中央银行不规定本国货币与他国货币的官方汇率，汇率水平完全由外汇市场的供求状况决定的汇率制度。在浮动汇率制度下，汇率的上下波动是外汇市场上经常发生的现象，各国央行只是根据需要，自由选择是否进行干预以及把汇率维持在什么样的水平上。根据货币当局是否对汇率决定进行干预，浮动汇率制度可以分为管理浮动和自由浮动。

自由浮动(free floating)又称清洁浮动(clean floating)，是指货币当局对外汇市场不采取任何干预措施，汇率完全由市场力量自发地决定。但实际上，目前几乎没有任何国家实行完全的自由浮动，即使是主要的发达国家政府，也会为了本国的经济利益对外汇市场进行干预，即实行有管理的浮动汇率制度。

管理浮动(managed floating)又称肮脏浮动(dirty floating)，是指实行浮动汇率制的国家，政府或货币当局为了减缓市场汇率的波动，或使汇率向着有利于本国经济发展的方向波动，对外汇市场进行各种形式的干预活动，主要是根据外汇市场的情况买卖外汇，通过对供求的影响来影响汇率。

浮动汇率制度又可以根据浮动的方式划分为单独浮动、联合浮动和钉住浮动。单独浮动(independent floating)是指一国货币与其他国家货币不发生固定联系，其汇率仅根据外汇市场的供求变化而自动调整，如美元、英镑、日元等货币均属于单独浮动。

联合浮动(joint floating)又称为共同浮动或集体浮动，是指一些经济关系密切的国家集团在成员国之间实行固定汇率并规定波动幅度，同时对非成员国货币实行同升同降的浮动汇率。例如，1973 年，欧洲经济共同体为了建立稳定的货币区，对成员国(法国、荷兰、比利时、丹麦、卢森堡、原联邦德国)之间的货币实行固定汇率，并规定上下浮动的界限为货币平价上下各 1.125%；比利时、荷兰、卢森堡三国形成更加紧密的经济联盟，汇率波动幅度为平价上下的各 0.75%；但这些成员国货币与英镑实行浮动汇率。

钉住浮动(pegged floating)指一种货币钉住另一种货币、特别提款权或“一篮子货币”(basket of currencies)，对其他国家货币的汇率随被钉住的货币与其他货币的浮动而浮动。一些国家由于历史、地理等方面的原因，其对外经济往来主要集中于某一个工业发达国家，通常主要使用某一种外币。为使这种贸易、金融关系得到稳定发展，免受汇率频繁变动的不利影响，这些国家通常使本国货币钉住工业发达国家的货币。而有时为了摆脱本国货币受到某一外币的支配，有些国家将本国货币同“一篮子”外国货币挂钩。这“一篮子”外币主要由与本国经济联系最为密切的国际货币和对外支付使用最多的货币组成。例如，沙特阿拉伯、阿拉伯联合酋长国等国货币就与特别提款权挂钩。

目前世界各国汇率制度呈现多元化局面，严格的固定汇率制与浮动汇率制的二分法已不符合各国汇率制度安排的实际。牙买加协定生效后，以浮动汇率为主的混合汇率体制得到了发展，各国对汇率制度的取舍是在现实的钉住汇率制度与浮动汇率制度之间做基本的判断。而这两种汇率制度之间还存在着其他“中间道路”的汇率安排，包括可调整的钉住汇率制度、爬行钉住汇率制度以及管理浮动汇率制度等。

3. 固定汇率制与浮动汇率制的利弊分析

汇率制度对各国，特别是发展中国家宏观经济的稳定和发展起着至关重要的作用，而不同汇率制度安排各有优劣。于是，作为汇率制度的两极，完全固定与完全浮动的汇率制度究竟孰优孰劣，成为国际金融领域中长期争论不休的问题。相对于固定汇率制，浮动汇率制度的优点主要表现在以下三个方面：

(1) 有利于发挥汇率对国际收支的自动调节作用。当一国发生国际收支逆差时，外汇市场上就会出现外汇供不应求的情况。在浮动汇率制下，汇率会迅速做出反应，通过本币贬值，可以刺激外汇供给、抑制外汇需求，国际收支趋于平衡。同时，浮动汇率制可以避免货币当局不恰当的干预导致汇率被高估或低估，进而使国际收支得到改善。

(2) 减少国际游资的冲击，减少国际储备需求。在固定汇率制下，国际游资尤其是投机性资金往往通过抛售软货币、抢购硬货币而获利。而且，投机者的一致行为，导致软货币国家的国际储备大量流失，也使得国际金融市场动荡不定。而在浮动汇率制下，由于软货币的汇率会及时贬值从而可以化解国际游资的冲击，且货币当局无需进行外汇干预，也不必保留过多的国际储备。

(3) 易于协调内外均衡。在一国经济出现衰退和国际收支存在逆差时，在固定汇率制下，只能通过紧缩性的财政和货币政策来改善国际收支，而这却会加剧经济的衰退。并且，固定汇率制下，政策的紧缩或扩张效果往往会因为外资的流入或流出而受到削弱。而在浮动汇率制下，国际收支可以由汇率来调节，避免资本流动对政策效能的不利影响，从而实现对外均衡，国内均衡则可以依赖财政货币政策，内外均衡就不会发生冲突。

当然，与固定汇率制相比，浮动汇率制也存在一定的问题，表现在以下几个方面：

(1) 不利于国际贸易和投资的发展。浮动汇率制下，汇率的频繁波动使国际贸易和投资的成本、收益难以准确核算，汇率风险在一定程度上阻碍了国际贸易和投资的发展。

(2) 浮动汇率可能助长国际金融市场上的投机活动。在浮动汇率制下，虽然"单向投机"不复存在，但汇率波动的频率和幅度的加大却为投机活动提供了机会，并加剧了国际金融市场的动荡和混乱。

(3) 浮动汇率可能引发各国竞相贬值货币。采取浮动汇率制的国家可以通过贬值本国货币的方法来改善国际收支，但这会使其他国家的国际收支处于不利地位，因此，其他国家也有可能会调低本币汇率，引发竞相贬值。

(4) 浮动汇率可能诱发通货膨胀。在浮动汇率制下，由于国际收支可以完全依赖汇率的自由浮动而得到调节，在缺乏货币纪律约束(即央行不能过度发行货币以免导致本币贬值)的情况下，货币当局就会偏好采取扩张性政策来刺激国内的经济增长，而不必顾忌货币扩张对国际收支的不利影响。由此，过多的货币发行可能导致国内的物价水平上涨，诱发通货膨胀。

3.4.3 中国的人民币汇率制度

1949年1月19日，人民币对西方国家货币的汇率首次在天津诞生，当时1美元兑换80元旧人民币。1950年7月8日开始，实行全国统一的人民币汇率，由中国人民银行公布。自人民币汇率诞生至今，人民币汇率制度经历几个阶段的发展，其基本趋势是汇率决定从行政管理转向以市场供求为基础；从钉住汇率转向有管理的浮动汇率，汇率决定及形成机制的市场化程度不断提高。

1. 计划经济时期的人民币汇率制度

在改革开放前的计划经济时期，一方面，由于对外贸易实行国家垄断经营，人民币汇率无须服务于对外贸易，因而不具备调节进出口的功能，实质上只是充当外贸内部核算和计划编制的一种会计工具；另一方面，当时的国际汇率制度是布雷顿森林体系下的固定汇率制度，各国之间的汇率在一定程度上也保持了相对的稳定。再加上我国同西方工业国家的直接贸易关系和借贷关系很少，因此，西方各货币汇率变动对人民币的汇率影响很小，人民币汇率也是固定汇率制。人民币对美元的汇价从1955年至1981年12月基本未动，一直保持在1美元兑换2.461 8元人民币的水平，汇率对贸易和国际收支的调节作用极为微弱。

2. 改革开放后的人民币汇率制度

改革开放后，伴随着我国经济体制的改革，人民币汇率制度的改革也随之展开。从1979年至今，我国的人民币汇率制度改革可以划分以下四个阶段：

1) 第一阶段(1979～1984年)

改革开放之初，为鼓励外商投资和促进开放，人民币汇率采取了对外贸易的内部结算价和用于非贸易的官方牌价的双重汇率制度。贸易内部结算价从1981年1月到1984年12月，一直被固定在1美元兑换2.80元人民币的水平上。非贸易的官方牌价，沿用一篮子货币加权平均计算，并随着一篮子货币的汇率而相应变动，从1980年的1美元兑换1.498 4元人民币，逐步下调至1984年初的1美元兑换2.32元人民币。直到1985年初，这两种汇率实现了并轨。

2) 第二阶段(1985～1993年)

这一时期，对外开放要求进一步改革汇率机制，在这一背景下外汇调剂市场发展起来。期间，为适应物价和外贸出口换汇成本的变化，人民币兑美元的汇率分别于1985年1月9日、1986年7月5日、1989年12月16日、1990年11月17日做了几次大幅度的贬值调整，人民币官方汇率与调剂汇率的差距有所缩小。同时，由于国家不断提高外汇留成比例，放宽外汇调剂范围，逐步放松直至最终解除对外汇调剂价格的管制，调剂汇率的市场形成机制不断改善，成为反映宏观经济和国际收支状况的重要价格信号，并为汇率体制的进一步改革做了准备。

3) 第三阶段(1994～2004年)

这一时期人民币对美元的汇率基本上是在较窄的区间内波动的，实际上"有管理的浮动汇率"发展成了"钉住美元的固定汇率制度"，削弱了供求力量在汇率形成中的作用。1994年开始，我国对外汇管理体制进行了重大改革。改革的主要内容包括：第一，从1994年1月1日起，实行官方汇率和外汇调剂市场汇率并轨，人民币汇率实行以市场供求为基础、单一的、有管理的浮动汇率制度；第二，实行银行结售汇制，废止外汇留成和上缴制度，人民币在经常账户下实现有条件的可兑换；第三，建立全国银行间外汇市场，中国人民银行根据银行间外汇市场交易情况公布汇率和规定汇率的波动幅度；第四，人民币汇率确定方法采用供求定价法，由外汇的市场供求状况决定汇率水平。

4) 第四阶段(2005年)

2005年7月21日中国人民银行发布《关于完善人民币汇率形成机制改革的公告》，宣布对人民币汇率形成机制进行改革完善，主要内容包括：第一，实行以市场供求为基础、参考一篮子货币进行调节、有管理地浮动汇率制度。人民币汇率不再钉住单一美元，形成更富弹性的人民币汇率机制；第二，中国人民银行于每个工作日闭市后公布当日银行间外汇市场美元等交易货币对人民币汇率的收盘价，作为下一个工作日该货币对人民币交易的中间价格；第三，2005年7月21日19时，美元兑人民币交易价格调整为1美元兑换8.11元人民币，作为次日银行间外汇市场上外汇指定银行之间交易的中间价，外汇指定银行可自此时起调整对客户的挂牌汇价；第四，每日银行间外汇市场美元兑人民币的交易价仍在人民银行公布的美元交易价格中间价上下3‰的幅度内浮动，非美元货币对人民币的交易价在人民银行公布的该货币交易价格中间价上下一定幅度内浮动。

2005年之后，在主动性、可控性和渐进性原则的指导下，人民币汇率制度改革进一步稳步推进。人民币汇率形成机制改革的内容包括：增强人民币汇率浮动弹性、完善人民币远期汇率定价机制、改革中央银行外汇公开市场操作方式。人民币汇率形成机制改革的同时，外汇管理体制改革的步伐也在加快，如由强制结售汇向意愿结售汇转型，逐步放宽企业和居民的用汇限制；积极开展QDII(qualified domestic institutional investors，合格境内机构投资者)制度等。

特别提示

固定汇率制度和浮动汇率制度的区别在于货币当局是否允许汇率随着市场供求状况的变化而变化。现今各国的汇率制度是有管理的浮动汇率制度，即货币当局会通过外汇市场干预使汇率朝着有利于本国经济发展的方向波动。

项目小结

外汇是国外汇兑的简称，可以从动态和静态角度对这一概念进行界定。动态的外汇是指本币与外币之间的兑换行为。静态的外汇又分为广义外汇和狭义外汇，广义外汇泛指一切以外币标示的金融资产，狭义的外汇仅指用外币标示的、在国际结算中可用作支付手段。汇率作为两种货币之间的兑换比率，可以按照不同的标准进行划分，如可分为基准汇率和套算汇率，买入汇率和卖出汇率，电汇汇率、信汇汇率和票汇汇率，即期汇率和远期汇率，固定汇率和浮动汇率，等等。汇率决定是汇率研究的焦点问题之一，对其的解释有国际借贷理论、购买力平价理论、利率平价理论、汇兑心理理论、货币分析法、金融资产组合理论等。开放经济下，汇率作为一种重要的价格，通过对进出口、资本流动、物价等的影响而对整个宏观经济产生影响，而汇率波动往往又会给进出口成本和收益、外汇储备价值和外债负担带来风险，因而在国际交往中，往往需要借助一些安排以防范汇率波动所带来的风险，包括对外汇收付所采用货币的选择、远期外汇交易、外汇期货、期权和掉期交易等。汇率制度是指一国货币当局对本国汇率变动基本方式所作的一系列安排或规定，表明各国货币比价的确定方式和原则，包括汇率变动界限、调整手段以及维持汇率稳定所采取的措施等。而不同时期和不同的经济国家，所采用的汇率安排不同。大致地，汇率制度有两种，固定汇率制和浮动汇率制，这两种汇率制度各有利弊。

专栏三

1) 日本的汇率改革

第二次世界大战后，日本政府提出贸易立国的口号，稳定汇率有利于出口。自1949年4月25日开始，实行美元兑日元的固定汇率政策，保持了22年之久，直到1971年12月才正式改变，这为日本经济腾飞立下了汗马功劳。随着日本经济实力的增强，贸易顺差和外汇储备的增长，美国对日本产品出口日益不满。从20世纪50年代后期开始，日美间摩擦不断。随之而来的是美国对日本的压力增大，在金融层面要求日元升值。

1971年8月，美国“新经济政策”从根本上动摇了布雷顿森林体系，引起了国际金融市场和世界经济的剧烈动荡。日本为维护日元兑美元汇率水平，多次入市干预，但都无济于事。尽管如此，欧美国家仍不断批评日元升幅不够。1971年12月，“史密森协议”决定将日元升值16.8%，即1美元兑308日元，并以此为标准，可上下浮动2.25%。但由于美国贸易逆差继续扩大，美元汇率仍呈下滑趋势。1973年2月13日，美元对黄金贬值10%，日本只好让日元向浮动汇率过渡。

1985年“广场协议”后，日元汇率进入了长达10年之久的升值周期。日本政府放手日元升值，日本试图以此缓和日美贸易摩擦，避免两国关系恶化，也想借此机会提高日元甚至日本的国际地位。日元升值对日本经济最大的影响是促进了日本企业的对外投资。当时日本在国际上具有竞争力的行业仍主要集中在汽车、钢铁、家电等传统产业方面，在以信息产业、生化等为代表的高科技方面还未发展到成规模的产业阶段。因此，日元升值推动传统产业的企业大量到海外投资，形成了所谓的国内产业空洞化现象，破坏了经济结构转轨，导致内需不足。内需不足反过来又影响企业在国内的投资需求，最终形成恶性循环。

日元大幅升值是日本泡沫经济产生、破灭的原因之一。日本饱尝了本币过度升值的苦果后，转而采取了阻止日元升值政策。进入21世纪以来，美国实际上采取了促使美元贬值的政策。对此，日本运用各种手段防止日元汇率升值。如2004年1～7月，日本政府动用9.03万亿日元入市干预，购买美元和欧元，目的是保证出口收益，以外需来弥补因长期萧条带来的内需不足。

2) 欧元兑美元长期汇率走势

作为史上第一个区域共同货币，欧元自诞生之日起就受到多方关注。由于人们普遍认为欧元启动之后必然直接挑战美元的主要国际货币地位，以及美国在国际政治、经济和金融舞台的历史核心地位，所以欧元兑美元汇率也始终是国际金融学界和实务界的热门话题。更富戏剧性的是，自投入使用以来，欧元兑美元长期汇率走出了一个明显的“V”形。

第 I 阶段(1999.1—2000.10)欧元持续走低。从€1 = \$1.2 跌至€1 = \$0.82，最大跌幅达 32%；
第 II 阶段(2000.10—2002.2)盘整期。始终在€1 = \$0.9 到€1 = \$0.8 之间做箱体整理；
第 III 阶段(2002.2—2005)欧元兑美元长期持续升值。2004 年底曾突破€1 = \$1.36，最大升幅在 50%以上。

(资料来源：朱德忠，汇率改革案例及其对我国的启示. 中国集体经济(下旬刊). 2007，09.)

实 训 练 习

一、核心概念

外汇	汇率	直接标价法	间接标价法
买入价	卖出价	现钞买入价	即期汇率
远期汇率	名义汇率	实际汇率	固定汇率制
浮动汇率制	购买力平价理论	利率平价	管理浮动
联合浮动	基准汇率	汇率风险	

二、问答题

1. 什么是外汇？它的形式有哪些？
2. 外汇的直接标价法和间接标价法有何差异？含义有何不同？
3. 试述汇率决定的购买力平价理论。
4. 什么是汇率风险？如何防范？
5. 简述浮动汇率制的主要特点。
6. 比较固定汇率制和浮动汇率制的利弊。
7. 汇率波动对一国经济会产生什么影响？
8. 2009 年 8 月 12 日，中国工商银行人民币即期外汇牌价：

	现汇买入价	现钞买入价	卖出价
100 美元	686.63	681.13	689.39

请问美国游客持 1 000 美元的旅行支票在工行可兑换多少人民币？

9. 某法国公司准备在美国投资，银行外汇交易报价是 1 欧元＝1.375 4－1.378 4 美元。如果法国公司计划投资 500 万美元，它应准备多少欧元的资金？

三、案例分析

香港的联系汇率制度是指将香港本地货币与美元挂钩，按照 1 美元兑 7.8 港元的固定汇率进行港币发行与回收的一种货币制度。港币由汇丰银行、渣打银行和中国银行三家指定的商业银行发行。根据香港法律，在联系汇率制度下，发钞银行需要向香港金融管理局交付美元，换取负债证明书；将美元拨入外汇基金账户，用以作为发行纸币的依据；再按照香港财政司规定的固定汇率发行等值港币。其他银行(在香港称做持牌银行)以同样的汇率向发钞银行存入美元，并获得等值港币。在回收港币时外汇基金、发钞银行和持牌银行之间也按 1∶7.8 的固定汇率进行反方向操作。

联系汇率制度自 1983 年正式实施，迅速地稳定了港币对内价值，十多年来更接受过多次挑战，其中最著名的应属1997年亚洲金融危机。但香港货币都能一一化解风险，成功地经受住了考验。港币信誉卓著，坚挺稳定。与此同时，香港经济运行良好，其国际金融中心、国际贸易中心和国际航运中心的地位不断得到巩固和加强。所有这些，联系汇率制度都起到了重要的、不可磨灭的作用。实践表明，联系汇率制度已经不仅仅局限于当初“政治应急”的作用，而发展成为使香港能够有效地承受来自外部的金融震荡和政治冲击的经济手段。不过，联系汇率制也有其自身不可克服的缺陷，还被认为是造成香港高通货膨胀和实际负利率并存的主要原因。

请思考：香港联系汇率制度下，外汇市场上的港币兑美元汇率是固定汇率还是浮动汇率？要保证联系汇率制度顺利实施，必须具备哪些前提条件？

项目 4　国际收支与经济均衡

项目思考

全球经济一体化背景下，各个国家的经济交往越来越紧密，因而国际收支平衡成为重要的宏观经济目标。在本章中将探讨什么是国际收支平衡，国际收支平衡表由哪些构成？一旦国际收支失衡，如何进行调节？在内外均衡发生冲突时如何进行政策搭配？

项目目标

通过本项目的学习，你将能够：

- 理解国际收支的概念，掌握国际收支平衡表的内容和结构；
- 了解国际收支失衡的原因，调节国际收支的政策措施；
- 掌握国际收支调节的各理论流派；
- 掌握内外经济均衡的含义，以及内外均衡冲突的政策协调。

项目框架

首先明确了国际收支的概念、国际收支平衡表的内容和结构、国际收支平衡表的记账原理。然后探讨了国际收支失衡的原因，国际收支失衡的自动调节、政策调节。接着谈到国际收支的调节理论，有国际收支弹性分析法、吸收分析法和货币分析法。阐述了内外失衡的米德冲突，实现内外均衡如何进行政策搭配。本项目的知识框架如图 4.1 所示。

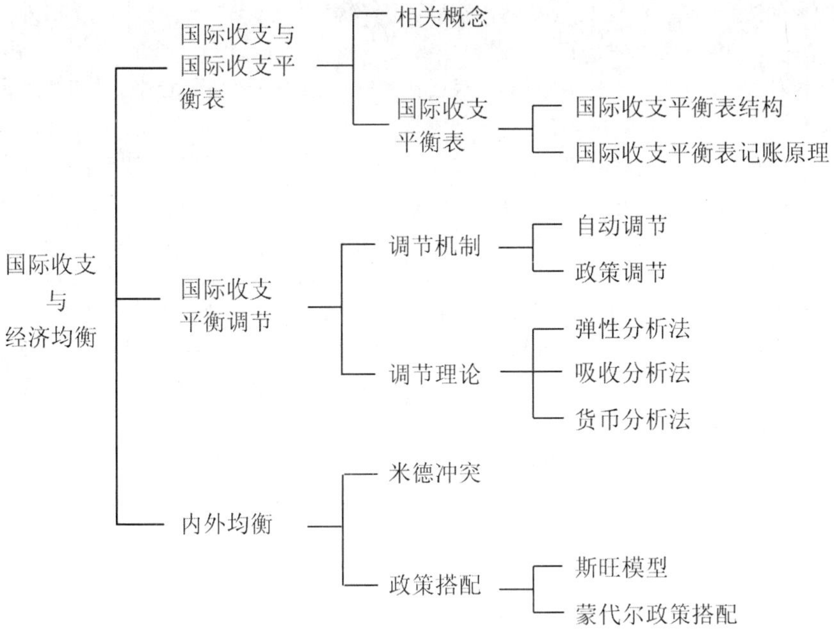

图 4.1 项目框架

引导案例

中国的国际收支

在 1982～2002 年期间，中国的对外经济迅猛发展，国际收支也呈现出一些突出的特点。

1) 1982～1984 年国际收支顺差阶段

这一时期经常项目出现较大数额的顺差，分别达到 56.74 亿美元、42.4 亿美元和 20.30 亿美元。同时，资本项目的净额 1982 年净流入 3.38 亿美元，1983 和 1984 年分别为净流出 2.26 亿和 10.03 亿美元。但这一时期资本项目的规模在整个国际收支中所占比重较小，因此，1983 和 1984 年经常项目的顺差弥补了资本项目的逆差，从而使 1982～1984 年的整个国际收支为顺差，国家外汇储备连年增加，虽然增加的绝对金额在减少。

2) 1985～1989 年国际收支顺差与逆差互现阶段

这一时期的国际收支变动情况，我们以国家外汇储备变化中判断，1985 年、1986 年、1989 年外汇储备减少，1987 年和 1988 年外汇储备增加。之所以出现这种国际收支顺差和逆差互现状态，是由于这时期，除 1987 年经常项目为顺差外，其余年份均为逆差：1985 年为－114.17 亿美元、1986 年为－70.34 亿美元、1988 年为－38.02 亿美元、1989 年为－43.17 亿美元。引起经常项目的逆差的重要因素是外贸的逆差。这里值得指出的是，1987 年经常项目的顺差得益于劳务项目的净收入和无偿转让的净收入；从进出口来说仍然为逆差。但从资本项目看，5 年都为资本净流入：1985 年为 89.72 亿美元、1986 年为 59.43 亿美元、1987 年为 60.02 亿美元、1988 年为 71.32 亿美元、1989 年为 37.2 亿美元。资本项目的净流入弥补了 1988 年的经常项目逆差而有余，因而当年外汇储备增加。但 1985 年、1986 年和 1989 年的资本项目顺差却未能弥补这 3 年的经常项目逆差，因而这 3 年的外汇储备减少。

3) 1990～2002 年为国际收支顺差

在这 12 年内，以外汇储备的增减来判断国际收支的顺逆差，应该说除 1992 年外汇储备减少外，其余年份外汇储备均为增加，且增加的绝对金额都高于 1990 年前的年份。这充分反映了我国国际收支明显好转，国际经济地位显著提高。从这12年来看，除1993年经常项目为逆差外，其余年份均为顺差；同期资本项目除1992年及1998年略为净流出外，都为净流入。

但这里应该对1992年外汇储备的减少加以说明。第一，我国从1977年对外公布国家外汇储备开始，直至1992年8月，我国的外汇储备都是由两部分构成的：一部分是官方(中央银行)持有的外汇储备，一部分是中国银行的外汇结余。很显然，这从理论上是说不通的，从实践上也是与国际惯例相悖的。从理论上说，外汇储备应该是各国政府能够无条件获得和使用的货币。而商业银行的外汇余额是银行的外汇营运的结存。从性质上说，这部分余额是商业银行的对外负债。因此，国际上的通行做法是：在计算一国的外汇储备时，各国一般都不包括各商业银行外汇买卖相抵的余额。我国从1992年8月起改变了原来的做法是一个进步。应该说，1992年以后我国的外汇储备才是官方真正持有的、可以自由动用的货币资产。第二，就1992年的经常项目和资本项目的关系来说，两者之和，即国际收支应该是顺差；经常项目顺差64.02亿美元减资本项目逆差2.50亿美元，国际收支顺差应为61.52亿美元。但之所以1992年国际收支为逆差，外汇储备减少21.22亿美元是因为当年的错误与遗漏为82.74亿美元所致。

从以上三个阶段可以看出，1982～2001年我国国际收支的发展经历了小额顺差、顺逆互现、更大顺差这样一个从低到高的发展过程。在这一进程中，我国国际收支规模不断扩大，国际收支态势向良好方向发展。

4.1 国际收支与国际收支平衡表

4.1.1 国际收支的概念

国际收支(balance of payment)的概念随着世界各国交往的发展而发展，其内涵也随着世界交往的扩大而不断丰富。国际收支有广义和狭义之分。其历史演变过程也就是从狭义概念向广义概念的发展过程，一般来说，第二次世界大战以前，国际收支的概念都是狭义的，之后的国际收支都是广义的。

1. 狭义的国际收支与广义的国际收支

狭义上的国际收支是指一个国家在一定时期内(通常为一年)对外经济往来所引起的货币收支。这是以支付为基础的国际收支，它强调现金基础(cash basis)，不引起货币流动的国际经济交易则不列入其中。当货币收入大于货币支出时，称为顺差；反之，则称为逆差或赤字。

第二次世界大战以后，国际经济交易的内容更加丰富，不仅涉及外汇收支的交易，无偿援助、补偿贸易等在国际经济交易中的地位大大加强，国际资本流动日益频繁，狭义的国际收支逐渐不能满足实际发展的需要。因此，国际货币基金组织进一步统一和明确了国际收支的广义概念：国际收支是指一定时期内对一国居民(resident)与非居民(nonresident)之间全部经济交易的货币记录。

广义国际收支概念的内涵非常丰富，可以从以下三个方面加以理解和掌握：

(1) 国际收支是个流量的概念。

即一国在一定时期内发生的所有对外经济交易的总和，“一定时期”一般为一年。与国际收支相对应的存量概念是国际借贷，它是指一国在某一个时点的对外资产与负债的总和。

(2) 国际收支反映居民与非居民之间的经济交易。

与法律概念中的“公民”不同，国际收支中的居民是一个经济概念，指在一个国家或地区连续居住期限达一年或一年以上的经济单位；否则，该经济单位就被称为该国家或地区的非居民。居民和非居民包括个人、企业、政府、非营利团体四类。

个人居民一般是根据其居住地点和居住时间来判断的。凡是在一国保有住所满一年及一年以上的自然人，无论是否持有该国的国籍，都是该国的居民。据此，移民属于其工作所在国的居民；逗留时间在一年以上的留学生、旅游者也属于所在国的居民。但有一个例外，身在外国且代表本国政府的个人，如官方外交使节、驻外军事人员，一般认为是他们自己国家的居民，是所在国的非居民。

一国的企业居民是指在该国注册成立、从事生产经营活动的企业，它包括国内企业及外资、合资、合作企业等。国内企业设在国外的分支机构是本国的非居民，所在国的居民。因此，跨国公司中母公司与子公司之间的贸易是国际贸易，其交易所发生的货币收支应分别计入两国国际收支。

政府机构，包括其境内的各级政府机构及设在境外的大使馆、领事馆和军事机构等。凡设在该国的外国使领馆和国际组织机构都是该国的非居民。

联合国、国际货币基金组织、世界银行等国际组织是所有国家的非居民。

(3) 在国际收支概念中，经济交易指经济价值从一个经济实体向另一个经济实体的转移。

从经济价值由一个经济实体向另一个经济实体转移的角度来讲，国际经济交易的内容可分为五类：①金融资产与商品劳务之间的交换，即商品劳务的买卖；②商品劳务与商品劳务间的交换，即易货贸易；③金融资产之间的交换；④无偿的商品劳务转移；⑤无偿的金融资产转移。

发生在居民与非居民之间的经济交易就是国际经济交易。例如，国际贸易中支付外汇获得外国商品和劳务，属于第一类国际经济交易；双边贸易中的易货贸易属于第二类国际经济交易；国际证券投资属于第三类国际经济交易；而国际间的实物捐赠、国际捐款分别属于第四、第五类国际经济贸易。

国际货币基金组织定义的国际收支概念，其内容涉及所有的国际经济交易，包括无偿援助、补偿贸易等不发生外汇收支的国际经济交易，因而能够全面、如实地反映一国的国际经济交易。英文中用 balance of payment 来表示国际收支，其字面意思为支付差额，它反映了第二次世界大战前流行的狭义国际收支概念。现在，世界各国基本上都采用了广义国际收支概念，但仍然沿用了原来的英文名称，balance of payment 已成为一个约定俗成。

2. 与国际收支相关的概念

1) 贸易收支、外汇收支与国际收支

贸易收支是指在一定时期内一国进口与出口的对比，其范围仅限于立即结清的现金收付。17 世纪初期，国际收支基本上就是贸易收支。在当时的金本位货币制度下，黄金的跨国流通对贸易收支起着自动调节作用，因而国际收支并不为人们所重视。

外汇收支是指在一定时期内必须同其他国家立即结清的各种到期收付的差额。国际贸易和国际信贷中尚未到期，不需要动用外汇现金结算的部分不列入外汇收支。

国际收支的广义概念是在第二次世界大战后形成的，除了外汇收支以外，它还包括不涉及外汇收支的贸易活动，如清算支付协定下的记账贸易、补偿贸易、政府援助、赠予等。同时，资本的输入、输出等也被包括其中。

2) 国际收支与国际借贷

国际收支与国际借贷相互联系又相互区别。

一方面，这两个概念之间具有因果关系。国际间的债权债务关系需要在一定时期内进行清算，由一国对其他各国的国际结算所引起的货币收支，就构成了该国的国际收支。

另一方面，这两个概念有明显的区别。第一，两者反映的时间基础不一致。国际借贷是一个存量概念，它反映的是一国在某一时点上的对外债权债务情况；国际借贷会随着不同时点所发生的不同情况而有所变动(如输入商品、支付价款或以物抵款)。而国际收支是一个流量概念，它反映的是一国在特定时期的对外经济交易的综合情况。若把国际借贷比作企业的资产负债表，那么国际收支就是企业的损益表。第二，两者的界限分明。国际交流中的赠予、侨民汇款、战争赔款等虽不形成借贷关系，但其仍属于国际收支的内容。以货易货的物物交换中并不涉及外汇收支，但却反映了国际借贷关系。正确区别这两个概念对理解国际收支是十分重要的。

4.1.2 国际收支平衡表

国际收支平衡表(balance of payment statement)是按照复式簿记原理所编制出来的反映国际收支状况的报表。国际货币基金组织出版了《国际收支手册》，1993 年已出至第五版，对这一报表的编制所采用的概念、准则、惯例、分类方法以及标准构成都做了统一的说明。

1. *经常账户*(current account)

经常账户又称经常项目，是国际收支平衡表中最基本、最重要的项目。它反映了一国与他国之间实际资源的转移，表现了一国的创汇能力。经常账户包括货物与服务、收入以及经常转移三个二级项目。

1) 货物(goods)与服务(services)

货物包括一般商品、用于加工的货物、货物修理、各种运输工具在港口购买的货物以及非货币用黄金。此账户系统记录了一国的商品进出口情况，往往对一国国际收支的经常项目乃至整个国际收支的状况起着决定性作用。国际货币基金组织建议，一国进出口商品价格均应按离岸价格(FOB)计算。但是，大多数国家对出口商品价格都按离岸价格计算，而对进口商品价格则按到岸价(CIF)计算。

服务反映一国对外提供或接受劳务所发生的贸易收支。此账户记录的内容较为复杂，包括运输，旅游，通信，建筑，保险，金融，计算机和信息服务，专有权使用费和特许费，其他商业服务，个人、文化和娱乐服务以及别处未提及的政府服务。

2) 收入(income)

收入是记录因生产要素在国际间流动而引起的要素报酬收支，它又包括雇员报酬和投资收益两个细分账户。雇员报酬(compensation of employees)指一国居民个人在另一国(或地区)工作而得到的现金或实物形式的工资、薪水和福利。投资收益(investment income)指一国资本在另一国投资而获取的利润、股息、利息等。投资收益还可进一步细分为直接投资收益、证券投资收益和其他投资收益(如借贷产生的利息)。需注意的是，资本损益是不作为投资收入记录的。

3) 经常转移(current transfers)

经常转移又称无偿转移，是指资金和物质在国际间移动后，并不发生债权债务关系，对方无需归还或偿还的无对等交易。在第五版《国际收支手册》中，将转移区分为经常转移和资本转移，将经常转移保留在经常账户中，而将资本转移归属于资本与金融账户中。经常转移包括除下面三项的所有权转移：①固定资产所有权的资产转移；②同固定资产收买或放弃相联系的或以其为条件的资产转移；③债权人不索取任何回报而取消的债务。经常转移又可细分为私人转移和政府转移两类：前者主要包括侨民汇款、年金、赠与等；后者主要包括政府间经济援助、军事援助、战争赔款、捐款等。

2. 资本和金融账户(capital account and financial account)

资本和金融账户是对资产所有权在国际间流动行为进行记载的账户，反映了国际资本流动。它包括资本账户和金融账户两大类。

1) 资本账户

资本账户包括资本转移和非生产、非金融资产的收买和放弃。非生产、非金融资产的收买和放弃是指各种无形资产如专利、版权、商标、经销权以及租赁和其他可转让合同的交易。

2) 金融账户

金融账户包括引起一个经济体对外资产和负债所有权变更的所有交易。它可以细分为直接投资、证券投资和其他投资。①直接投资(direct investment)，其特征是投资者对非居民企业的经营管理拥有有效的控制权。直接投资可以采取直接在国外投资兴建企业的形式，也可以采取购买非居民企业一定比例股票的形式。②证券投资(portfolio investment)，指购买非居民政府的长期债券和非居民公司的股票、债券等。须指出的是，当证券投资中拥有非居民企业股权达到一定比例以上时(如美国规定达到 10%以上，国际货币基金组织规定 25%以上)，就作为直接投资。③其他投资，指凡不包括在直接投资、证券投资和储备资产中的一切资本交易均记录在此。

3. 储备资产(reserve assets)

储备资产包括货币当局可随时动用并用于维持国际收支平衡和稳定汇率的外部资产，包括货币性黄金、特别提款权、在基金组织的储备头寸等官方对外资产。须指出的是，反映在国际收支平衡表中此账户上的官方储备是增减额而不是持有额，所以本账户可理解为“官方储备变动”。

4. 错误与遗漏账户(errors and omissions account)

错误与遗漏是由于统计技术和其他一些原因使表面上借贷双方总额无法平衡而人为设置的以轧平借贷差额的一个项目。其技术和人为因素有：①表内各个账户中各项统计数据来源于不同申报单位(如海关、银行或企业)，客观上造成不精确；②有些企业虚假报关；③一国货币当局不可能完整、准确地记录居民与非居民的一切交易活动，如对跨国公司的资金调拨、走私活动等交易数据难以确切掌握。

4.1.3　国际收支平衡表的记账原理

国际收支平衡表是按照“有借有贷，借贷相等”的复式记账原理来记录每笔国际经济交易的。对每一笔国际经济交易都要以相等数额记录两次，一次记在贷方，一次记在借方。凡是属于接受非居民支付的交易都计入贷方科目；凡是属于对非居民进行支付的交易都记入借方项目。

基本法则如下：

(1) 凡是引起本国从国外获得外汇收入的交易都记入贷方，凡是引起本国对国外进行外汇支出的交易都记入借方。

(2) 凡是引起本国外汇供给的交易都记入贷方，凡是引起本国外汇需求的交易都记入借方。因此，在国际收支平衡表中，记入贷方的交易包括商品和劳务的出口、来自外国居民的单方面转移、资本流入等；记入借方的交易包括商品和劳务的进口、对外国居民的单方面转移、资本流出等。

特别提示

国际收支平衡重点分析国际收支差额和国际收支结构，从而揭示各个项目在国际收支中的地位和作用，从结构变化中发现问题、找出原因，为指导对外经济活动提供依据。

4.2 国际收支失衡及其调节

4.2.1 国际收支的平衡与失衡

我们知道，国际收支平衡表是根据会计学的借方与贷方相互平衡的复式记账原理编制的，因而借方总额与贷方总额总是相等的，其差额必为零。但这是人为形成的、账面上的平衡，并非真实的平衡。那么，如何判断一国的国际收支是否平衡呢？

西方经济学家按照交易的性质，把国际收支平衡表所记录的交易划分为两种类型：一种是自主性交易(autonomous transactions)，是指经济实体或个人基于商业动机或其他的考虑而独立发生的交易。由于自主性交易具有自发性，因而这些交易所产生的货币收支并不必然相抵，由此可能导致对外汇的超额需求或超额供给，引起汇率的波动，从而带来一系列的经济影响。一国当局如不愿接受这样的结果，就需运用另一种交易来弥补自主性交易不平衡所造成的外汇供求缺口。另一种交易就是补偿性交易(compensatory transactions)，是指在自主性交易收支不平衡之后进行的弥补性交易。因而从理论上说，判断一国国际收支是否平衡，实际上是看自主性交易所产生的金额是否相等。故一般有：

国际收支逆差＝自主性收入<自主性支付

国际收支顺差＝自主性收入>自主性支付

4.2.2 国际收支失衡的原因

一国国际收支失衡的原因是多种多样的，概括起来可有下列六种。

1. 周期性失衡(cyclical disequilibrium)

市场经济国家由于受到商业周期的影响，周而复始地出现繁荣、衰退、萧条、复苏四个阶段。不同阶段对国际收支的影响是不同的。当处于繁荣阶段时，国内经济活跃，需求旺盛，这往往会造成该国经常项目收支逆差。而在衰退、萧条阶段则相反，由于生产与资本国际化的发展，主要发达国家经济周期阶段的更替会影响其他国家经济，致使各国发生国际收支失衡。这种由经济周期阶段的更替而造成的国际收支失衡，称为周期性失衡。

2. 收入性失衡(income disequilibrium)

一国国民收入的变化，可能是由于经济周期阶段的更替，也可能是由于经济增长率变化。一国国民收入的增减，会对其国际收支发生影响：国民收入增加，贸易支出和非贸易支出都会增加；国民收入减少，则贸易支出与非贸易支出会减少。由此而产生的国际收支失衡，称为收入性失衡。

3. 货币性失衡(monetary disequilibrium)

货币价值的变动会引入商品成本和物价水平的变动。一国在一定的汇率水平下，如果货币数量发行过多，该国的物价和商品成本高于其他国家，必然对其出口不利而对进口有利，导致出口减少，进口增加。另外，该国利率也会下降，造成资本流出增加，流入减少，致使国际收支出现逆差；反之亦然。这种由货币对内价值的高低所导致的国际收支失衡，称为货币性失衡。

4. 结构性失衡(structural disequilibrium)

一般来说，一国的国际收支状况往往取决于其贸易状况。当国际市场的供求发生变化时，一国进出口商品的结构如能随之调整，该国的贸易收支将不会受到影响；相反，如该国不能按照国际市场供求的变化来调整自己进出口商品的结构，该国的贸易收支和国际收支就会产生失衡。因此而产生的国际收支失衡，称为结构性失衡。

5. 资本性失衡(capital disequilibrium)

这是由于实行浮动汇率制后汇率变动的风险所带来的国际收支失衡。国际金融市场上存在巨额的游资，一有机会，这些资金就会在各国之间频繁地移动，以追求投机利润。这种变化莫测的短期资本流动常常造成一国国际收支的失衡。

6. 偶发性失衡

除上述各种经济因素外，政局动荡和自然灾害等偶然性因素也会导致一国贸易条件恶化，造成出口供给减少，进口需求增加，从而导致该国的国际收支逆差。这种由偶发性因素造成的国际收支失衡，称为偶发性失衡。

4.2.3 国际收支不平衡的自动调节

国际收支失衡后，有时并不需要政府当局立即采取措施来加以消除。经济体系中存在着某些机制，往往能够使国际收支失衡至少某种程度上得到缓和，乃至自动恢复平衡，如“物价现金流动机制”。

在金本位制度下的国际收支自动调节机制就是英国者哲学家和经济学家大卫·休谟(David Hume)在1752年所揭示的物价——现金流动机制。在金本位制度下，由于黄金可以自由输出输入，如果一国国际收支发生逆差，就意味着该国黄金的净输出，由于黄金外流，国内黄金存量下降，货币供给量就会减少，从而引起国内物价水平下跌。物价水平下跌后，该国商品在国外市场上的竞争能力就会提高，外国商品在该国市场上的竞争能力就会下降，于是出口增加、进口减少，使国际收支逆差减少或消除。同样，国际收支顺差也是不能持久的，因为顺差造成的内流会扩大国内的货币供给，造成物价上涨，对出口不利，对进口有利，从而使顺差趋于消失。如图 4.2 所示。

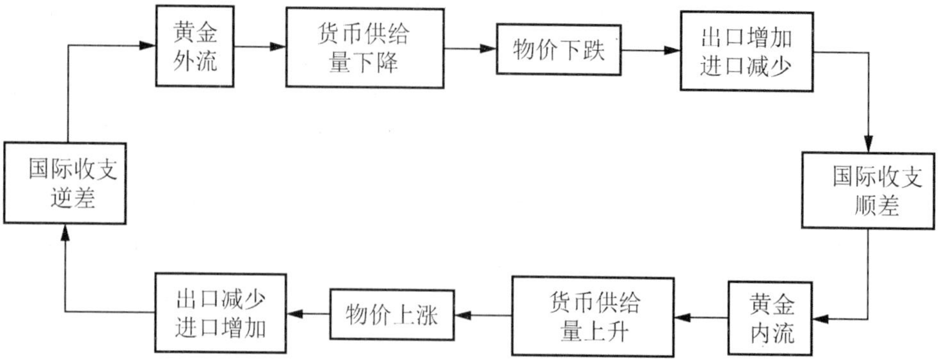

图 4.2　金本位制下的国际收支自动调节机制

4.2.4　调节国际收支的政策措施

国际收支的自动调节机制虽有其优点，但它们只能在某些特定条件下才会发生作用，而且作用的程度和效果难以保证，所需要的时间也比较长。因此，当国际收支发生失衡时，一国政府当局往往不能完全依靠经济体系的自动调节机制来平衡国际收支，而需要主动采取适当的政策措施进行调节。下面分别介绍常采用的各种政策措施。

1. 外汇储备政策

外汇储备政策是指一国政府为对付国际收支失衡，将其外汇储备作为缓冲体，通过中央银行在外汇市场进行外汇买卖，来抵消超额外汇需求或供给，从而使收支失衡所产生的影响仅限于外汇储备的增减，而不会导致汇率的急剧变动而影响本国经济。外汇储备政策的优点是简便易行，但其也有局限性：不适用于对付长期、巨额的国际收支逆差，因为一国的外汇储备规模毕竟是有限的。这时，如完全依靠外汇储备政策，就会导致该国外汇储备的枯竭；如该国为填补外汇储备的不足而向国外借款，又会大量积累外债。

2. 财政与货币政策

1) 财政政策

财政政策是指一个国家的政府通过调整税收和财政支出，来控制总需求和物价水平的政策措施。当国际收支出现逆差时，一国政府可以采用紧缩性财政政策，即缩减财政支出，提高税率以增加财政收入、减少进口、扩大外汇收入。相反，当国际收支出现顺差时，则可以采取扩张性财政政策，以达到抑制出口、增加进口、减少国际收支顺差的目的。

2) 货币政策

货币政策又称金融政策，包括再贴现政策、存款准备金政策和公开市场业务，是西方国家普遍而频繁采用的调节国际收支的政策措施。货币政策的调节，一方面通过银根的紧缩和放松来影响总需求，进而调节贸易收支；另一方面则通过利率的升降来调节资本的流入、流出。这两方面的作用均使国际收支发生变化。

财政政策和货币政策作为国际收支调节手段具有明显的局限性，主要表现为解决国际收支失衡问题而采取的财政政策可能同国内经济目标发生冲突方面。因此，政府要选择财政货币政策实现国际收支平衡，必须注意时机。

3. 汇率政策

汇率政策是指一个国家通过调整汇率改变外汇的供求关系，由此影响进出口商品的价格和资本流出入的实际收益，进而达到调节国际收支失衡的一种政策。这里所讲的“调整汇率”，不是指金融市场上一般性的汇率波动，而是指国家货币金融管理当局宣布本国货币的法定升值或贬值，或者通过外汇平准基金(foreign exchange equilibrium fund)来干预外汇市场，平衡汇价。外汇平准基金是由中央银行拨出一定数量的外汇储备而专门设立的货币基金。外汇平准基金由中央银行掌握，用来对外汇市场进行干预，以维持本币与外币的一定比价。当国际收支出现顺差时，外汇供过于求，本币升值，外币贬值，出口减少，进口增加，中央银行则购进外汇，平衡汇价，推动出口；反之，则抛出外汇，平衡汇价。当一国发生国际收支逆差时，政府实行货币贬值可以增强出口商品的国际竞争力并削弱进口商品的竞争力，从而改善该国的贸易收支。当一国长期存在国际收支顺差时，政府可以通过货币升值来促使国际收支平衡。实践中，各国的政策对采取贬值措施调节国际收支是十分慎重的，因为通过贬值收到预期效果需具备一定的条件。

4. 直接管制政策

直接管制政策是指政府直接干预对外经济往来，实现国际收支调节的政策措施。直接管制可分为外汇管制、财政管制和贸易管制。外汇管制主要是对外汇实行统购统销，以控制进口用汇和出口结汇，限制资本流动，使外汇供求基本平衡；财政管制是政府通过有关机构(财政部、海关、官方金融保险机构等)管制进出口商品的价格和成本，从而调节国际收支，各国常用的财政管制手段有关税管制、出口补贴、出口信贷等；贸易管制是通过关税、配额制度、许可证制度来控制进出口。运用直接管制政策来调节国际收支，具有极强的针对性，能对具体项目实行分类控制，减少调节代价，对结构性失衡进行调节。其弊端是不利于社会福利，容易导致贸易摩擦。

5. 国际经济合作

各国政府调节国际收支都以本国利益为出发点。就整个国际经济关系而言，一国的国际收支逆差，必然反映为其他国家的顺差。各国基于本国立场采取措施，不仅政策效果本身受到一定的制约，也可能对别国经济产生不利影响，并使其他国家采取相应的报复措施。随着国际经济间相互依赖程度的加深，为维护世界经济的正常秩序，第二次世界大战后各国政府加强了对国际收支调节政策的国际协调。

特别提示

在信用货币制度下，黄金流动虽已不复存在，然而，价格、汇率、利率、国民收入等经济变量对于国际收支自动恢复平衡仍发挥着一定的作用。只是国际收支自动调节机制的正常运行具有很大的局限性，往往难以有效地发挥作用，因为它要受到各方面因素的影响和制约。

4.3 国际收支的调节理论

国际收支调节理论是指从经济发展的不同时期和不同的分析角度来阐述国际收支失衡原因和调节方法的理论，主要包括以下几种。

4.3.1 国际收支弹性分析法

弹性论(elasticity approach to the balance of payment)直接采用了马歇尔的局部均衡分析方法去分别研究进口和出口。换言之，它把问题的研究集中到对外贸易额上，即不考虑国际资本移动和国民收入变化对国际收支的影响。并事先假定有一个充分就业的经济状态，在这种情况下，研究汇率变动对一国国际收支由失衡状态调整到均衡状态的作用和过程。

1937 年，英国经济学家 J. 罗宾逊(J.Robinson)以马歇尔的局部均衡分析为理论基础，不仅考虑进出口的需求弹性，还加入进出口的供给弹性，正式提出弹性理论。1944 年，英国经济学家阿巴·勒纳着重研究在既定的进出口供给弹性下，一国采取货币贬值政策对国际收支的影响，提出了著名的马歇尔—勒纳条件(Marshall Lener Condition)。国际收支弹性分析理论的主要内容为：假设国内外商品供给弹性无限大，货币的贬值，使本国商品在外国市场变得相对便宜，从而使外国居民对本国商品需求增加；由于出口供给和进口供给弹性无限大，出口本币价格和进口外币价格不变。货币贬值后，本国出口数量随出口需求增加而增加，因此出口的本币收入会上升；而本国进口数量随进口需求减少而降低，由于进口的本币价格因贬值而上升，所以进口的本币支出既可能下降，也可能上升；贬值对综合进出口收支而得的国际收支状况是否改善要取决于进出口需求弹性的大小。根据弹性的定义，可以用以下公式表示进出口供求弹性。

假设 S_x 为出口商品需求弹性，S_m 为进口商品需求弹性，则对汇率、进出口变动的相关分析表明，当 $|S_x|+|S_m|>1$ 时，货币贬值可以促进出口，减少进口，改善贸易收支；当 $|S_x|+|S_m|=1$ 时，货币贬值使进出口商品数量发生改变，但是进出口金额不变，贸易收支逆差不会改变；$|S_x|+|S_m|<1$ 时，货币贬值导致出口收入下降，而且出口收入下降的金额大于进口支出减少的金额，贸易收支逆差将进一步恶化。因此，一国采用货币贬值手段改善贸易收支逆差的充分条件是 $|S_x|+|S_m|>1$，即进、出口商品需求弹性的绝对值之和大于 1，这就是著名的马歇尔—勒纳条件。

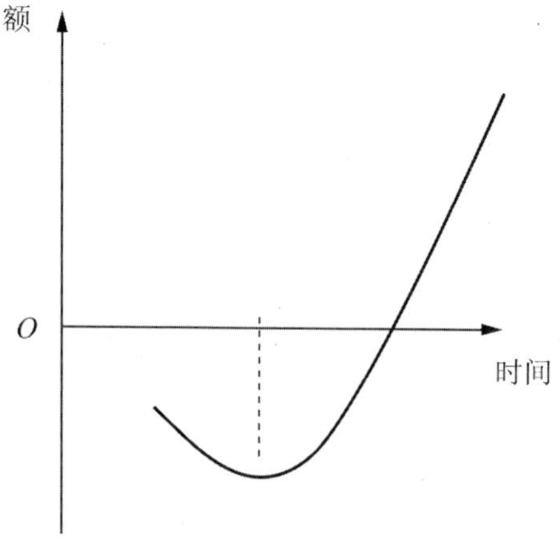

图 4.3 J 曲线效应

值得注意的是，即使满足这些条件，货币贬值对改善国际收支的作用也不是立即发生的。实际上，国际收支的贬值之初会进一步恶化，经过一段时间后，贸易收入才会增加，国际收支状况得到改善。这一过程称之为“J 曲线效应”，如图 4.3 所示。

造成货币贬值的 J 曲线效应，根本原因在于贸易收支的调整存在着以下几种时滞：①认识时滞，本国货币贬值后，降低的出口商品的价格信息，不能立即为进出口商所了解；②决策时滞，进出口商认识到货币贬值带来的物价变动后，需要一定的时间来判断价格变化的重要性，然后才能做出改变进出口商品数量的决定，签订新的货物和劳务合同；③生产时滞，面对出口商品需求的增加，国内出口商品生产商很难立即获得足够的资金、人力资源，对出口商品和劳务的供应只能逐渐增加；④取代时滞，进出口双方在货币贬值前签订的合同不能被取消，需要一段时间来处理以前的存货，对进出口商品数量的调整需要一段时间。

由于上述时滞的作用，一国货币贬值后，其出口商品的数量不会立即增加，进口商品的数量不会立即减少，而且相同数量本币的出口商品换回的外汇收入将立即减少，国际收支状况进一步恶化。只有经过一段时间，当外汇收入的增加幅度超过因贬值引起的外汇收入减少的幅度时，贸易收支状况才会逐渐改善。根据各国实施货币贬值政策的经验，通常货币贬值改善国际收支的时滞为1～2年。出口商品的需求与供给弹性、本币贬值幅度对J曲线的具体形状起着决定性的作用，是造成各国时滞差异的重要原因。

4.3.2 国际收支的吸收分析法

吸收分析法(absorption approach to the balance of payment)是一种贸易收支理论。它是S. 亚历山大(S. Alexander)在20世纪50年代初期根据凯恩斯主义宏观总量的收入支出分析法提出来的。按照凯恩斯的国民收入方程式，$Y=C+I+G$，式中Y为国民收入，C为私人消费，I为私人投资，G为政府支出。这原是凯恩斯对封闭经济进行考察和分析的均衡方程式。后来凯恩斯的追随者又对开放型经济进行考察和分析，把对外贸易也包含方程式之内，因而，上述均衡方程式便成为：

$$Y=C+I+G+(X-M)$$

式中，X为出口收入，M为进口支出，$(X-M)$为贸易收支差额。假定支出(S. 亚历山大称为吸收，吸收理论因此而得名)即$C+I+G$为A，并把国际收支B抽象为贸易收支，则$Y=C+I+G+(X-M)$变为$Y=A+B$，移项得$B=Y-A$。

此式表明：

(1) 国际收支＝总收入－总吸收。

(2) 总吸收如与总收入相等，为国际收支平衡；总收入如大于总吸收，为国际收支顺差；总收入如小于总吸收，则为国际收支逆差。

(3) 方程式的左端B为果，右端$(Y-A)$为因。

在亚历山大看来，国际收支顺差是总吸收相对于总收入不足的表现，而国际收支逆差则是总吸收相对过大的反映。由方程式$B=Y-A$可知，消除国际收支逆差的方法是增加总收入，或减少总吸收，或两者兼用。

4.3.3 国际收支的货币分析理论

国际收支的货币分析理论(monetary approach to the balanceof payment)将货币主义理论应用于国际收支领域，其主要代表人物为H. G. 约翰逊(H. G. Johnson)。货币分析理论立足于一般均衡的分析方法，其理论的核心内容是：国际收支从根本上说是一种货币现象，一国的货币供求变动会引起一国的国际收支变化。

在现代信用货币制度下，一国的货币当局有创造货币的能力。货币供给在中央银行体制下是基础货币的倍数(m)。一国的货币供给可以分为两个部分：一是国内信用所创造的部分

(D)；另一个是来自国外的部分(R)，即由国际收支顺差而形成的国际储备存量的增加。用公式可表示为

$$M_S = D + R$$

这样，当国内的货币供给量M_S与名义收入所要求的货币需求量M_d不一致时，在收入和其他因素不变的情况下，必然会反映到一国的国际收支上来，通过国际收支的盈余或赤字，增加或减少一国的货币供给量M_S，使之在长期的调节过程中与M_d即货币需求相一致。之所以如此，是因为每个人持有的各种形式的资产彼此间存在着一种相对稳定的比例关系。如果因为某种原因，如国内增加信贷供给，则人们持有的货币余额增加，进而超过人们持有的资产结构的预期水平，人们也会随之进行资产结构调整，从而形成一系列新的支出，包括购买国外的商品、证券等，由此导致国际收支的失衡。

为了更清楚地表达这一过程，可以将公式变化：

$$R = M_S - D$$

假定在长期中货币需求等于货币供给，即$M_S = M_d$

则可以导出基本公式：

$$R = M_d - D$$

可以看出，货币分析法把国际收支的不均衡归于货币需求与供给的不协调。当$M_d > D$时，意味着货币需求大于国内信贷投放所引起的货币供给，即M_d不能从国内得到满足，就需要从国外吸收资金，引起资金的内流从而产生国际收支的顺差。而当$D > M_d$时，意味着国内信贷所创造的货币供给超过货币需求，人们会重新调整所持有的过多的货币余额与其他资产的比例，其途径是购买外国商品和劳务，或向海外进行投资以获取实物或证券资产，此过程会引起国际收支的逆差。

特别提示

弹性分析法解决了一国进行货币贬值所必须解决的进出口商品的需求弹性问题，但它未能涉及国内经济与国际收支的关系。吸收分析法采用整体均衡分析方法论证了一国国际收支的改善必须通过减少总吸收或增加总收入才能取得效果。货币分析法认为货币供求决定一国国际收支状况的国际收支理论，强调国际收支本质上是一种货币现象，决定国际收支的关键是货币需求和供给之间的关系。

4.4 内外均衡冲突与政策搭配

4.4.1 内外均衡的冲突——米德冲突

在开放的经济环境中，宏观经济政策不仅要实现内部均衡(internal balance)，也要努力实现外部均衡(external balance)。内部均衡即稳定通货、充分就业和经济增长目标；外部均衡为国际收支均衡。只有内、外部同时达到均衡时，一国的宏观经济目标才能真正得以实现。英国经济学家 J. E. 米德(J.E.Meade)于 1951 年在其名著《国际收支》中最早提出了固定汇率制下的内外均衡冲突问题。J. E. 米德认为，根据凯恩斯主义理论，国际收支不平衡是商品市场或货币市场供求不平衡的产物。为了调节这种不平衡，一国可以采用下述两大类政策工具：

(1) 需求增减型政策。需求增减型政策是指政府运用财政政策和货币政策调节总需求，以

实现国际收支平衡。例如，当一国国际收支逆差时，政府一方面削减公共支出；另一方面紧缩通货、提高利率以抑制投资与消费支出，这是控制总需求的政策。

(2) 需求转换型政策。需求转换型政策主要指政府采用汇率变动措施，使进出口商品的国内与国外相对价格发生变化，从而引起国内外商品需求的转换。这种政策也称为汇率变动政策，包括汇率政策和外汇政策、直接管制政策。

J. E. 米德认为，一国要同时达到内部均衡和外部均衡的目标，就必须同时运用需求增减型政策和需求转换型政策这两种工具。如果单独实施某一项政策，必然引起内部均衡和外部均衡之间的冲突，即“米德冲突”。如一国失业和国际收支逆差并存时，若只采用扩张性政策，虽然有助于增加就业，实现内部平衡，但国际收支情况会因扩张而恶化；若采用紧缩性政策，有利于改善国际收支逆差，但却会使国内的失业更加严重。而当一国通货膨胀和国际收支顺差并存时，若采用紧缩性政策，有助于稳定物价，但会加大国际收支顺差；若采用扩张性政策，有助于实现国际收支平衡，但却加剧了通货膨胀。因此，理想的选择是配合应用各种政策，同时实现内部与外部的均衡。

4.4.2 内外均衡冲突的政策协调

1. 政策目标与政策工具协调的基本原则

1) 政策协调的“丁伯根法则”

荷兰经济学家 J. 丁伯根(J. Tinbergen)是第一个经济学诺贝尔奖的得主(1969 年)。J.丁伯根提出，要实现 N 个独立的经济目标，至少要使用 N 种独立且有效的政策工具。也就是说，一种政策工具如果用来实现两种独立的政策目标，则两种政策目标都不可能得到充分的实现。这一原则被称为“丁伯根法则”。

2) 蒙代尔的有效市场分类原则

丁伯根法则虽然对于政府在政策目标及政策工具的配合上具有重要的指导意义，但是，对于当两种政策工具对两个政策目标都起影响作用时，如何进行政策工具的有效分配却没有做出说明。基于丁伯根法则的这一不足，罗伯特·蒙代尔在此基础上提出了政策工具指派的“有效市场分类原则”，即对于某一个政策目标，当多种政策工具同时对其有影响作用时应该将这一政策目标指派给对其影响力最大的政策工具来完成。如果每种工具都被合理地指派给一个目标，并且该目标偏离其最佳水平时按规则进行调控，那么在分散决策的情况下仍有可能实现最佳调控目标。如果在政策指派问题上没有依据这一个原则，则会使经济出现不稳定性而距离政策目标越来越远。

罗伯特·蒙代尔的这一“有效市场分类原则”丰富了开放经济条件下的政策调控理论，并对实现内外均衡的政策搭配与组合起到了重要的指导作用。

2. 开放经济下的政策搭配

1) 斯旺模型

米德的内外均衡理论可以通过澳大利亚著名国际经济学家 T. 斯旺(T.Swan)创立的模型来加以说明，如图 4.4 所示。

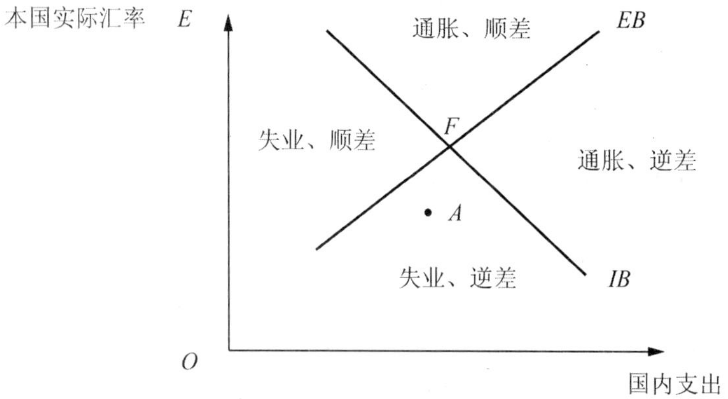

图 4.4 斯旺模型

图 4.4 中的横轴表示国内支出(需求增减型政策)，横轴的正方向为扩张性宏观政策；纵轴表示本国货币的实际汇率(需求转换型政策)，纵轴正方向表示本币汇率贬值。这里的汇率采用直接标价法。假定外部均衡就是经常账户平衡。

EB 线表示外部均衡，该线上的任何一点均表示国际收支处于均衡状态；*IB* 线表示内部均衡，该线上的任何一点均表示国内经济处于均衡状态；*EB* 线与 *IB* 线的交点 *F* 为内外均衡点，即政策之目标。*IB* 线向右下方倾斜，是因为若外汇汇率 *E* 下降(即本币升值)，则本国的贸易收支会恶化，由于乘数效应的存在使得国民收入萎缩，失业增加，要恢复内部均衡，必须采取扩张性的需求增减型政策来刺激总需求。而 *EB* 线向右上方倾斜，这是因为实际汇率 *E* 上升(即本币贬值)会增加出口，减少进口，所以防止经常项目出现顺差，就需要扩大国内支出，抵消出口的增长。

EB 线的右侧，国内支出大于维持经常项目平衡所需要的国内支出，结果出现经常项目收支逆差；*EB* 线的左侧，就会出现经常项目收支顺差；而 *IB* 线的右侧有通货膨胀压力，因为对于既定的汇率，国内支出大于维护内部均衡所需要的国内支出；在 *IB* 线的左侧，有通货紧缩压力，因为国内支出比维护内部均衡所需要的国内支出要少。

假定一国经济在某一时期处于逆差与失业状态(即图 4.4 中的 *A* 点)，要想由 *A* 移动到 *F*(内外均衡同时实现)，必须同时采取需求增减型政策与需求转换型政策；否则，要同时实现内外均衡是不可能的。

2) 蒙代尔政策搭配理论

第二次世界大战后到 1971 年，世界各国实行固定汇率制。而在此期间，很多国家存在着国际收支不平衡，但却无法采用支出转换型政策来平衡国际收支的问题。能否通过支出调整型政策来促成内外均衡目标的实现，成为亟待解决的问题，1962 年，美国经济学家 R. A. 蒙代尔(R.A.Mundell)提出，通过协调使用财政政策和货币政策一样可达到内外均衡的双重目标，如图 4.5 所示。

在图 4.5 中，横轴代表财政政策，纵轴代表货币政策。*IB* 线为国内均衡线，*EB* 线为外部均衡线。*F* 点为 *IB* 与 *EB* 线的交点，表示国内与国外同时达到均衡。

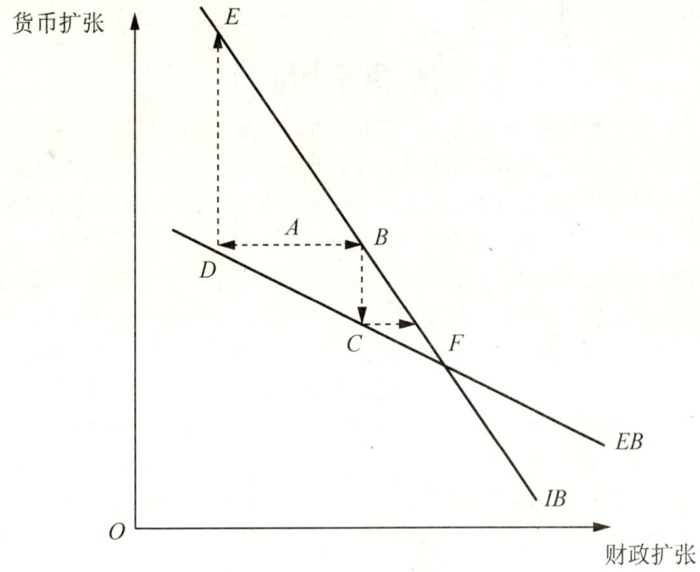

图 4.5　政策搭配理论

IB 线向左上方倾斜，表示要保持内部均衡，扩张性财政政策必须要紧缩性货币政策加以配合。在 *IB* 线上，国内经济达到均衡。在这条线的左边，国内经济处于衰退和失业；在这条线的右边，国内经济处于通胀。

EB 线也向左上方倾斜，说明紧缩性货币政策需要扩张性财政政策相配合才能维持外部平衡。在 *EB* 线上，国际收支达到均衡。在这条线的上方，表示国际收支逆差；这条线的下方，表示国际收支顺差。而 *IB* 线比 *EB* 线更陡峭，是因为 R. A. 蒙代尔假定，相对而言，财政政策对国民收入、就业等国内经济变量影响更大，而利率则对国际收支影响更大。

R. A. 蒙代尔认为，当国内宏观经济和国际收支都处于失衡状态时，应该采用财政政策解决国内宏观经济，而采用货币政策来解决国际收支问题。如果经济处于 *A* 点，采用扩张的财政政策使 *A* 点向 *B* 点移动。同时采用紧缩性货币政策使点 *B* 向 *C* 点移动。如此反复使用，最终使 *A* 点到达 *F* 点，即达到内外均衡。

如果政策指派相反，即以财政政策解决外部均衡，以货币政策解决内部均衡，则对于 *A* 点而言，紧缩性的财政政策使得 *A* 点向左移动到 *D* 点，而扩张性的货币政策使得 *D* 点向上移动到 *E* 点。如此反复使用，最终使 *A* 点离内外均衡点 *F* 越来越远。

因此，R. A. 蒙代尔得出其政策搭配原则：只有把内部均衡目标分配给财政政策，把外部均衡目标分配给货币政策，才能实现经济的内外同时均衡。

特别提示

斯旺模型提出了对支出增减政策和支出转换政策进行搭配以解决内外失衡的思想，但是这一模型也存在没有对支出增减政策进一步细分的理论弱点。沿着斯旺模型的分析思路，R. A. 蒙代尔进一步把支出增减政策细分为财政政策和货币政策，从而修正了斯旺模型。

项目小结

国际收支是以统计报表的形式，系统总结一定时期内对一国居民与非居民之间全部经济交易的货币记录。其不仅反映一国在一定时期对外经济的规模、效益及相应的变化，还反映该国对外开放的程度、在国际经济中的分工以及国际地位的高低。国际收支平衡表是一个按照复式记账原理编制的流量表，通常记录的是一年内本国居民与非居民之间发生的全部经济往来。国际收支平衡表的主要账户是经常账户、资本和金融账户。国际收支受一国经济周期、经济结构、国民收入、货币币值、资本流动等因素影响可能失衡；外汇储备政策、财政政策、货币政策、直接管制及国际经济合作成为各国调节国际收支失衡的政策选择。国际收支调节理论主要包括弹性分析法、吸收分析法、货币分析法。一国要同时达到内部均衡和外部均衡的目标，就必须同时运用需求增减型政策和需求转换型政策这两种工具。如果单独实施某一项政策，必然引起内部均衡和外部均衡之间的冲突，即“米德冲突。而一个国家要实现 N 个独立的经济目标，至少要使用 N 种独立且有效的政策工具，即“丁伯根法则”。据此，T. 斯旺进一步提出，一国只有使用需求增减型政策即货币政策与财政政策来达到内部均衡，同时采用需求转换型政策即汇率政策达到外部均衡，一国的经济才有可能同时达到内外均衡。R. A. 蒙代尔提出，当一国采用固定汇率制时，即无法采用汇率政策来调节外部均衡时，应运用货币政策解决外部均衡问题，而使用财政政策达到内部均衡。

专栏四

2007 中国 CPI 指数 7 月份创下 1997 年 2 月以来的新高。其中，食品价格涨幅达到 15.4%，肉类价格同比上涨 45%。于是，英国《金融时报》发表评论称，中国已进入标准的“米德冲突”。文章指出，一旦中国为了抑制通货膨胀而实行紧缩政策，最后将是国内需求减少，更多的产品在目前的开放经济中到境外寻找出路，接踵而至的又是贸易顺差居高不下，外汇占款泛滥、流动性过剩、银行贷款冲动。

相反，如果中国要减少正在高位运行的贸易顺差，就必须在国内实行扩张性的财政政策和货币政策，加大目前国内的消费和投资，而这种经济政策的后果将对目前的中国通胀压力雪上加霜，而其他许多针对贸易顺差的政策，在它们改变国内需求前，一切都是“纸上谈兵”。

实训练习

一、核心概念

国际收支	国际收支平衡表	经常账户
资本账户	金融账户	储备资产
错误与遗漏账户	J 曲线效应	丁伯根法则

二、问答题

1. 何谓国际收支？何谓国际收支失衡？如何判断一国的国际收支失衡？
2. 一国国际收支失衡的原因是什么？
3. 简述国际收支自动调节机制。
4. 试述一国国际收支调节的政策措施。
5. 什么是国际收支的弹性分析法？简述 J 曲线效应？

6．试述国际收支货币分析法的主要思想。

7．什么是“丁伯根法则”？

8．试述斯旺模型的主要思想以及蒙代尔政策搭配的主要内容。

三、案例分析

某国 1999 年对外经济活动的资料如下:

(1) A 国从该国进口 180 万美元的纺织品。该国将此笔货款存入美联储银行;

(2) 该国从 B 国购入价值 3 600 万美元的机器设备，由该国驻 B 国的银行机构以美元支票付款;

(3) 该国向 C 国提供 8 万美元的工业品援助;

(4) 该国动用外汇储备 60 万美元，分别从 A 国和 D 国进口小麦;

(5) E 国保险公司承保(2)、(4)项商品，该国支付保险费 2.5 万美元;

(6) 该国租用 F 国的船只运送(2)和(4)两商品，运费 12 万美元，付款方式同(2);

(7) 外国游客在该国旅游，收入为 15 万美元;

(8) 该国在海外的侨胞汇回本国 25 万美元;

(9) 该国对外承包建筑工程 30 万美元，分别存入所在国银行;

(10) 外国在该国直接投资 1 500 万美元;

(11) 该国向 G 国出口 25 万美元商品，以清偿对 G 国银行的贷款;

(12) 该国在国外发行价值 100 万美元的 10 年期债券，该笔款项存入国外银行;

(13) 该国向国际货币基金组织借入短期资金 30 万美元，以增加外汇储备;

(14) 据年底核查，该国外汇储备实际增加了 75 万美元。

请编制国际收支平衡表，并做简要分析。

项目5 金融市场

项目思考

金融市场是一种重要的要素市场。与商品和劳动市场不同，金融市场的交易对象是资本要素。在不同的金融市场上，资本要素的交易载体或形式不同。那么，金融市场有何划分？在不同的金融市场上有哪些交易工具呢？

项目目标

通过本项目的学习，你将能够：

- 理解金融市场的概念、构成要素和功能；
- 掌握货币市场的工具；
- 掌握资本市场和金融衍生工具市场；
- 了解黄金、外汇及投资基金等金融市场。

项目框架

在明确金融市场概念的基础上，介绍了金融市场的特征、构成要素，分析了金融市场的功能，介绍了不同类型的金融市场及其交易工具。本项目的知识框架如图 5.1 所示。

- 金融市场
  - 货币市场
    - 国库券市场
    - CDs市场
    - 银行同业拆借市场
    - 票据市场
    - 回购市场
  - 资本市场
    - 股票市场
    - 债券市场
  - 金融衍生工具市场
    - 远期和期货市场
    - 期权市场
    - 互换市场

图 5.1　项目框架

引导案例

中国股票交易的发展

我国在1880年前后开始有股票交易，这是由于清政府洋务派创办近代工业企业引起的。清末开始，政府发行公债及铁路债券数量增多，证券交易日盛。1918年以后，上海和北京分别成立了证券交易所。从1918年到1949年，中国的证券交易所经历了兴衰的交替。中华人民共和国建立后，证券交易所停止活动。

改革开放以来，由于企业及政府开始发行股票、债券等有价证券，建立证券交易市场势在必行。1986年8月至1989年间，一些不规范的、属于尝试性的证券交易市场开始运行。1990年11月26日，上海证券交易所成立。它是按照证券交易所的通行规格组建的，办理组织证券上市、交易、清算交割、股票过户等多种业务。1991年7月又有深圳证券交易所开业。深、沪证券交易所的成立，标志着中国的证券交易市场开始走上正规化的发展道路。

自1990年以来，中国股票市场的发展速度加快。1990年底，全国只有13家上市公司，到2007年末，在沪、深两个交易所上市的公司数已达1 550家，股票流通市值达到32.7万亿元，相当于2007年GDP的131%。投资者开户数达1.4亿户。《中华人民共和国证券法》于1998年12月通过立法程序并于1999年7月1日开始实施。

(资料来源：黄达. 2009. 金融学. 2版. 北京：中国人民大学出版社.)

5.1 金融市场概述

作为一种要素市场，金融市场是指以金融资产为交易对象而形成的供求关系及其机制的总和。相比于产品市场以及劳动等要素市场，金融市场具有特殊的特点。金融市场包括四大构成要素，即金融市场主体、金融市场客体、金融中介以及金融市场的交易价格。根据不同的标准，如交易期限、交割期限等，金融市场可以划分为货币市场和资本市场，现货和期货市场，一级市场和二级市场等。

5.1.1 金融市场的概念和特征

1. 金融市场的概念

金融市场(financial market)作为一种要素市场(专门配置资本的市场)，对其的界定往往因分析的角度不同而有着不同的表达。简单地讲，金融市场就是进行资金融通的场所。根据经济学对市场的定义，即“市场是资源配置的各种交易机制和交易关系的总和”，可以将金融市场定义为以金融资产为交易对象而形成的供求关系及其机制的总和。

在现代经济条件下，金融市场所包含的范围非常广泛：以银行和非银行金融机构作为媒介的借贷市场，即信贷市场；企业通过发行债券、股票实现的融资；投资人通过购买债券、股票实现的投资，即证券市场；通过租赁、信托、保险等途径所进行的资金的集中与分配等。而狭义的金融市场则一般限定在资本借贷以及有价证券买卖等范围内。通常所说的金融市场主要是指后者。

2. 金融市场的特征

相比于产品市场以及其他要素市场，如土地市场，金融市场具有以下几个特征：

(1) 交易对象具有特殊性。一般商品市场的交易对象是各种具有使用价值的普通商品，而金融市场的交易对象则是形形色色的金融工具。而且金融工具不过是货币资金的交易载体，因此，金融市场上买卖双方交易的实际对象是金融产品所代表的货币资金。

(2) 金融市场上供求双方的交易关系不仅仅是买卖关系，而是一种借贷关系和委托代理关系，是以信用为基础的资金的使用权和所有权的暂时分离或有条件的让渡。

(3) 金融市场的交易往往不受时间、场所的限制。在当今信息化时代，随着通信技术和互联网的飞速发展，任何时间、任何地点都可以实现交易。尽管当今有形的金融市场十分重要，但是金融市场无形化发展的趋势越来越明显。大部分金融交易没有固定的场所，交易活动可以通过电话、传真、计算机来进行，所以金融市场可以看作是一种交易行为过程或机制。

(4) 金融市场的价格机制已经成为整个国民经济价格体系的基础价格。不论是要素市场还是产品市场，其市场价格体系都必须参考金融市场价格而变化，例如利率、汇率和某些衍生金融工具价格的变动都会通过成本机制影响要素或产品的价格，进而影响整个经济社会的资源配置。

5.1.2 金融市场的构成要素

1. 金融市场主体

金融市场主体就是金融市场的参与者，即在金融市场上进行交易的活动者，包括居民、企业、政府及其所属机构、中央银行以及金融中介机构。这些金融交易主体按其交易的性质可以分为两类，即资金需求者和资金供给者，但这种划分并不是绝对的，因为大多数的金融交易者同时既是资金的需求者，又是资金的供给者。

(1) 居民。又称个人，作为金融市场的参与者，居民通常会将资金货币收入中的未消费部分作为储蓄、购买股票和债券等金融工具，因而居民主要是以资金供给者和金融工具购买者的身份出现的。居民个人在金融市场上购买金融工具，主要是为了调整自己的金融资产机构，以追求收益和风险的最佳组合。有时，居民还以投机者的身份参与金融市场交易以追求收益。当然，某些居民也可能是金融市场的资金需求者，当其收入或储蓄不能满足其超前消费的需求时，他们会向金融市场融入资金，如向商业银行取得住房贷款、汽车贷款、耐用商品分期付款等。

(2) 企业。从整体上来看，企业是金融市场上的资金需求者。它之所以需要借入资金是为了弥补自我资金积累的不足以扩大再生产，为此，企业可以向银行贷款，还可以通过发行股票和债券等证券来筹集生产所需的资金，因此，企业又是金融市场上金融工具的主要供给者。同时，在企业的生产过程中，也会游离出一部分暂时闲置的资金，这些资金可以用于储蓄、购买政府债券、企业债券或股票，由此企业又成为金融市场上的资金供给者。此外，企业还可能会在金融市场上从事投机或套期保值交易。

(3) 政府及其所属机构。政府部门在金融市场上主要充当资金的筹措者和金融市场的管理者。作为资金需求者，政府往往为了调节国库收支、建设公共工程等，通过发行债券来筹集资金。一般而言，政府筹资具有最高的信用等级，它是以政府的财政收入作为偿还保证的，因而其发行的债券具有最高的安全性。同时，政府有时也会以资金供给者的身份参与金融市场活动，。在其出现临时性资金闲置时，或准备调整产业结构时，政府经常通过特定的渠道将资金投入金融市场。

(4) 中央银行。中央银行是一国政府重要的宏观经济管理部门，其参与金融市场交易的目的不是为了营利，而是为了实现政府的宏观经济目标，实施货币政策。中央银行参与金融交易是以公开市场业务操作的方式进行的，通过对政府债券等有价证券的买卖，吞吐基础货币以调控市场上的货币供给量。

(5) 金融中介机构。主要是商业银行、证券公司、保险公司和信托公司等金融中介机构。这些银行和非银行金融机构是金融市场上的主要参与者，也是最特殊的参与者。一方面，它们是金融市场上最重要的中介机构，是储蓄转化为投资的主要渠道；另一方面，它们在金融市场上充当着多重角色，既是资金的需求者，又是资金的供给者，还是资金调剂的中介者。作为资金需求者，金融机构发行和创造各种金融工具，作为资金供给者，金融机构购买各种金融工具，而作为资金的中介者，金融机构便利了金融市场上交易的顺畅进行。

2. 金融市场客体

金融市场客体就是金融市场上的主要交易对象，其表现形式为各种金融工具。但实质上金融市场真正的交易对象是货币资金，金融工具不过是货币资金融通的载体而已。

金融工具又称金融资产、信用工具、金融产品，代表了所有权、债权与货币要求权和一定的收益权，因而本质上是虚拟资本。金融工具往往载明了金融交易金额、期限、价格。金融工具在金融市场上融通资金的过程中发挥着两方面的重要作用：促进资金从其盈余方向其短缺方流动，使收益和风险在资金供求双方重新分布。

通常，金融工具种类繁多、千差万别，但它们都具有一些共同的特征，即具有流动性、期限性、收益性和风险性。流动性又称为货币性，即金融工具可以作为货币，或者很容易转换成货币。期限性是指金融工具都有偿还期限，通常存在两个极端，如活期存款零到期日，股票或永久性债券没有到期日。收益性即金融工具一般可以给其持有者带来好处。风险性是指购买金融工具的本金遭受损失的可能性，其中主要的风险有两种，即信用分析和市场风险。

3. 金融中介

金融中介是指在金融市场上充当交易中介，从事交易或促使交易完成的组织、机构或个人，如商业银行、证券公司等。金融市场中介是金融市场上资金供应者和需求者之间的桥梁，在信息不完全的市场中金融中介可以克服直接融资信息不对称的缺陷，为不同的资金供需者提供服务，促进资金融通顺利高效地实现。

4. 金融市场交易价格

与普通商品市场一样，金融市场上的各种交易都是在一定价格下实现的，没有价格就不可能形成市场。金融市场交易价格反映了市场上资金的供求关系，资金供求双方的活动要受价格变动的影响和制约，同时，政府对金融市场进而对整个宏观经济的调控也必须通过间接调控金融市场交易价格来实现。由于金融市场和金融工具种类繁多，交易价格也就各异，但重要的交易价格有两种，一是借贷资金的交易价格——利率，因为资金借贷只是让渡了资金的使用权，而没有让渡所有权，利率是让渡资金使用权而应获得的报酬，决定于平均利润率、金融市场借贷资金的供求状况、借贷资金供给者与需要者之间的竞争等；二是金融工具的买卖价格或转让价格，其价格决定于发行单位的盈利状况及增长潜力、投资者的年收益、供求关系和市场利率等。金融工具交易的本质是所有权或债权的转移，因而交易完成，资金所有权或债权就转移了，如股票和债券。

5.1.3 金融市场的功能

金融市场功能是指金融市场所特有的促进经济发展和协调经济运行的作用和机能。由于金融市场在市场体系中具有特殊的地位，加上该市场的运作规律和特点明显不同于商品等其他市场，使得这个要素市场具有多方面的功能：

1. 资源配置功能

第一，金融市场的存在，扩大了资金供求双方接触的机会，便利了金融交易。第二，金融市场为筹资人和投资人提供了能够满足其不同需要的多种金融工具、多种筹资和投资的方式，开辟了广阔的融资途径，有利于降低筹资成本，提高投资效益。第三，金融市场有利于实现资金的转化。可以通过金融工具的交易实现资金期限的转化和资金性质的转化。如股票、债券的发行，可以将分散在广大社会公众手中的短期闲置货币转化为长期资本，投入到生产过程中去，不仅实现了期限的转化，也实现了资金性质的转化；股票持有人在需要现金时，也可以将股票转让出去，从而使长期投资即刻转变为现金；远期票据的贴现能使将来的收入转变成即期收入；等等。资金灵活转化为各种投资者提供了便利，增强了市场对投资的吸引力。第四，金融市场通过各种金融资产价格的变化引导资金的流向，使资金在各个部门、各个产业和各个行业之间重新组合、重新配置，从而提高了资金的总体配置效率。在全球金融市场一体化的条件下，资源的优化配置不仅在一个国家范围内进行，而且在世界范围内进行。

2. 资本积累功能

在社会总储蓄向总投资的转化过程中，必须借助于一定的中介才能顺利进行。金融市场充当了这种转化的中介。在社会资金的供给者和需求者之间，在资金供求的时间、数量和供求方式之间，往往难以取得一致，通过金融市场的介入，采取直接融资和间接融资方式，使社会资金的流动成为可能。对于资金需求者，可以通过发行信用工具的办法集中大量的资金；对于资金供给者，获得了有利的资金使用场所。因而，金融市场既是投资的场所，又是融资的场所，借助于金融市场，可达到社会储蓄向社会投资转化的目的。

3. 经济调节功能

金融市场对宏观经济有重要的调节作用。一方面，金融市场通过其资源配置功能，将金融市场的投票权赋予资金供应者，促进了微观经济部门效率的提高；另一方面，中央银行通过调节存款资本金率、利率、公开市场操作等对宏观经济进行间接调控，都必须通过金融市场进行。此外，财政政策的实施也离不开金融市场，在金融市场上发行国债，不仅是各国政府筹集资金的重要方式，也是财政政策发挥积极作用的前提条件。而国债的发行又为中央银行的货币政策实施提供了公开市场操作的工具。

4. 经济反映功能

金融市场是国民经济的信号系统。首先，金融市场利率水平是反映社会资金供求状况的最灵敏的指示器。资金供过于求，利率势必会下降，反之则利率上升。其次，证券市场上，股票价格变动既能够反映企业经营状况，即微观经济运行状况，又能反映社会经济景气状况。再次，金融市场上及时公布的各种金融信息，可以作为国家政府和中央银行进行金融管理和金融决策的依据，也可为企业经营、投资、筹资提供决策的依据。最后，由于金融机构有着广泛而及时的信息收集和传播网络功能，国内金融市场和国外金融市场连为一体，可以通过它及时了解世界经济发展的动向。

5. 风险转移和分散功能

由于市场行情变化多端，资金供给者在为闲置资金寻求出路时，首先要保证资金的安全。金融市场上有多种融资形式可供选择，各种金融工具的自由买卖和灵活多样的金融交易活动，增强了金融工具的安全性，提高了融资效率，使资金供应者能够灵活地调整其闲置资金的保存方式，达到既能获得盈利、又能保证安全性和流动性的目的。因而，金融市场上不同的、多样化的金融工具为经济主体管理风险提供了条件。

5.1.4 金融市场的类型

金融市场是一个大系统，包括许多具体的、相互独立但又紧密联系的市场，可以根据不同的标准进行分类。

1. 按金融工具的期限划分

按金融工具的期限可分为货币市场和资本市场。货币市场，又称短期资金市场，是指交易期限在一年以内的短期金融交易市场，其功能在于满足交易者的短期流动性资金需求。货币市场按交易的对象又可分为国库券市场、同业拆借市场、可转让存单市场、票据贴现、承兑市场，也包括短期借贷市场。资本市场，又称长期资金市场，是指交易期限在一年以上的长期金融交易市场，其功能主要在于满足工商企业的中长期投资需求和政府弥补财政赤字的资金需要。资本市场按交易的对象又可分为债券市场、股票市场、投资基金市场，也包括中长期借贷市场。

2. 按交易的交割期限划分

按交易的交割期限可分为现货市场和期货市场。现货市场(spot market)是指交易协议达成后，在两个交易日内完成金融工具交割的市场。期货市场(future market)是指交易协议达成后并不立即进行金融工具的交割，而是约定在未来某一特定时间进行交割的市场。

3. 按交易的功能和层次划分

按交易的功能可分为一级市场和二级市场。一级市场，又称初级市场、发行市场，是资金需求者将金融工具首次出售给公众时所形成的交易市场。在一级市场上主要的经营者是投资银行、经纪人和证券公司，他们承担政府或企业发行的各类金融工具的承销和分销业务。二级市场，又称次级市场、流通市场，是已经发行的金融工具进行买卖、流通时所形成的市场。

4. 按交易的组织形式划分

按交易的组织形式可分为场内交易市场和场外交易市场。场内交易市场，又称有形市场，是指有固定的交易场所的市场，主要以交易所的形式存在。场外交易市场，又称无形市场，是相对于场内交易市场而言的，是指没有固定的交易场所，交易主要是通过经纪人或交易商的电话、传真等进行的交易市场。

5. 按交易的地域范围划分

按交易的地域范围可分为国内金融市场和国际金融市场。国内金融市场是指金融交易的范围仅限于一国之内的市场，除了全国性的以本币计值的金融资产交易市场之外，还包括一国范围内的地方性和区域性金融市场。在国内金融市场上，交易主体主要是本国的自然人和法人，交易对象也多是在国内发行的金融工具。国际金融市场是指金融资产的交易跨越国界进行的市场。其中，国际借贷、外汇买卖、黄金交易等构成了国际金融市场融资活动的主要内容。

6. 按融资方式划分

按融资方式可分为直接金融市场和间接金融市场。直接金融市场指的是不需要借助金融中介进行资金融通的市场。通常，资金需求者通过直接发行证券，如债券和股票，而获得资金的融通。在直接金融市场上金融中介机构一般不参与融资双方的对手交易，但有时为交易双方牵线搭桥，提供交易平台或服务，并收取佣金。间接金融市场则是以银行等金融中介机构作为媒介来进行资金融通的市场。

7. 按成交与定价方式划分

按成交与定价方式可分为公开市场与议价市场。公开市场指的是金融资产的交易价格通过众多的买主和卖主公开竞价而形成的市场，一般在有组织的证券交易所进行。在议价市场上，金融资产的定价与成交是通过私下协商或面对面的讨价还价方式进行的。在发达的市场经济国家，绝大多数债券和中小企业的未上市股票都通过这种方式交易。

此外，按金融交易对象划分，可分为股票市场、债券市场、票据市场、存单市场、外汇市场、黄金市场、保险市场、衍生品市场等。

特别提示

一级市场是证券的发行市场，二级市场是买卖已发行证券的市场。一级市场是二级市场的基础，反过来二级市场的交易价格又影响着一级市场的发行价格。

5.2 货币市场

货币市场(money market)上金融工具的交易期限往往在1年以内，流动性较强。货币市场的特点：一是融资期限短，最短只有1天，最长也不超过1年，较为普遍的是3～6个月；二是交易的目的主要是解决短期性、临时性资金周转不足问题；三是市场参与主体是机构投资者，包括各类金融机构、政府、企业等，个人投资者很难直接参与；四是交易金额巨大，是资金的批发市场；五是风险较小，原因在于交易对象是政府、金融机构及信誉卓著的大公司发行的信用品质较高的短期金融工具，交易主体本身的信誉也较高，因此货币市场的交易信用风险较小；六是市场无形化程度高，货币市场一般没有固定的交易场所，买卖双方通过电话、传真、计算机、因特网等现代化通信方式交易，速度快、成本低。

货币市场按不同的借贷方式和内容可以分为国库券市场、同业拆借市场、票据市场、大额可转让存单市场、回购市场等子市场。

5.2.1 国库券市场

国库券是一国政府发行的，期限在一年以内的短期债务凭证，期限品种有 3 个月、6 个月、9 个月和 12 个月。国库券的期限较短，有政府信誉支持，可以当做无风险的投资工具。

1. 国库券的发行

国库券的发行频率较高，通常，在许多国家，国库券是定期发行的，如每季度或每月发行一次。而当政府财政出现临时性的资金短缺时，也可以不定期地发行国库券。

(1) 发行动机。一国财政部门发行国库券主要是为政府筹措短期流动性资金以弥补季节性、临时性的财政赤字，或者应付其他短期资金需求，如偿还到期国库券。

(2) 发行方式。国库券的发行主要采取招标方式，目前，美国、意大利、英国等发达国家都采取这一形式。投标分竞争性和非竞争性两种。竞争性投标者在投标书中列出想购买的数量及价格。每一投标者可以提出几份投标书，表示愿意按不同价格购买不同的数量。非竞争性投标者不提投标价格，而以竞争性投标者的平均价格为价格，购买数量往往有一定限制。

(3) 国库券的发行价格。国库券的发行有折价发行和面额发行两种。

折价发行又称贴现发行，即国库券的票面仅注明金额，不标明利率，购买国库券的收益来自于面额与购买价格之差。例如，国库券的票面额为 1 万元，6 个月到期如按九五折发行，那么购买这张国库券的价格就是 9 500 元，折扣为 500 元，到 6 个月时，可凭这张国库券在中央银行兑付 1 万元，所以投标竞价就是指的折扣价格，折扣的实质是投资者获取的利息。国库券的发行价格计算公式如下：

$$发行价格=面值\times(1-贴现率\times发行期限/360)$$

按面额发行的国库券，利息由国库券上载明的利息率决定，即附息发行，按面额出售，到期一次还本付息或一次还本分次付息。

2. 国库券的流通

国库券的流通即买卖发行国库券的活动。由于国库券是政府发行的债务凭证，而政府具有征税和发行钞票的权力，所以国库券被认为是安全性最强的信用工具，加之国库券的期限短，利息收益不交所得税，流动性仅次于现金，所以国库券是最具有吸引力的投资对象，有非常活跃的二级市场。中央银行、商业银行、企业、地方政府、外国政府、个人投资者都是积极的参与者。

5.2.2 大额可转让存单市场

大额可转让存单(negotiable certificates of deposit，简称为 CDs)，是商业银行发行的存款凭证，这种凭证可以转让流通。CDs 是金融创新的成果，美国花旗银行于 1961 年第一次发行。相对于一般的定期存款，CDs 具有不同的特点：一是面额大，金额固定；二是不记名，可转让流通；三是利率比一般存款要高，但不能提前支取；四是期限较短，一般在一年以内。

大额可转让存单的作用：对银行而言，可以提供相对稳定的资金用于期限较长的放款；对存款人而言，它既可获得较高的利息收入，又能在需要时转让出售迅速变为现金。

由于大额可转让存单期限较短，很受投资者欢迎，所以有发达的发行市场，一般转让较少，次级市场不发达。如需转让，通常通过交易商为中介实现交易。大额可转让存单流通市场的参与主体包括商业银行、货币市场基金、政府、企业和票据经销商等。世界上多数国家或地区都禁止发行银行在流通市场上购回自己发行未到期的大额存单，商业银行只能买卖其他银行发行的未到期大额存单。货币基金、政府和企业是大额存单的主要投资者，他们通过购买大额存单为自己手中大额、暂时闲置的资金寻求利用渠道，提高资金使用效率。票据经销商一般是大额定期存单流通市场的中介，他们在买卖双方之间牵线搭桥，沟通信息，促成交易。

我国于1986年下半年起由中国银行和中国交通银行首次发行可转让大额定期存单。1989年以后，其他银行也相继开始发行可转让大额定期存单。中国人民银行颁布的《大额可转让定期存单管理办法》规定：我国可转让存单分为对个人发行和对单位发行两种。对个人发行的存单，面额分为500元、1 000元和5 000元三种；对单位发行的存单，面额分为1万元、5万元、10万元、50万元、100万元五种。存单期限有1个月、3个月、6个月、9个月和12个月。要求对企业、事业单位发行的大额可转让定期存单的利率，不能高于同期限银行存款利率，对个人投资者发行的大额可转让定期存单的利率只能比银行同期限存款利率高5%。存单不能提前支取，但可上市转让。由于对大额可转让定期存单的利率限制，加上二级市场发展严重滞后，使这种金融工具的优势不复存在，中国人民银行1996年12月14日下文取消了该项业务。

5.2.3 银行同业拆借市场

同业拆借是金融机构同业之间为了平衡其业务活动中资金来源和运用而发生的一种短期资金借贷行为。同业拆借市场(inter-bank market)，是指银行与银行之间、银行与其他金融机构之间进行短期(1年以内)、临时性资金借贷的市场。

1. 银行同业拆借的原因

(1) 调剂法定存款准备金多余或不足。各国央行都规定，商业银行吸纳的存款必须按一定的比例(即法定存款准备金比率)向央行上缴法定存款准备金。当商业银行存款余额出现增减变动时，商业银行在中央银行的法定准备金存款就可能出现多余或不足。由于中央银行对商业银行的准备金存款一般不付息，所以有多余资金的商业银行希望借出生息；而另一些商业银行达不到法定准备金要求，需要在中央银行规定的时间内补足。因而，在商业银行之间相互拆借，解决存款准备金账户的多余或不足，就很有必要。

(2) 结算资金不足。商业银行在每一天营业结束后，都要按统一规定的时间到票据交换所交换票据，相互倾轧头寸。对于净付行来说，如果净付额超过了自己在交换所账户上保留的资金余额，就会形成占用他行资金，这时应通过拆借来弥补缺口。对于净收行来说，就应把多余的资金拆放给其他银行。

(3) 备付金不足。商业银行为应付日常的客户提取现金，都会保留一定额度的现金资产。由于现金资产没有收益且有成本，所以，银行保留现金资产的额度是有限的。当银行遇到取款高峰时，就可能出现备付金不足的情况，需要紧急拆借。

2. 银行同业拆借的特点

(1) 同业拆借市场上主体限制严格，即必须是金融机构或者指定的某类金融机构，非金融机构(如工商企业、政府部门和个人)和非指定金融机构均不能进入该市场进行交易。

(2) 融资期限很短。一般是为了融通临时头寸的不足，因而期限很短，多为一日或几日。但现今，同业拆借市场已发展成为各金融机构弥补短期资金不足和进行短期资金运用的市场，成为解决或平衡资金流动性与盈利性矛盾的市场，从而由临时性资金调剂市场转变成了短期融资市场。

(3) 交易金额大，一般不需要担保或抵押。在同业拆借市场上进行资金借贷或融通没有单位交易金额的限制，一般也不需要以担保或抵押作为借贷条件，完全是一种协议和信用交易关系，双方都以自己的信用担保。

(4) 利率由供求双方议定。在同业拆借市场上，借贷利率可以由资金供求双方协商确定，因而可以说同业拆借市场的利率是一种市场利率，或者说是市场化程度较高的利率。

3. 银行同业拆借的分类

(1) 头寸拆借。头寸拆借是指银行同业之间为了轧平头寸、补足存款准备金或减少超额准备金进行的短期资金融通活动。

(2) 同业借贷。同业借贷是指银行同业之间为了调剂临时性、季节性的业务经营资金余缺进行的融通资金的活动。对借入银行来说，同业借贷是扩大资金来源、增加贷款能力以取得更多收益的手段。对贷出银行来说，同业借贷是其投放部分闲散资金的手段，为了在保持其资产流动性的同时提高收益性。

同业借贷与头寸拆借都是银行之间融通短期资金，但是同业借贷与头寸拆借相比还有一些不同之处：一是借贷目的，同业借贷的目的是为了解决银行之间临时性、短期性的资金短缺的需要，而头寸拆借为了轧平交换头寸和补足存款准备金；二是借贷的期限，同业借贷期限较长，而同业拆借期限很短；三是借贷金额，同业借贷一般借贷金额较大，属于批发业务。

5.2.4 票据市场

货币市场交易的票据有商业票据和银行承兑票据两类。商业票据是由企业签发的以商品交易为基础的短期无担保债务凭证，主要有商业本票和商业汇票两种。商业本票(commercial paper)，又称商业期票或直接称为商业票据，它是由债务人签发的，承诺在一定时间内支付一定金额给收票人或持票人的付款保证书。商业汇票(commercial bills)，是债权人签发的命令债务人在一定时间内支付一定金额给持票人的付款命令书。银行承兑票据是在商业票据的基础上发展起来的，即银行在商业票据上加盖“承兑”字样而为付款人的到期付款履约提供担保。

典型的商业票据产生于商品交易中的延期支付，有商品交易的背景。但商业票据只反映由此产生的货币债权债务关系，并不反映交易的内容。因此，商业票据具有抽象性或无因性的特征。此外，商业票据还具有不可争辩性的特征，即只要票据是真实的，付款人就应该根据票据所载条件付款，无权以任何借口拒绝履行付款义务。这类有真实商品交易背景的商业票据被称为真实票据，而现今在发达国家的商业票据市场上，大量流通的是没有商品交易背景、只是单纯以融资为目的票据，叫做融通票据(financial paper)。这类票据的发行者往往是非金融机构，购买者多为商业银行、投资银行等金融机构。

票据市场是指以商业票据的发行、担保、承兑、贴现、转贴现、再贴现来实现短期资金融通的市场，包括商业本票市场和商业汇票市场，而商业汇票市场中又包含了票据贴现市场。

票据市场可以把“无形”的信用变为“有形”的信用，把不能流动的挂账信用变为具有高度流动性的票据信用。

1. 商业票据的流通

商业汇票必须到期以后才能偿付，则持票人将未到期商业汇票的变现就称为商业汇票的流通。商业汇票的流通形式包括背书转让和贴现。

(1) 票据的背书转让。转让是将商业汇票的所有权转让给他人，实质上是转让债权。在转让过程中为了保障持票人的利益，要经过“背书”的手续，即汇票的原持票人在转让汇票时，在汇票背面签章，并做日期记载，表示对汇票的债务清偿负责。背书人一经背书，即为票据的第二债务人。若票据的出票人或承兑人不能按期支付款项，票据持有人有权向第二债务人——背书人要求付款。由于转让可能是多次的，所以可能有多个背书人，在追偿债务时应按转让的相反次序，依次追偿。

(2) 票据的贴现。即持票人将其未到期商业汇票卖给商业银行，银行在扣除贴现利息后将余额支付给持票人的行为。票据贴现按贴现关系人和贴现环节的不同，可分为贴现、转贴现和再贴现。

贴现是持票人以未到期的汇票向银行融资，银行扣除从贴现日至到期日的利息后，付给持票人现款的行为。票据贴现对于持票人来说，等于提前收回了垫付于商业信用的资金，对银行来说等于向票据的债务人提供了一笔相当于票据金额的贷款。

但贴现与贷款又是有区别的。①法律关系不同。一般银行贷款体现的是放款银行与借款人的借贷契约关系，票据贴现则体现的是债权的买卖关系。②流动性不同。贷款必须到期才能收回，而贴现票据在票据到期之前可以转让，即进行转贴现和再贴现，较贷款更灵活，流动性强。③融资期限不同。票据贴现时间较短，多为3～6个月，而一般银行贷款的期限较长，短期贷款在1年以下，长期贷款最长可达10年以上。④利率水平不同。一般情况下，贴现利率低于贷款利率，主要是因为贷款的风险大于贴现的风险。⑤利息收取时间不同。贷款利息一般是到期收取，先用款后付息；贴现利息在贴现日先从票面金额中扣除，未用款先付息。⑥关系人不同。贷款的关系人仅有贷款人、借款人、担保人，而贴现则因票据的转让背书或承兑，关系人较多，有出票人、持票人、承兑人、背书人等。⑦资金所有权不同。贷款只是资金使用权的让渡，借款人只有使用权而无所有权，到期应归还借款本金，资金所有权仍属银行。贴现则是银行用资金买入票据获取债权，银行只有将买入的票据再转让时，或在票据到期时才能收回资金，但这笔资金并不是来自贴现人，而来自出票人、承兑人或背书人。

转贴现是指贴现银行在需要资金时，将已贴现的票据再向同业其他银行办理贴现的票据行为。转贴现是银行之间的资金融通，涉及的双方当事人都是银行。这种资金融通方式安全性强、期限短，为银行的流动性管理提供了便利，因而得到商业银行的普遍接受。

再贴现又称重贴现，是指商业银行将已贴现的未到期汇票再转让给中央银行的票据转让行为。与贴现和转贴现相比，再贴现具有更为重要的宏观经济意义。它是中央银行向商业银行融通短期资金的一种方式，是中央银行最终贷款人角色的具体体现，是中央银行调节市场银根、实施金融宏观调控的重要手段。无论是贴现还是转贴现，只是贴现资金在企业与银行、银行与银行之间发生位移，并不对总的社会货币供应量产生影响，而中央银行的再贴现则会对货币供应量产生影响。再贴现是中央银行的货币政策工具之一，是中央银行调节基础货币投放的重要渠道。中央银行通过再贴现向商业银行提供资金会增加商业银行的超额存款准备金，通过商业银行的存款创造以后，会形成数倍于贴现资金的货币供应量，并对宏观经济产生影响。

2. 中国的票据市场

1) 中国票据市场的发展历程

中国的票据市场主要是票据贴现市场，最早起步于20世纪80年代初期。1981年，中国人民银行上海分行尝试了同城商业承兑汇票的贴现业务。1986年，中国人民银行颁布了《再贴现试行办法》，正式开办了对商业银行的再贴现业务。1995年5月，第八届全国人民代表大会第十三次会议通过了《中华人民共和国票据法》，于1996年1月1日起正式施行。该法的颁布和实施，对规范票据行为、促进票据承兑和贴现市场的发展具有重要意义。1996年，各商业银行分别制定了《商业票据承兑、贴现办法》及实施细则，中国人民银行一级分行制定了《再贴现业务管理办法》及业务操作规程，人民银行一级分行及总行分别在1996年和1997年开设了再贴现窗口。2006年11月，中国人民银行发布了《关于促进商业承兑汇票业务发展的指导意见》，就商业承兑汇票使用量低、商业汇票结构失衡、商业信用过度依赖银行信用等问题，提出了改进的措施。

2) 中国票据市场的特点

(1) 商业票据没有成为货币市场的主要融资工具。在票据市场发达的国家，商业票据已经成为货币市场上最主要的工具。例如，美国有1 700多家企业发行商业票据，市场未到期商业票据总额已占货币市场待偿还票据总额的70%左右，商业票据已成为金融市场非政府类机构第一大短期融资工具，未到期商业票据余额与贷款余额之比为1∶3。而在我国，近几年商业汇票发展虽然非常迅速，但商业承兑汇票签发量仅占人民币贷款余额的1%左右。

(2) 商业票据结构严重失衡。受社会信用基础薄弱等因素的影响，商业汇票中银行承兑汇票使用较为广泛，而商业承兑汇票使用较少，商业承兑汇票的业务量和资金量不到商业汇票总量的10%，其融资功能未能得到充分体现。除使用量较少外，商业承兑汇票的使用还存在使用交往集中、流通性弱以及使用范围受限等特点。即商业承兑汇票的使用多集中在石油、电力、钢铁、煤炭、航空、电子、医药等行业，以及一些关联企业或产业链中上下游关系紧密的企业；流通方式主要为向银行贴现或到期收款，背书转让的较少；使用主要在同城范围内，异地使用较少。

5.2.5 回购市场

回购(counter purchase)，是指按照交易双方的协议，由卖方将一定数额的证券卖给买方，同时承诺若干日后按约定价格将该种证券如数买回的一种交易方式。回购实质上是一种以证券为质押品的短期融资形式。无论在我国还是在西方国家，回购的对象主要是国债，另外高品质的企业债券、金融债券也可以成为回购的对象。

回购对于卖方来说是售出证券取得资金的过程，融资期限一到，则把售出的证券从买方购回，借入的资金也就同时归还；对于回购的卖方来说，这一过程被称为正回购。回购对于证券的买方来说是买入证券借出资金的过程，融资期限一到，则将购入的证券回售给卖方，同时收回借出的资金；对于回购的买方来说，这一过程被称为逆回购。

回购的期限分隔夜、定期和连续性三种，其中以隔夜回购为多。隔夜回购是指卖出和买回证券相隔一天，即今日卖出证券，明日买回，相当于日拆。定期回购是指卖出和买回证券的时间规定为若干天，一般不超过 30 天，但也有超过 30 天的，最长可达 6 个月。还可以签订连续性合同，即每天按不同的利率进行连续几天的交易，这种交易称为连续性合约。

回购市场的参加者比较广泛，包括中央银行、商业银行、非银行金融机构、非金融机构(主要是企业)，在美国还有州政府和地方政府。不同主体参与交易的目的、作用是不同的。中央银行参与回购交易是为了开展公开市场业务，调节货币供给，贯彻货币政策。商业银行是回购市场的主要参与者，商业银行通过回购交易可以有效地实施流动性管理，而通过回购取得的资金由于是出售证券的收入，所以无须缴纳存款准备金，可以最充分地运用借入资金。非银行金融机构参与回购交易的目的也是进行流动性管理，非银行金融机构与商业银行短期资金盈余或不足产生的原因、方向、期限、数额不尽相同，这使它们往往与商业银行形成交易对手，进行互补交易。对于非金融机构来说，参与回购交易，可以把国债作为投资对象，使短期资金得到合理有效的运用并赚取收益。

回购交易一般在证券交易所进行，目前我国不仅在上海、深圳两个证券交易所开展了回购交易，全国银行间同业拆借市场也开展了该项业务。我国已推出的回购交易品种包括 1 天、7 天、14 天、21 天、1 个月、2 个月、3 个月、4 个月、6 个月、9 个月和 1 年债券共同一种回购交易。在两个证券交易所交易的回购券种主要是国债和企业债；在全国银行间同业拆借中心市场交易的回购券种主要是国债、中央银行融资券、中央银行票据和特种金融债券。

特别提示

回购交易中证券的卖方承诺未来某一时期再买回证券，其实质是以证券作为抵押品的抵押贷款。

5.3 资本市场

资本市场是以期限在 1 年以上的金融工具为媒介进行中长期资金融通交易活动的场所，又称长期资金市场。广义的资本市场包括长期借贷市场和长期证券市场。长期借贷市场，主要是银行对企业提供的长期贷款和对个人提供的消费信贷。长期证券市场，是专门发行、流通股票、债券等有价证券的市场，也称证券市场。而狭义的资本市场就是指这类包括股票市场和长期债券市场的证券市场。相比于货币市场，资本市场的特点有：①交易的金融工具期限长，至少在 1 年以上，也可以长达几十年，甚至无到期日；②流动性相对较差，在资本市场上筹集到的资金多用于解决中长期投资性资金需求，故流动性和变现性相对较弱；③风险大而收益较高。

5.3.1 股票市场

股票市场是专门对股票进行交易的市场，包括股票发行市场和流通转让市场。

1. 股票的定义、特征及分类

股票是由股份公司发行的权益凭证，代表持有者对股份公司资产和收益的剩余要求权。股票具有如下特征：

1) 无期性

股票没有偿还期限。股票一经购买，股东便不能要求退股。股东若想收回投资，只能在二级市场上将股票转让给其他投资者，但股票的转让只意味着公司股东的改变，并不引起公司资本的增减。

2) 参与性

股票是所有权凭证，因此，股东享有对公司决策的参与权。即股东有权出席股东大会，投票表决选举公司董事会，参与公司重大决策。股东参与公司决策的权利大小，取决于其所持有的股份的多少。

3) 流动性

股票的流动性是指股票可以在不同的投资者之间自由买卖和转让。这一特性弥补了股票无期性的不足，因而广受投资者欢迎。股东在需要之间时可随时出售股票，而股票买卖所带来的公司股东变更并不影响股份公司资本额的大小及其经营的稳定性。一般而言，证券市场越发达，股票的流动性越强。

4) 收益性

股东凭其持有的股票，有权从公司领取股息或红利，获取投资的收益。股息或红利的大小，主要取决于公司的盈利水平和公司的盈利分配政策。股票的收益性，还表现在股票投资者可以获得价差收入或实现资产保值增值。通过低价买入和高价卖出股票，投资者可以赚取价差利润。

5) 风险性

股票的收益性主要取决于股份公司的经营效益和股票的市场价格。如果公司经营不善，或由于其他意外原因使公司利润减少，股票的收益就会下降。一旦股份公司倒闭，股票将一文不值。同时，股票的市场价格受到公司经营状况，经济、政治、社会、心理等诸多因素的影响，波动剧烈且频繁，这种股票价格波动的不确定性给投资者带来了一定的风险。

股票可以按照不同标准进行分类，通常可以按照股东权益和股票持有主体划分。按照股东权益可以分为普通股和优先股。普通股票是股份公司发行的一种基本股票，它是公司存在的基础，是公司资本金的最主要来源。普通股票是最标准的股票，它在股份公司规定的股东权利和义务上不附加任何条件。普通股股东享有股份有限公司规定的所有权利，包括参与生产经营的管理权与表决权、对盈利和资产的分配权和增发新股的优先认购权等。优先股票是相当于普通股票而言的，是指享有优先于普通股股票分取公司收益和剩余财产的股票。优先股票享有分配公司收益和剩余财产的优先权，但是同时股东权利也受到一些限制。与普通股票相比，优先股票的特点主要有：股息事先确定，不随公司盈利多少而变化；股利分派先于普通股(先支付债券利息，再支付优先股股利，然后才是普通股红利)；在公司破产清算时，对剩余财产的分配顺序先于普通股票。

按照股票持有人的不同，股票可以分为国家股、法人股和个人股。国家股即国家持有股，是指有权代表国家投资的政府部门或机构以国有资产投入公司形成的股份。法人股是指企业法人以其依法可支配的资产投入公司形成的股份，或具有法人资格的事业单位和社会团体以国家允许用于经营的资产向公司投资形成的股份。个人是社会个人以其合法财产投入公司形成的股份。

2. 股票的发行

1) 股票发行目的

股份公司发行股票的目的为：一是创设发行，股份公司创设，首先要有若干发起人，根据资源、市场、技术、劳动力和资金等具体情况，制订详细的创业计划，并由发起人按公司法规定比例的缴纳首次出资额后，召开创立大会，选举董事会和监事会，制订公司章程等，然后向工商管理部门办理注册登记，领取营业执照；二是增资发行，增资发行是指已设立公司在经营过程中为达到扩大资本规模的目的而增加发行股票的行为。

2) 股票发行制度

从各国证券市场的实践来看，股票公开发行审核制度主要有两种类型。一是核准制。核准制是证券监管部门根据法律法规所规定的股票公开发行的实质性条件，对按市场原则推选出的公司的发行资格进行审核，并做出核准与否决定的制度。核准制遵循“实质管理原则”，即强调证券监管部门按股票公开发行的实质性条件进行把关的作用。核准制一般采取主承销商推荐、发行审核委员会表决、证监会核准的办法。中国目前的股票发行制度就属于核准制。二是注册制。注册制又称“申报制”或“形式审查制”，是指政府对发行人公开发行股票，事先不做实质性审查，仅对申请文件进行形式审查，发行者在申报申请文件以后的一定时期以内若没有被政府否定，即可以公开发行股票。注册制下，拟公开发行股票的发行人，必须将依法应当公开的，与所发行证券有关的一切信息和资料，合理制成法律文件并公布于众，其应对公布资料的真实性、全面性、准确性负责，公布的内容不得含有虚假陈述、重大遗漏或信息误导。注册制是证券发行管理制度中的重要形态，也是很多国家普遍采取的证券发行监管方式。目前澳大利亚、巴西、加拿大、德国、法国、意大利、荷兰、菲律宾、新加坡、英国和美国等国家，在证券发行上均采取注册制。

3) 股票发行方式

股票的发行方式是股票经销出售的方式，按发行对象不同，可分为私募发行与公募发行。

私募发行，又称不公开发行，是指只向少数特定投资者发行股票。私募发行股票不必事先提供财务资料，也不必向主管部门申报批准，发行手续简单，发行费用较低，但流动性较差，不能公开上市交易，募集资金的数量受到限制。

公募发行，又称公开发行，是以不特定的广大投资者为发行对象，公开推销股票的方式。公募发行要求发行者具有较高的信用等级和社会信誉，需符合证券法、公司法等规定的标准，并报证券主管部门批准。这种发行方式有利于扩大股东范围，分散持股，防止股票被少数人操纵，还可以增加股票的流动性，但这种发行方式手续较为复杂，发行费用较高。

4) 股票发行价格

股票发行价格有三种。一是平价发行，也称为等额发行或面额发行，即股票发行价与股票票面金额相等。二是溢价发行，即发行人按高于面额的价格发行股票。它可以使公司用较少的股份筹集到较多的资金，可以降低筹资成本。溢价发行又可分为时价发行和中间价发行。时价发行又称市价发行，是指以同种或同类股票的流通价格为基准来确定股票的发行价格。中间价发行是指以介于时价和股票面额之间的价格发行股票。三是折价发行，即以低于面额的价格发行股票。目前，世界上许多国家不允许折价发行。例如，英国的公司法原则上不准折价发行，特殊情况例外；我国公司法规定，股票发行价格可以按票面金额，也可以超过票面金额，但不得低于票面金额。

影响股票发行价格的因素有以下几个。①每股净资产。它是决定股价的基石，每股净资产增加时，股价可能上升，反之可能下降。②盈利水平。每股税后利润越高，发行价格就可能越高。③发展潜力。公司的发展潜力越大，发行价格可能越高。④发行数量。若发行数量较大，为了能保证销售期内顺利地将股票全部售出，取得预订金额的资金，价格应适当定得低一些；反之则可以定得高一些。⑤行业特点。一般而言，朝阳产业的公司发行股票可以将发行价格定得高一些，而夕阳产业的公司股票发行价格可以低一些。⑥股市状态。若股市处于熊市，价格应定低一些，处于牛市则可以定高一些。

5) 股票发行程序

第一，发行公司就发行股票的种类、条件、价格、时间和市场状况等向委托发行的中介机构进行发行前咨询，以确定初步发行方案。第二，申请股票发行，包括确认股份公司发行股票价格，向有关部门递交申请文件，填写股票发行说明书、进行股票发行审查等。第三，发行公司与中介机构签订委托发行协议书，委托中介机构进行股票发行。第四，投资者认购股票，填写认购书，并在规定的日期缴纳股金，发行者则在交付股票的同时收取股金，完成股票的交割。股票自交割的第二日起产生效力。第五，公司董事会在股票交割后一定时期内，向证券管理部门进行登记，完成股票发行全部程序。

3. 股票的转让流通

股票的转让流通是指已发行股票的买卖。通常，股票的流通市场有以下两类：

一是场外市场，指股票交易所以外的股票交易场所。其特点是交易的品种主要为非上市股票，且品种多、数量大。场外交易市场是一个分散的市场，投资者之间或投资者与证券经纪商和自营商可直接商洽交易；场外交易的证股票价格由买卖双方协商达成。

场外交易市场包括柜台交易市场、第三市场和第四市场。柜台交易市场是在证券公司的柜台上交易未上市股票的市场。第三市场是在证券交易所之外交易上市股票的市场。第三市场的交易主体多为拥有巨额资金的机构投资者。第四市场是指计算机终端连接的在有组织的集体投资者之间直接进行大额交易的证券交易市场。在国外一般由专门的证券经纪公司安排资金雄厚、规模巨大的投资者，通过计算机终端技术进行直接的证券交易。买卖双方通过计算机和互联网协商价格，成交迅速，无须经纪人，从而实现交易的保密性。

二是场内交易市场，主要指证券交易所。证券交易所是按照一定方式和规则组织起来的集中进行证券交易的场所，是股票流通市场的核心，也是股票流通的主要组织方式。证券交易所在固定地点公开营业，定时开市，一切交易必须在场内公开报价成交，并每天公开交易的行情、数量等。交易所负责监督交易按一定的章程、细则、规定和管理条例进行。

5.3.2 长期债券市场

1. 债券的定义、特征及分类

债券是债务人依照法定程序发行，承诺按约定的利率和日期支付利息，并在特定日期偿还本金的书面债务凭证。债券作为证明债权债务关系的凭证，一般用具有一定格式的票面形式来表现。通常，债券票面上基本标明的内容要素有：①债券的票面价值(包括币种和票面金额)；②还本期限和方式；③债券的利率和付息方式；④发行者的名称和地址；⑤债券发行的日期和编号；⑥发行者的印记和法定代表人的签章；⑦审批机关批准发行的文号、日期等。

债券与股票的不同之处表现为：一是持有者权利不同，债券的持有人作为公司的债权人，无权参与公司的经验决策，而股东可以；二是收益不同，债券的收益较为稳定，而股票的收益与公司的经营状况有关，波动较大；三是分配和清偿顺序不同，债券的债息支付是作为费用从收入中扣除的，在税前列支，而股息属于净收益分配，在税后利润中支付，且在公司倒闭剩余资产清偿时，债券的清偿在股票之前。债券的特征如下：

1) 期限性

即债券在发行时就约定了还本付息的日期，具有明确的偿还期限。债券的期限变化范围很大，从几十天到几年，甚至几十年不等。但债券的到期日也有例外，如永久性债券没有到期日。

2) 安全性

债券的安全性表现为债券的发行人一般是政府、与政府有关的公用事业单位、银行和信用较高的企业等。且债券的发行和还本付息都有法律保障，使投资的资金具有较高的安全性。

3) 流动性

债券的流动性主要表现为债券可以在较大范围内流通，可以随时变现。一般而言，证券市场发达、交易便利、债务人资信度高、期限较短，以及付息方式较为灵活，则债券的流动性就强；反之，流动性就弱。

4) 收益性

债券的收益性主要表现在两个方面，一是投资债券可以给投资者定期或不定期地带来利息收入：二是投资者可以利用债券价格的变动，买卖债券赚取差额。

债券从不同角度可以有不同的种类划分：

按发行主体，可以分为政府债券、金融债券和公司债券。政府债券是政府为筹集资金而发行的债券，主要包括国债、地方政府债券等，其中最主要的是国债。国债因其信誉好、利率优、风险小而又被称为“金边债券”。金融债券是由银行和非银行金融机构发行的债券。公司(企业)债券是企业依照法定程序发行，约定在一定期限内还本付息的债券。公司债券的发行主体可以是股份公司，也可以是非股份公司的企业。

按债息的计息方式，可以分为附息债券、贴现债券和浮动利率债券。附息债券又称定息债券，即在债券的票面上列明利息率，按其向债券持有人支付利息的债券。贴现债券又称零息债券，即在债券的票面上不标明利率，发行时以低于面额的价格发行、到期按面额还本的债券。发行价格与偿还价格之间的差额即为利息。一般期限较短的债券，如国库券，采用该方法发行。浮动利率债券是指不固定利率，利率随市场利率变动而调整的债券。这种债券在欧洲较为流行。

按发行方式，可以分为公募债券和私募债券。公募债券是指以不特定的广大投资者为发行对象的债券。私募债券是指以与发行人有特定关系的投资者为发行对象的债券。

按偿还期限，可以分为长期债券、中期债券和短期债券。长期债券是指偿还期限在 5 年以上的债券。中期债券是指偿还期限在 1～5 年的债券。短期债券则是指偿还期限在 1 年以内的债券。

按债券的形态，可分为实物债券、凭证式债券、记账式债券。实物债券是一种具有标准格式实物券面的债券。在其券面上，一般印制了债券面额、债券利率、债券期限、债券发行人全称、还本付息方式等各种债券票面要素。其不记名，不挂失，可上市流通。凭证式债券是指国家采取不印刷实物券，而用填制“国库券收款凭证”的方式发行的国债。我国从 1994 年开始发行凭证式国债。凭证式国债具有类似储蓄又优于储蓄的特点，通常被称为“储蓄式国债”，是以储蓄为目的的个人投资者理想的投资方式。从购买之日起计息，可记名、可挂失，但不能上市流通。记账式债券指没有实物形态的票券，以计算机记账方式记录债权，通过证券交易所的交易系统发行和交易。记账式国债又称无纸化国债，可以随时在证券市场上转让，流动性较强。

按债券是否能转换为公司股票，可以分为可转换债券和不可转换债券。可转换债券是指在特定时期内可以按某一固定的比例转换成普通股的债券，具有债务与权益双重属性，属于一种混合性筹资方式。由于可转换债券赋予债券持有人将来成为公司股东的权利，因此其利率通常低于不可转换债券。不可转换债券是指不能转换为普通股的债券，又称为普通债券。由于其没有赋予债券持有人将来成为公司股东的权利，所以其利率一般高于可转换债券。

此外，按债券是否登记或记名，还可以分为注册债券、记名债券和不记名债券。注册债券，也称登记债券，是指债券发行人委托注册机构将债券购买人的姓名、地址等登记在册，并发给债权人注册证书以代替发行债券本身的债券。记名债券是指在债券的券面上注明债权人姓名，同时在发行公司的账簿上做同样登记的债券。不记名债券是指在券面上不注明债权人姓名，也不在发行公司账簿上登记的债券。

2. 债券的发行

1) 债券的发行目的

债券的发行主体包括政府(中央和地方政府)、金融机构和企业等，由于发行主体不同，其发行债券的目的也不同。政府发行债券是为了弥补财政赤字和扩大公共投资；金融机构发行债券是为了扩大贷款额，拓展业务；企业发行债券的目的比较复杂，主要是为了筹集长期低成本资金、分散并降低公司整体筹资风险、维护对公司的控制权等。

2) 债券的发行条件

为了降低债券投资的风险，保护投资者的利益，实现资金的优化配置，由证券主管机关制定债券发行基准，只有达到这些基准条件，才有资格成为债券发行者。由于国家、地方政府和金融机构有较高的信用度，可视作自然符合发行基准，所以许多国家的债券发行基准主要是针对企业制订的。如我国证券法规定，发行公司债券，必须符合以下条件：①股份有限公司净资产额不低于人民币 3 000 万元，有限责任公司的净资产额不低于人民币 6 000 万元；②累计债券总额不超过公司净资产额的 40%；③最近三年平均可分配利润足以支付公司债券一年的利息；④筹集的资金投向符合国家产业政策；⑤债券的利率不得超过国务院限定的利率水平；⑥公司债券可转换为股票的，除具备发行公司债券的条件外，还应符合股票发行的条件；⑦国务院规定的其他条件。

通常对于首次发行债券的企业，要求达到的基准更为严格。上述发债基准的制定，是为了选择经营有方、信誉良好的企业发行债券并保证债券的质量和信用，使投资者能放心购买债券。但这些标准同时也可能限制了有发展前途的、但目前资金力量相对较薄弱的中小企业、高科技企业通过发行债券筹措资金。因此，近年来，一些国家对债券发行基准的掌握有宽松的迹象；与此同时，却强化了对信用评级的要求，主要是为了通过信用评级让投资者了解债券的风险，对不同风险的债券的投资国家不干预，由投资者自己做选择。

3) 债券的信用评级

债券的信用评级是指按一定的指标体系对准备发行债券的还本付息的可靠程度做出客观公正的评定。债券信用评级的目的是向投资者提供有关债券发行者的资信、债券发行质量以及购买债券可能承担的风险等方面的参考。

债券信用评级时主要考虑三个因素：一是发行者的偿债能力，重点考虑发行者的预期盈利、负债比例，能否按期还本付息；二是发行者的资信，重点考虑发行者在市场上的声誉、历次发行及偿债情况；三是投资者承担的风险，根据对发行者破产可能性的分析，预计一旦发生偿债风险，债权人所能受到的法律保护程度和投资补偿程度。

目前国际上公认的最具有权威性的信用评级机构主要有美国的标准普尔公司和穆迪投资服务公司。它们都是独立的私人企业，不受政府控制，也独立于证券交易所和证券公司。标准普尔公司的信用等级标准从高到低可以划分为 AAA 级、AA 级、A 级、BBB 级、BB 级、B 级、CCC 级、CC 级、C 级和 D 级。穆迪投资服务公司的信用等级标准从高到低可划分为 Aaa 级、Aa 级、A 级、Baa 级、Ba 级、B 级、Caa 级、Ca 级和 C 级。两家机构的划分大同小异，见表 5-1，前四个级别的债券信誉高、违约风险小，是“投资级”债券；从第五级开设的债券信誉低，是“投机级”债券。

表 5-1　美国评级公司评定公司债券等级划分

标准普尔公司	穆迪投资料服务公司	性质	级别	说明
AAA	Aaa	投资性	最高级	信誉最高，债券本息支付无问题
AA	Aa		高级	有很强的支付本息的能力
A	A		中上级	仍有较强的支付能力，但在经济形势发生逆转时，较为敏感
BBB	Baa		中级	有一定的支付能力，但在经济形势发生逆转时，较上述级别更易受影响
BB	Ba	投机性	中下级	有投机因素，但投机程度较低
B	B		投机级	投机的
CCC-CC	Caa			可能不还
C	Ca			不还，但可以收回很少一点
DDD-D	C			无收回的可能

4) 债券的发行方式

按发行方式和认购对象，可分为私募发行和公募发行。私募发行是指面向少数特定投资者的发行，包括有所限定的个人投资者和指定的机构投资者。公募发行是指公开向社会非特定投资者的发行。

按发行有无中介机构协作，可分为直接发行与间接发行。直接发行是发行者自己办理发行手续并向投资者推销债券的发行方式，包括直接募集和出售发行。直接募集就是私募发行。出售发行就是发行者通过自己的营业网点，在柜台上出售。金融债券一般采用直接发行方式。间接发行是发行者通过中介机构向投资者发行债券，包括代销、余额包销和全额包销。政府债券和企业债券绝大部分采用间接发行方式。

代销是指承销机构代理发售证券，在发行期结束后，将未售出的证券全部退还给发行者或包销机构的承销方式。这种承销方式的发行风险由发行者承担，代销者只负有代理销售的责任，并收取手续费。

余额包销又称助销，即承销机构按既定的发行条件和发行总额向公众推销证券，如果到截止日期尚有未销售出的证券，承销者按既定的发行价格全部购买这部分证券，待日后出售或自己持有。助销对于承销机构来说，只承担部分风险，代理部分赚取的是手续费，而买进部分主要赚取的是证券买卖的差价。

包销是指承销机构一次性买下全部待发行证券，并向发行者支付全部款项，然后再按市场条件转售给投资者，承销机构从中只赚取买卖差价。由于承销机构承担了全部风险，因而可望获得的收益也是可观的。包销可以由一个承销商独自负责，也可以由一个承销商牵头组织承销团体来销售。

3. 债券的流通

1) 债券的流通方式

债券流通又称债券交易，是债券转让交易活动的总称。债券的流通市场可以分为两大类，一是证券交易所，二是场外交易市场

(1) 证券交易所。债券进入证券交易所内挂牌交易，首先必须经过审核、批准。证券交易所的上市管理比较严格，除了国债和交通运输、通信、钢铁、水电等有关国计民生的大型国有企业的债券外，大多数债券很难获准在交易所内上市。我国上海、深圳证券交易所分别规定，国债可豁免上市申请、审查等事项，但金融债券、企业债券则必须向交易所提出上市申请，当债券获准上市以后，便可在证券交易所内上市交易。客户买卖债券，均须委托具有交易所会员资格的证券商，在地点固定的交易大厅内进行。

(2) 场外交易市场，是交易所以外债券交易市场的总称。场外交易市场又可分为店头市场或柜台交易市场、第三市场、第四市场等。债券的场外交易十分发达，大部分公司债券和政府债券的转让都是在场外交易市场进行的。债券的场外交易是以很多各自独立的金融机构为中介进行的。

具体地，债券的交易方式有现货交易、期货交易、期权交易以及信用交易等。

2) 债券的流通价格

债券的流通转让价格，就是债券未来收益按一定条件折算的现值，受持有期、计息方式等条件的影响。债券的未来收益是它的本息之和。由于一般情况下，债券的面值、票面利率和期限在发行时就已经确定，因此，债券的未来收益也是一个较为确定的量。不同计息方式下债券的流通价格计算公式如下：

到期一次性还本付息债券的交易价格：

$$P=\frac{F}{(1+i)^t}$$

定期付息、到期还本债券的交易价格：

$$P=\frac{I_1}{1+i}+\frac{I_2}{(1+i)^2}+\cdots+\frac{I_n}{(1+i)^n}+\frac{F}{(1+i)^n}$$

其中，P 为债券未来收益的现值，即其交易价格；F 为债券的面值；i 为市场利率，即债券的贴现利率；n 为债券从发行日或交易日至到期日的年数；I_1、I_2、……、I_n 为每期债券的利息。

特别提示

股票和债券是两种直接融资方式，二者的区别在于股票代表所有权权益，股东可参与公司的经营管理，而债券是债权债务凭证，其持有人作为债权人无权参与公司经营，但债务的偿还在股票之前。

5.4 金融衍生工具市场

金融衍生工具(financial derivative)是指在基础金融工具(如股票、债券等)之上产生的金融工具，在形式上表现为载有交易品种、价格、数量以及交割时间地点等内容的合约，其价值取决于基础工具的价值水平。金融衍生工具产生的历史尽管只有短短的几十年甚至十几年(如信用衍生产品)，但由于其所具有的规避风险、套期保值等功能使之获得了迅猛的发展。目前金融衍生产品交易已成为金融市场中的重要组成部分，而且其所占的比重还在不断地加大。本节主要介绍金融衍生产品交易市场中的期货、期权、互换等较为流行的金融衍生工具的交易市场。

5.4.1 远期和期货市场

远期合约(forwards)，是合约双方约定在未来某一日期按约定的价格买卖约定数量的相关资产。远期合约的交易一般在不规范的场外交易市场内进行。目前，主要的远期金融合约有货币远期和利率远期。

在远期合约的有效期内，合约的价值随相关资产(如外汇的汇率、利率)市场价格的波动而变化。若合约到期时以现金结清，但市场价格高于合约约定的执行价格时，应由卖方向买方支付价差金额；反之，则由买方向卖方支付价差金额。按照这种交易方式，远期合约的买卖双方可能形成的收益或损失都是无限大的。

期货合约(futures)与远期合约十分相似，也是交易双方按约定价格在未来某一日期完成特定资产交易行为的一种方式。两者的区别在于：远期合约交易一般规模较小，较为灵活，交易双方易于按各自的愿望对合约条件进行磋商，而期货合约的交易是在有组织的交易所内完成，合约的内容，如相关资产的种类、数量、价格、交割时间、交割地点等都已标准化。期货合约是标准化的远期合约。目前，金融期货主要有利率期货、外汇期货和股票价格指数期货等。

利率期货(interest rate futures)，是指交易双方在集中性的市场以公开竞价的方式所进行的利率期货合约的交易。利率期货合约是指由交易双方签订的，约定在未来日期以成交时确定的价格交收一定数量的某种与利率相关商品(即各种债务凭证)的标准化契约。

外汇期货(foreign exchange futures)，是指在集中性的交易市场以公开竞价的方式所进行的外汇期货合约的交易。外汇期货合约是由交易双方订立的、约定在未来某日期以成交时所确定的汇率交收一定数量的某种外汇的标准化契约，其中包含对外汇种类、到期月份、交易时间、合约金额大小、开价形式、最大和最小价格波动幅度等问题的规定。

股票价格指数期货，是在买卖双方同意在将来某一日期，按约定的价格买卖股票指数的合约。由于股票指数是一种极特殊的商品，它没有具体的实物形式，双方在交易时只能把股票指数换算成货币单位进行结算，而没有实物交割。全球著名的股票指数期货有标准普尔 500 种综合股价指数期货、纽约证券交易所综合股价指数期货、日经 225 股价指数期货等。

世界主要金融期货市场集中在北美、欧洲和亚太地区。美国是现代金融期货交易的发起地，重要的交易所有芝加哥商业交易所、纽约商品交易所等。欧洲地区的重要交易所有英国的伦敦国际金融期货期权交易所、法国国际期货交易所、德国期货交易所等。亚太地区主要有东京国际金融期货交易所、新加坡国际金融交易所、香港交易所等。芝加哥商业交易所集团是2007年7月12日由原芝加哥期货交易所(CBOT)和芝加哥商业交易所(CME)合并而成的，是全球最大的期货与期权交易所。合并前的两个交易所，在国际期货市场上占有较大的份额，是世界上历史最悠久的期货市场。芝加哥期货交易所成立于1848年，芝加哥商业交易所成立于1898年。合并后的芝加哥商业交易所集团市场交易品种包括农产品、建材、货币、利率、股票指数、天气等商品与金融期货、期权，是目前衍生工具门类最齐全的交易所，另外还有农产品的现货交易。纽约商品交易所(NYMEX)于1994年由原纽约商业交易所和商品交易所合并而成，主要交易能源和稀有金属两大类期货。交易以期货为主，期权为辅。伦敦国际金融期货期权交易所是世界第三大期货与期权交易所，成立于1982年。20世纪90年代，它先后合并了伦敦期权交易市场(1992年)，收购了伦敦商品交易所(1996年)，经营品种主要以本地金融期货为主，如长期政府债券、英镑利率期货等。

我国内地目前有四家期货交易所，其中三家是商品期货交易所，分别是上海期货交易所、大连商品交易所和正直商品交易所；另一家是金融期货交易所，即中国金融期货交易所，成立于2006年9月8日，位于上海，目前的交易品种有股票价格指数期货。

5.4.2 期权市场

期权合约(options)是指期权的买方有权在约定的时间或约定的时期内，按照约定的价格买进或卖出一定数量的相关资产，也可以根据需要放弃行使这一权利；未来如取得这种权利，期权合约的买方必须向卖方支付一定数额的费用——期权费；按照相关资产的不同，有外汇期权、利率期权、股票期权和股票价格指数期权等。

期权分看涨期权(call option)和看跌期权(put option)两个基本类型。看涨期权是在期权的买方有权在某一确定的时间以确定的价格买进相关资产。看跌期权是指期权的买方有权在某一确定的时间以确定的价格出售相关资产。

期权这种金融衍生工具的最大魅力在于，可以使期权买方将风险锁定在一定范围内。如果不考虑买卖相关资产时的佣金等费用支出，对于看涨期权的买方来说，当市场价格高于执行价格时，他会行使买的权利，取得收益；当市场价格低于执行价格时，他会放弃行使权利，所亏损的不过限于期权费。对于看跌期权的买方来说，当市场价格低于执行价格时，他会行使权利，取得收益；反之，则放弃行使权利，所亏损的也仅限于期权费。因此，期权对于买方来说，可以实现有限的损失和无限的收益。那么，对期权的卖方来讲恰好相反，即损失无限而收益有限。

从世界范围看，标准化的期权合约交易是在期货交易之后出现的。1973年芝加哥期权交易所(CBOE)正式成立，进行统一化和标准化的期权合约买卖。之后，芝加哥商业交易所、芝加哥期货交易所、纽约商品交易所等纷纷推出期权交易。1987年5月29日，伦敦金属交易所正式开办期权交易。20世纪90年代以来，世界期权交易实现了规范化，交易规模迅速扩大，期权标的物从商品、金融资产、股票价格指数等，扩大到天气、衍生工具等，如芝加哥商业交易所的天气期权和期货期权等。期权交易方式也出现多样化趋势，欧式期权、美式期权、场内期权、场外期权，双重期权、循环期权等不断推陈出新。全球期权交易量比较大的交易所有费城交易所、芝加哥商品交易所、纽约商品交易所、阿姆斯特丹交易所、蒙特利尔交易所、伦敦国际金融期货交易所和香港联合交易所等。期权交易已经成为现代国际金融市场上颇为流行的一种交易方式，是重要的规避风险和投机的工具。我国内地目前尚未建立专门的期权市场，带有期权性质的股票权证交易在上海和深圳两个证券交易所进行交易。

5.4.3 互换市场

互换(swaps)也称“掉期”、“调期”，是指交易双方约定在合约有效期内，以事先确定的名义本金额为依据，按约定的支付率(利率、股票指数收益率等)相互交换支付的约定。互换主要出现在国际借贷领域，由于债务人的资信等级、风险偏好、融资地域优势存在差异，经常出现融资成本、融资货币种类等与融资者期望背离的情况，于是产生了互换债务货币、债务利率等的需求。

货币互换是指两笔金额相同、期限相同，但货币不同的债务资金直接的调换，同时也进行不同利息额的货币调换。货币互换双方交换的是货币，它们之间各自的债权债务关系并没有改变。利率互换是指交易双方约定在未来期限内，根据约定数量的同种货币名义本金交换利息额的合约。通常，货币互换当中涉及利率互换问题。以常见的利率互换为例，设确定的名义本金额为 1 亿元，约定：一方按期根据以本金额和某一固定利率计算的金额向对方支付，另一方按期根据本金额和浮动利率计算的金额向对方支付。当然，实际只支付差额。在互换市场上，银行充当了做市商，所有的交易都是在客户与银行之间进行，银行会给出一个支付利率和一个收取利率，差价是银行的收益。

特别提示

期权买卖双方在承担交易风险和获取收益方面存在着不对称性，期权的买方承担有限的风险而获取的收益可能无限，期权的卖方承担的风险和收益与买方刚好相反。

5.5 其他金融市场

5.5.1 证券投资基金市场

投资基金(investment funds)，是一种利息共享、风险共担的集合投资制度。投资基金集中投资者的资金，由基金托管人委托职业经理人员管理，专门从事证券投资活动。投资基金一般由发起人设立，通过发行证券募集资金。基金的投资人不参与基金的管理和操作，只定期取得投资收益。基金管理人根据投资人的委托进行投资运作，收取管理费收入。投资基金具有投资分散化和降低风险的功能，自 20 世纪 80 年代以来，发展迅速，已成为当代国际金融市场演进的一个重要特征。美国目前是投资基金业最为发达的国家。按照不同的标准，证券投资基金可以有不同的类型划分。

1. 契约型基金和公司型基金

按照基金法律地位的不同，证券投资基金可以划分为契约型基金(contractual type investment fund)和公司型基金(corporate type investment fund)。契约型基金是根据一定的信托契约原理组建的代理投资制度。委托者、受托者和受益者三方订立契约，由经理机构(委托人)经营信托资产；银行或信托公司(受托者)保管信托资产；投资人(受益人)享有投资收益。

公司型基金是按照股份公司方式运营的。投资者购买公司股票成为公司股东。公司型基金涉及四个当事人：投资公司，是公司型基金的主体；管理公司，为投资公司经营资产；保管公司，为投资公司保管资产，一般由银行或信托公司担任；承销公司，负责推销和回购公司股票。公司型基金可分为封闭式和开放式两种。封闭式基金发行的股票数量固定不变，发行期满基金规模就封闭起来，不再增加或减少股份。开放式基金也称为共同基金(mutual funds)，其股票数量和基金规模不封闭：投资人可以随时根据需要向基金购买股票以实现投资，也可以回售股票以撤出投资。近年来，国外的开放式基金的发展速度远远快于封闭式基金。

2. 公募基金和私募基金

按照基金的资金募集方式和资金来源的不同，可以分为私募基金和公募基金。公募基金是以公开发行证券方式筹集资金所设立的基金；私募基金是以非公开发行证券方式募集资金所设立的基金。

私募基金面向特定的投资群体，满足对投资有特殊期望的客户需求。私募基金的投资者主要是一些大的投资机构和一些富人。如美国索罗斯领导的量子基金的投资者，或是金融寡头，或是工业巨头；量子基金的投资者不足100人，每个人的投资额至少为100万美元。

3. 收益基金和增长基金

按照基金对投资收益与风险的设定目标的不同，证券投资基金可以划分为收益基金(income fund)和增长基金(growth fund)，当然也有两者的混合型。

收益基金追求投资的定期固定收益，因而主要投资于有固定收益的证券，如债券、优先股股票等。收益基金不刻意追求在证券价格波动中可能形成的价差收益，因此，投资风险较低，投资的收益率也较低。

增长基金追求证券的增值潜力。通过发行价格被低估的证券，低价买入并等待升值后卖出，以获取买卖证券的价差收益。

4. 货币市场基金

货币市场基金是投资于货币市场金融产品的基金，专门从事商业票据、银行承兑汇票、可转让大额定期存单及其他短期类票据的买卖。货币市场基金的投资风险低、流动性很好，允许投资人随时提取所投资金，类似于在银行的存款，但收益率又比银行存款利率高。

5. 对冲基金

对冲基金(hedge fund)是私募基金的一种，是专门为追求高投资收益的投资人设计的基金。其最大的特点是广泛运用期权、期货等金融衍生工具，在股票市场、债券市场和外汇市场上进行投机活动，风险极高。从投资策略上看，对冲基金的类型不一，其中一类对冲基金主要利用各国宏观经济的不稳定性进行套利活动。例如，当发现一国的宏观经济过热，则进行预期资产价格下跌的操作；只要该国宏观经济形势逆转，资产价格大幅下降，对冲基金就会从中获得巨额的收益。这类基金对全球金融体系的破坏性极大，常常被指责为金融危机的制造者。

6. 养老基金

养老基金是(pension fund)是一种用于支付退休收入的基金，是社会保障基金的一部分。养老基金通过发行基金股份或受益凭证，募集社会上的养老保险资金，委托专业基金管理机构用于产业投资、证券投资或其他项目的投资，以实现保值增值的目的。随着人口老龄化程度的提高，养老基金汇集了越来越大的社会财富，其投资活动对于投资基金行业以及金融市场的发展都起着举足轻重的作用。

5.5.2 黄金市场

黄金在过去有相当大的部分用作货币用黄金。货币用黄金一方面用作货币流通所需，如铸造金币；另一方面用作国家集中的黄金储备。当今，各国政府都保有以百吨、千吨计的黄金作为国际储备资产。现在对黄金的需求，可以说都属于非货币需求，大致为投资和消费所需。

历史上，黄金曾在世界范围内长期充当一般等价物的角色，是现实经济生活中实实在在的购买手段和支付手段。金本位制度瓦解和金币停止流通后，黄金依然保持其货币属性直至20 世纪 70 年代的黄金非货币化。非货币化之后，黄金还是各国国际储备资产的一部分。世界上最早的国际黄金市场于 19 世纪初在伦敦产生。第二次世界大战爆发后，由于黄金的自由交易受到很大限制，伦敦黄金市场曾关闭了 15 年。世界黄金市场重新成为完全自由的交易市场，是在布雷顿森林体系瓦解之后。

新中国成立以来，我国一直对黄金流通实行严格的计划管理体制：由中国人民银行统一收购和配售黄金，统一制定黄金价格，严禁民间黄金流通。改革开放后的 1982 年，我国放开了黄金饰品零售市场。1993 年，改革了黄金定价机制，允许黄金收售价格随国际金价波动。1999 年 12 月，我国在部分城市首次向社会销售金条，2001 年开始，取消了黄金的统购统配，实现市场配置黄金自由。作为全国性的有形市场，上海黄金市场于 2002 年 10 月 30 日正式开始交易。

5.5.3 外汇市场

外汇市场(foreign exchange market)就是进行外汇交易的场所。在当今国际金融和国际贸易领域中，外汇市场提供了货币兑换和结算的便利，同时也为金融资本的输出、国际垄断资本的对外扩张和外汇投机等提供了角逐场所。国际上的外汇市场分为有固定交易场所的有形外汇市场和没有具体交易场所的无形外汇市场。

在外汇市场上，主要的参与者有外汇银行、外汇经纪人、中央银行，以及众多的进出口商、非贸易外汇供求者和外汇投机者。

我国的外汇市场有两个层次：一是客户与外汇指定银行(即由中央银行授权经营外汇业务的银行等金融机构)之间的零售市场；二是银行之间买卖外汇的同业市场，又称银行间外汇市场——包括银行与银行相互之间的交易，以及外汇指定银行与中央银行之间的交易。我国银行间外汇市场的正式名称是中国外汇交易中心暨全国银行间同业拆借中心，成立于 1994 年 4 月，总部设在上海。银行间外汇交易以美元/人民币的交易为主。外币成交品种主要为美元/港币、美元/日元和美元/欧元。

特别提示

证券投资基金是一种集合投资方式，通过发行基金股份集中了大量投资者的资金以投资于股票等有价证券，具有分散投资风险的功能。

5.6 国际金融市场

国际金融市场是在国际范围内进行货币资金交易活动的场所，既包括国际货币市场、国际资本市场，又包括国际外汇市场、国际黄金市场和国际衍生金融市场。当今的国际金融市场已经突破了场所和地点的局限，发展成为由现代通信技术和计算机系统连接的全球化的金融市场网络。它是国际投资的重要渠道，是由各国的市场参与者所组成的，通过进行国际金融资产交易，进而实现对全球资源有效配置的资金运转系统。

现代意义上的全球化的国际金融市场是从20世纪50年代以后才产生的。第二次世界大战后，科学技术的革命和生产力的发展深化了国际分工，把资本主义生产的社会化提高至生产国际化的新阶段；生产的国际化使资本主义生产越出国界，在世界范围实行广泛的专业化生产和协作，进一步推动了资本国际化的迅速发展，使国际投资和资本流动达到前所未有的巨大规模，客观上需要一个更加发达、有效的国际金融市场来融通资金，从而使金融市场的国际化得到了迅猛发展。

第一次世界大战前后，英国伦敦率先发展成为国际金融市场。第二次世界大战后，纽约和伦敦相匹敌，成为世界上又一个重要的国际金融市场。以此同时，在瑞士苏黎世、联邦德国法兰克福以及日本东京等地的国际金融市场也相继发展起来。这一时期，国际金融市场形成的一个重要推动因素是离岸金融市场(offshore financial center)的形成和发展。所谓离岸金融市场，是指位于某国，却独立于该国的货币与金融制度，不受该国金融法规监管的金融活动场所。20实际50年代开始形成的欧洲美元市场可以说是一个发端。此后，仅在亚洲，就有1968年新加坡建立的亚洲货币市场，中国香港于1978年形成的亚洲国际金融中心，日本于1986年在东京建立的境外金融市场，等等。在伦敦、纽约以及后来的东京等几个传统的大型国际金融中心迅速发展的同时，离岸金融市场又在全球广泛分布，这就意味着国际金融市场成为覆盖全球的网络。

特别提示

国际金融市场是金融市场突破场所和地点局限的产物，其产生于20世纪50年代以后。

项目小结

金融市场作为一种要素市场(专门配置资本的市场)，可以将其定义为以金融资产为交易对象而形成的供求关系及其机制的总和。金融市场是由金融市场主体、市场客体、金融中介以及交易价格等因素构成。金融市场具有资源配置、资本积累、经济调节和反映，以及风险转移和分散等功能。金融市场按照交易的金融工具的期限可以划分为货币市场和资本市场两类。其中，货币市场按不同的借贷方式和内容可以分为国库券市场、同业拆借市场、票据市场、大额可转让存单市场、回购市场等子市场。资本市场包括长期借贷市场和长期证券市场，而狭义的资本市场仅指证券市场。此外，金融市场还包括金融衍生工具市场(期货、期权、互换市场)和其他金融市场(包括证券投资基金市场、黄金市场和外汇市场)。

专栏五

1) 中国的国债发行

经过多年建设，中国已经拥有亚洲第二大股市。同时，中国正迅速成立可信的国内债券市场。从中国的国债市场来看，中国国债发行在改革开放后经历了四个阶段：第一阶段是 1981～1990 年，年均发行额仅为 39.5 亿元，占同期财政收入的比重很小。第二阶段是 1991～1993 年，年均发行额大体在 303.1 亿元左右。第三阶段是 1994～1998 年上半年，1994 年国债发行额突破 1 000 亿大关，1995 年突破 1 500 亿元，1996 年达到 1847.7 亿元。第四阶段是 1998 年下半年至今，1998 年下半年以来，政府以“积极的财政政策”取代了“适度从紧的财政政策”，从此，我国国债的发行规模不断扩大。

2) 金融期货

期货交易不是新事物。在 17 世纪荷兰的郁金香泡沫，即所谓的“郁金香效应”中，就形成了一个非常独特的市场。人们突然对这种花非常狂热，使其一度极为短缺，而花农和培育者则想方设法引进外来的奇异品种。大量的财富投入到这种花中。一枝花售价达创纪录的 6 000 弗罗林银币，等价于一处房产的价格。

1634 年一种期货市场形成了，若投资者投资新品种的价值即便超过它的成本，而他却无须支付所超出的部分。几年后随着郁金香市场的崩溃，投资者的财富化为乌有。

直到 19 世纪，美国才开始形成期货市场。它是以诸如小麦和猪肉等商品为基础，人们提前以固定的价格买入该商品，并冒险性地认为，在市场交割时它的价格将会上升。今天的期货市场更为复杂。

今天的期货交易以商品或货币为基础。金融期货起始于外汇交易，投资者孤注一掷地认为，将来某特定时刻的汇率将出现上升或下降。随后是以黄金价格和美国国库券为基础的期货。

人们进行期货交易的原因包括两个方面：一是投资者希望在货币市场的流动中进行投机，以赚取利润；二是其他人希望防止将来的价格出现波动对自己造成损失。

3) 垃圾债券

垃圾债券是被贬低的流行术语，它是指那些典型的低信用评级，但承诺高回报的公司发行的高收益债券。这类债券的收益率一般都可能高于国库券 2%～2.5%，高出部分用来补偿预期(通常实际也是如此)高风险的收益(高于投资政府或低收益债券的风险)。

垃圾债券市场诞生并发展于美国的 20 世纪 70 年代。它受到投资公司——德崇证券公司的特别推崇，该公司的一个叫迈克尔·米尔肯的员工，他号称“垃圾债券之王”。高收益债券的发行并不是什么创新，但是其市场相对较小，仅限于那些愿意承担风险的少数投资者。风险和收益分析基本表明，相对他们承担的风险而言，许多投资者得到补偿更高。换言之，大多数风险最后都获得了迅猛发展。1986 年发行总额估计达到了 3 245 亿美元。

垃圾债券在美国备受推崇的原因在于，它能够从高杠杆收购或管理层收购中融通资金。还可利用债券发行融通资金来反对敌意收购。高杠杆的简单含义是，收购资金是通过债券发行来融通。在欧洲，特别是英国，这种融资方法又被称为“补充性融资”，而不是垃圾债券。此外，它还涉及高利率、无担保的银行贷款。

垃圾债券和补充性融资，为小企业收购大企业提供了一种融资渠道。尤其是在大型公司在实现多元化经营而进行的收购中，效果特别明显。通过企业集团部分资产的出售来偿还债务——此行为有时又被称为资产剥离，从而为核心业务实行再融资。这类重组计划大多发生在 20 世纪 80 年代。

实训练习

一、核心概念

金融市场	货币市场	资本市场	一级市场
二级市场	证券投资基金	回购	商业票据
期货	期权	离岸金融	互换
货币市场基金	收益基金	股票	债券

二、问答题

1. 金融市场在经济中有哪些功能？
2. 什么是货币市场？它包括哪些子市场？
3. 什么是资本市场？它包括哪些子市场？
4. 简述证券投资基金的类型。
5. 比较股票和债券的不同点。
6. 什么是金融期权？简述期权交易与期货交易的区别。
7. 银行同业拆借的原因是什么？有何特点？
8. 什么是票据的贴现？与贷款有何区别？

三、案例分析

巴林银行集团是英国伦敦城内历史最久、名声显赫的商业银行集团，素以发展稳健、信誉良好而驰名，其客户也多为显贵阶层，包括英国女王伊丽莎白二世。该行成立于1762年，当初仅是一个小小的家族银行，逐步发展成为一个业务全面的银行集团。巴林银行集团的业务专长是企业融资和投资管理，业务网点主要在亚洲及拉丁美洲新兴国家和地区，在中国上海也设有办事处。到1993年底，巴林银行的全部资产总额为59亿英镑，1994年税前利润高达1.5亿美元。1995年2月26日，巴林银行因遭受巨额损失，无力继续经营而宣布破产。从此，这个有着233年经营史和良好业绩的老牌商业银行在伦敦城乃至全球金融界消失。目前该行已由荷兰国际银行保险集团接管。

巴林银行破产的直接原因是新加坡巴林公司期货经理尼克·里森错误地判断了日本股市的走向。1995年1月份，里森看好日本股市，分别在东京和大阪等地买了大量期货合同，指望在日经指数上升时赚取大额利润。谁知天有不测风云，日本阪神地震打击了日本股市的回升势头，股价持续下跌。巴林银行最后损失金额高达14亿美元之多，而其自有资产只有几亿美元，亏损巨额难以抵补，这座曾经辉煌的金融大厦就这样倒塌了。那么，由尼克·里森操纵的这笔金融衍生产品交易为何在短期内便摧毁了整个巴林银行呢？我们首先需要对金融衍产品(又称金融派生产品)有一个正确的了解。金融衍生产品包括一系列的金融工具和手段，买卖期权、期货交易等都可以归为此类。具体操作起来，又可分为远期合约、远期固定合约、远期合约选择权等。这类衍生产品可对有形产品进行交易，如石油、金属、原料等，也可对金融产品进行交易，如货币、利率以及股票指数等。从理论上讲，金融衍生产品并不会增加市场风险，若能恰当地运用，如利用它套期保值，可为投资者提供一个有效的降低风险的对冲方法。但在其具有积极作用的同时，也有其致命的危险，即在特定的交易过程中，投资者纯粹以买卖图利为目的，垫付少量的保证金炒买炒卖大额合约来获得丰厚的利润，而往往无视交易潜在的风险，如果控制不当，那么这种投机行为就会招致不可估量的损失。新加坡巴林公司的尼克·里森，正是对衍生产品操作无度才毁灭了巴林银行。里森在整个交易过程中一味盼望赚钱，在已遭受重大亏损时仍孤注一掷，增加购买量，对于交易中潜在的风险熟视无睹，结果使巴林银行成为衍生金融产品的牺牲品。

巴林银行倒闭事件提醒人们加强内部管理的重要性和必要性，合理运用衍生工具，建立风险防范措施。随着国际金融业的迅速发展，金融衍生产品日益成为银行、金融机构及证券公司投资组合中的重要组成部分。因此，凡从事金融衍生产品业务的银行应对其交易活动制定一套完善的内部管理措施，包括交易头寸(指银行和金融机构可动用的款项)的限额、止损的限制、内部监督与稽核；扩大银行资本，进行多方位经营。随着国际金融市场规模的日益扩大和复杂化，资本活动的不确定性也越发突出。作为一个现代化的银行集团，应努力扩大自己的资本基础，进行多方位经营，做出合理的投资组合，不断拓展自己的业务领域，这样才能加大银行自身的安全系数并不断盈利。

请思考：透过巴林银行倒闭事件，我们应怎样看待衍生金融工具？

项目6 金融机构

项目思考

在与货币和信用有关的经济活动中，存在着一个重要的参与者，也称参与主体，即金融机构。世界各国均已形成了以中央银行为中心，商业银行为主体，多种性质的银行及非银行金融机构并存的现代金融机构体系。那么，这些不同金融机构组织在整个世界经济体系中起着什么作用?它们的业务分工又分别如何?

项目目标

通过本项目的学习，你将能够:

- 理解金融机构的含义和职能;
- 理解和掌握我国金融机构体系的构成;
- 了解国际金融机构的分类。

项目框架

首先明确了金融机构的含义和职能，然后详细介绍了我国金融机构体系的构成，包括中央银行、商业银行、非银行金融机构、外资金融机构和港澳地区的金融机构体系。最后介绍了从事国际金融管理和国际金融活动的超国家性质的国际金融机构，包括国际货币基金组织、世界银行、国际金融公司等。本项目的知识框架如图 6.1 所示。

- 金融机构
  - 金融机构概述
    - 金融机构的含义
    - 金融机构的分类
    - 金融机构的职能
  - 中国的金融机构体系
    - 银行金融机构
    - 非银行金融机构
  - 国际金融机构
    - 全球性金融机构
    - 区域性金融机构

图 6.1　项目框架

引导案例

巴西等国或帮助 IMF 解决欧债危机

美国《华盛顿邮报》2011 年 12 月 4 日报道：在过去的几年中，国际货币基金组织(IMF)总是会在经济危机时对拉丁美洲国家施以援手，巴西也接受过 IMF 的帮助。但是在近几个星期以来，国际货币基金组织的总裁克里斯蒂娜·拉加德相继访问了墨西哥、秘鲁、巴西三国，并高度赞扬了拉丁美洲地区的宏观经济管理措施，拉美各国采取的举措保证了它们不会受到欧元区债务危机的影响。巴西和墨西哥的财政官员同样表示，现在他们正在帮助 IMF 筹措资金，以解决欧元区的债务问题。

拉加德在巴西圣保罗表示，政府之间的双边贷款是十分重要的。在必要的情况下，这将是增加资金的有效方法。尽管现在 IMF 还有 3 900 亿美元的可利用贷款，但是如果欧洲的情况持续恶化，这些资金仍然可能不够用。

经济学家和观察家们认为，拉加德的拉美之行标志着国际货币基金组织和拉美国家间角色的重大转变。从前，在遭遇到严重的经济问题时，IMF 总是要求拉丁美洲国家采用紧缩政策以缓解困难。

在过去的几十年中，巴西等国家控制了通货膨胀，实施了有效的货币政策，从而恢复了民众的信心。中国对大宗商品的需求维持了拉丁美洲国家经济的持续增长。在其他国家设立的“雨天基金”和管理良好的银行系统帮助拉美地区躲过了华尔街金融风暴和如今的欧元区债务危机。

虽然 IMF 不依附于任何国家或地区，但如今他们也转向中国、印度、俄罗斯、巴西、墨西哥等新兴市场国家寻求帮助。正如拉加德所说：“当世界上的一部分国家经济状况不太好的时候，其他国家就要去当巴士司机来带领世界经济向前发展。”

6.1　金融机构概述

6.1.1　金融机构的含义

金融机构是指专门从事货币信用活动和金融活动的中介组织。狭义的金融机构仅指那些通过参与或服务金融市场交易而获取收益的金融企业，如商业银行、保险公司、证券公司等；广义的金融机构则包括金融市场的监管机构，如一国的中央银行，甚至包括国际货币基金组织等国际金融机构。

6.1.2 金融机构的分类

1. 按照金融机构的经营业务不同

按照金融机构的经营业务不同，分为银行金融机构和非银行金融机构。

银行金融机构一般以吸收公众存款、发放贷款、办理票据贴现、汇兑、结算等作为其主要业务范围，如中央银行、商业银行、政策性银行等。银行金融机构在一国金融体系中居于核心地位。除银行以外，其他经营金融业务的金融机构均为非银行金融机构，它是以发行股票和债券、接受信用委托、提供保险等形式筹集资金，并将所筹资金运用于长期性投资的金融机构，如保险公司、信托公司、证券公司等。

2. 按照金融机构的业务性质不同

按照金融机构的业务性质不同，分为商业性金融机构和政策性金融机构。

商业性金融机构是指按照现代企业制度改造和组建起来的，以营利为目的的银行和非银行金融机构，它们承担了绝大多数的金融业务。商业性金融机构根据市场法则，出于商业标准的行为目标，以“安全性、流动性、效益性”为融资准则，在以流动性和安全性为前提下实现利润的最大化。其投资主体可以是国家，也可以是各国的商业银行、证券公司和保险公司等。

政策性金融机构是指那些由政府或政府机构发起、出资创立、参股或保证的，不以利润最大化为经营目的，在特定的业务领域内从事政策性融资活动，以贯彻和配合政府的社会经济政策或意图的金融机构。它的服务领域或服务对象一般都不适于商业性金融机构，而是那些受国家经济和社会发展政策重点或优先保护，需要以巨额、长期和低息贷款支持的项目或企业。

3. 按照金融机构的职能地位不同

按照金融机构的职能地位不同，分为监管性金融机构和被监管性金融机构。

监管性金融机构有权对金融被监管机构及其经营活动实施规制和约束。通常，金融监管机构都是官方机构，但也存在民间组织根据法律授权履行金融监管职责的情况。例如英国的金融监管局，就是根据该国2000年颁布的《金融服务与市场法》履行金融监管职责的非官方组织。在我国，中国人民银行、中国银行业监督管理委员会、中国证券监督管理委员会、中国保险监督管理委员会以及国家外汇管理局等都属于监管性金融机构。

被监管性金融机构处于受监管的地位，作为金融中介，其通常是金融市场上资金的供给者和需求者，但有时也不排除以自营为特征而进行投资活动，如商业银行、政策性银行、证券公司、保险公司、信托公司、财务公司、金融租赁公司、汽车金融公司等。被监管性金融机构在一国金融体系中占据核心地位，其既可以发行和创造金融工具，也可以在金融市场上购买各种金融工具；其既是金融市场的中介人，也是金融市场的投资者，是货币政策的传递者和承受者。

4. 按照金融机构的融资方式不同

按照金融机构的融资方式不同，分为直接金融机构和间接金融机构。

直接融资机构是为资金余缺双方牵线搭桥提供联系服务的机构，其主要在直接融资中提供金融服务，包括证券交易所、证券承销商、证券经纪商等。

间接融资机构是为资金余缺双方提供场所、充当媒介的信用服务机构，其主要在间接融资中提供金融服务，包括商业银行、专业银行和信托机构、投资公司、保险公司、金融租赁公司等机构。

除上面所述，对金融机构的分类方法还有很多，如按照所有制的不同分为国有金融机构、集体金融机构和民营金融机构，按照服务地域不同分为城市金融机构和农村金融机构，按照出资人的国别不同分为中资金融机构、外资金融机构和中外合资金融机构。需要指出的是，现实中的某一金融机构往往同时具备几种类别的性质，如商业银行既属于银行金融机构，也属于商业性金融机构，同时还是被监管性金融机构。也就是说，各类金融机构之间都是相互联系、相互制约的，不能独立地看待各种分类。

6.1.3 金融机构的职能

金融机构之所以在整个国民经济运行和金融活动中起着举足轻重的作用，是由于其有着特殊的职能。

1. 整合和分配资金的职能

金融机构能够为家庭或企业整合或聚集资金，并把家庭或企业的资金进行重新有效分配，这是金融机构的最基本职能。例如银行可以通过自己的负债业务，把社会上的各种闲散资金集中起来，再通过资产业务把它投向社会经济各部门。金融机构作为货币资本的贷出者和借入者的中介者，来实现货币资本的融通。这一职能，一是可以把暂时从再生产过程中游离出来的闲置资金转化为可用资金，从而在不改变社会资本总量的条件下，通过改变资本的使用量，提供了扩大生产手段的机会；二是可将用于消费的资金转化为能带来货币收入的投资，扩大社会资本总量，加速经济增长；三是可以把短期货币资本转化为长期货币资本。在利润原则支配下，还可以把货币资本从效益低的部门引向效益高的部门，形成对经济结构的调节。

2. 降低风险的职能

金融机构可以将无数小额资金集中起来，通过保险和社会保险机制对经济和社会生活中的各种风险进行评估、防范和管理，并由专业的基金管理公司将资金贷放或者投资于不同风险性质、不同地区、不同行业的项目上以产生收益，可以有效地分散、转移、控制和降低风险，为投资者规避和减少投资风险。

3. 降低交易成本的职能

交易成本是指达成一笔交易所要花费的成本，也指买卖过程中所花费的全部时间和货币成本，包括传播信息、广告、与市场有关的运输以及谈判、协商、签约、合约执行的监督等活动所费的成本。

金融机构能够在社会上聚集大量的剩余资金，因此通过其规模经营的方式、富有效率的网络系统，能够大大降低交易成本，从而满足投融资需求的迅速增长。此外，金融机构还可以通过规模效益，向投融资双方提供高效、便捷、低成本的金融服务，使得投融资双方更加愿意通过金融体系来进行投融资活动，进而来通过整个社会资金资源的有效配置。

特别提示

> 金融机构的分类众多，说明其在金融市场上发挥着很重要的作用，是金融市场的核心。未来金融机构的数量会不断增多，规模也会不断扩大，作用也将不断增强，业务会不断创新。

6.2 中国的金融机构体系

现阶段，中国的金融机构体系是一个以中央银行为核心，以商业银行和政策性银行为主体，多种金融机构并存的现代金融机构体系。中国的金融机构可以分为两大类，一是银行金融机构，二是非银行金融机构。银行金融机构与非银行金融机构还可以进一步分类。

6.2.1 银行金融机构

1. 中央银行

中央银行是指国家为实现宏观经济目标，保证国家货币政策正确制定与执行，防范与化解金融风险，维护金融秩序稳定而设立的特殊金融管理机构。

我国的中央银行是中国人民银行(简称央行或人行)，于1948年12月1日成立。它在我国金融机构体系中位于核心地位。根据2003年12月27日第十届全国人民代表大会常务委员会第六次会议修正后的《中华人民共和国中国人民银行法》的规定，中国人民银行是在国务院的领导下依法独立制定和执行货币政策，履行职责，开展业务，不受地方政府、各级政府部门、社会团体和个人的干涉。中国人民银行总行分别位于北京和上海，2005年8月10日在上海设立中国人民银行上海总部。

中国人民银行的主要职责为：①起草有关法律和行政法规，完善有关金融机构运行规则，发布与履行职责有关的命令和规章；②依法制定和执行货币政策；③监督管理银行间同业拆借市场和银行间债券市场、外汇市场、黄金市场；④防范和化解系统性金融风险，维护国家金融稳定；⑤确定人民币汇率政策，维护合理的人民币汇率水平，实施外汇管理，持有、管理和经营国家外汇储备和黄金储备；⑥发行人民币，管理人民币流通；⑦经理国库；⑧会同有关部门制定支付结算规则，维护支付、清算系统的正常运行；⑨制定和组织实施金融业综合统计制度，负责数据汇总和宏观经济分析与预测；⑩组织协调国家反洗钱工作，指导、部署金融业反洗钱工作，承担反洗钱的资金监测职责；⑪管理信贷征信业，推动建立社会信用体系；⑫作为国家的中央银行，从事有关国际金融活动；⑬按照有关规定从事金融业务活动；⑭承办国务院交办的其他事项。

关于中国人民银行的性质、职能及其业务类型的详细介绍，请见项目8。

2. 商业银行

商业银行是指以经营工商业存、放款为主要业务，并以获取利润为目的的货币经营企业。

自2004年2月1日起实施的《中华人民共和国商业银行法》中规定，我国的商业银行是指依照本法和《中华人民共和国公司法》设立的吸收公众存款、发放贷款、办理结算等业务的企业法人。

商业银行可以经营的业务有：①吸收公众存款；②发放短期、中期和长期贷款；③办理国内外结算；④办理票据承兑与贴现；⑤发行金融债券；⑥代理发行、代理兑付、承销政府债券；⑦买卖政府债券、金融债券；⑧从事同业拆借；⑨买卖、代理买卖外汇；⑩从事银行卡业务；⑪提供信用证服务及担保；⑫代理收付款项及代理保险业务；⑬提供保管箱服务；⑭经国务院银行业监督管理机构批准的其他业务。

我国商业银行主要有以下几个类型：

1) 国有股份制商业银行

国有股份制商业银行在我国金融机构体系中占有举足轻重的地位。

(1) 中国银行。中国银行是专门组织、运用和管理外汇资金的股份制商业银行。1912 年 2 月，经孙中山先生批准，中国银行正式成立。从 1912 年至 1949 年，中国银行先后行使中央银行、国际汇兑银行和外贸专业银行职能。新中国成立后，中国银行成为国家外汇外贸专业银行，为国家对外经贸发展和国内经济建设做出了重大贡献。1994 年，中国银行改为国有独资商业银行。2003 年，中国银行开始股份制改造。2004 年 8 月，中国银行股份有限公司挂牌成立。2006 年 6 月和 7 月，先后在香港联交所和上海证券交易所成功挂牌上市，成为首家在内地和香港发行上市的中国商业银行。

(2) 中国农业银行。中国农业银行是主要经营农村金融业务的股份制商业银行，其前身最早可追溯至 1951 年成立的农业合作银行。20 世纪 70 年代末以来，中国农业银行相继经历了国家专业银行、国有独资商业银行和国有控股商业银行等不同发展阶段。2009 年 1 月 15 日，中国农业银行整体改制为股份有限公司，完成了从国有独资银行向现代化股份制商业银行的历史性跨越；2010 年 7 月中国农业银行股份有限公司在上海、香港两地挂牌上市，成功创造了全球资本市场最大规模的首次公开募股。

(3) 中国建设银行。中国建设银行于 1954 年 10 月 1 日成立，原名为中国人民建设银行，其任务是经办国家基本建设投资的拨款，管理和监督使用国家预算内基本建设资金和部门、单位的自筹基本建设资金。中国建设银行的主要经营领域包括公司银行业务、个人银行业务和资金业务，多种产品和服务(如基本建设贷款、住房按揭贷款和银行卡业务等)在中国银行业居于市场领先地位。中国建设银行在全国的主要地区设有约 13 629 家分支机构，在香港、新加坡、法兰克福、约翰内斯堡、东京、首尔、纽约、胡志明市和悉尼设有海外分行，在莫斯科设有代表处，在伦敦设有子银行。2004 年 9 月，中国建设银行将由国有独资商业银行改制为国家控股的股份制商业银行。2005 年 10 月，中国建设银行股份有限公司在香港联合交易所挂牌上市，这是首家实现公开发行上市的中国国有商业银行。

(4) 中国工商银行。中国工商银行是以经营城市金融业务为主的股份制商业银行，该行成立于 1984 年 1 月 1 日，在国内拥有二万二千多家营业网点。截至 2011 年 1 月，中国工商银行已在全球 28 个国家和地区设立了 203 家海外机构，并与 132 国家和地区的 1 453 家银行建立了代理行关系，形成了跨越亚、非、欧、美、大洋洲的全球经营网络。2005 年 4 月，经国务院批准，中国工商银行以现代产权制度和公司治理制度建设为核心的股份制改革正式启动。2005 年 10 月 28 日，中国工商银行股份有限公司成立。2006 年 10 月 27 日，工商银行同步在香港和上海上市，成为中国资本市场具里程碑意义的标志性事件。

(5) 中国邮政储蓄银行。中国邮政储蓄银行有限责任公司于 2007 年 3 月 6 日正式成立，是在改革邮政储蓄管理体制的基础上组建的商业银行。中国邮政储蓄银行承继原国家邮政局、中国邮政集团公司经营的邮政金融业务及因此而形成的资产和负债，并将继续从事原经营范围和业务许可文件批准、核准的业务。

设立中国邮政储蓄银行的目标是为了充分依托和发挥邮政网络优势，完善城乡金融服务功能，为国民经济和社会发展，为广大人民群众提供金融服务，并最终建设成为资本充足、内控严密、营运安全、竞争力强的现代金融机构。

(6) 国家开发银行。国家开发银行成立于 1994 年 3 月 17 日，总部设在北京，目前在全国设有 32 家分行和 4 家代表处。

设立国家开发银行的目的是贯彻国家宏观经济政策，筹集和引导社会资金，缓解经济社会发展的瓶颈制约，致力于以融资推动市场建设和规划先行，支持国家基础设施、基础产业、支柱产业和高新技术等领域的发展和国家重点项目建设；向城镇化、中小企业、“三农”、教育、医疗卫生和环境保护等社会发展瓶颈领域提供资金支持，促进科学发展和和谐社会的建设；配合国家“走出去”战略，积极拓展国际合作业务。

2008 年 12 月 11 日，经国务院批准，国家开发银行整体改制为国家开发银行股份有限公司，这标志着国家开发银行由政策性银行转变为商业银行。国家开发银行股份有限公司自成立之日起，将承继国家开发银行的全部资产、负债和业务。国家开发银行原有的营业机构、商标、互联网域名和咨询服务电话等保持不变，由股份有限公司继续使用，各项业务照常进行。

2) 中小股份制商业银行

1986 年 7 月 24 日，国务院根据经济体制改革的需要，批准恢复设立交通银行。此后，又先后成立了中信银行、中国光大银行、华夏银行、广东发展银行、深圳发展银行、招商银行、上海浦东发展银行、兴业银行、中国民生银行、恒丰银行、浙商银行、渤海银行等 12 个全国性股份制商业银行，突破了四大专业银行一统天下的格局。

二十几年来，股份制商业银行采取股份制形式的现代企业组织架构，按照商业银行的运营原则，高效决策，灵活经营，逐步建立了科学的管理机制和市场化的管理模式，自成立伊始即迅猛发展。目前，我国已经初步形成多层次、多类型的金融机构体系。股份制商业银行已经成为我国商业银行体系中一支富有活力的生力军，成为银行业乃至国民经济发展不可缺少的重要组成部分。

3) 城市商业银行

城市商业银行是中国银行业的重要组成和特殊群体，其前身是 20 世纪 80 年代设立的城市信用社，当时的业务定位是：为中小企业提供金融支持，为地方经济搭桥铺路。

20 世纪 90 年代中期，中央以城市信用社为基础，组建城市商业银行。城市商业银行是在中国特殊历史条件下形成的，是中央金融主管部门整肃城市信用社、化解地方金融风险的产物。至今全国城市商业银行已有 112 家，遍及除西藏以外的各个省(市、自治区)。

3. 政策性银行

政策性银行是指那些多由政府创立、参股或保证的，不以营利为目的，专门为贯彻、配合政府社会经济政策或意图，在特定的业务领域内，直接或间接地从事政策性融资活动，充当政府发展经济、促进社会进步、进行宏观经济管理工具的金融机构。设立政策性银行主要是为商业性金融机构从盈利角度考虑不愿融资，或者其资金实力难以满足其要求的领域，提供金融支持。我国的政策性银行有以下两个：

1) 中国进出口银行

中国进出口银行成立于 1994 年，是直属国务院领导的、政府全资拥有的政策性银行；总行设在北京，目前在国内设有 11 家营业性分支机构和 4 个代表处；在境外设有东南非代表处、巴黎代表处和圣彼得堡代表处；与 300 多家银行建立了代理行关系。

中国进出口银行的主要职责是贯彻执行国家产业政策、外经贸政策、金融政策和外交政策，为扩大我国机电产品、成套设备和高新技术产品进出口，推动有比较优势的企业开展对外承包工程和境外投资，促进对外关系发展和国际经贸合作，提供政策性金融支持。

2) 中国农业发展银行

中国农业发展银行是直属国务院领导的我国唯一的一家农业政策性银行，1994 年 11 月挂牌成立。在国内共有 30 个省级分行、300 多个二级分行和 1 800 多个营业机构，服务网络遍布除西藏自治区外的中国大陆地区。

中国农业发展银行的主要任务是：按照国家的法律、法规和方针、政策，以国家信用为基础，筹集农业政策性信贷资金，承担国家规定的农业政策性和经批准开办的涉农商业性金融业务，代理财政性支农资金的拨付，为农业和农村经济发展服务。其业务范围主要是办理粮食、棉花、油料、猪肉、食糖等主要农副产品的国家专项储备和收购贷款，办理扶贫贷款和农业综合开发贷款，以及国家确定的小型农、林、牧、水基本建设和技术改造贷款。中国农业发展银行在业务上接受中国人民银行和中国银行业监督管理委员会的指导和监督。

6.2.2 非银行金融机构

除商业银行、政策性银行等以外的所有金融机构，都可以称为非银行金融机构。我国的非金融机构主要包括信托、证券、保险、融资租赁等机构以及农村信用社、财务公司等。

1. 信托投资公司

信托投资公司是一种以受托人的身份代人理财的金融机构。它与银行信贷、保险并称为现代金融业的三大支柱。我国信托投资公司的主要业务为经营资金和财产委托、代理资产保管、金融租赁、经济咨询、证券发行以及投资等。根据国务院关于进一步清理整顿金融性公司的要求，我国信托投资公司的业务范围主要限于信托、投资、和其他代理业务，少数确属需要的经中国人民银行批准可以兼营租赁、证券业务和发行一年期的专项信托受益债券，用于进行有特定对象的贷款和投资，但不准办理银行存款业务。

在我国，较有实力的信托投资公司有中国信托投资公司、国际信托投资公司、四川信托投资公司及华融信托投资公司等。

2. 证券机构

证券机构是专门(或主要)办理证券业务的金融机构。我国的证券机构主要有证券交易所、证券公司、证券登记结算机构、证券业协会、证券监督管理机构。

1) 证券交易所

证券交易所是为证券集中交易提供场所和设施，组织和监督证券交易，实行自律管理的法人。我国的证券交易所不以营利为目的，仅为证券的集中和有组织的交易提供场所、设施，并履行国家有关法律、法规、规章、政策规定的职责，实行自律性管理的会员制的事业法人。目前，我国内地有两家证券交易所，即 1990 年 12 月设立的上海证券交易所和 1991 年 7 月设立的深圳证券交易所。证券交易所的设立和解散由国务院决定。

2) 证券公司

证券公司是指依照公司法的规定并经国务院证券监督管理机构审查批准而成立的专门经营证券业务，具有独立的法人地位的金融机构。经国务院证券监督管理机构批准，证券公司可以经营下列部分或者全部业务：①证券经纪；②证券投资咨询；③与证券交易、证券投资活动有关的财务顾问；④证券承销与保荐；⑤证券自营；⑥证券资产管理；⑦其他证券业务。证券公司经营上述第①项至第③项业务的，注册资本最低限额为人民币 5 000 万元；经营第④项至第⑦项业务之一的，注册资本最低限额为人民币 1 亿元；经营第④项至第⑦项业务中两项以上的，注册资本最低限额为人民币 5 亿元。证券公司的注册资本应当是实缴资本。

3) 证券登记结算机构

证券登记结算机构是为证券交易提供集中登记、存管与结算服务、不以营利为目的的法人。我国的证券登记结算机构要履行下列职能：①证券账户、结算账户的设立；②证券的托管和过户；③证券持有人名册登记；④证券交易所上市证券交易的清算和交收；⑤受发行人的委托派发证券权益；⑥办理与上述业务有关的查询；⑦国务院证券监督管理机构批准的其他业务。

4) 证券业协会

中国证券业协会成立于 1991 年 8 月 28 日。它是中国证券发展史上第一个全国性的证券行业自律性管理组织，是证券经营机构依法自行组织的自律性会员组织，具有独立的社团法人资格。中国证券业协会要履行下列职责：①教育和组织会员遵守证券法律、行政法规；②依法维护会员的合法权益，向证券监督管理机构反映会员的建议和要求；③收集整理证券信息，为会员提供服务；④制定会员应遵守的规则，组织会员单位的从业人员的业务培训，开展会员间的业务交流；⑤对会员之间、会员与客户之间发生的证券业务纠纷进行调解；⑥组织会员就证券业的发展、运作及有关内容进行研究；⑦监督、检查会员行为，对违反法律、行政法规或者协会章程的，按照规定给予纪律处分；⑧证券业协会章程规定的其他职责。

5) 证券监督管理机构

我国的证券监督管理机构是国务院证券监督管理机构，即中国证券监督管理委员会。根据我国证券法的规定，国务院证券监督管理机构在对证券市场实施监督管理中要履行下列职责：①依法制定有关证券市场监督管理的规章、规则，并依法行使审批或者核准权；②依法对证券的发行、上市、交易、登记、存管、结算进行监督管理；③依法对证券发行人、上市公司、证券公司、证券投资基金管理公司、证券服务机构、证券交易所、证券登记结算机构的证券业务活动进行监督管理；④依法制定从事证券业务人员的资格标准和行为准则，并监督实施；⑤依法监督检查证券发行、上市和交易的信息公开情况；⑥依法对证券业协会的活动进行指导和监督；⑦依法对违反证券市场监督管理法律、行政法规的行为进行查处；⑧法律、行政法规规定的其他职责。国务院证券监督管理机构可以和其他国家或者地区的证券监督管理机构建立监督管理合作机制，实施跨境监督管理。

3. 保险公司

在我国，保险公司是指经中国保险监督管理机构批准设立，并依法登记注册的商业保险公司，包括直接保险公司和再保险公司。保险公司是采用公司组织形式的保险人，经营保险业务。在我国，较有实力的保险公司有以下几个：

1) 中国人民财产保险公司

中国人民财产保险股份有限公司是经国务院同意、中国保监会批准，于 2003 年 7 月由中国人民保险集团公司发起设立的、目前中国内地最大的非寿险公司，注册资本 111.418 亿元。其前身是 1949 年 10 月 20 日经中国人民银行报政务院财经委员会批准成立的中国人民保险公司。

截至2010年底，中国人保财险保费收入达到1 539亿元人民币，继2008年保费突破1 000亿元人民币后，再次实现了中国非寿险业的历史性跨越，在全球可比上市非寿险公司中排名攀升至第8位，亚洲排名稳居第一，被巴菲特杂志、世界企业竞争力实验室、世界经济学人周刊联合评为2010年(第七届)中国上市公司100强，排名第18位。

2) 中国人寿保险公司

中国人寿保险公司及其子公司构成了我国最大的商业保险集团，是国内唯一一家资产过万亿元的保险集团，是中国资本市场最大的机构投资者之一，总部设在北京。公司的前身是成立于1949年的中国人民保险公司、1996年分设的中保人寿保险有限公司以及1999年成立的中国人寿保险公司。

2003年，经国务院同意，中国保险监督管理委员会批准，原中国人寿保险公司进行重组改制，变更为中国人寿保险(集团)公司。集团公司下设中国人寿保险股份有限公司、中国人寿资产管理有限公司、中国人寿财产保险股份有限公司、中国人寿养老保险股份有限公司、中国人寿保险(海外)股份有限公司、国寿投资控股有限公司以及保险职业学院等多家公司和机构，业务范围全面涵盖寿险、财产险、养老保险(企业年金)、资产管理、实业投资、海外业务等多个领域，并通过资本运作参股了多家银行、证券公司等其他金融和非金融机构。

3) 中国平安保险股份有限公司

中国平安保险股份有限公司是中国第一家以保险为核心的，融证券、信托、银行、资产管理、企业年金等多元金融业务为一体的综合金融服务集团。公司成立于1988年，总部位于深圳。

中国平安通过旗下各专业子公司及事业部，即保险系列的中国平安人寿保险股份有限公司(平安人寿)、中国平安财产保险股份有限公司(平安产险)、平安养老保险股份有限公司(平安养老险)、平安健康保险股份有限公司(平安健康险)；银行系列的平安银行股份有限公司(平安银行)、平安产险信用保证保险事业部(平安小额消费信贷)；投资系列的平安信托投资有限责任公司(平安信托)、平安证券有限责任公司(平安证券)及中国平安证券(香港)有限公司(平安证券(香港))、平安资产管理有限责任公司(平安资产管理)及中国平安资产管理(香港)有限公司(平安资产管理(香港))、平安期货有限公司(平安期货)等，通过多渠道分销网络，以统一的品牌向超过5 100万名个人客户和200万名公司客户提供保险、银行、投资等全方位、个性化的金融产品和服务。

4) 中国太平洋保险公司

中国太平洋保险公司于1991年4月26日，在交通银行保险部的基础上，经中国人民银行批准成立。总部设在中国上海。目前，该公司在国内共设有5469个营业机构，拥有比较完善的保险服务网络。公司在美国投资设有中国太平洋(美国)服务公司，在香港投资设有中国太平洋保险(香港)有限公司，在伦敦和纽约设有代表处。公司与荷兰国际集团合资设有太平洋安泰人寿保险有限公司。2009年，中国太平洋保险保费收入963亿元，投资资产规模达到3 660亿元，养老保险受托管理资产规模247亿元。

4. 财务公司

财务公司又称金融公司，各国的名称不同，业务内容也有差异。但大多数的财务公司属于商业银行的附属机构，主要吸收存款。中国的财务公司不是商业银行的附属机构，是隶属于大型集团的非银行金融机构。中国的财务公司都是由企业集团内部集资组建的，其宗旨和任务是为本企业集团内部各企业筹资和融通资金，促进其技术改造和技术进步。1987 年中国成立了第一家企业集团财务公司，即东风汽车工业集团财务公司。此后，根据国务院 1991 年 71 号文件的决定，一些大型企业集团也相继建立了财务公司。

6.2.3　外资金融机构

外资金融机构是指外国金融机构在中国境内投资设立的从事金融业务的分支机构和具有中国法人地位的外商独资金融机构、中外合资金融机构。

在华设立的外资金融机构的形式主要有：总行在中国境内的外国资本的银行；外国银行在中国境内的分行；外国的金融机构同中国的金融机构在中国境内合资经营的银行；总公司在中国境内的外国资本的财务公司；外国的金融机构同中国的金融机构在中国境内合资经营的财务公司。

目前，外资银行和外资财务公司在我国境内开展的业务主要是外汇业务，包括外汇存款、外汇贷款、外汇结算与汇兑及经批准的外汇投资业务。其主要服务对象是外商投资企业、外国公司和外国人。

截至 2006 年年底，中英人寿、中意人寿、阳光财险、中信建投、慕尼黑再保险、戴姆勒-克莱斯勒汽车金融(中国)有限公司等 17 家金融企业总部落户北京中央商务区及周边地区。花旗银行北京分行、苏黎世保险公司北京分公司、瑞士再保险公司北京分公司等 11 家企业成了中央商务区商会的新会员。另外，高盛、瑞士银行、摩根大通等 21 家外资金融机构也已入驻北京金融街。

6.2.4　港澳地区金融机构

1. 香港地区金融机构

香港是以国际金融资本为主体，以银行业为中心，外汇、黄金、证券、期货、共同基金和保险金融市场高度发达的多元化的国际金融中心之一。香港的金融机构体系主要由金融管理局、持牌银行、有限制持牌银行、接受存款公司和非银行金融机构等组成。

1) 香港金融管理局

香港金融管理局于 1993 年 4 月 1 日成立，由外汇基金管理局与银行业监理处合并而成。它是香港特别行政区政府架构中负责维持货币及银行体系稳定的机构，其主要职能为：维持港元汇价稳定；透过稳健投资策略，管理外汇基金(即香港的官方储备)；促进香港银行体系稳健；发展香港金融市场基础设施，使货币畅顺流通。香港的货币发行业务主要授权三家商业银行，即汇丰银行、渣打银行和中国银行进行。

2) 持牌银行

持牌银行是香港唯一可以全面经营银行业务，并接受公众任何数额与期限的存款，以及支付或接受客户签发或存入的支票的商业银行金融机构，可以经营往来账户和储蓄账户业务。它由两类组成：一类是外资银行和由外国银行持股达 25%以上的本地银行；另一类是本地华资银行和中银集团。

3) 有限制持牌银行

有限制持牌银行主要从事商业银行及资本市场等业务，具有商业银行的职能，亦可接受 50 万港元(约 64 103 美元)或以上任何期限的存款。

4) 接受存款公司

接受存款公司是在香港根据《银行业条例》获认可的三类认可机构之一。接受存款公司只可接受金额在10万港元或以上、原定期限最少为3个月的存款。接受存款公司大部分由拥有或与银行有联系，并从事多种专门业务，包括私人消费信贷、贸易融资及证券业务。接受存款公司大部分由银行拥有或与银行有联系，并从事多种专门业务，包括私人消费信贷、贸易融资及证券业务。

5) 非银行金融机构

香港的非金融机构也有很多，主要有保险公司、证券公司、期货交易所等。其中，香港证监会是对香港证券、金融投资及商品期货买卖实行审慎监管工作的最高管理机构。香港联合交易所是香港现有的唯一一家证券交易所，负责提供证券交易场地和设施，制定交易规则及监管市场交易活动。香港期货交易所是获准经营期货合约买卖的唯一认可机构，负责提供期货交易场地、设施，制定各种期货交易合约的细节、交易规则，同时监察期货合约买卖。

2. 澳门地区金融机构

澳门的金融机构体系是澳门特别行政区货币暨汇总监理署领导下的，主要由银行和非银行金融机构组成，主要是数量众多的商业性银行，并且大多是外来资本银行设在澳门的分行。

澳门的中央银行制度也属于准中央银行型，其最高金融管理机构是澳门货币暨汇总监理署，它主要负责建设和辅助特别行政长官制定及实施货币、金融、外汇、保险等政策，统筹和管理货币金融事务，维持金融体系的稳定，对各银行的经营活动实施监管。它具有中央银行的大部分职能，但没有发行国家债券以及政府筹集资金的功能。

澳门的非银行金融机构主要包括保险公司和以提供买卖外地(主要是香港)、股票、外汇、黄金和票据等金融服务为主的投资公司。

特别提示

我国金融机构体系的特征是以银行为主体的间接金融机构占绝对主导地位，其他形式的金融机构虽然种类繁多，但就其资产规模而言，在整个金融体系中的比重相对较低。

6.3 国际金融机构

6.3.1 国际金融机构的含义

国际金融机构是指从事国际金融管理和国际金融活动的超国家性质的组织机构，能够在重大的国际经济金融事件中协调各国的行动，提供短期资金缓解国际收支逆差稳定汇率，提供长期资金促进各国经济发展。

为了适应国际经济发展的需要，先后出现过各种进行国际金融业务的政府间国际金融机构。其发端可以追溯到1930年5月在瑞士巴塞尔成立的国际清算银行，第二次世界大战后建立了布雷顿森林国际货币体系，并相应地建立了几个全球性国际金融机构，作为实施这一国际货币体系的组织机构。1957年到20世纪70年代，欧洲、亚洲、非洲、拉丁美洲、中东地区的国家为发展本地区经济的需要，通过互助合作方式，先后建立起区域性的国际金融机构，如泛美开发银行、亚洲开发银行、非洲开发银行等。

6.3.2 国际金融机构的分类

按其范围不同，国际金融机构可分为全球性国际金融机构和区域性国际金融机构。

1. 全球性国际金融机构

1) 国际货币基金组织

国际货币基金组织(IMF)根据1944年7月在美国布雷顿森林召开的联合国货币金融会议上通过的《国际货币基金协定》，于1945年12月正式成立，总部设在美国首都华盛顿，它是联合国的一个专门机构。

IMF成立的宗旨是：促进成员国在国际货币问题上的磋商与协作；促进汇率的稳定和有秩序的汇率安排，从而避免竞争性的汇率贬值；为经常项目收支建立一个多边支付和汇兑制度，消除外汇管制；提供资金融通，缓解国际收支不平衡；促进国际贸易的发展，实现就业和实际收入水平的提高及生产能力的扩大。

IMF的资金来源如下：

(1) 份额(quota)，是指成员国参加IMF时所要认缴的一定数额的款项。份额犹如股份，一旦认缴就成为IMF的财产。IMF以份额作为其资金的基本来源，并用于对成员国的资金融通。份额按规定每5年左右进行一次调整与扩大，迄今已达9次。1992年调整扩大后，份额总计为1 420.203亿特别提款权。

份额是根据成员国的国民收入、黄金和外汇储备、进出口贸易及其他经济指标来决定的，具体是按一套较为复杂的方法计算出的。份额的作用是多方面的，它既是IMF的最大资金来源，也是决定成员国投票权、借款权的最主要因素。IMF的一切活动都与成员国交纳的份额相联系，重大问题要有80%以上的票数通过，甚至要求85%以上的票数。IMF规定，每一成员国有250份基本票，这部分代表国家的主权；然后按成员国所认缴份额，每10万特别提款权折合一票，成员国认缴的份额越多，所获票数也就越多，表决权也就越大。目前，从总体上看，发达国家认缴的份额较多，截至1992年底，仅美、德、日、法、英5国所认缴的份额就占总额的40.7%，其中美国就占了18.68%。因此，尽管包括美国在内的发达国家在IMF扩资后所认缴的份额有所下降，但其影响力并未削弱，可以说，IMF实际上为发达国家尤其是美国所控制。发展中国家所认缴的份额占37.74%，其中我国仅占2.38%，因此，发展中国家在IMF中的发言权仍受到制约。

(2) 借款。借款是IMF的另一个主要的资金来源。这种借款是在IMF与成员国协议前提下实现的，主要形式有：①借款总安排，1962年与“七国集团”签订，总额60亿美元，以应对成员国临时性困难；②补充资金贷款借款安排，1979年与13个成员国签订；③扩大资金贷款借款安排，1981年5月与一些官方机构签订。此外，IMF还与成员国签订双边借款协议，以扩大资金来源。

(3) 出售黄金。1976年1月，IMF决定将其所持有黄金的1/6即2 500万盎司，分4年按市价出售，以所得收益中的一部分作为建立信托基金的一个资金来源，用以向最贫穷的成员国提供信贷。IMF于1980年4月17日正式恢复我国的合法席位。目前，我国在基金组织的份额提高到63.692亿特别提款权(约合83亿美元)，从而使中国在基金组织的份额位次由原来的第11位提高到了第8位。

IMF的主要业务如下：

(1) 汇率监督。为了保证有秩序的汇兑安排和汇率体系的稳定，取消不利于国际贸易的外汇管制，防止成员国操纵汇率或采取歧视性的汇率政策以谋求竞争利益，IMF 对成员国的汇率政策进行监督。这种监督有两种形式：

① 在多边基础上的监督。IMF 通过分析发达国家的国际收支和国内经济状况，评估这些国家的经济政策和汇率政策对维持世界经济稳定发展的总体影响。

② 在个别国家基础上的监督。主要是检查各成员国的汇率政策是否符合《国际货币基金协定》所规定的义务和指导原则。

近年来，随着成员国经济往来中依赖性的增强、国际经济一体化和国际资本流动的加速以及国际金融市场的动荡，第一种形式显得越来越重要。

(2) 磋商与协调。为了能够履行监督成员国汇率政策的责任，了解成员国的经济发展状况和政策措施，迅速处理成员国申请贷款的要求，IMF 按《国际货币基金协定》规定，每年原则上应与成员国进行一次磋商，对成员国的经济、金融形势和政策做出评价。这种磋商在 IMF 专家小组与成员国政府官员之间进行。其过程是专家小组首先了解有关的统计资料，如贸易收支、物价水平、失业率、利率、货币供应量等，然后与政府高层官员讨论经济政策的效果及欲进行的调整措施，预测国内外经济发展的前景。讨论后，专家小组写出报告，供执行董事会磋商、讨论与分析成员国经济时使用，并发表在一年两期的《世界经济展望》和年度报告《国际资本市场》刊物上。

(3) 金融贷款。金融贷款是 IMF 的一个主要业务活动，其形式多种多样，条件很严格，特点十分明显。

根据《国际货币基金协定》的规定，当成员国发生国际收支不平衡时，1MF 对成员国提供短期信贷。这些贷款具有下列特点：①贷款对象限为成员国政府，IMF 只同成员国的财政部、中央银行及类似的财政金融机构往来；②贷款用途只限于解决短期性的国际收支不平衡，用于贸易和非贸易的经常项目的支付；③贷款期限限于短期，属短期贷款；④贷款额度是按各成员国的份额及规定的各类贷款的最高可贷比例，确定其最高贷款总额；⑤贷款方式是根据经磋商同意的计划，由借款成员国使用本国货币向基金组织购买其他成员国的等值货币(或特别提款权)，偿还时，用特别提款权或 IMF 指定的货币买回过去借用时使用的本国货币(一般称为购回)。

IMF 贷款的种类一直在发展。早期的 IMF 贷款，一般推行“一个窗口”的办法，到 1963 年推出补偿贷款，1969 年间再打开第三个贷款窗口——缓冲库存贷款，1974 年再设立中期贷款，创办石油贷款等第四个经常性窗口。除了 1979 年设立补充贷款外，从 1981 年起，不但着手制定并推行扩张信贷政策，扩大补偿贷款的范围，而且改进贷款条件，新增“储备份额”贷款(不必购回)优惠，将成员国借债限额扩大到该成员国份额的 200%等。IMF 的贷款分为以下几种：

① 普通贷款，亦称普通提款权，是 IMF 最基本的贷款，期限不超过 5 年，主要用于成员国弥补国际收支逆差。贷款最高额度为成员国所缴份额的 125%。贷款分两部分，即储备部分贷款和信用部分贷款。前者占成员国份额的 25%，成员国提取这部分贷款是无条件的，也不需支付利息，但须用外汇或特别提款权缴纳的份额做保证；后者占成员国缴纳份额的 100%，共分四个档次，每档为份额的 25%，成员国申请第一档贷款比较容易获得，一般只需制订出借款计划便可得到批准，而二至四档属高档信用贷款，贷款条件较严格，成员国要借取就必须提供全面、详细的财政稳定计划，而且在使用时还必须接受 IMF 的监督。

② 中期贷款，亦称扩展贷款，是 1974 年设立的，用于成员国因在生产、贸易等方面存在结构性问题而进行较长期调整的一项专用贷款。其最高贷款额度为借款成员国份额的 140%，备用期 3 年，提款后第 4 年开始偿还，10 年内还清。

③ 出口波动补偿贷款，设立于 1963 年 2 月，最初规定，当成员国因自然灾害等无法控制的客观原因造成初级产品出口收入下降，从而发生国际收支困难时，在原有的普通贷款以外可另行申请此项专用贷款。1981 年 5 月又规定，当成员国粮食进口价格超过前 5 年的平均价格而造成国际收支困难时，也可申请补偿贷款。该贷款最高限额为成员国份额的 100%，贷款期限 3～5 年。1988 年 8 月 IMF 再次通过了一个修改方案，将应急机制结合进原来的补偿贷款，并把贷款名称更改为补偿与应急贷款。成员国在执行 IMF 支持的经济调整计划中，如遇突发性、临时性的经济因素而造成经常项目收支偏离预期调整目标时，可申请该项贷款。这里突发性的经济因素主要是指出口收入、进口价格及国际金融市场利率等。该贷款最高限额为份额的 95%，如果成员国仅具备申请补偿性融资的条件，则最高限度为份额的 65%，仅具备申请应急融资的条件，则最高贷款额为份额的 30%。

④ 缓冲库存贷款，设立于 1969 年 6 月，是一种为帮助初级产品出口国家维持库存从而稳定物价而发放的贷款。贷款的额度最高为成员国份额的 50%，期限 3～5 年。

⑤ 石油贷款，是 1974 年 6 月至 1976 年 5 月期间，专门为解决因中东战争后石油涨价而引起的国际收支困难的资金需要而设立的一种临时性贷款。

⑥ 信托基金贷款，设立于 1976 年 1 月，用于援助低收入的发展中国家。低收入发展中国家的标准是：1973 年人均国民收入不足 300 特别提款权单位。此项贷款现已结束。

⑦ 补充贷款，设立于 1977 年 4 月，目的是帮助成员国解决庞大的、持续的国际收支逆差。贷款期限 3 年半至 7 年，最高借款额为成员国份额的 140%。1981 年 4 月，该贷款全部承诺完毕。1985 年 5 月，IMF 实施扩张借款政策，提供扩大贷款，其目的和内容与补充贷款相似。该政策规定，贷款额度最高为一年不超过份额的 95%～115%，或 3 年不超过份额的 280%～345%。

⑧ 结构调整贷款，设立于 1986 年 3 月，旨在帮助低收入发展中国家通过宏观经济调整，解决国际收支长期失衡的问题。贷款条件优惠，年利率仅为 0.5%～1%，期限一般为 10 年，且有 5 年宽限期，贷款最高限额为份额的 70%。成员国要获取该贷款，必须有详细的经济调整计划，并且由 IMF 或世界银行工作人员参与计划的制定，最后由 IMF 核定批准。为了增强对低收入成员国的资金援助，IMF 于 1987 年 12 月增设了“扩大的结构调整贷款”，其目的和条件与上述结构调整贷款基本一致，但贷款额扩大了，最高贷款额可达份额的 250%，在特殊情况下还可提高到份额的 350%。但 IMF 对借款国经济结构改革的计划要求较高，对贷款效果的监督也较严格。低收入成员国最终能否获得此项贷款及贷款数额大小，除取决于本国国际收支和收入水平外，还取决于该国本身与 IMF 的合作程度以及对本国经济作出的调整努力。

⑨ 制度转型贷款，设立于 1993 年 4 月，最初的目的主要是为了帮助转型国家克服从计划经济向市场经济转变过程中出现的国际收支困难，而现在主要是为了帮助那些同样以计划价格为基础的贸易和支付关系的国家克服贸易价格基础变化而引起的国际收支困难。此项贷款最高额为份额的 50%，期限 4～10 年。成员国要获取该项贷款，必须制定一项经济稳定与制度改革方案，内容包括财政货币制度改革和货币稳定计划、控制资本外逃计划、经济结构改革计划以及市场体系培育计划等，而贷款能否全部得到，还须借款国与 IMF 充分合作，并做出切实有效的努力。

上述各项贷款，成员国不能同时获准借取，这是因为IMF对一个成员国在一定时间内的全部贷款设定限额。IMF 在此问题上遵循这样一个原则：成员国每年借款额一般不超过份额的102%；3年累计借款净额不超过份额的306%；全部累计借款上限为份额的600%。IMF在提供上述各项贷款时，要收取手续费或利息。储备部分贷款、信托基金、结构调整贷款和扩大的结构调整贷款以及补充贷款和扩大贷款等，是以优惠利率或仅收取手续费形式提供的，其余贷款的利率在4%～7%之间，具体依当时国际金融市场利率水平及成员国借款数额而定。

2) 世界银行

世界银行又称国际复兴开发银行。1944年7月在美国布雷顿森林举行的联合国货币金融会议上通过了《国际复兴开发银行协定》。1945年12月27日，28个国家政府的代表签署了这一协定，并宣布国际复兴开发银行正式成立。1946年6月25日开始营业，1947年11月5日起成为联合国专门机构之一，是世界上最大的政府间金融机构之一。总部设在美国华盛顿，并在巴黎、纽约、伦敦、东京、日内瓦等地设有办事处，此外还在20多个发展中成员国设立了办事处。

世界银行的宗旨是：通过对生产事业的投资，协助成员国经济的复兴与建设，鼓励不发达国家对资源的开发；通过担保或参加私人贷款及其他私人投资的方式，促进私人对外投资；当成员国不能在合理条件下获得私人资本时，可运用该行自有资本或筹集的资金来补充私人投资的不足；鼓励国际投资，协助成员国提高生产能力，促进成员国国际贸易的平衡发展和国际收支状况的改善；在提供贷款保证时，应与其他方面的国际贷款配合。

世界银行的资金来源除会员国缴纳的股份以外，还有向国际金融市场借款、出让债权和利润收入。其主要业务活动是提供贷款、技术援助和领导国际银团贷款。

我国是世界银行创始会员国之一。世界银行1980年5月5日正式恢复了我国的代表权。

3) 国际开发协会

国际开发协会是世界银行的一个附属机构，成立于1960年9月，总部设在美国首都华盛顿，凡是世界银行会员国均可参加该机构。到目前为止，国际开发协会共有160个会员国。国际开发协会的宗旨是，专门对较贫困的发展中国家提供条件极其优惠的贷款，加速这些国家的经济建设。国际开发协会每年与世界银行一起开年会。

国际开发协会的资金来源除会员国认缴的股本以外，还有各国政府向协会提供的补充资金、世界银行拨款和协会的业务收入。

中国在恢复世界银行合法席位的同时，也自然成为国际开发协会的会员国。

4) 国际金融公司

国际金融公司也是世界银行的一个附属机构，1956年7月成立。1957年，它同联合国签订协定，成为联合国的一个专门机构。参加国际金融公司的会员国必须是世界银行的会员国。到目前为止，已有174个会员国。

国际金融公司的宗旨是，鼓励会员国(特别是不发达国家)私人企业的增长，以促进会员国经济的发展，从而补充世界银行的活动。

国际金融公司的资金来源主要是会员国缴纳的股金，其次是向世界银行和国际金融市场借款。其主要业务活动是对会员国的私人企业贷款，不需政府担保。

我国在恢复世界银行合法席位的同时，也成为国际金融公司的会员国。20世纪90年代以来，我国与国际金融公司的业务联系不断密切，其资金已成为我国引进外资的一条重要渠道。

2. 区域性国际金融机构

1) 国际清算银行

国际清算银行是根据1930年1月20日在荷兰海牙签订的《海牙国际协定》，于同年5月，由英国、法国、意大利、德国、比利时和日本六国的中央银行，以及代表美国银行界利益的摩根银行、纽约花旗银行和芝加哥花旗银行三大银行组成的银团联合创立，行址设在瑞士的巴塞尔。

国际清算银行成立之初的宗旨是，处理第一次世界大战后德国赔款的支付和解决对德国的国际清算问题。1944年，根据布雷顿森林会议决议，该行应当关闭，但美国仍将它保留下来，作为国际货币基金组织和世界银行的附属机构。此后，该行的宗旨转变为，增进各国中央银行间的合作，为国际金融业务提供额外的方便，同时充当国际清算的代理人或受托人。

国际清算银行的最高权力机构是股东大会，由认缴该行股金的各国中央银行代表组成，每年召开一次股东大会。董事会领导该行的日常业务。董事会下设银行部、货币经济部、秘书处和法律处。

国际清算银行的主要资金来源是会员国缴纳的股金，另外还有向会员国中央银行的借款以及大量吸收客户的存款。其主要业务活动是：办理国际结算业务；办理各种银行业务，如存、贷款和贴现业务；买卖黄金、外汇和债券；办理黄金存款；商讨有关国际货币金融方面的重要问题。国际清算银行作为国际货币基金组织内的十国集团(代表发达国家利益)的活动中心，经常召集该集团成员和瑞士中央银行行长举行会议，会议于每月第一个周末在巴塞尔举行。

2) 欧洲投资银行

欧洲投资银行是在1957年3月25日，根据《欧洲共同体条约》(即罗马条约)的有关条款组成的欧洲金融机构。它的成员都是欧洲共同体的会员国，行址设在卢森堡。欧洲投资银行的宗旨是，为了欧洲共同体的利益，利用国际资本市场和共同体本身的资金，促进共同市场平衡而稳定地发展。该行的主要业务活动是，在非盈利的基础上，提供贷款和担保，以资助欠发达地区的发展项目，改造和使原有企业现代化以及开展新的活动。其资金来源主要是向欧洲货币市场借款。

3) 亚洲开发银行

亚洲开发银行是1965年3月根据联合国亚洲及远东经济委员会(即联合国亚洲及太平洋地区经济社会委员会)第21届会议签署的《关于成立亚洲开发银行的协议》而创立的。1966年11月，在日本东京正式成立，同年12月开始营业，行址设在菲律宾首都马尼拉。亚洲开发银行的宗旨是，为亚太地区的发展计划筹集资金，提供技术援助，帮助协调成员国在经济、贸易和发展方面的政策，与联合国及其专门机构进行合作，以促进区域内经济的发展。其资金来源主要是会员国缴纳的股金、亚洲开发基金和在国际金融市场上发行债券。

4) 非洲开发银行

非洲开发银行在联合国非洲经济委员会的赞助下，于1964年9月正式成立，1966年7

月开始营业，行址设在科特迪瓦首都阿比让。非洲开发银行的宗旨是，为会员国的经济和社会发展提供资金，协调各国发展计划，促进非洲经济一体化。其资金来源主要是会员国认缴的股本以及向国际金融市场借款。

5) 泛美开发银行

泛美开发银行于1959年12月30日正式成立，1960年11月1日开始营业，行址设在美国首都华盛顿。泛美开发银行的宗旨是，动员美洲内外资金，为拉丁美洲国家的经济和社会发展提供项目贷款和技术援助，以促进拉美经济的发展。其资金来源主要是会员国认缴的股金、向国际金融市场借款和较发达会员国的存款。

特别提示

国际金融机构对国际货币制度与世界经济的发展都有深远的积极影响。在促进会员国取消外汇管制、限制会员国进行竞争性货币贬值、支持会员国稳定货币汇率和解决国际收支困难、缓解债务危机与金融危机、促进发展中国家经济发展等方面，这些国际金融机构都起到了重要的作用。

项目小结

金融机构是指专门从事货币信用活动和金融活动的中介组织。按照金融机构的经营业务不同，分为银行金融机构和非银行金融机构；按照金融机构的业务性质不同，分为商业性金融机构和政策性金融机构；按照金融机构的职能地位不同，分为监管性金融机构和被监管性金融机构；按照金融机构的融资方式不同，分为直接金融机构和间接金融机构。金融机构之所以在整个国民经济运行和金融活动中起着举足轻重的作用，是由于其有着特殊的职能，如整合和分配资金的职能，降低风险的职能，降低交易成本的职能。中国的金融机构体系是一个以中央银行为核心，以商业银行和政策性银行为主体，多种金融机构并存的现代金融机构体系。中国的金融机构可以分为两大类，一是银行金融机构，二是非银行金融机构。国际金融机构是指从事国际金融管理和国际金融活动的超国家性质的组织机构，能够在重大的国际经济金融事件中协调各国的行动，提供短期资金缓解国际收支逆差稳定汇率，提供长期资金促进各国经济发展。国际金融机构按其范围不同，可分为全球性国际金融机构和区域性国际金融机构。

专栏六

回顾历史，我们在1994年建立三家政策性银行时，基本思路是模仿日本模式，即以政府补贴和非营利为目标，该模式此后逐渐陷入困境。进入21世纪，改革政策性银行的呼声日渐高涨，而国家开发银行也通过有效引入商业化运行模式，成为三家政策性银行中最成功的典范。政策性金融与商业性金融的分离，曾经是中国金融体系改革中的重大制度突破。随着金融问题逐渐成为决定中国经济增长和社会进步的重要环节，金融体系中各个层面的制度优化问题再次摆到了我们面前。其中，对于政策性金融在中国金融发展中的重新定位，也成为推进金融改革与提高金融效率的重要突破点。改革开放以来，我国经济持续高速发展，人民的生活水平不断提高，基础设施建设不断完善。

政策性银行商业化改革是进一步促进开发性金融的必然选择。开发性金融是适应制度落后和市场失灵，为维护国家金融安全、增强经济竞争力而出现的一种金融形式，在国际上已有百年历史。从各国的实践看，开发性金融通常为政府所拥有，赋权经营，具有国家信用，用建设制度和开发市场的方法实现政府的发展目标，承担着支持经济发展、投融资体制改革及相关金融市场建设的重要任务。开发性金融对经济增长产生作用的主要渠道是投资资源的有效使用促进生产效率的提高，完成的途径是通过较高水平的金融发展与金融深化。

政策性银行的商业化改革是维护我国金融安全的必然选择，并且在另一方面能为我国经济的发展起到一定的贡献作用。随着改革开放的进一步深化和全球化的进一步发展，金融业全球化的竞争时代将不可避免地到来，我国的政策性银行如何在与国外优秀商业银行的竞争中保持自身的优势，为我国的经济发展提供金融支持，是政策性银行在未来发展中迫切需要解决的问题。通过商业化改革后，依靠自身的优势和不断发展的中国市场，逐步发展自身的核心竞争力，维护国家的金融安全，并为"走出去"的中国企业提供优质的金融支持。

(资料来源：孟杨. 浅谈我国政策性银行改革思考. 合作经济与科技，2009，7.)

实 训 练 习

一、核心概念

金融机构	银行金融机构	非银行金融机构	商业性金融机构
政策性金融机构	中央银行	商业银行	政策性银行
信托投资公司	证券机构	保险公司	财务公司

二、问答题

1. 金融机构的含义及其职能有哪些？
2. 简述我国的金融机构体系组成。
3. 简述我国商业银行的经营范围。
4. 根据我国政策性银行的特点，分析我国的政策性银行为什么要进行商业化改革？
5. 试析我国非金融机构的现状和发展趋势。
6. 简述国际金融机构的含义及其分类。
7. 国际货币基金组织的主要业务活动有哪些？
8. 谈谈你对我国金融机构体系发展趋势的看法。

三、案例分析

目前，我国已形成了以中央银行为核心，以商业银行为主体，政策性金融机构、其他非银行金融机构等多种金融机构并存，分业经营，相互协作的金融机构体系。虽然现有的金融机构体系已经比较完善，但在实践过程中，仍然存在一些问题，主要体现在两个方面。一是金融机构体系结构比例失衡，抑制了金融机构之间的平等竞争。国有商业银行在我国金融机构体系中占主导地位，五大国有银行占银行业市场份额的80%以上。国有商业银行的垄断地位，制约了金融机构之间平等竞争，新兴商业银行难与国有商业银行开展平等竞争。二是现有金融机构体系对县域经济发展的支持力度不够。县域金融供求矛盾主要表现为金融供给不足，最突出的表现是资金供给不足，融资难已成为制约县域经济发展的主要瓶颈。其次表现为多样化的金融服务需求与单一的金融服务供给的矛盾。县域经济主要由"三农"和中小民营企业构成，其服务性质和方式与对国有大中型企业的金融服务显然不同。因此，县域经济结构的复杂性，经济成分的多样性决定了对金融服务需求的多样性和多层次性。而从金融服务供给来看，现有的县域金融体系融资方式与渠道单一，主要依靠金融机构贷款，且其业务种类单一，金融创新不足，商业银行主要的金融产品仍是存贷款，而代理、租赁、投资咨询等中间业务在县域范围内几乎是一片空白。这种单一的金融供给显然不能适应县域经济发展的新要求。由此可见，我国的金融机构体系还有待进一步完善。

请思考：我国应如何完善金融机构体系？如何为县域经济发展提供更完善的服务？

项目7 商业银行

项目思考

前面了解了商业银行的产生与发展后，那么商业银行业务的内容及种类有哪些？商业银行的经营原则是什么？商业银行资产负债是如何管理的？我国商业银行的改革历程如何？商业银行存款保险制度建设如何？

项目目标

通过本项目的学习，你将能够：

- 掌握现代商业银行的产生与发展；
- 掌握商业银行的性质与职能；
- 理解和掌握商业银行的业务；
- 掌握商业银行的经营原则；
- 了解商业银行的资产负债管理理论；
- 理解我国商业银行存款保险制度的内容及作用。

项目框架

首先分析商业银行的产生与发展，介绍商业银行的性质及职能。然后重点分析商业银行的业务，主要有资产、负债和中间业务。最后分析商业银行的经营管理和中国商业银行的改革历程。本项目的知识框架如图 7.1 所示。

- 商业银行
  - 商业银行概述
    - 商业银行的产生与发展
    - 商业银行的性质与职能
  - 商业银行的业务
    - 负债业务
    - 资产业务
    - 中间业务
  - 商业银行的经营管理
    - 商业银行的经营原则
    - 商业银行资产负债管理理论
  - 中国的商业银行
    - 中国商业银行改革历程
    - 中国商业银行存款保险制度建设

图 7.1　项目框架

引导案例

南京爱立信“倒戈”投奔花旗银行

2002 年 3 月 21 日，花旗银行上海分行首先获准向中国境内各类客户开办外汇业务，这是我国履行对世贸组织的承诺，进一步开放银行业的第一项举措。几乎与此同时，媒体也爆出了爱立信放弃中资银行、投奔花旗银行的新闻。3 月 26 日的各媒体称，近日南京爱立信公司突然做出惊人之举，凑足巨资提前还完了南京工商银行、交通银行 19.9 人民币亿元贷款，转而再向花旗银行上海分行贷回同样数额的巨款。爱立信南京公司是南京市最大的外资企业，多年来，一直由中国银行江苏省分行、交通银行南京分行、工商银行江苏省分行和招商银行南京分行为其提供金融服务。

然而，从 2001 年下半年起，该公司陆续归还了中资银行的贷款。到 2002 年 3 月底，在中资银行的贷款余额只剩下 0.5 亿元。与此同时，该公司开始向外资银行贷款，2001 年 9 月向花旗银行上海分行贷了 6 000 万美元等值的人民币贷款；12 月底与汇丰、渣打等外资银行签订了 1 亿美元等值的人民币贷款协议，2002 年 3 月 28 日与花旗银行上海分行签订了金额为 5 亿元人民币的无追索权保理贷款协议。“爱立信投奔花旗”一说就是指这一协议。协议的含义是：爱立信将其持有的一定数量的应收账款出售给花旗银行，同时花旗银行给爱立信 5 亿元人民币贷款，即花旗银行将爱立信的应收账款买断，如果花旗银行收购的应收账款到期不能收回，爱立信不负责购回。

(资料来源：新浪网，2002 年 3 月 26 日)

7.1　商业银行概述

7.1.1　商业银行产生与发展

人们公认的早期银行的萌芽，起源于文艺复兴时期的意大利。在中世纪，人类社会经历了第三次社会大分工，商品经济有了很大发展，意大利威尼斯是当时著名的国际贸易中心，各国商人云集此地从事商品交换，而他们携带着不同国家、不同成色、不同形状、不同重量的铸币。为了适应贸易的需要，必须进行货币兑换，于是逐渐从商人中分离出一种专门从事兑换货币，收取手续费的货币商人，叫货币兑换商。银行起源于货币兑换商，我们可以从英文“bank”这个单词中看出端倪。“bank”原意是储钱柜，而这个词起源于意大利文“banco”，原意是长凳子和长桌子的意思，因为当时意大利的货币经营商工作条件很简陋，只要带一只椅子、一张桌子就可以营业。倘若有人遇到周转问题，无力支付债务时，就会招致债主们群起捣碎其桌椅，兑换商的信用也即宣告破碎，所以英文“破产”为“bankruptcy”也源于此。“银行”一词是外来词，是从英文“bank”翻译过来的，但是为什么翻译成银行呢，这就有中国特色了，因为古代中国的商铺多称为“行”(如水果行、蔬菜行、拍卖行、典当行等)，而在中国古代流通中的货币是白银，所以专门经营钱币的商行就被称为“银行”。

随着异地交易和国际贸易的不断发展，来自各地的商人们为了避免长途携带货币而产生的麻烦和风险，把自己的货币存放在货币兑换商处，并委托其办理支付和汇兑。后来货币经营商发现存款人并不会同时取款，于是他们开始把一部分存款和汇兑业务中暂时闲置的资金贷放给社会上的资金需求者。这样，间接信用活动就开始萌发了，而信用业务的产生与发展则体现了银行的本质特征。当存款贷款业务逐渐成为货币经营业的主要业务时，货币经营业就转化为银行业了。

据考证，早期商业银行的先驱是公元 1117 年在意大利威尼斯成立的威尼斯银行，在 16 世纪末至 17 世纪中叶银行业传播到欧洲其他国家，如 1609 年成立的阿姆斯特丹银行，1619 年成立的汉堡银行，1621 年成立的纽伦堡银行等都是欧洲早期著名的银行。早期银行是高利贷性质的银行，由于规模小、利息高，很难满足资本主义经济发展对信用的需要，阻碍了资本主义经济的发展，因而在客观上需要建立适应资本主义经济发展的资本主义现代银行。1694 年，在政府的帮助下，英国建立了历史上第一家资本主义股份制商业银行——英格兰银行。它的出现宣告了高利贷性质的银行业在社会信用领域垄断地位的结束，标志着资本主义现代银行制度开始形成以及商业银行的产生，所以说英格兰银行是现代商业银行的鼻祖。从此，现代商业银行体系在世界范围内开始普及。

与西方相比，中国的银行则产生较晚。在明清以后，当铺是中国主要的信用机构。明末，一些较大的经营银钱兑换业的钱铺发展为钱庄，除兑换银钱外还从事放贷，到了清代才逐渐开办存款、汇兑业务，但最终在清政府的限制和外国银行的压迫下走向衰落。我国近代银行业是在 19 世纪外国资本主义银行入侵我国之后才兴起的。在华外国银行虽给中国国民经济带来了巨大破坏，但在客观上也对我国银行业的兴起起了一定刺激作用。为了摆脱外国银行支配，清政府于 1897 年在上海成立中国通商银行，标志着中国现代银行的产生。

随着社会经济的发展，银行业竞争的加剧，商业银行的业务范围不断扩大，逐渐成为多功能、综合性的“金融百货公司”。20 世纪 90 年代到 21 世纪初，国际金融领域出现了不少新情况，对商业银行的经营与业务产生了深远的影响，主要表现在：银行资本越来越集中，国际银行业出现竞争新格局；国际银行业竞争激化，银行国际化进程加快；金融业务与工具不断创新，金融业务进一步交叉，传统的专业化金融业务分工界限有所缩小；金融管制不断放宽，金融自由化的趋势日益明显；国内外融资出现证券化趋势，证券市场蓬勃发展；出现了全球金融一体化的趋势。

7.1.2 商业银行性质与职能

1. 商业银行的性质

首先，商业银行是一种企业，它具有现在企业的基本特征。和一般工商企业一样，商业银行也具有业务经营所需的自有资金，独立核算，自负盈亏，以利润最大化为经营目标。

其次，商业银行是一种特殊的企业，它与一般工商企业又有所不同。商业银行的特殊性表现在以下几方面。①商业银行的经营对象和内容具有特殊性。一般工商企业经营的是物质产品和劳务，从事商品生产和流通；商业银行是以金融资产和负债为经营对象，经营的是特殊的商品——货币，经营内容包括货币收付、借贷以及各种与货币运动有关的金融服务。②商业银行对整个社会经济的影响和受社会经济的影响特殊。商业银行对整个社会经济的影响要远远大于其他企业，同时商业银行受整个社会经济的影响也较其他企业明显。③商业银行的责任特殊。一般工商企业只以盈利为目标，只对股东和使用自己产品的客户负责；商业银行除了对股东和客户负责外，还必须对整个社会负责。

最后，商业银行是一种特殊的金融企业。商业银行既有别于国家的中央银行，又有别于专业银行和非银行金融机构。中央银行是国家的金融管理当局和金融体系的核心，它不对工商企业和个人办理信贷业务，只对金融机构和政府办理信贷业务，而商业银行是为工商企业和个人提供金融服务的金融机构。专业银行和各种非银行金融机构只限于办理某一方面和几种特定的金融业务，业务经营具有明显的局限性。而商业银行的业务经营则具有广泛性和综合性，它既经营“零售”业务，又经营“批发业务”，已成为延伸至社会经济生活的“金融百货公司”和“万能银行”。

2. 商业银行的职能

1) 信用中介

信用中介职能是商业银行最基本、最能反映其经营活动特征的职能。信用中介职能就是指商业银行通过吸收存款、发行债券等形式，把社会上一切闲置货币集中起来，再通过发放贷款或投资形式把集中的资金提供给各个经济部门，这样商业银行就成为货币资金多余者和短缺者之间融通资金的中介者。商业银行这一职能克服了直接融资的种种局限，大大提高了金融活动的效率，加速资本周转，促进生产发展。

2) 支付中介

支付中介职能是商业银行最传统的职能。充当支付中介，就是指商业银行充当收款人和付款人之间货币收支的中介人。商业银行受客户委托，办理货币保管、收付和转账结算，充当客户的“账房”和“出纳”，发挥支付中介作用。商业银行支付中介职能的发展，大大减少了现金的使用，节约了社会流通费用，加速了货币资本的周转，维持与促进了社会再生产过程的顺利进行与扩张。

3) 信用创造

信用创造职能是由商业银行信用中介和支付中介职能派生出来的职能，包括两层含义：一是指创造信用工具，如支票、本票等；二是指创造信用量。商业银行是唯一能吸收活期存款的金融机构，商业银行在支票流通和转账结算基础上，通过吸收存款发放贷款，可以创造出数倍于原始存款的派生存款。商业银行信用创造是一个国家货币供给形成机制的重要组成部分，所以，商业银行的信贷活动成为国家调节经济的重要环节，中央银行扩展和收缩货币供应量实现对宏观经济的调控都要通过商业银行配合来完成。

4) 金融服务

金融服务是现代商业银行的重要职能。现代商业银行作为“金融百货公司”可以为客户提供多种金融服务，金融服务职能大大拓宽了商业银行的业务领域，增加了业务收入，密切了与客户的联系。现代银行除了提供存款、贷款、代理收付、汇兑、结算、担保、现金管理等传统业务外，还提供代理买卖、保险、信托、投资银行服务、金融咨询、金融租赁、退休金管理等新服务。多样化的金融服务大大增强了商业银行的竞争力。

特别提示

商业银行由货币兑换或保管商演变而来。商业银行的性质决定其职能，商业银行最基本的只能是信用中介和支付中介，在此基础上，又衍生出了信用创造、信息中介和金融服务等职能。

7.2 商业银行的资产负债业务

资产负债表是商业银行业务活动的总括反映，因此我们可以从中看到商业银行主要的业务活动。商业银行的业务主要包括负债业务、资产业务和中间业务三大类。负债业务和资产业务是商业银行的信用业务，也是商业银行的主要业务，是执行信用中介职能和信用创造职能；中间业务是负债业务和资产业务的派生业务，是银行经营活动的重要内容，是执行支付中介和金融服务的职能。

7.2.1 商业银行负债业务

负债业务，是商业银行组织资金来源的业务活动，形成商业银行开展资产业务的资金基础，也是保证商业银行生存以及发展的关键业务。

商业银行的负债业务分为广义和狭义两种：狭义的负债业务分为存款性资金来源和非存款性资金来源。存款性资金来源是指商业银行吸收的各种存款，而非存款性资金来源是指商业银行从其他资金来源渠道，如国内金融市场、中央银行以及国际金融市场等获取资金。广义的负债业务除了以上负债业务以外，还包括所有者权益。下面从广义的角度来介绍商业银行的负债业务。

1. 资本

商业银行资本是其所有者为了商业银行的正常营运而投入的各种资金、财产和物资的总和。资本是商业银行实力强弱的重要标志，也是商业银行发展经营、扩展业务的基础。商业银行资本越多，所推动的业务量也就越大，所能带动的资产规模和负债规模也就越大。商业银行资本占资产的比例越高，经营的安全性就越强。

按照1988年《巴赛尔协议》的规范，商业银行资本由核心资本和附属资本构成。核心资本也称一级资本或自有资本，由股本和盈余构成，是商业银行所有者权益；附属资本也称二级资本，由资本性债务和未公开储备、重估准备、普通呆账准备金、带有债务性质的资本债券、长期次级债券构成。我国中央银行1992年向国际社会做出承诺，将按照《巴塞尔协议》

的要求监管和规范我国银行业的资本构成和资本数量。目前我国商业银行的资本构成包括核心资本和附属资本，其中核心资本中包括实收资本、资本公积、盈余公积和未分配利润四部分，附属资本中包括贷款呆账准备金和次级长期债务。《巴塞尔协议》规定，商业银行最低资本充足率(资本占其风险加权资产的比例)是8%，附属资本比率(附属资本占其风险加权资产比例)不能超过4%。为抵御金融危机，保持我国金融体系的稳定，我国2009年银监会规定大型商业银行资本充足率不能低于11%，核心资本不能低于75%。

一般工商企业资金来源中自有资本占较大比例，达 40%～50%；而商业银行自有资本只占其资金来源的极小部分，通常不超过负债业务总额的 10%，绝大部分营运资金来自对外负债，这决定了商业银行是高风险的行业，风险控制是商业银行经营管理的核心内容。

1) 股本(equity capital)

股本是商业银行核心资本的主要部分，属于自有资本，包括普通股和优先股，其中普通股是商业银行股本的最基本形式。不能赎回的优先股也是商业银行股本组成部分(我国商业银行股本都是普通股)。《中华人民共和国商业银行法》规定：设立全国性商业银行的注册资本最低限额为十亿元人民币；设立城市商业银行的注册资本最低限额为一亿元人民币；设立农村商业银行的注册资本最低限额为五千万元人民币。注册资本应当是实缴资本。

2) 盈余(surplus)

盈余是由商业银行内部经营和外部规定产生的，分为营业盈余和资本盈余两种。营业盈余是商业银行按照有关规定从税后利润中提取的公积金，它既可以用于弥补亏损，又可转增银行资本(我国称盈余公积)。根据我国金融企业会计制度的规定，商业银行应在税后利润中提取10%作为盈余公积，当盈余公积达到注册资本的50%时可不再提取。商业银行营业盈余属于内源资本；资本盈余是指商业银行在筹集资本中形成的资本溢价、股票溢价、法定资产重估增值，以及接受捐赠的资产价值等，属于外源资本(我国称资本公积)。

3) 未分配利润(undistributed profit)

未分配利润是商业银行在经过各种形式的利润分配后剩余的利润。这部分利润作为所有者权益保留于商业银行中，是银行增加自有资本的重要来源，特别是对那些难以进入股市筹资的银行。

4) 准备金(reserve)

准备金是商业银行为了应付意外事件，按照一定比例从成本中提取的各项准备金，包括资本准备金、贷款损失准备金、证券损失准备金等，属于附属资本。设立准备金的目的是为了以防万一，在发生经营损失时，可以在不减少资本的前提下冲销损失。由于准备金具有资本保全作用，所以可以把其视为资本性质的资金来源。但是准备金不是所有者权益，理论上其数额应与损失额相当，所以它不是自有资本，而是附属资本。我国商业银行仅就贷款可能发生的损失提取准备金，称不良贷款拨备。

5) 资本票据和债券(capital note and debenture)

资本票据和债券是商业银行的债务资本，属于附属资本。商业银行用发行资本票据和债券的方式筹集资本的有利之处在于，可以减少商业银行的筹资成本。因为商业银行的这部分债务不必保持存款准备金，银行对资本票据和债券支付的利息要少于对普通股和优先股支付的股息。不利之处在于，由于这部分资本属于非永久性资本，有一定的期限，限制了银行对此类资本的使用。

资本性票据是商业银行发行的偿还期限较短、额度不等、利息固定的期票，但连续发行仍相当于为商业银行筹集了长期资金;资本性债务也称为次级债,是指固定期限不低于5年(包括5年)的债务,除非银行倒闭或清算,不能用于弥补银行日常经营损失,且该项债务的索偿权排在存款和其他负债之后。次级债务计入资本的条件是:不得由银行或第三方提供担保,并且不得超过商业银行核心资本的50%。有的银行以可转换债券形式发行长期债券,在没有转成股票时为附属资本,转成股票后就应划归自有资本。

2. 存款性资金来源

存款性资金来源是商业银行最主要的资金来源,一般占总资金来源的70%以上,因此吸收存款成为商业银行最重要的负债业务,存款银行的称谓因此而来。存款性资金来源的类型很多,常见的有活期存款、定期存款等。西方国家的商业银行,也常根据存款的性质将其分为交易账户和非交易账户。

1) 交易账户

交易账户是指个人和企业为了交易目的而开立的账户,客户可以通过支票、汇票、电话转账、自动柜员机等提款或对第三者支付款项,主要包括活期存款账户、可转让支付命令账户、货币市场存款账户、自动转账制度等种类。可转让支付命令账户、货币市场存款账户和自动转账制度等属于负债业务的创新,将在后面讲述。

活期存款账户是最基本的交易账户,是为支付而使用的账户,是商业银行吸收存款类资金来源中成本最低的一类存款。该账户的存款户可以随时开出支票命令银行对第三者进行支付,因为不用事先通知银行,因此此账户交易频繁,资金的流通速度极高,银行需要用大量的人力和物力来处理业务,所以,大部分国家的商业银行对活期存款不付息,有些国家的商业银行甚至还要收取一定的手续费。因此,商业银行在吸收活期存款时,不能以利率作为竞争的工具,只能以提高服务质量来争取客户。活期存款传统上只能由商业银行经营,是商业银行创造存款货币的基础。随着金融机构业务的创新,目前西方国家的储蓄银行等金融机构也能经营活期存款。活期存款是银行资金来源中最具波动性和最不可预测的部分,由于存在因存款人随时提取大量存款而使银行陷入流动性风险的可能,特别是在一国经济和政治发生动荡的时候,这种威胁的可能性就更大,所以,各国金融监管当局对活期存款都规定了较高的存款准备金率。虽然活期存款流动性很强,但是由于每天有存有取、此存彼取,银行活期存款总能保持相对稳定的存款余额,成为银行可以经常占用的资金来源。

2) 非交易账户

非交易账户也称储蓄账户,主要由储蓄存款和定期存款构成。

储蓄存款一般是个人为积累货币和取得利息收入而开立的存款账户。储蓄存款不使用支票,而是用存折或存单,手续比较简单。储蓄存款有活期和定期两种,活期储蓄存款无一定期限,只凭存折便可提现,存折一般不能转让流通,存款户不能透支款项。定期储蓄存款类似于定期存款,需先约定期限,利率较高。

定期存款是相对于活期存款而言的,是一种由存户预先约定存储期限,到期才能提取的存款。期限一般为3个月、6个月和1年不等,但也有1年以上的,如3年、5年甚至更长时间。利率也随着期限的长短而高低不等,但总是高于活期存款利率。定期存款存期固定,而且期限较长,从而为商业银行提供了稳定的资金来源,对商业银行长期放款和投资具有重要意义。定期存单是存款户到期提取存款的凭证,是存款所有权及获取利息的证明,它不能像支票一样直接用于支付,未到期的定期存单也不能流通转让,但可以作为动产抵押品取得银行贷款。

3. 非存款性资金来源

商业银行除了以存款性资金作为主要的资金来源以外，还通过各种借入资金渠道获取所需要的资金，形成非存款性资金。非存款性资金来源主要包括同业拆借、回购协议、向中央银行借款、发行中长期债券和在国际金融市场融资，以及结算性负债等。

1) 同业拆借

同业拆借是商业银行常用的获取短期资金的简便方法。由于银行在日常经营中有时会出现暂时的资金闲置，有时又会发生临时性的资金不足，同业拆借资金市场恰好满足了资金供求双方的需要：临时发生流动性不足的银行通过同业拆借获取资金，而临时有资金闲置的银行通过同业拆放使资金得以运用。

在西方国家，由于中央银行对商业银行的存款准备金不支付利息，同时商业银行对一部分活期存款也不支付利息，这就更加刺激了商业银行将闲置的资金头寸投放到同业拆借市场以获取盈利。我国中央银行对商业银行的准备金支付存款利息，商业银行对此类存款也支付相应的利息，因此银行间同业拆借的主要目的是补充准备金的不足和保持银行的流动性。只有当拆借资金的投资所得高于中央银行的存款准备金利率时，拆借用于投资才是合算的。

我国的同业拆借利率以实现了市场化，基本体现了市场对资金的供求关系。我国对银行间同业拆借的资金用途有着严格的规定，对于拆入的资金只能用于解决调度头寸过程中的临时资金困难，而不能把拆借资金用于弥补信贷缺口，长期占用，更不能把拆借资金用于固定资产投资。

2) 回购协议

由于金融市场的快速发展，银行持有政府债券的规模越来越大，银行可以用签订回购协议的方式进行融资。回购协议是指商业银行在出售证券等金融资产时与证券的购买者签订协议，约定在一定其先后按约定价格购回所售证券，以获得即时可用资金的交易方法。回购协议可以是隔夜回购，也可以是较长时期的回购，但一般不超过半年。利用回购协议进行资金融通，不仅可以使商业银行能够充分利用这些流动性强、安全性好的优质资产进行融资，而且由于回购协议利率较低，可以为商业银行带来更高的收益。当然，回购协议也不是绝对安全的，有时也会发生违约风险。

3) 向中央银行借款

商业银行为满足资金需求，还可以从中央银行取得借款。一般情况下，商业银行向中央银行借款的主要目的是弥补自身资金暂时不足，而非用来放贷谋利。商业银行向中央银行借款主要有两种形式：一是再贴现，即商业银行把自己办理贴现业务所买进的未到期票据，如商业票据、国库券等，再转卖给中央银行；二是直接借款，即商业银行用自己持有的合格票据、银行承兑汇票、政府公债等有价证券作为抵押品向中央银行取得抵押贷款或仅凭其信用向中央银行取得贷款。中央银行也通过控制向商业银行贷款作为实施货币政策、调控货币供应量的重要手段。

4) 发行中长期债券

商业银行可以在国内金融市场上，通过发行中长期债券，通过主动负债的方式筹集资金。发行中长期债券的好处是能够保证银行资金的稳定，但是其所承担的利息成本较其他融资方式要高，并且资金成本的提高又会迫使商业银行不得不去经营风险较高的资产业务，这就从总体上增加了银行的经营风险。

对于商业银行发行中长期债券，各国都有自己的法律法规。一般来说，西方国家比较鼓励商业银行发行中长期债券，尤其是资本性债券；而我国目前对此则仍存在一定的限制，因此商业银行通过发行中长期债券获得融资的比例较低。

5) 在国际金融市场融资

商业银行利用国际金融市场也可以获取所需资金，第二次世界大战以后，特别是20世纪70年代以来，跨国银行在国际货币市场上广泛地吸收存款、发行大额定期存单、出售商业票据、银行承兑票据及发行债券等筹集资金。一些金融市场开放程度高的国家，其银行系统对其依赖性较大。

6) 结算性负债

结算性负债是指商业银行在办理中间业务及同业往来过程中，临时占用客户和同业的资金。以汇兑业务为例，从客户把一笔款项交给汇出银行起，到汇入银行把该款项付给指定的收款人止，中间总会有一定的间隔时间，在这段时间内，该款项汇款人和收款人均不能支配，而为银行所占用。随着银行管理水平和服务效率的提高，特别是计算机运用于资金清算调拨，使银行占用客户或同业资金的周期不断缩短，占用机会也相对减少。但由于商业银行业务种类不断增加，银行同业往来更加密切，所以占用资金仍是商业银行可供运用的资金来源。

7.2.2 商业银行资产业务

商业银行的资产业务是指对其负债业务集聚的资金加以运用的业务，是银行获取收益的主要途径。商业银行筹集的资金，首先要购置房屋、设备等固定资产，其余的是用于日常经营的资金，这部分资金除了必须保留一部分现金资产以应付客户提款和自身日常开支之外，其余部分主要以发放贷款和投资两种形式加以运用。因此商业银行的资产除了房屋、设备等固定资产外，主要有现金资产、贷款、证券投资三大类。

1. 现金资产(cash assets)

现金资产也称第一准备，是满足银行流动性需要的第一道防线。现金资产是银行资产中最具流动性的部分，是银行的非营利性资产，包括库存现金、托收未达款、在中央银行的存款和存放同业存款。

(1) 库存现金。库存现金是银行金库中的现钞和硬币，主要用于应付客户小额提款及银行自身日常开支的需要。由于库存现金是无息资产，且需要一定的保管费用，因此，银行一般将库存现金尽量压缩到最低的水平。

(2) 托收未达款。银行术语称之为浮存，是指已办理了托收但没有到账的支票款。商业银行每天都会收到大量的、由其他银行付款的支票，如果是由本地银行付款的支票，当天可在本地票据交换所进行交换，支票上的款项当天便能入账。但如果是异地银行付款的支票，则支票上的款项当天并不能立即入账，这部分已办理了托收(收到支票)但不能立即入账的款项就称为托收未达。由于这部分款项收到后或增加存放同业的存款余额，或增加本行在中央银行准备金账户上的存款余额，所以视同现金。

(3) 在中央银行的存款。在中央银行的存款是指商业银行存放在中央银行的资金，也称存款准备金。商业银行在中央银行开立的存款账户，是用于银行的支票清算、资金转账等的基本存款账户。商业银行由于同业拆借、回购、向中央银行借款等业务而出现的资金划转以及库存现金的增减，均需要通过这个账户进行。商业银行的存款准备金包括法定存款准备金和超额存款准备金。法定存款准备金一般不能动用，商业银行只能动用超额准备金进行存款支付和贷款的发放。超额准备金的多少，直接影响商业银行的信贷扩张能力。如果中央银行提高法定准备金率，就会减少银行系统的超额准备金，限制其信贷扩张能力；反之，则商业银行的存款货币创造能力增强。

(4) 存放同业存款。商业银行为了便于同业之间相互之间办理清算和委托收付，需要在往来银行开立活期存款账户，存放一定金额的资金，随时支用，该账户的资金余额等同于现金资产。这些存在同业的资金称为存放同业。

2. 贷款(loan)

贷款是银行将其所吸收的资金，按一定的利率贷方给客户并约期归还的业务。贷款是商业银行最重要的资金运用方式，而贷款利息占经营收入的比重与其他业务相比，收益率是较高的，高收益匹配高风险，银行业的风险也主要集中在信贷领域。对于我国的商业银行而言，贷款活动占到银行总资产的 2/3 以上，带来的收益占银行总收入的 3/4 以上。商业银行贷款业务种类很多，按不同的标准划分，有以下几种：

1) 按贷款的偿还期限

按贷款的偿还期限不同，可以分为活期贷款和定期贷款。

活期贷款也称通知贷款，银行在发放这类贷款时不确定偿还期限，可以根据自己资金调配的情况随时通知收回贷款。

定期贷款是指具有固定偿还期限的贷款，按偿还期限的长短，可以分为短期贷款、中长期贷款和长期贷款。短期贷款是指偿还期限在 1 年以内的贷款，如季节性贷款、临时性贷款。对工商企业的短期流动资金贷款，称为自偿性贷款，由于它以商品生产、流转过程为基础，有真实的物质经济活动为保障，一旦产销过程完成，贷款本息便可以回收，故风险较小，这类贷款是商业银行的主要贷款业务之一，占商业银行贷款总额的比重一般在 1/3 以上。中期贷款是指偿还期限一般在 1～5 年之间的贷款。长期贷款是指偿还期限在 5 年(不包括 5 年)以上的贷款。中长期贷款主要是各种固定资金贷款、开发性贷款。

2) 按贷款的偿还方式

按贷款的偿还方式不同，可以分为一次性偿还贷款和分期偿还贷款。

一次性偿还贷款是指借款人在贷款到期时一次性还清贷款的本息，一般适用于借款金额较小、借款期限较短的贷款项目。

分期偿还贷款是指借款人按贷款协议的规定在还款期内分次偿还贷款，还款期结束，贷款全部还清。这种贷款适用于借款金额大、借款期限长的贷款项目。

3) 按贷款数量

按贷款数量不同，可分为批发贷款和零售贷款。

批发贷款是指数额较大，对工商企业、金融机构等发放的贷款，借款者的借款目的是经营获利。贷款方式不限，贷款期限不限。

零售贷款主要是指对个人发放的贷款，包括个人消费信贷、个人证券贷款等。零售贷款一般采取抵押或担保贷款方式。

4) 按贷款的具体对象

按贷款的具体对象不同，可以分为工商业贷款、农业贷款、不动产贷款和消费贷款。

工商业贷款是指商业银行对工商企业发放的贷款，它不仅满足工商企业生产和流通中短期资金的需要，而且要满足机器设备、固定资产投资中的长期资金需要。这种贷款一般在商业银行贷款总额中比重最大。

农业贷款是指商业银行发放给农业企业、个体农户和农村个体工商户的贷款。短期的农业贷款主要用于资助农民的季节性开支，如购买种子、化肥、农药、饲料等。中长期的农业贷款主要用于改良土壤、水利设施、购置各种机器设备等。

不动产贷款是指对土地开发、住宅公寓、厂房建筑、大型设施购置等项目所提供的贷款。不动产贷款的特点是期限长、风险较大，但收益高。

消费贷款是指向个人及家庭提供的、用于购买消费品和支付其他各种费用的贷款。目前消费者贷款在许多发达国家商业银行贷款中的比重已经占到 20%～40%，许多国家的商业银行都加强了在零售业务领域的竞争，而消费贷款则是竞争的焦点。消费贷款按用途可以分为住宅抵押贷款、汽车贷款、耐用品贷款、助学贷款、旅游贷款和信用卡贷款等。

5) 按贷款条件

按贷款条件的不同，可以分为信用贷款、抵押贷款、担保贷款和票据贴现。

(1) 信用贷款。信用贷款是指无须任何担保、完全根据借款人的资信发放的贷款，资信就是借款人的品德、财务状况、预期收益及过去的偿债记录等。该类贷款手续简便，但单纯地以信用为依托缺乏安全性，故大多发放给信誉卓著的工商企业以及与银行关系密切的借款人，利率较高，并且有一定附加条件：如汇报款项用途、提供资产负债表及财务收支状况表、呈报个人收支计划等，以便银行加强对企业和个人的监督和控制。

(2) 抵押贷款。抵押贷款是指以特定的抵押品作为保证发放的贷款。抵押品有两大类：一是实物资产，如土地、房屋、机器设备、库存商品；二是有价证券，如股票、债券等，甚至包括应收账款、货物提单等。作为抵押品的资产必须容易出售，一旦借款人不依约履行债务，商业银行有权处置抵押品，并对处置抵押品的所得拥有优先受偿权。抵押贷款可以在一定范围内减少银行贷款风险，但手续较复杂，必须对抵押资产进行评估等。

(3) 担保贷款。担保贷款是指银行以有经济实力的第三者作为借款人的担保人发放的贷款。该类贷款业务由于有借款人和担保人双重信用保障，可以弱化贷款风险，但风险比抵押贷款大，贷款额也受担保人经济能力大小的制约。

(4) 票据贴现(discounting)。票据贴现是指银行客户将未到期的票据转让给银行，由银行扣除自贴现日起至到期日止的利息而从银行取得现款的一种融资行为。

商业银行票据贴现业务从形式上看是一种票据的买卖，但实际上是信用业务。在贴现前，票据是债务人对票据持有人的一种负债；贴现后，票据变成了债务人对银行的负债，票据所有权发生转移，银行成了债权人。因此，票据贴现实际上是债权债务的转移，即银行通过贴现间接贷款给了贴现人。

3. 证券投资(securities investment)

商业银行的投资业务是指商业银行购买有价证券的业务活动。商业银行的投资活动的主要目的是提高资金运用的收益率、为保证银行资产流动性提供第二储备以及降低风险。从资金运用的收益率来看贷款要比投资高，但是贷款的需求和风险不稳定，在贷款需求旺盛、风险较低时，银行资金应主要用于放款，而在贷款需求减弱或风险较高时，则应将一部分资金转到投资上，否则银行收益就会下降，所以投资是在贷款需求不旺，风险较高时保持或提高银行收益水平的一种选择。另外，从保证银行资产流动性来看，银行将一部分资金用于投资建立第二储备，也是很有必要的。为了应付客户提现的需要，银行要建立流动性储备，包括商业银行的库存现金、在中央银行的准备金存款、存放同业等，这就是所谓第一储备，但这部分资金占用收益率为零或很低，所以第一储备的数额是十分有限的。银行如果遇到集中提款往往会因第一准备不足而产生流动性危机，为了避免支付困难，又能保证一定收益率，就要求保存一部分变现能力强的盈利资产。由于国库券、公债券信用品质高，变现能力强，其安全性、流动性与现金几乎没有差别，所以是商业银行投资的首选对象，一般占商业银行投资总额的 70%左右。另外，一些财力雄厚，信誉好的公司债券也是商业银行的投资对象。而对股票的投资，大多数国家是采取限制和禁止的态度，商业银行投资购入的有价证券，由于其安全性高、流动性强，所以又被称为第二储备。

特别提示

商业银行负债业务是其资金来源业务，包括自由资本、各项存款和长、短期借款等，这些负债业务都有各自的特点。商业银行所经营的主要资产业务有贷款、证券投资和租赁业务等。

7.3 商业银行的中间业务和表外业务

中间业务是指不构成商业银行表内资产、表内负债，形成商业银行非利息收入的业务。商业银行中间业务不需运用自己的资金，其收入主要是向客户提供各种各样的金融服务收取的各种手续费和服务费。

目前，世界上一些发达国家商业银行的中间业务对银行的发展起着举足轻重的作用，其形成的利润已占总利润的 50%以上。中间业务一方面可以充分发挥商业银行在资金、信息、信誉、机构技术等方面的优势，为商业银行带来可观利润的同时，可以密切与客户的联系；另一方面又不改变资产负债总额，可以使商业银行逃避金融管理当局的资本金规定，并且在一定程度上免去某些税务负担。

商业银行中间业务与表外业务是既有联系又有区别的两个概念。根据《巴塞尔协议》，表外业务分为狭义表外业务与广义表外业务：

狭义表外业务，是指未列入银行资产负债表内，但与银行资产负债表内的资产业务和负债业务联系密切，并在一定条件下会转变为表内资产业务和负债业务的经营活动。这部分业务也被称为银行的或有债权与或有债务，主要包括承诺业务、担保、金融衍生工具、投资银行业务等。

广义表外业务，一般是指商业银行所从事的、按通行的会计准则不列入资产负债表内，不影响银行资产负债总额，但可能影响银行当期损益，改变银行资产报酬率的各种业务经营活动。广义表外业务涵盖狭义表外业务和金融服务类业务两种业务类型。金融服务类业务是指银行向客户提供金融服务，以收取手续费为目的，不承担任何资金损失的风险，因此不构成银行的或有债权和或有债务。金融服务类业务包括代理类、信托类、信息咨询类、结算服务类以及与贷款和进出口有关的服务等。

按照中国人民银行 2001 年 7 月公布的《商业银行中间业务暂行规定》与 2002 年 4 月公布的《中国人民银行关于落实〈商业银行中间业务暂行规定〉有关问题的通知》的相关规定，我国将商业银行的广义表外业务统称为中间业务。由于受到分业经营的限制，我国商业银行目前能够开展的中间业务品种和服务范围仍然较少，主要局限于传统的收费以及结算类服务。我国商业银行的中间业务划分为九大类：

1) 支付结算类中间业务

支付结算类中间业务是指由商业银行为客户办理因债权债务关系引起的与货币支付、资金划拨有关的收费业务。商业银行需要通过结算工具、结算方式来开展此类业务。结算工具是指银行用于结算的各种票据，包括本票、汇票、支票等。结算方式按照结算点、委托人、凭证处理手续、凭证传递方式、货币资金收付方法等要素划分，如信用证、汇款、跟单(光票)托收、委托收款等。

按性质不同可把结算分为现金结算和转账结算。现金结算是指通过现金方式来完成货币收付行为的结算；转账结算是指通过银行票据或转账方式来完成货币收付行为的结算，我国习惯将转账结算称为结算。按地域不同可把结算分为同城结算和异地结算。同城结算是指在同一城镇或地区范围内收付款人之间的经济往来通过银行办理划拨的收付行为。异地结算是指收付款人不在同一城镇或地区的银行开户而进行款项划拨的收付行为。

2) 银行卡业务

银行卡是由经授权的金融机构(主要指商业银行)向社会发行的具有消费信用、转账结算、存取现金等全部或部分功能的信用支付工具。银行卡包括信用卡、借记卡、贷记卡和联名/认同卡。银行卡按币种不同可分为人民币卡、外币卡；按发行对象不同可分为单位卡(商务卡)、个人卡；按信息载体不同可分为磁条卡、芯片卡(IC 卡)。

3) 代理类业务

代理类业务是指商业银行接受客户委托代为办理客户指定的经济事务，提供金融服务并收取一定费用的业务。在代理过程中，客户的财产所有权不发生转移，银行一般不动用自己的资产，不为客户垫款，不参与收益分配，只是运用其信誉、知识、技能、网络、信息等资源代客户行使监督权，提供各项金融服务，收取代理手续费，是风险比较低的中间业务，包括代理收付业务、代理承销与兑付债券业务、代理保险业务、代理政策性银行业务、代理中国人民银行业务、代理商业银行业务、代理其他业务等。

4) 担保类中间业务

担保类中间业务指商业银行为客户债务清偿能力提供担保，承担客户违约风险的业务，主要包括银行承兑汇票、备用信用证、各类保函等。银行承兑汇票是由收款人或付款人签发，并由承兑申请人向开户银行申请，经银行审查后同意承兑的商业汇票。备用信用证是指开证行根据开证申请人的请求对受益人开立的承诺承担某项义务的凭证，即开证行保证在开证申请人未能履行其应履行义务时，受益人只要凭备用信用证的规定向开证行开具汇票(或不开汇票)，并提交开证申请人为履行义务的声明或证明文件，即可取得开证行的偿付。银行保函是指银行应申请人的请求，向受益人开立的一种书面信用担保凭证，保证在申请人未能按双方协议履行其责任或义务时，由担保人代其履行一定金额、一定时限范围内的某种支付或经济赔偿责任。

5) 承诺类中间业务

承诺类中间业务是指商业银行在未来某一日期按照事先约定的条件向客户提供约定信用的业务，主要指贷款承诺，包括可撤销承诺和不可撤销承诺两种。前者附有客户在取得借款前必须履行的特定条款，在银行承诺期内，客户如果没有履行条款，则银行可撤销该项承诺；后者是银行不经客户允许不得随意取消借款承诺，具有法律约束力，包括票据发行便利、回购协议等。

6) 交易类中间业务

交易类中间业务是指商业银行为满足客户保值或自身风险管理等方面的需要，利用合适的金融工具进行的资金交易活动，包括代客债券买卖、外汇买卖、结售汇，以取得汇差收入或手续费收入的业务。随着金融市场的进一步发展，商业银行还可以介入黄金、房地产买卖业务。银行在开展此项业务时不仅可以获得价差或手续费收入，还可以吸收到保证金存款。

7) 基金托管业务

基金托管业务是指有托管资格的商业银行接受基金管理公司委托，安全保管所托管的基金的全部资产，为所托管的基金办理基金资金清算款项划拨、会计核算、基金估值复核、监督基金管理人投资运作的业务。银行作为基金托管人为基金开设独立的银行存款账户，负责账户的管理，收取托管费。此外，商业银行还可以进行基金代销业务，利用资金、网络、技术、客户等便利条件代基金管理人销售基金并收取一定的销售佣金和服务费。

8) 咨询顾问类业务

咨询顾问类业务是指商业银行依靠自身在信息、人才、信誉等方面的优势，转让、出售信息，提供以企业并购、财务顾问等服务为主要内容的业务，并收取一定的服务费。商业银行咨询顾问类业务根据业务性质的不同，大致可以分为评估型咨询、中介型咨询、综合型咨询业务。评估型咨询业务主要包括投资项目评估、企业信用等级评估和验证企业注册资金等。中介型咨询业务主要包括资信调查、专项调查等咨询业务。综合型咨询业务主要包括管理咨询、财务顾问等。

9) 其他中间业务

其他中间业务包括保管箱业务以及其他不能归入以上八类的业务。

特别提示

中间业务是指商业银行从事的按会计准则不列入资产负债表内、不影响其资产负债总额，但会影响银行收益的业务。20世纪80年代以来，商业银行中间业务发展非常迅速。

7.4 商业银行的经营管理

7.4.1 商业银行经营管理原则

由于商业银行经营的是一种特殊的商品——货币，所以决定了它和其他金融机构不同的经营理念。商业银行的经营有三条原则：盈利性、流动性和安全性。

1. 盈利性

盈利性是商业银行在其业务经营活动中必须力求获取最大限度的利润的要求。只有在保持理想的盈利水平的情况下，商业银行才能够充实资本，增强经营实力，提高竞争能力。商业银行经营绩效的财务指标通常有资产利润率(*ROA*)和资本利润率(*ROE*)，用公式表示为：

$$ROE = ROA \times EM$$

其中，ROE=净利润/股东权益，ROA=净利润/总资产，股权乘数EM=总资产/股东权益

2. 流动性

流动性原则是指商业银行应保持适量的流动性资产，随时满足客户提取存款、增放贷款的需求。其中随时满足客户的提款要求是最重要的，如果由于银行资产的流动性不足，不能满足客户的提款要求，就会引发对银行的信用危机，造成挤兑，可使银行立即陷入破产清理的困境。所以，银行经营坚持流动性原则是至关重要的。为了保证银行的支付能力，一方面在安排资金运用时，要力求流动性资产占适当比例；另一方面要力求负债的结构合理，并保持有较多的融资渠道和较强的融资能力。

3. 安全性

安全性原则是指避免经营风险、保证资金安全的要求。银行经营与一般工商企业不同，其自有资本占比很小，主要依靠吸收客户存款或对外借款用于贷款和投资。在资金运用中，由于可确定的和不可确定的种种原因，存在着信用风险、利率风险等。如果本息不能按时、足额收回，必然会削弱甚至丧失银行的清偿能力，危及银行自身的安全。所以，坚持安全性原则，力求避免或减少各种风险造成的损害，历来都是银行家们所高度重视的事情。

上述三条原则既有统一的一面，又有矛盾的一面。一般来说，流动性与安全性是正相关的：流动性较强的资产，风险小，安全有保障；但安全性、流动性与盈利性往往有矛盾，盈利性较高的资产，往往流动性较差，风险较大。因此，银行在其经营过程中，经常面临两难选择：为增强经营的流动性、安全性，就要求把资金尽量投放在短期周转的资金运用上，而这样又会影响银行的盈利水平；为了增加盈利，就要求把资金投放于周转期较长但收益较高的贷款和投资上，这就不可避免地给银行经营的流动性、安全性带来威胁。因此银行只能从实际出发，在这三条原则中寻求一个最佳平衡点，在保障银行经营安全和必要的支付能力的前提下，将利润提高到最大限度，这是商业银行经营管理的核心内容。

7.4.2 商业银行经营管理理论与方法

随着各个历史时期经营条件的变化，西方商业银行经营管理理论经历了资产管理、负债管理、资产负债结合管理和资产负债外管理的演变过程。

1. 资产管理

资产管理是早期西方商业银行的经营管理理论，这种理论认为应当将商业银行经营管理的重点放在资产方面。因为当时银行资金来源大多是活期存款，负债业务主要取决于客户的存取意愿，银行处于被动地位。所以银行只能对资产主动管理，努力实现资产结构的优化调整。随着经济环境的变化和银行经营业务的发展，资产管理理论经历了以下三个发展阶段。

第一阶段：商业贷款理论。该理论认为，商业银行在分配资金时应着重考虑保持高度的流动性，因为银行的主要资金来源是流动性很高的活期存款。由于存款决定是外在的，银行资金的运用只能是短期的工商企业周转性贷款。商业银行不宜发放不动产抵押贷款和消费贷款，即使发放这些贷款，也应将其限定在银行自有资本和现有储蓄存款水平范围内。

第二阶段：可转换理论。该理论认为，流动性要求仍然是商业银行需特别强调的，但银行在资金运用中可持有具有可转换性的资产。这类资产应具有信誉高、期限短、容易转让的特性，使银行在需要流动性时可随时转让它们，获取所需资金。资产可转换理论的出现导致银行资产组合中的票据贴现和短期国债比重迅速增加。

第三阶段：预期收入理论。该理论认为，商业银行的流动性状态从根本上取决于贷款的按期还本付息，这与借款人未来的预期收入和银行对贷款的合理安排密切相关。贷款期限并非一个绝对的控制因素，只要贷款的偿还是有保障的，银行按照各种贷款期限合理组合，使资金回流呈现出可控制的规律性，同样可保障银行的流动性。这种理论推动商业银行业务向经营中长期设备贷款、分期付款的消费贷款和房屋抵押贷款等方面扩展，但它显然也有缺陷。银行将资产经营建立在对借款人未来收入的预测上，而预测不可能完全准确，尤其是在长期放款和投资中，借款人的经营情况可能发生变化，因而到时并不一定具有偿还能力。

基于以上资产管理理论的资产管理方法有两种：资金汇集法和资金分配法。

1) 资金汇集法。其主要内容是：把存款和各种来源的资金汇集起来，然后将这些资金在各种资产之间按优先权进行分配。银行需要首先确定资产流动性和盈利性需要的比例，然后把资金分配到最能满足这些需要的资产上，如图 7.2 所示。

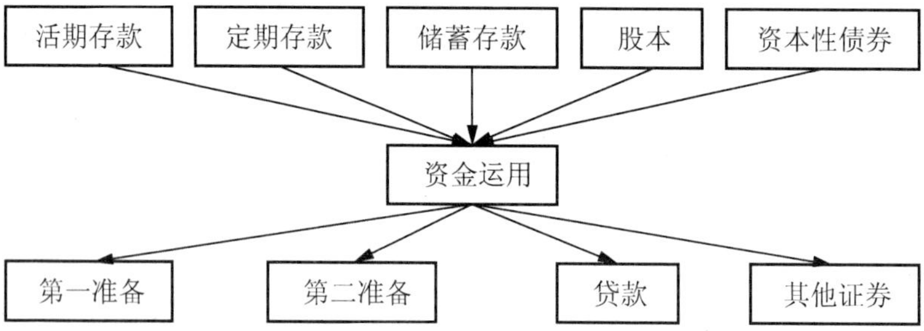

图 7.2　资金汇集法

按流动性优先的顺序将资产分为流动性资产、贷款和其他证券。流动性资产由第一准备和第二准备构成。第一准备是商业银行的现金资产，第二准备是短期证券、短期票据和短期贷款，用来补充第一准备的不足。贷款在资金分配中享有第三优先权，银行在满足两个准备需要后，银行资金就被分配到贷款上。资金分配的最后一个顺序是进行收益投资，银行在满足客户合理贷款需求后的剩余资金，可以投资于较长期限的、高收益的证券。

2) 资金分配法。其基本内容是：把现有资金分配到各类资产上时，应使这些资金来源的周转速度与相应的资产期限相适应，即银行的资产与负债的偿还期应保持高度的对称关系。具有较低周转速度的存款主要分配到长期的、收益高的资产上；反之，周转速度较高的存款则主要分配到短期的、流动性高的资产项目上。若定期存款所占比重较高，银行可以降低现金资产比重而增加中长期贷款；若活期存款所占比重较大，银行就应多留一些现金资产，并侧重于短期贷款或购买短期证券，如图 7.3 所示。

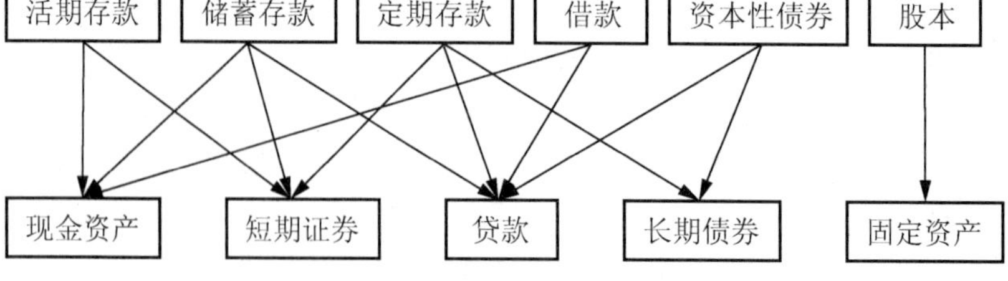

图 7.3　资金分配法

2. 负债管理

20 世纪 60 年代后，随着金融市场利率的升高，Q 条例等金融法规的存在，产生了“脱媒”现象，即当市场利率高于 Q 条例所规定的存款利率的最高限时，存款者纷纷提款直接购买带有各种市场利率的有价证券，从而使存款机构的存款大量流失。面对这种情况，银行已不能再忽视资金来源的性质、成本来进行资金运用决策。负债管理是商业银行通过调整资产负债表中负债方的项目，通过在货币市场上主动负债，或者购买资金来增强流动性，扩大资产规模。负债管理的产生，使商业银行的负债业务从被动转向主动，开创了保持银行流动性的新途径。银行可以根据资产的需要来调整和组织负债，让负债适应或支持资产。负债管理的缺陷是提高了银行融资成本，增加了经营风险，不利于银行稳健经营。

3. 资产负债管理

无论资产管理还是负债管理，都只是侧重一个方面来对待银行的盈利性、流动性、安全性，于是很难避免“重此轻彼”的现象发生。因此一个能将盈利性、流动性和安全性三者结合的管理方式应该是对资产和负债的并重管理、结合性管理。资产负债管理并不是对前面两种理论的否定，而是将资产和负债两个方面加以对照，对应地进行分析，根据银行经营环境的变化协调各种不同的资产和负债在利率、期限、风险和流动性等方面的搭配，以贯彻经营总方针。

资产负债管理在商业银行中有两种方法：一是资金缺口管理(funding gap management)，银行根据对利率波动的预测，相机调整利率敏感资金的配置，以实现目标的净利息差额率；二是久期缺口模型(duration gap management)，银行通过对总资产和总负债持续期缺口的调整，使银行保持一个正的权益净值。

1) 资金缺口管理

净利差(利息收入减去利息支出)是商业银行主要的利润来源，它受利率的影响很大。因此只有控制利率敏感性资产(浮动利率资产 *RSA*)与利率敏感性负债(浮动利率负债 *RSL*)，才能控制住银行净利差。资金缺口(*GAP*)是指利率敏感性资产与利率敏感性负债之间的差额，用于衡量银行净利息收入对市场利率的敏感程度。用公式表示为

$$\text{资金缺口}(GAP)=\text{利率敏感性资产}(RSA)-\text{利率敏感性负债}(RSL)$$

$$\text{利率敏感比率}=\text{利率敏感性资产}(RSA)/\text{利率敏感性负债}(RSL)$$

资金缺口表示利率敏感性资产和利率敏感性负债之间绝对量的差额，而利率敏感比例则反映了它们之间相对量的大小。当利率敏感性资产大于利率敏感性负债时，为正缺口，敏感比率大于 1；当利率敏感性资产小于利率敏感性负债时，为负缺口，敏感比率小于 1；当利率敏感性资产等于利率敏感性负债时，为零缺口，敏感比率等于 1。当市场利率变动时，资金缺口和利率敏感比例的数值将直接影响银行的利率收入，见表 7-1。

表 7-1 资金缺口、利率敏感比率、利率变动与银行净利息收入变动之间的关系

资金缺口	利率敏感比率	利率变动	利息收入变动	变动幅度	利息支出变动	净利息收入变动
正	>1	上升	增加	>	增加	增加
正	>1	下降	减少	>	减少	减少
负	<1	上升	增加	<	增加	减少

续表

资金缺口	利率敏感比率	利率变动	利息收入变动	变动幅度	利息支出变动	净利息收入变动
负	<1	下降	减少	<	减少	增加
零	=1	上升	增加	=	增加	不变
零	=1	下降	减少	=	减少	不变

2) 久期缺口模型

1938年美国经济学家弗雷德里克·麦考利提出了久期的概念，久期也称为持续期，是指固定收入金融工具的所有预期现金流入量的加权平均时间，反映了现金流量的时间价值。计算公式为

$$D=\frac{\sum_{t=1}^{n}\frac{tc_t}{(1+i)^t}+\frac{nF}{(1+i)^n}}{P}$$

其中，t 为该金融工具现金流量所发生的时间，c_t 为第 t 期的现金流，F 为该金融工具的面值或到期日价值，n 为到期期限，i 是当前的市场利率，P 表示该金融工具的市场价值或价格。

久期缺口管理就是银行通过调整资产与负债的期限与结构，采取对银行净值有利的久期缺口策略来规避银行资产与负债的总体利率风险。当利率变动时，不仅仅是各项利率敏感性资产与负债的收益与支出会发生变化，利率不敏感资产与负债的市场价值也会不断变化。久期缺口是银行资产久期与负债久期和负债资产现值比乘积的差额。用公式表示为

$$D_{\text{GAP}}=D_{\text{A}}-UD_{\text{L}}$$

其中，D_{GAP} 是久期缺口，D_{A} 是资产久期，D_{L} 是负债久期，U 是负债资产系数。

当久期缺口为正值时，银行净值随利率上升而下降，随利率下降而上升；当久期缺口为负值时，银行净值随市场利率上升而上升，随利率下降而下降；当久期缺口为零时，银行净值在利率变动时保持不变。

4. 资产负债外管理

20世纪80年代以来，在放松管制和金融自由化的背景下，银行业的竞争空前激烈，来自传统存贷业务的利差收益减少，同时许多非银行金融机构正逐步介入银行的传统业务，这迫使商业银行寻找新的管理思想来摆脱困境。资产负债外管理思想提倡在传统的银行负债和资产业务以外去寻找新的经营领域，开发新的盈利空间，大力开展表外业务，如金融信息服务、衍生金融工具的交易等。还可以将原本的资产负债表内业务转化为表外业务，如将贷款转让给第三者，将存款转售给急需资金的单位等。开发表外业务不需上缴法定准备金，从程序上避开了对银行资本充足率的要求，较少接受监管部门的管理，从而降低了银行经营成本。

资产负债外管理理论不是对资产负债管理理论的否定，而是补充。目前二者都被应用于发达国家商业银行的业务经营管理之中。

特别提示

商业银行业务经营的一般原则是盈利性、流动性和安全性。商业银行作为一个企业，利润最大化是其最终目标。

7.5 中国的商业银行

7.5.1 中国银行体系的改革历程

中国商业银行脱胎于传统计划经济体制下的“大一统”体系，与中国经济发展和体制改革相适应，它主要经历了一个从行政化到商业化、市场化和股份化的演变过程。

1. 第一阶段：银行体系的恢复与重建(1979～1983年)

机构体系的建设是商业银行发展的前提和基础，1978年的中国共产党十一届三中全会，把中国引上了“以经济建设为中心”的新的历程。从1979年开始，为了适应经济发展对扩大了的金融服务的需要，银行的功能也必须进行重大拓展。国务院于1979年2月23日，发布了《关于恢复中国农业银行的通知》，宣布中国农业银行总行于1979年3月30日正式办公；1979年3月13日，国务院同意并批准中国人民银行《关于改革中国银行体制的请示报告》，中国银行从中国人民银行分设出来专司外汇业务，同时设立国家外汇管理局；1979年8月，国务院批准中国人民建设银行从财政部独立出来(1996 年更名为中国建设银行)；1983年9月17日，国务院做出《关于中国人民银行专门行使中央银行职能的决定》，据此决定，中国工商银行于1984年1月1日正式成立。中国工商银行的成立，标志着中国人民银行管辖下的四大国有专业银行体系的初步形成，由此也基本完成了改革开放之初中国银行体系的重建，形成了政府管制下的二元银行体制，打破了一家国有银行一统天下的局面，但是，这一时期的专业银行仍然是行政化管理体制，因此，商业化改革还没起步。

2. 第二阶段：银行商业化改革(1984～1998年)

这一阶段又可以具体划分为两个阶段。①股份制商业银行的形成阶段(1984～1993年)。

中国银行业在这10年间所表现出的最主要的特点就是政府促进银行业竞争的意图逐渐明朗。这一期间一批新的股份制商业银行作为新的竞争力量先后亮相，使银行间的市场竞争势头逐步显现。1987～1988年的两年间，包括交通银行、招商银行、中信实业银行(2005年更名为中信银行)、深圳发展银行、福建兴业银行(2003年更名为兴业银行)、广东发展银行等一批新兴股份制商业银行得以恢复或创立。1992年开始，又有一批股份制商业银行陆续成立，主要包括中国光大银行、华夏银行和上海浦东发展银行。作为中国银行业的新生力量，这些银行以新型商业银行的面目出现，对打破四大国有专业银行的垄断局面、扩大竞争、提高经营效益和服务质量，以及探索商业银行的发展道路具有重要的作用，它们的加入为中国银行业过于单一的银行竞争生态注入了鲜活的力量，促使四大国有专业银行开始积极参与到市场竞争中来。尽管如此，直到20世纪90年代初，行政权力主导下的寡头垄断的中国银行业生态并没有得到太多改变。②政策性银行与商业性银行的分离分立(1994～1998年)。1994年对于中国银行业来说是具有关键意义的一年，当年的3～11月间，在政府的主导下，四大专业银行的政策性业务被正式剥离，国家为此成立了国家开发银行、中国农业发展银行和中国进出口银行三大政策性银行。四大国有专业银行开始了向商业银行的艰难转轨，原有的业务分工与阻隔也逐步被打破，出现了“工行下乡、农行进城、中行上岸、建行跳墙”的局面。1995年颁布实施的《中华人民共和国商业银行法》从法律上确认了四大专业银行作为国有独资商业银行的地位。然而，在实际运行中，由于政府对银行干涉严重，运行效率仍较低，市场化运作不灵，从而积累了大量的坏账。

3. 第三阶段：银行市场化改革(1998～2003 年)

1996 年初，中国首家民营股份制银行——中国民生银行的出现，在中国银行业具有极大的象征意义，人们开始对中国银行业的市场化改革之路寄予了更加乐观的期望。然而，真正的市场化改革还是从 1998 年开始的。为了处置国有商业银行积累的巨额坏账，政府于 1998 年发行 2 700 亿元特别国债用于补充国有商业银行资本金。1999 年，政府又相继成立了四大资产管理公司，将四大国有专业银行的 1.5 亿元不良资产予以剥离，并强令银行加强预算约束，进一步缩减不良贷款。这一时期政府逐步推出一系列改革措施，包括取消贷款规模制度，实行资产负债比例管理，强化统一法人体制，实行授权授信制度，建立风险控制机制，考评体制以行政型向经济型转换等。这些改革在一定程度上推进了中国商业银行的市场化进程，四大国有专业银行无论从体制上还是业务上都开始向更具商业功能的银行转变，从而为更具市场化的银行业竞争奠定了基础。

同时，也正是在这一时期，政府加大了对有问题的金融机构的处置力度，其重要标志就是广东省国际信托投资公司的破产和海南发展银行的关闭。中央对有问题的信用社、信托投资公司等非银行金融机构进行大力整顿。在此期间，以城市信用社为基础整合而成的一批城市商业银行破土而出，成为中国商业银行体系的重要组成部分。

2001 年 12 月 11 日，中国正式加入世界贸易组织，确定了对金融业的 5 年保护过渡时期，也标志着中国商业银行必须在 5 年时间内做好与外资银行同台竞争的准备。而与此同时，外资银行纷纷大规模进入中国，特别是沿海经济发达地区，中国商业银行在这些地区与外资银行开始了竞争的热身，这也是推动中国商业银行市场化进程的一个重要因素。因此，这一阶段在中国金融业的发展史上留下了极其重要的一笔，正是在这一阶段，形成了中国银行业的基本框架和中国金融业的分业监管的体系。

4. 第四阶段：银行股份制改革(2004 年至今)

2003 年一系列金融改革政策频频出台，从而显示了政府从根本上变革银行业，推动银行业改革的鲜明态度。所有权的改革，被理论界和实务界认为是中国商业银行改革的最重要的一环。在四大国有专业银行成立之初，中国的银行业基本上没有股东的说法，国有银行的特点就是政府是银行的唯一股东，这种局面一直延续到 21 世纪初才结束。而在此后成立的一批全国性和地方性的股份制商业银行，虽然已经形成了多元化的股份结构，但是其股东也是以地方政府(财政)或国有企业为主体的，如中信银行是中信集团(中国国际信托投资公司)全资所有，招商银行以招商局轮船股份有限公司为主体，光大银行以中国光大集团为主体，华夏银行以首都钢铁公司为主体。虽然其后以深圳发展银行、招商银行为代表的一批股份制商业银行在国内证券市场成功上市，但是中国商业银行的股东身份不明仍是一个普遍现象，以政府或政府授权人——中央或地方财政部门、国有企业为股东的实质是所有者缺位。这造成了一方面银行的公司治理机制不完善，正常的委托代理关系难以有效地建立，内部人控制问题无法正常解决，银行经营效率低下，风险高发；另一方面，银行作为一个独立的经济主体的地位受到严重影响，地方政府经常干预银行的正常经营，银行的各级领导人不是按照市场机制产生，而是由行政任命产生，从而导致对高管人员的监督机制失效，短期经营行为非常明显，银行难以建立长期的经营战略。

为了改变这种以政府信用作为银行信用潜在后盾的局面，提升中国商业银行的竞争能力与经营效率，更好地应对外资金融机构的挑战，2003年底，中国政府再次注资450亿美元外汇储备，并选择中国银行和中国建设银行作为股份制改革的试点，这标志着国有商业银行改革进入了国家控股的股份制商业银行改革阶段。其后，交通银行(2006年被划归国有控股商业银行)、中国建设银行、中国银行和中国工商银行先后完成了重组和股改，并在此基础上引入战略投资者，在香港特别行政区和沪A股成功上市，中国农业银行的改革也在紧锣密鼓地推进。在政府扶持下的股份制改革使得五大行的股权结构实现了多元化。

7.5.2 我国存款保险制度建设

我国酝酿了多年的存款保险制度已经加快了步伐并进入操作阶段，它对我国商业银行业改革与发展具有重要影响。存款保险制度是指国家通过法律法规明确固定，各商业银行缴纳保费，一旦某商业银行面临危机或破产，就由保险机构为存款人支付一定限度的赔偿，从而使存款人利益得到一定程度的保障。

1. 存款保险制度的主要内容

总体来说，存款保险制度主要包括存款保险机构、存款保险基金、存款保险费率、保险基金投资、承保方式、保险范围、保险数额、对问题银行的处置等内容。

1) 存款保险机构

目前世界绝大多数国家存款保险机构是公有的，因为在银行业发生危机时，能通过国家财力向银行提供资金，对维护公众信心无疑极为有利。存款保险机构主要有三种组织形式：第一，由政府出面建立，如美国、英国、加拿大；第二，由政府与银行界共同建立；第三，在政府支持下由银行同业联合建立，如德国。

2) 存款基金即保费的筹集

这是存款保险制度的核心，同时在操作上又是很难完美的。一般来说，保费由银行承担和缴纳，但是不同银行从存款保险中获得的收益与其承担的成本差异很大。对有些优质银行来说，其承担的成本超过收益，而对劣质银行来说则相反。为了解决这个问题，现行大多数存款保险制度对风险不同的银行按不同的保险费率征收保费，不过银行风险虽然存在差异，却很难准确计量，因而难以确定不同银行的保险费率。另外，如何确定存款保险基金的总规模也不易。目前大多数存款保险制度采用事前建立基金方式，即由政府注入股本建立基金，并要求投保的银行定期向基金缴纳保费，但问题是如何确定适度基金总规模，要准确预测某一时期倒闭银行的数目和规模或发生支付困难的程度极其不易。

3) 承保限额

承保限额在各国由于经济发展水平等因素而存在很大的不同，但总的看法是承保限额不宜太高，否则将引起道德风险问题。将承保限额定得低些，有助于发挥存款人的监督作用，但是如果太低，则难以达到防范银行挤兑的目的。多数国家的承保限额一旦制定，在较长时期内将维持不变。例如，2008年9月13日美国联邦存款保险公司将承保额度提升为25万美元之前，一直为1980年确定的10万美元。

4) 问题银行的处置

当投保银行陷入困境时，存款保险机构可根据问题严重程度不同而采取不同的处置方法。

(1) 资金援助。如果投保银行出现的只是暂时性的清偿能力不足问题，存款保险机构可通过贷款提供资金援助，使问题银行渡过难关。

(2) 兼并转移。当投保银行出现严重问题时，存款保险机构可以组织健康银行投标对其进行兼并。存款保险机构一般都需给予中标银行一定的财力支持，否则很难有银行具有足够的财力完成兼并，即使有财力，也可能不愿意兼并。

(3) 清盘赔偿。如果危机银行无其他健康银行愿意接收时，该投保银行将被依法宣布破产，并对其进行清盘。对危机银行的处置，既要考虑避免中断银行业务，减少存款人的损失，又要考虑各种方法的成本与利弊，权衡诸多因素，选择适当方式，以维护银行业的经济功能与利益，保障国民经济的正常运行。关键是其处置必须快捷，尽量避免因拖延处置而使银行损失加大。

2. 存款保险制度作用

(1) 保护存款人。由于存款人相对银行来说处于弱势地位，在市场机制自发作用下，难以自我保护。存款保险制度承诺在银行倒闭时由存款保险机构对存款人进行赔付，这就在很大程度上保护了存款人利益，增强了存款人的信心，与不存在存款保险制度相比，改变了居民的储蓄行为，增加了存款量，进而提高了经济增长水平。

(2) 监管银行。既然存款保险机构要对存款人的存款给予安全保障，就必然关心银行的经营状况，并具有一定的监管权力。存款保险公司的监管机制与其他监管机构迥然不同，是一种利益机制，存款保险公司为了减少救助和补偿负担，必定从自身利益的角度关注银行的运营和风险状况，监管有主动性和自觉性。存款保险公司对银行的监管主要以差别费率为手段，重点监测银行的资产风险、流动性风险和财务风险等。

(3) 稳定金融体系。存款保险制度通过为存款人提供保护，增强了存款人的安全感，使存款人对银行破产的预期概率大为降低；存款保险机构部分代替了存款人对银行的约束，对银行进行监管，一方面使银行经营更为谨慎，另一方面使银行对存款人挤兑的不确定预期也下降了，可将精力更多地集中到对银行的经营管理上来。因此，存款保险制度维护了金融体系的稳定。

3. 存款保险制度带来的问题

1) 道德风险

在存款保险制度下，不管银行倒闭是由于流动性问题还是由于经营不善导致清偿力不足的结果，存款保险机构都需对其进行援助。这就减轻了市场约束，使存款人、银行和监管机构都产生了道德风险问题。

由于建立了存款保险制度，存款人的利益得到保障，不再担心受到损失，因而不关心银行的风险与经营状况，缺乏对银行进行监督与制约的动力，这是存款人的道德风险。

在无存款保险制度时，银行所有者时刻受到债权人的监督，因此其风险偏好受到很大制约；在存款保险制度下，银行向存款保险机构支付一定的费用后，损失大部分将由存款保险机构承担，而收益则归银行所有，因此存款保险机构会承担过渡风险。这是银行的道德风险。

存款保险制度也会产生监督机构的道德风险，它往往延误纠正错误、减少损失的时机。在对问题银行进行处理时，清盘关闭问题银行对存款保险机构的经济损失最大，而且存款保险制度更加倾向于对危机银行进行救助，尽量拖延银行倒闭时间。20 世纪 80 年代，美国联邦和贷款保险公司就是因为拖延关闭资不抵债的储蓄金融机构而最终被拖垮。

2) 逆向选择

逆向选择的关键在于，由于信息不对称，事先无法准确测度投保银行的风险程度。在对称信息下，存款保险机构只要针对每个银行的风险程度分别签订不同的合同，如高风险银行缴纳的保费大于低风险银行缴纳的保费，从而有效克服逆向选择问题，然而完全准确地测度银行风险几乎是不可能的。在信息不对称时，存款保险机构不知道银行的风险程度，保险机构只能根据估计的平均风险程度来制定合同条件，提供给所有投保银行同样的合同。在此合同下，只有高风险类型的银行愿意投保，低风险银行选择退出。

如果存款保险制度是自愿加入的，那么实力较弱的中小银行与具有较大冒险倾向的银行会选择加入，而大银行或者稳健经营的银行则不愿加入。这样，大银行不参加，参加存款保险制度的就只有高风险的中小银行。

在强制保险制度中，逆向选择则歪曲地表现出来。由于各银行无论经营风险大小，都被要求加入存款保险，因此，低风险的投保银行为了避免其他银行搭便车，更有动力增大风险，如高息揽储和盲目放贷恶性竞争，从而造成整个行业的风险状况恶化，带来爆发金融危机的隐患。

特别提示

建立存款保险制度是我国商业银行改革和发展的一个重要方面，它的主要作用是保护存款人、监管银行和稳定金融体系等，但它同时使存款人、银行和监管机构都产生了道德风险问题。另外由于信息不对称也会产生高风险类型的银行意愿投保，低风险银行选择退出的逆向选择问题。

项目小结

商业银行是以利润最大化为目标，以多种金融资产与负债为经营对象，能利用负债进行信用创造，并能为客户提供综合性、多功能服务的金融企业。商业银行的经营管理理论是银行家和经济学家们在长期经营管理过程中所摸索和总结出来的一套关于如何使商业银行保持最佳经营状态并行之有效的主张、观点和方法的结晶。一般认为，商业银行经营管理理论的演变大致经历三个阶段：一是 20 世纪 50 年代末以前，资产管理理论占统治地位时期，此时银行的经营管理理论偏重于资产的流动性；二是在 20 世纪 60 年代到 70 年代，负债管理理论占统治地位时期，此时银行的经营管理偏重于资金的来源；三是 20 世纪 70 年代以后，资产负债中和管理理论占统治地位时期。

专栏七

花旗公司和旅行者集团的合并

1998 年 4 月 6 日，美国花旗银行(Citi bank)的母公司花旗公司(Citi corp)和旅行者集团(Travelers Group)宣布合并，这一消息给国际金融界带来了极大的震动。这次合并之所以引人注目，不仅仅是因为其涉及 1 400 亿美元资产而成为全球最大的一次合并，更重要的在于，一旦这次合并得到美国联邦储备委员会的批准，合并后的实体将成为集商业银行、投资银行和保险业务于一身的金融大超市，从而使“金融一条龙服务”的梦想成为现实。

花旗公司原为全美第一大银行，1996 年美国化学银行和大通曼哈顿银行合并后，屈居次席。旅行者集团是一家总部设在纽约的老字号保险金融服务公司，是道琼斯 30 种工业股票中的一员。早期以经营保险业为主，在收购丁美邦经纪公司后，其经营范围扩大到投资金融服务领域。1997年底又以90多亿美元的价格兼并了所罗门兄弟公司，成立了所罗门—美邦投资公司，该公司已居美国投资银行的第二位。至此，旅行者集团的业务已包括投资服务、客户金融服务、商业信贷和财产及人寿保险业四大范围。

合并后的新公司将命名为“花旗集团”(Citi Group)。旅行者集团首席执行官斯坦福·韦尔和花旗公司董事长约翰·里德同时担任花旗集团董事会主席。根据协议，旅行者集团的股东将以1股换新公司1股，花旗公司的股东将以1股换新公司2.5股的方式获得新公司的股份。合并完成后，原来的两家公司持新公司股份50%。根据两家公司原来的财务及业绩计算，新组成的花旗集团1997年的资产为7 000亿美元，流通股市值超过440亿，以市值而言，是全球最大的金融服务公司。新组成的花旗集团将集中于传统的商业银行业务、消费者信贷、信用卡业务、投资银行业务、证券经营业务、资产管理业务及地产保险和人寿保险等业务。韦尔说，新集团将成为一家经营全球多元化消费者金融服务的公司，一家杰出的银行，一家全球性资产管理公司，一家全球性投资银行及证券交易公司，一家具有广泛经营能力的保险公司。花旗公司和旅行者集团即将合并的消息在世界金融界引起了巨大的震动。欧洲各国和日本对此极为不安，欧洲舆论呼吁欧洲金融界尽快采取类似的兼并行动以防止美国金融界独霸全球；日本认为，花旗集团的出现使日本中小银行面临更为严峻的生存压力，同时也将冲击亚洲金融界。可以预料，花旗集团的出现将在美国乃至世界的银行与金融服务公司之间引起新一轮的兼并和合并浪潮，从而形成更多业务广泛的金融集团公司。

实 训 练 习

一、核心概念

商业银行	负债业务	表外业务	资产业务
交易账户	同业拆借	回购协议	大额可转让定期存单

二、问答题

1. 简述当代商业银行是怎样发展而来的。
2. 商业银行有哪些职能？
3. 商业银行的资金来源主要有哪些？
4. 商业银行的资产业务和中间业务主要有哪些？
5. 商业银行的经营应该遵循哪些原则？
6. 简述商业银行资产负债管理理论的变迁。
7. 简述我国商业银行改革历程
8. 简述存款保险制度的主要内容、作用与问题。

三、案例分析

阅读下面两家银行的资产负债表，请思考下面问题：

(1) 这两家银行资本对总资产的比率是多少？
(2) 哪一家银行的资产结构更具流动性？
(3) 经过一段时间，哪一家银行的存款更可能发生较大的变化？
(4) 哪一家银行会引起管理当局更多的关注？

资本比重大的银行

单位：百万美元

资产		负债	
现金资产	10	活期存款	80
短期证券	5	储蓄存款	15
长期债券	25	小额定期存款	5
贷款	70	资本项目	10
总资产	110	总负债和资本	110

资本比重小的银行

单位：百万美元

资产		负债	
现金资产	20	活期存款	30
短期证券	25	储蓄存款	20
长期债券	25	小额定期存款	50
贷款	35	资本项目	5
总资产	105	总负债和资本	105

项目8 中央银行

项目思考

目前大多数国家都在实行中央银行制度，中央银行在一国金融体系中位于核心地位，是一个国家的最高金融管理当局。那么，在实践中，中央银行是如何行使其职能的？中央银行的业务类型有哪些？中央银行是如何组织和实施全国银行间的清算业务的？

项目目标

通过本项目的学习，你将能够：

- 了解中央银行产生和发展的过程；
- 重点掌握中央银行的性质和职能；
- 理解和掌握中央银行的主要业务类型；
- 掌握中央银行的支付清算制度。

项目框架

首先介绍了中央银行产生和发展的过程；然后详细介绍了中央银行的三大职能，即发行的银行、银行的银行及国家的银行；再次分析了中央银行的负债业务、资产业务和中间业务等；最后介绍了中央银行的支付清算制度。本项目的知识框架如图 8.1 所示。

- 中央银行
  - 中央银行产生和发展的过程
  - 中央银行的职能
    - 发行的银行
    - 银行的银行
    - 国家的银行
  - 中央银行的业务类型
    - 负债业务
    - 资产业务
    - 中间业务

图 8.1　项目框架

引导案例

继续实施稳健货币政策 适时适度进行预调微调

2011年11月16日，中国人民银行发布的第三季度中国货币政策执行报告指出，下阶段中国人民银行将继续实施稳健的货币政策，同时密切监测国内外经济金融形势发展变化，把握好政策的力度和节奏，适时适度进行预调微调。

报告提出，将以加快转变经济发展方式为主线，继续实施稳健的货币政策，更加注重政策的针对性、灵活性和前瞻性，以巩固经济平稳较快发展的良好势头，保持物价总水平基本稳定，加强系统性风险防范。

报告提出，当前中国经济增长趋稳是主动调控的结果。一段时期内世界经济形势依然复杂多变，国际金融危机深层次影响继续显现，国内经济发展也面临不少新情况、新变化、新挑战，但中国经济本身平稳增长的内在动力较强，宏观经济有望继续保持平稳较快发展。

报告称，将根据经济金融形势和外汇流动的变化情况，综合运用多种货币政策工具组合，健全宏观审慎框架，保持货币信贷和社会融资规模的合理适度增长。

报告提出要加强信贷政策与产业政策的协调配合，引导金融机构着力优化信贷结构，切实做到有保有压，保证国家重点在建、续建项目的资金需要，重点支持符合产业政策的中小企业，支持民生工程尤其是保障性安居工程。

报告提出，将继续加强地方融资平台公司贷款、表外业务和房地产金融的风险管理，加强对民间借贷的监测分析，加强系统性风险防范。

报告还提出，要稳步推进利率市场化改革和人民币汇率形成机制改革，继续深化金融企业改革。大力发展金融市场，优化融资结构，推动金融市场服务实体经济发展。

(资料来源：新华网，2011年11月16日)

8.1 中央银行的产生与类型

8.1.1 中央银行的产生与发展

1. 中央银行产生的历史背景

1) 商品经济的快速发展

在社会发展史上，不论是东方还是西方，都经过了漫长的封建社会，但东方的封建社会持续的时间比西方更长。欧洲的封建社会解体较早，13、14世纪的西欧，商品经济已经得到初步发展。15、16世纪，欧洲资本主义制度开始形成，社会生产加速转向商品化。到17世纪，欧洲的商品经济已经比较发达，这为18～19世纪的西方工业革命开辟了道路，经济和社会发展以前所未有的速度进入了迈向现代化社会的快车道。这便是中央银行产生的社会经济背景之一。

2) 商业银行的普遍建立

伴随着商品经济的快速发展，银行业也逐步兴盛起来。银行业的产生有两条道路，一是由在此之前的货币兑换商和银钱业发展而来；二是直接设立新的银行。银行业的最初形成是在13～14世纪，最先出现在经济贸易比较发达的欧洲。中国的银钱业虽然在古代有一定的发展，但由于中国封建社会的长期停滞和自然经济占绝对地位，所以一直未能直接发展转化为现代银行业。在欧洲封建社会解体的过程中，商品经济的快速发展给银钱业向银行业的转变创造了条件。在这一时期设立的银行中，有两家特别值得关注，即1656年设立的瑞典银行和1694年设立的英格兰银行。它们不但在业务上有许多创新，而且也是最早发展成为中央银行的银行。

3) 货币关系和信用关系广泛存在于经济和社会体系中

商品经济的快速发展和银行的普遍设立，促进了货币、信用与经济的融合。银行一方面为企业的资本联合和社会筹资提供条件与便利，如为股份公司代理发行股票、代付股息和建立股票转让市场，为多种形式的企业代理各类债券发行、转让和还本付息等；另一方面还直接提供银行贷款、扩大企业资金，并通过对商业票据办理承兑、贴现、抵押放款等方式把商业信用转化为银行信用，使信用范围和规模大大扩展，从而为社会化大生产和商品经济的蓬勃发展提供了条件。

4) 经济发展中新的矛盾已经显现

在17世纪和18世纪初，信用制度和银行体系已成为当时商品经济运行体系的重要支撑。但这时的信用制度特别是银行信用体系还比较脆弱，银行的大量设立和业务活动的创新以及信用规模的扩大缺少有效的、稳定的制度保证。银行业的快速发展在促进商品经济不断走向繁荣的同时，各自独立、缺少统一协调的银行体系也遇到严重挑战，新的矛盾不断产生和积累。因此，建立一种稳定的信用制度和银行体系就成为当时金融和经济发展的迫切的问题之一。

2. 中央银行产生的客观经济原因

资本主义商品经济的迅速发展，经济危机的频繁发生，银行信用的普遍化和集中化，既为中央银行的产生奠定了经济基础，又为中央银行的产生提供了客观要求。

1) 政府对货币财富和银行的控制

资本主义商品经济的迅速发展，客观上要求建立相应的信用制度。资产阶级政府为了开辟更广泛的市场，也需要有巨大的货币财富做后盾。这种强烈的欲望，早在资本主义工场手工业发展阶段就已经萌生，但由于当时政府没有控制大银行而未能如愿以偿。为了适应资本主义商品经济的进一步发展，对付私人银行业的不断扩大，促使政府以国家的名义建立资产阶级大银行，使其作为一个受国家保护并赋有国家特权的公共机构，在获得较大资本权利和巨大利润的同时，为国家财政服务，也为国家积累巨额的资本储备。

2) 统一货币发行

在银行业发展初期，几乎每家银行都有发行银行券的权力。但是，随着经济的发展、市场的扩大和银行机构增多，银行券分散发行的弊病就越来越明显。一是国家内部同时流通着众多的银行券，这给使用者带来不便；二是许多小银行的信用活动有着地域的限制，它所发行的银行券只能在部分地区使用，这和商品经济发展对统一的大市场的需要是相背离的；三是众多的商业银行良莠不齐，部分小银行发行的银行券往往不能兑现成金属货币，加剧了货币流通的混乱与危机。因此，经济的发展在客观上需要有一个资力雄厚并在全国范围内享有权威的银行来统一发行银行券。

3) 充当最后贷款人的需要

银行业是一个特殊的行业，是一个对流动性要求很高的行业。在众多的商业银行中，往往有些银行会经常发生营运资金不足、头寸调度不灵等问题，这就从客观上要求中央银行的产生，它既能集中众多银行的存款准备，又能不失时宜地为其他商业银行提供必要的周转资金，为银行充当最后的贷款人，中央银行的出现正适应了这样的客观要求。

4) 建立票据清算中心

随着银行业的不断发展，银行每天收售票据的数量增多，各家银行之间的债权债务关系复杂化，由各家银行自行轧差进行当日清算已发生困难。这种状况客观上要求建立中央银行，作为全国统一的、有权威的、公正的清算中心。

5) 统一金融管理

银行业和金融市场的发展，需要政府出面进行必要的管理，这就要求建立一个隶属于政府的专门机构。该机构不仅在业务上与一般银行有着密切联系，而且还能依据政府的意图制定一系列的金融政策和管理条例，以此来统筹、管理和监督全国的货币金融活动。这一使命由中央银行来承担最为合适。

3. 中央银行的发展过程

1) 中央银行的初创时期(1656～1931 年)

从 1656 年最早成立的中央银行——瑞典银行，至 1913 年美国联邦储备体系的建立，中央银行的整个初创时期历时 257 年。瑞典银行成立于 1656 年，初始为一家私人创办的商业银行，1661 年开始发行银行券，1668 年被改组为国家银行。如果以集中发行作为衡量是否为中央银行的标志，它远落后于英格兰银行，并且，它后来仿照英格兰银行的组织体系来完善其组织体系，并开始行使其中央银行职能。

英国的英格兰银行成立于 1694 年，它是以私人合股公司的形式出现，由商业银行逐渐发展而来，由政府授予三项特权，接受政府存款，代理国库，股东负有限责任从而部分行使中央银行的职能。

该时期的特点是：①普通银行的自然演进；②货币发行的逐步集中；③政府控制动机的推进；④对商业银行提供服务；⑤与法制建设同步发展。

2) 中央银行的普遍推行时期(20 世纪初至 20 世纪中叶)

第一次世界大战开始后，各国金融领域发生了剧烈的波动，中央银行纷纷停止或限制银行券兑现，提高贴现率，外汇行市下跌，禁止黄金出口，各金融中心交易亦相继停市，货币制度极端混乱。由此，各国政府当局和金融界人士深感必须加强中央银行的地位和货币信用的管制。于是，1920 年在比利时首都布鲁塞尔召开的国际金融会议，明确重申了现代金融经济实行中央银行制度的必要性，建议未设立中央银行的国家应尽快建立中央银行，以共同维持国际货币体制和经济稳定。这对中央银行的普及起到了重要的推动作用。在此期间，各国改组和新设的中央银行有 40 多家。同时，中央银行的三大职能——发行银行、银行的银行、国家的银行在这段时期逐渐完善。

中央银行制度普遍推行的原因：①各国先后放弃金本位制，发生恶性通货膨胀，货币制度出现混乱，需要建立中央银行稳定货币；②一些新的国家建立，为解决国内经济金融问题，需要设立中央银行；③一批老中央银行为新的中央银行的建立提供了借鉴，加上国际联盟的帮助，为中央银行的普遍化提供了条件。

3) 中央银行的强化时期(20 世纪中叶至今)

第二次世界大战后，各国为了稳定货币、筹集资金，以货币信用政策作为干预和调节社会经济的主要杠杆。在此背景下，负有制定和执行货币政策职责的中央银行也随之发生了深刻的变化。

该时期各国中央银行的变化主要表现在：①由一般货币发行向国家垄断发行转化；②由代理国库款项收支向政府的银行转化；③由集中保管准备金向银行的银行转化；④由货币政策的一般运用向综合配套运用转化；⑤各国中央银行之间的金融合作加强。

目前，世界各国都基本建立了中央银行，中央银行已成为国家干预和调节经济、稳定国内金融市场的一个必不可少的工具。

8.1.2 中央银行的制度类型

中央银行制度主要有单一式中央银行制度、复合式中央银行制度、准中央银行制度、跨国中央银行制度四种类型。

1. 单一式中央银行制度

单一式中央银行制度是由国家建立单独的中央银行机构，并由其全面行使中央银行职能的中央银行制度，是目前世界各国所采用的最主要、最典型的中央银行制度类型。该制度又分为一元式和二元式两类。

一元式中央银行制度是指一国只设立一家统一的中央银行，行使中央银行的权力和履行中央银行的全部职责，中央银行机构自上而下是统一的，机构设置一般采用总分行制，逐级垂直隶属。中国的中央银行即中国人民银行也采用一元式组织形式。

二元式中央银行制度是指在中央和地方设立两级中央银行机构，中央级机构是最高权力或管理机构，地方级机构也有其独立的权力。采用这种制度的一般是一些联邦制国家，如美国、德国等目前采用这种制度。

2. 复合式中央银行制度

复合式中央银行制度是指国家不单独设立专司中央银行职能的中央银行机构，而是由一家集中央银行与商业银行职能于一身的国家大银行兼行中央银行职能的中央银行制度。前苏联和 1990 以前的多数东欧国家实行这种制度。中国在 1983 年以前也实行这种制度。

3. 准中央银行制度

准中央银行制度是指国家不设通常完整意义上的中央银行，而由类似中央银行的金融管理机构执行部分中央银行职能，或者由政府授权某个或几个商业银行承担部分中央银行职能。实行这种制度的有新加坡、马尔代夫、斐济、沙特、阿联酋、塞舌尔以及我国的香港地区。

例如，香港在过去很长时间内并无一个统一的金融管理机构。中央银行的职能由政府、同业公会和商业银行分别承担。1993 年 4 月 1 日香港成立了金融管理局，它集中了货币政策、金融监管和支付体系管理等中央银行的职能，但其货币发行的职能仍由渣打银行、汇丰银行负责。1994 年 5 月 1 日起，中国银行香港分行成为香港的第三家发钞银行。票据结算仍然由汇丰银行负责。1997 年香港回归后，香港仍然实行独立的货币与金融制度，其货币发行与金融管理自成体系。

4. 跨国式中央银行制度

跨国式中央银行制度是指由若干国家联合组建一家中央银行，由这家中央银行为各成员国发行统一的货币、制定货币政策、提供金融服务、进行金融监管，全面或部分地履行中央银行职能的中央银行制度。该制度一般与区域性多国经济的相对一致性和货币联盟体制相对应，如西非货币联盟、中非货币联盟、东加勒比货币联盟和欧盟。目前，最有影响力的跨国式中央银行是于1998年成立的欧洲中央银行。

8.1.3 中央银行的所有制结构

1. 国家所有制

目前，世界上大多数国家的中央银行都采用这种全部股份为国家所有的所有制形式。这种形式又分为两种情况：一是国家通过购买中央银行资本中原属于私人的股份而对中央银行拥有了全部股权；二是在中央银行成立时，国家就拨付了全部资本金。目前，中央银行资本归国家所有的国家有中国、英国、法国、德国、加拿大、荷兰、澳大利亚、挪威、西班牙、瑞典、丹麦、俄罗斯、泰国、印度、新西兰等。更重要的是，中央银行的国有化已成为一种发展趋势。

2. 公私股份混合制

公私股份混合制，又称为半国家性质，这种资本组成类型的中央银行，其资本金一般由国家持股，一般占资本金总额的50%以上，另一部分由民间持股。在采用这种所有制结构的中央银行体制中，民间股东的权限受到很大限制，如日本中央银行——日本银行55%的股份由国家持有，其余45%由民间认购。其私人股东唯一的权利是按规定每年领取最高为5%的股息。

3. 私人所有制

这种类型的中央银行，国家不持有其股份，全部资本由私人持有。美国、意大利和瑞士等国的中央银行属于这种类型。如美国联邦储备银行的股本全部由参加联邦储备体系的各个会员银行持有；而意大利中央银行的股份则由储蓄银行、全国性银行以及公营信贷机构等持有；瑞士中央银行的股本多数由州政府银行持有，少数由私人持有。

4. 无资本金制

无资本金是指中央银行成立之初根本没有资本，而由政府授权其行使中央银行的职能。这种形式的中央银行的资本金主要是各金融机构的存款和流通中的货币，自有资本金只占很小一部分。韩国的中央银行即韩国银行是目前唯一没有资本金的中央银行。

5. 多国共有资本制

多国共有资本制是指跨国中央银行的资本不为某一国所独有，而是由跨国中央银行的成员国所共有。如欧洲中央银行的资本是由所有欧元区成员国按其人口和国内生产总值的大小来认购的。

需要注意的是，无论哪种类型的中央银行，都是由国家通过法律赋予其执行中央银行的职能，资本所有权的归属不会对中央银行的性质、职能、地位、作用等发生实质性影响。

8.1.4 我国中央银行的发展历程

1. 清政府时期的中央银行

1) 户部银行

户部银行是清末官商合办的银行，1905 年 8 月在北京成立，它是模仿西方国家中央银行而建立的我国最早的中央银行。

2) 大清银行

1908 年，户部银行改为大清银行。

2. 辛亥革命时期和北洋政府时期的中央银行

1) 中国银行

1911 年的辛亥革命，促使清朝覆灭，大清银行改组为中国银行。

2) 交通银行

交通银行始建于 1908 年，成立之初，曾自我标榜为“纯属商业银行性质”。但事实上，它后来成了北洋政府的中央银行。1913 年，交通银行取得了与中国银行同等地位的发行权。1914 年，交通银行改定章程，已经具备了中央银行的职能。

以上两行，共同作为北洋政府的中央银行。

3. 孙中山创立的中央银行

1924 年 8 月，孙中山领导的广东革命政府在广州创立中央银行。1926 年 7 月，国民党政府移迁武汉，同年 12 月在汉口设中央银行。原广州的中央银行改组为广东省银行。1928 年，汉口中央银行停业。

4. 国民党时期的中央银行

(1) 1928 年 11 月 1 日，南京国民政府成立中央银行，总行设在当时全国的经济金融中心——上海，在全国各地设有分支机构，法定中央银行为国家银行，行使中央银行职责。

(2) 1949 年 12 月，“中央银行”随国民党撤往中国台湾。

5. 革命根据地时期的中央银行

(1) 1927 年大革命失败后，共产党在建立根据地以后，就成立了人民的银行，发行货币。如 1927 年冬，闽西上杭县蛟洋区农民协会创办了农民银行等。

(2) 1932 年 2 月 1 日，苏维埃国家银行正式成立，另外还在各地设分支机构，以带动根据地银行走向集中和统一。

(3) 1934 年 10 月，苏维埃国家银行跟随红军长征转移，1935 年 11 月，它改组为中华苏维埃共和国国家银行西北分行。同年 10 月，国家银行西北分行改组为陕甘宁边区银行，总行设在延安。

(4) 随着解放战争的胜利，解放区迅速扩大并逐渐连成一片，整个金融事业趋于统一和稳定。1948 年 11 月，中国人民银行成立。

6. 新中国成立后的中央银行

(1) 1948～1978年的中国人民银行。1948年12月1日，中国人民银行在石家庄正式宣告成立。1949年2月，中国人民银行总行随军迁入北京，以后按行政区设立分行、中心支行和支行(办事处)，支行以下设营业所，基本上形成了全国统一的金融体系。

这一时期的中国人民银行，一方面全部集中了全国农业、工业、商业短期信贷业务和城乡人民储蓄业务；同时，既发行全国唯一合法的人民币，又代理国家财政金库，并管理金融行政，这就是所谓的“大一统”的中央银行体制。

(2) 1979～1983年的中国人民银行。中国共产党十一届三中全会后，各专业银行和其他金融机构相继恢复和建立，对过去“大一统”的银行体制有所改良。但从根本上说，在中央银行的独立性、宏观调控能力和政企不分等方面并无实质性进展。同时，随着各专业银行的相继恢复和建立，“群龙无首”的问题也亟待解决。

(3) 1984～1998年的中国人民银行。1983年9月，国务院决定中国人民银行专门行使中央银行的职能，不再兼办工商信贷和储蓄业务，专门负责领导和管理全国的金融事业。

1984年1月1日，中国工商银行从中国人民银行分离出来，正式成立，中国人民银行专门行使中央银行的职能。

(4) 1998年以后的中国人民银行。1998年10月始，中国人民银行及其分支机构在全国范围内进行改组，撤销中国人民银行省级分行，在全国设立9个跨省、自治区、直辖市的一级分行，重点加强对辖区内金融业的监督管理。一个以中央银行为领导，以商业银行为主体，多种金融机构并存、分工协作的具有中国特色的金融体系已经形成。

特别提示

目前世界各国基本上都在实行中央银行制度，但并不存在一个统一的模式。另外，从中央银行产生的历史背景和客观经济原因可以看出，这些推动中央银行产生的条件并非是同时提出的，其迫切程度也并不是完全相等的。因此，中央银行的形成与发展应该说是经历了一个相当漫长的历史过程。

8.2 中央银行的性质与职能

8.2.1 中央银行的性质

中央银行的性质一般表述为，中央银行是国家赋予其制定和执行货币政策、对国民经济进行宏观调控和管理的特殊的金融机构。具体性质如下：

1. 中央银行是特殊的金融机构

中央银行虽然也称为银行，也办理银行固有的“存、贷、汇业务”，但与普通的商业银行和金融机构相比，在业务经营目标、经营对象和经营内容上都有着本质的区别：

(1) 从经营目标来看，商业银行以及其他金融机构作为经营货币业务的机构，一般以追求利润最大化为其经营目标；而中央银行不以盈利为目的，原则上也不从事普通商业银行的业务，而是以金融调控为己任，以稳定货币、促进经济发展为宗旨。虽然中央银行在业务活动中也会取得利润，但盈利不是目的。

(2) 从服务对象来看，普通商业银行和其他金融机构一般以企业、社会团体和个人为其主要的服务对象；而中央银行在一般情况下不与这些对象发生直接的业务关系。中央银行只与政府和商业银行等金融机构发生资金往来关系，并通过与这些机构的业务往来，贯彻和执行政府的经济政策，并履行其管理金融的职责。

(3) 从经营内容来看，中央银行独占货币发行权，通过制定和实施货币政策，控制货币供应量，使社会总供给和总需求趋于平衡，而商业银行和其他金融机构则没有这种特权；中央银行接受银行等金融机构的准备金存款和政府财政性存款，但其吸收存款的目的不同于商业银行等金融机构，即不是为了扩大信贷业务规模，而是为了调节货币供应量，因此，其接受的存款具有保管、调节性质，一般不支付利息。中央银行负有调节信用的职能，其资产具有较大的流动性和可清偿性，一般不含有长期投资的成分，可随时兑付清偿，以保证其调节功能的正常发挥。

2. 中央银行是管理金融事业的国家机关

虽然各国中央银行在制度上存在着差异，但其本质都是一样的，中央银行都是国家机构的一个组成部分。大多数国家的法律明文规定：中央银行对行政、司法、立法部门负责，是国家管理金融的机关。中央银行大多属于国家和政府权力机关。例如，美国联邦储备系统直接对国会负责，是国会的一个部门；我国的中国人民银行直接隶属国务院，是政府的一个部委单位。无论中央银行隶属于国家权力机关还是政府的一个部门，它都是国家在金融领域的代理人。

中央银行作为管理金融事业的国家机关，主要表现在：①中央银行是全国金融事业的最高管理机构，是代表国家管理金融事业的部门；②中央银行代表国家制定和执行统一的货币政策，监管全国金融机构的业务活动；③中央银行的主要任务是代表国家运用货币政策对经济生活进行直接或间接的干预；④中央银行代表国家参加国际金融组织和国际金融活动。

中央银行具有国家机关的性质，但与一般的行政机关又有很大的不同：①中央银行履行其职责主要是通过特定金融业务进行的，对金融和经济的管理调控基本上是采用经济手段实现的，如调整利率和准备金率、在公开市场上买卖有价证券等，这些手段的应用更多地具有银行业务操作的特征，这与主要依靠行政手段进行管理的国家机关有明显不同；②中央银行对宏观经济的调控是分层次实现的，即通过货币政策工具操作、调节金融机构的行为和金融市场运作，然后再通过金融机构和金融市场影响各经济部门，其作用比较平缓，市场的回旋空间较大，这与一般国家机关的行政管理直接作用于各微观主体而又缺乏弹性的方式有较大的不同。

8.2.2 中央银行的职能

中央银行的职能是中央银行的性质在其业务活动中的具体体现。传统上把中央银行的职能归纳为“发行的银行、银行的银行、国家的银行”。随着中央银行制度的发展，现代中央银行的职能有了更加丰富的内容，对中央银行职能的归纳与表述也就多种多样，如有的归纳为服务职能、调节职能和管理职能三大类；有的归纳为政策功能、银行功能、监督功能、开发功能和研究功能五大类，等等。由于传统的归纳与表述由来已久，已被大家普遍接受，并且这种概括简明、形象，便于理解和记忆，因此“发行的银行、银行的银行和国家的银行”仍被看做中央银行的三大基本职能。下面就按传统的归纳方法进行分析。

1. 中央银行是“发行的银行”

所谓“发行的银行”，主要具有两方面的含义：一是指国家赋予中央银行集中与垄断货币发行的特权，是国家唯一的货币发行机构；二是指中央银行必须以维护本国货币的正常流通与币值稳定为宗旨。

中央银行集中与垄断货币发行权是其自身之所以成为中央银行最基本、最重要的标志，也是中央银行发挥其全部职能的基础。中央银行垄断货币发行权是统一货币发行与流通和稳定货币币值的基本保证。货币发行是中央银行的重要资金来源，也为中央银行调节金融活动和全社会货币信用总量，促进经济增长提供了资金力量。因此，具有“发行的银行”这一基本职能是中央银行实施金融宏观调控的充分与必要条件。中央银行作为一国发行货币和创造信用货币的机构，在发行现钞、供给货币的同时，必须履行保持货币币值稳定的重要职责，将货币量和信贷规模控制在适当的水平，使社会经济能正常运行与发展。

例如，人民币现金的发行具体由中国人民银行设置的发行基金保管库(简称发行库)执行。发行库在中国人民银行总行设总库，下属分支行设分库和支库，发行库中保管的是已印制好而未进入流通的人民币票券，称为发行基金。商业银行及其基层行设有业务库，业务库保存的人民币现金是商业银行日常收付业务的备用金。为了避免业务库现金过多或不足带来的浪费和支付困难，通常由上级行和同级中国人民银行为业务库核定库存限额。当商业银行的现金不足以支付时，可以从本行在中国人民银行存款账户的余额内提取现金，提取的现金由中国人民银行的发行库转移到商业银行的业务库，意味着这部分现金进入流通领域。相反，如商业银行收入的现金超过其业务库库存限额时，则超过部分应自动送交中国人民银行，向发行库回流，意味着这部分现金退出流通领域。

2. 中央银行是“银行的银行”

所谓“银行的银行”：其一，是指中央银行的业务对象不是一般企业和个人，而是商业银行和其他金融机构及特定的政府部门；其二，中央银行与其业务对象之间的业务往来仍具有“存、贷、汇”业务的特征；其三，中央银行为商业银行和其他金融机构提供支持、服务的同时，对其进行管理。具体表现在以下几个方面：

1) 集中存款准备金

实行中央银行制度的国家通常以立法的形式，要求商业银行和其他金融机构将其吸收的存款按法定的比率向中央银行缴存存款准备金。存款准备金集中于中央银行的“法定存款准备金”账户，成为中央银行的资金来源，并由中央银行集中统一管理。中央银行集中保管存款准备金的意义在于：一方面确保存款机构的清偿能力，从而保障存款人的资金安全，以防止商业银行等存款机构因发生挤兑而倒闭；另一方面中央银行通过调整存款准备金的上缴比率，来控制商业银行的货币创造能力和信用规模，以达到控制总体货币供应量的目的。

2) 充当商业银行等金融机构的“最后贷款人”

当商业银行和其他金融机构发生资金困难而无法从其他银行或金融市场筹措时，可通过再贴现或再贷款的方式向中央银行融通资金，中央银行则成为整个社会信用的“最后贷款人”。中央银行向商业银行发放贷款的资金主要来源于国库存款和商业银行缴存的存款准备金，如果中央银行资金不足，则可以通过增发货币的方式加以解决。中央银行作为最后贷款人向商业银行和其他金融机构提供资金融通，一方面可以增强整个货币供应的弹性，提高商业银行和其他金融机构的资金流动性；另一方面也可以通过调整再贴现率，起到调控货币供应量和信用规模的作用。充当最后贷款人是中央银行极其重要的职能之一，也确立了中央银行在整个金融体系中的核心地位。

3) 全国资金清算中心

在存款准备金制度建立以后，各商业银行都在中央银行开设了存款准备金账户和超额准备金账户，各银行之间发生的资金往来或应收、应付款项，都要通过中央银行划拨转账，中央银行遂成为全国的清算中心。清算时只要通过各商业银行在中央银行的存款账户进行转账、轧差，直接增减其存款金额便可完成。中央银行办理金融机构之间的清算具有安全、快捷、可靠的特点。中央银行通过组织全国银行系统的清算，一方面为各家银行提供服务，提高了清算效率，加速了资金周转；另一方面也便于中央银行利用清算系统强化对整个金融体系的监管和控制。

3. 中央银行是“国家的银行”

中央银行是“国家的银行”是指：一方面代表国家制定并执行有关金融法规、代表国家监督管理和干预各项有关经济和金融活动，另一方面还为国家提供多种金融服务。另外，许多国家中央银行的主要负责人由政府任命；绝大多数国家中央银行的资本金为国家政府所有或由政府控制股份；还有些国家的中央银行直接是政府的组成部门。

中央银行具有国家的银行的职能，具体体现为以下几个方面：

1) 代理国库

国家财政收支一般不另设机构，而交由中央银行代理。财政的收入和支出均通过财政部在中央银行内开设的各种账户进行，具体包括按国家预算要求代收国库库款，并根据财政支付命令拨付财政支出，向财政部门反映预算收支执行情况，代理国库办理各种收支和清算业务。因此中央银行又被称为国家的总出纳。

2) 代理政府债券的发行

当今世界各国政府均广泛利用发行国家债券的形式以弥补开支不足。中央银行通常代理国债的发行、推销以及发行后的还本付息等事宜。

3) 为政府融通资金，提供特定的信贷支持

当财政因先支后收而产生暂时性收支不平衡时，中央银行一般会向政府融通资金、提供信贷支持。各国中央银行一般不承担向财政提供长期贷款或透支的责任，因为向政府发放中长期贷款将会陷入弥补财政赤字而发行货币的泥潭，会导致通货膨胀，危及金融体系的稳定。同样中央银行也不宜在一级市场上承购政府债券。中央银行在二级市场上买卖政府债券虽然也是对政府的间接资金进行融通，但一般不会导致通货膨胀，反而是中央银行控制货币量的有效手段。

4) 保管外汇和黄金储备，进行外汇、黄金的买卖和管理

世界各国的外汇、黄金储备一般都由中央银行集中保管。中央银行可以根据国内国际情况，适时适量购进或抛售某种外汇或黄金，可以起到稳定币值和汇率、调节国际收支、实现国际收支平衡的作用。

5) 代表政府从事国际金融活动，并提供决策咨询

中央银行一般都作为政府的代表，参加国家的对外金融活动，如参加国际金融组织、代表政府签订国际金融协定、参加国际金融事务与活动等；同时，在国际、国内的经济和金融活动中，中央银行还充当政府的顾问，提供经济、金融情报和决策建议。

6) 对金融业实施金融监督管理

中央银行作为国家最高的金融管理当局，行使其管理职能。其主要内容包括：制定并监督执行有关的金融政策、金融法规、基本制度和业务活动准则等，监督管理金融机构的业务活动，管理和规范金融市场。

总之，发行的银行、银行的银行和国家的银行，体现了中央银行的基本职能，世界上绝大多数国家的中央银行一般都具备这三大基本职能。

特别提示

中央银行的性质和职能决定了中央银行的特殊性，其特殊性体现在它既是特殊的金融机构，又是特殊的国家机关。中央银行正是通过自身独特的经营活动来影响货币供给量、利率等指标，对整个国家金融领域活动进行管理、控制和调节。

8.3 中央银行的业务

8.3.1 中央银行业务活动的一般原则

1. 不以营利为目标

中央银行的一切业务活动都不以营利为目的。只要是宏观金融管理所必需的，即使不盈利甚至亏损的业务也要去做。当然，这并不意味着不讲经济效益，在同等或可能的情况下，中央银行的业务活动还是应该有收益，尽量避免或减少亏损，以降低宏观金融管理的成本。在实际业务活动中，中央银行以其特殊的地位、政策和权利开展经营，其结果也能往往获得一定的利润，但是这个时候获得的利润只是客观的经营结果，并不是中央银行主观追逐的目的。这也是央行和商业银行在经营上本质的区别。

2. 保持资产的流动性

资产业务需要保持流动性。之所以央行在业务活动重要保持流动性这一原则，是因为中央银行在充当金融机构的“最后贷款人”进行货币政策操作和宏观经济调控的时候，必须拥有相当数量的可用资金，只有这样才能满足央行及时调节货币供求、稳定币值和汇率、调节经济运行的需要。因此，为了保证央行资金可以灵活调度，及时运用，央行必须使自己的资产保持最大的流动性，不能形成不易变现的资产。

3. 保持业务的主动性

资产负债业务需要保持主动性。由于中央银行的资产负债业务直接与货币供应相关联，例如货币发行业务直接形成流通中的货币，存款准备金业务不仅导致基础货币的变化，还会引起货币乘数的变化，再贴现、公开市场业务是提供基础货币的主要渠道等。另外，由于货币政策时滞的存在，中央银行必须准确分析判断经济金融形势，并使其资产负债业务保持主动性，这样才能根据履行职责的需要，通过资产负债业务实施货币政策和金融监管，有效控制货币供应量和信用总量。

4. 保持业务的公开性

中央银行的业务状况需公开化，定期向社会公布业务与财务状况，并向社会提供有关的金融统计资料。一方面，可以使中央银行的业务活动置于社会公众监督之下，有利于中央银行依法规范其业务活动，确保其业务活动的公平合理性，保持中央银行的信誉和权威；另一方面，可以增强中央银行业务活动的透明度，使国内外有关方面及时了解中央银行的政策、意图及其操作力度，有利于增强实施货币政策的告示效应；最后，还可以及时准确地向社会提供必要的金融信息，有利于各界分析研究金融和经济形势。

总之，中央银行的业务活动是运用法律赋予的特权在法定范围内展开的，各国中央银行的业务活动都以服从履行职责的需要为基本原则，坚持业务活动的非盈利性、流动性、主动性和公开性，确保中央银行职责的顺利履行。

8.3.2 中央银行的负债业务

中央银行的负债是指金融机构、政府、个人和其他部门持有的对中央银行的债权，是形成中央银行资金来源的业务。中央银行的负债业务主要有货币发行业务、存款业务、其他负债业务和资本业务。

1. 货币发行业务

货币发行指中央银行发行库的资金进入商业银行业务库，商业银行在中央银行的存款账户资金增加，并且货币通过商业银行的业务库流向社会，以及中央银行的货币流出大于流入的量。

货币发行是中央银行主要的负债业务，中央银行通过再贷款、再贴现、购买有价证券以及收购黄金外汇等途径将货币投入市场，从而形成流通中的货币，成为中央银行对社会公众的债务。中央银行通过该业务既为商品流通和交换提供流通手段和支付手段，也相应筹集了社会资金。

一般来说，各国中央银行对于货币发行均有以下几个基本原则：

1) 垄断性原则

垄断性原则是指货币发行权高度集中于中央银行。这一原则有利于避免钞票发行分散的诸种弊端，有利于对货币流通的管理，有利于增强中央银行的实力，有利于实现国家宏观经济目标，有利于增加货币发行的收益。

2) 信用保证原则

信用保证原则是指货币发行要有一定的黄金或有价证券证券作为保证，也就是说，要通过建立一定的发行准备制度，保证中央银行的独立发行。要做到这一点，必须制定某种强有力的金融制度，使纸币的发行立足于可靠的基础之上，始终坚持要有可靠信用作保证的货币发行原则。

3) 弹性发行的原则

弹性发行的原则是指货币发行要有一定的弹性，也就是货币发行要有高度的伸缩性和灵活性，不断适应社会经济状况变化的需要，既要充分满足经济发展的需要，避免因通货不足而导致经济萎缩，又要严格控制发行数量，避免因通货过量而引起通货膨胀，造成经济混乱。

中央银行货币发行的准备制度是指中央银行在发行货币时必须以某种贵金属或某几种形

式的资产作为其发行货币的准备的规定，从而使货币的发行与某种贵金属或某些资产建立起联系和制约的关系。在不同的货币制度下，货币发行的准备是不同的。在金属货币制度下，货币的发行准备是贵金属，如黄金、白银等；在现代信用货币制度下，货币发行往往使用现金和有价证券做准备。现金准备包括黄金、外汇等流动性非常强的资产，使货币具有现实的价值基础，有利于币值的稳定。证券准备包括短期商业票据、短期国库券、政府公债等，这些证券必须是在金融市场上进行交易和流通的证券。使用证券作为发行准备，有利于中央银行根据经济发展的需要做弹性发行。

2. 代理国库业务

国库是国家金库的简称，是专门负责办理国家预算资金的收纳和支出的机关。国家的全部预算收入都由国库收纳入库，一切预算支出都由国库拨付。

国家财政预算收支保管一般有两种形式：国库制和银行制。国库制又分为独立国库制和委托国库制。独立国库制是指国家专门设立相应的机构办理国家财政预算收支的保管、出纳工作；委托国库制是指国家不单独设立机构，而是委托银行代理国库业务。银行制是指国家不专门设立金库机构，由财政部门在银行开户，将国家预算收入作为存款存入银行的管理体制。世界上经济发达的国家多采用委托国库制。

作为政府的银行，代理国库是中央银行的重要职责之一。在通常情况下，国家政府都要赋予中央银行代理国库的职责，财政的收入和支出都由中央银行代理(在某些情况下，中央银行会委托其他商业银行进行再代理)。同时，有些依靠国家财政拨款的行政事业单位、机关团体、部队、学校的存款，也是由中央银行办理的。

中央银行代理国库的积极意义表现在它可以吸收大量的财政金库存款，形成它的重要资金来源之一；同时，这种存款通常都是无息的，故中央银行代理国库不仅可以积聚大量资金，还可以降低其总的筹资成本。对于国家政府而言，由中央银行代理国库，既可以减少(甚至完全免去)收付税款的成本，又可以安全地保管资金，为其妥善使用提供方便。同时，在资金短缺时还可借助中央银行做短期融通。

3. 集中存款准备金业务

存款准备金是商业银行为应付客户提取存款和划拨清算的需要而设置的专项资金。一部分是支付准备金，包括在中央银行账户的存款和库存现金，为保证存款支付和票据清算而保留的货币资金；另一部分是法定存款准备金，依照法律的规定，商业银行必须将其存款的一部分上缴中央银行。集中存款准备金是中央银行作为银行的银行发挥作用的客观要求。中央银行既可以尽量有效地运用这部分资金，将其闲置额压缩到最必要的低限，又可以集中力量，对发生支付困难的商业银行提供资金帮助。

中央银行集中商业银行与其他金融机构的存款准备金，旨在满足流动性与清偿能力要求，调控信贷规模和货币供给量、便利资金清算以维护金融体系安全与稳定，而这一最大的存款资金自然成为中央银行充当最后贷款人、实施货币政策的基础。

4. 其他负债业务

中央银行的负债业务除了发行货币、代理国库、集中存款准备金外，还有对国际金融机构负债、国内金融机构往来等，但各国规定差异颇多，内容不尽一致。

8.3.3 中央银行的资产业务

中央银行的资产是指中央银行在一定时点上所拥有的各种债权。中央银行的资产业务包括贷款、再贴现、有价证券买卖、黄金、外汇储备等，这些业务对于中央银行制定实施货币政策、调控金融运行具有重要作用。

1. 贷款和再贴现业务

贷款业务是中央银行运用其资金的重要途径之一。它不以营利为目的，而是以实现货币政策目标为目的，通常为短期。贷款对象主要是商业银行等金融机构以及政府对商业银行的贷款，也称再贷款，是中央银行最后贷款人职责的具体体现。这种贷款一般用于解决商业银行临时性资金需求，禁止用于证券投资和发放长期贷款。中央银行对政府的贷款是政府弥补财政赤字的应急措施。但中央银行为维护其货币政策的独立性和有效性，一般都限制政府借款和财政透支，转而通过在公开市场上购买政府债券来支持国家财政。

再贴现业务是指商业银行将通过贴现业务所持有的尚未到期的商业票据向中央银行申请转让，中央银行以贴现方式向其融通资金的业务。一般来说，再贴现是中央银行向商业银行融资的重要方式之一，它主要用于解决商业银行由于办理贴现业务所引起的暂时性资金困难。

再贴现业务的业务对象只限在中央银行开设账户的商业银行开放，且对贴现票据的种类有严格的规定，一般只有那些反映真实交易关系的票据和国库券可获贴现。另外，中央银行的再贴现利率不同于随市场资金供求状况变动的利率。它是一种官定利率，是根据国家的信贷政策所规定的，在一定程度上反映中央银行的政策意向。由于再贴现率在大多数国家略低于货币市场利率，商业银行趋向于通过再贴现窗口取得资金。所以很多国家的中央银行为保持本身流动资金的需要，总是尽可能对银行的再贴现贷款总金额加以限制。

贷款业务和再贴现业务都可以看做中央银行对商业银行等金融机构提供融资的两种方式。但两者之间也有区别：

1) 贷款的收回方式不同

如果是抵押贷款，贷款期限到期，借款人向中央银行归还贷款并收回抵押品；如果是再贴现贷款，则在再贴现票据到期时，由中央银行向票据承兑人出示票据并要求其兑付，收回贷款。

2) 贷款的安全程度不同

如果是抵押贷款，则与再贴现贷款没有区别。如果是信用贷款，则因为没有物资保证，中央银行不一定能收回贷款。一旦此种情况发生，就可能导致金融不稳定。因此，中央银行贷款中信用贷款被限制在很小的范围内。

2. 有价证券买卖业务

有价证券买卖是中央银行主要的资产业务之一。中央银行买卖有价证券一般都是通过其公开市场业务进行的，其直接目的是增减银行资金的流动性，间接目的则是影响市场利率变动，调节金融机构的信用活动，归根到底又都是为了调节和控制货币供应量。尽管中央银行在证券买卖过程中会获得一些价差收益，但就中央银行自身的行为而言，目的在于通过对货币量的控制和调节，以影响整个宏观经济，而不是为了盈利。中央银行在进行证券买卖业务时，一般应注意几个问题：①不能在一级市场上购买各种有价证券，而只能在证券的交易市场上即二级市场上购买；②中央银行不能购买市场性差的证券，只能购买市场性高、随时可以变现的证券；③中央银行不能购买没有上市资格或不能在证券交易所挂牌的证券，只能购买具有上市资格且在证券交易所正式挂牌的、信誉非常高的有价证券。

中央银行有价证券买卖业务与贷款业务的相同点：①买入证券实际上是以自己创造的负债去扩大资产，相当于中央银行贷款，卖出证券相当于收回贷款，融资效果相同；②对货币供应量的影响相同。都会通过货币乘数引起货币供应量的多倍扩张；③都是中央银行调节和控制货币供应量的工具。

中央银行有价证券买卖业务与贷款业务的不同点：①主动性不同，中央银行的证券买卖业务可以主动出击，根据情况随时买卖。再贴现和贷款业务处于被动地位；②对金融环境要求不同，证券买卖业务对经济金融环境要求较高，以存在发达的金融市场为条件；③证券买卖以证券的质量为依据，贷款则以商业银行的信用为依据；④贷款有利息收入，而证券买卖则有亏有盈。

3. 储备资产业务

目前，世界上绝大多数国家储备资产都是委托中央银行保管和经营的，这就形成了中央银行的储备资产业务。而集中管理和经营国际储备资产是中央银行的一项重要职责，该职责必须通过中央银行储备资产的买卖业务来实现。中央银行买卖储备资产主要有三个目的。①稳定币值。中央银行在市场上卖出黄金外汇储备，可回笼货币，防止总需求过盛引起物价上涨，使市值保持稳定。②稳定汇价。在实行浮动汇率制度的条件下，一国货币对外价值会经常发生波动。汇率的变动，会对该国的国际收支和经济发展产生重大影响。因此中央银行常通过买卖国际储备资产，有效调节外汇市场，使汇率保持在合理的水平。③调节国际收支。国际收支发生逆差时，可动用黄金外汇储备弥补进口所需外汇的不足；顺差时，则可将多余的黄金外汇储备用来偿债或对外投资。目前，国际储备资产主要由黄金、外汇、特别提款权及普通提款权构成。这几类储备资产在安全性、收益性、灵活兑换性方面各有不同。为了解决储备资产的合理构成问题，目前各国中央银行的普遍做法是努力改善国际储备构成，特别是使外汇资产多元化，以分散风险，增加收益，同时获得最大的灵活兑换性。

中央银行的储备资产由四个部分构成。①黄金储备。这是会员国政府持有的储备黄金。在金本位制下，黄金是最重要的国际储备形式。在布雷顿森林货币体系下，黄金仍是货币汇率的基础，是最重要的国际储备形式。《国际货币基金协定》中虽已明确提出“黄金非货币化”，但由于黄金具有价值实体，因此，至今仍是各国国际储备中不可缺少的一个组成部分。②外汇储备。这是会员国政府持有的或能控制的国外可兑换货币的存款和其他流动金融资产。③会员国在国际货币基金组织的储备头寸也称普通提款权，是指国际货币基金组织的会员国向基金组织认缴份额中的外汇部分，基金组织为支付其他会员国的借款而使用的会员国货币的净额，基金组织从会员国的借款。④国际货币基金组织分配给会员国尚未动用的特别提款权。特别提款权(SDR)是由国际货币基金组织分配给会员国的一种资产使用的权利，可以用于会员国之间和会员国同基金组织之间的支付，所以也是国际储备的一个组成部分。这种由国际货币基金组织在1970年初创设的国际储备，既安全又能灵活兑现，与黄金、外汇相比具有很大的优越性。但是，由于目前各国还不能随意购入，特别提款权受到了很大限制，因而还不能成为目前主要的国际储备资产。

中央银行保管和经营外汇储备资产时应注意两个问题。一是要确定合理的储备资产数量。

中央银行应在综合考虑国际收支状况、汇率制度、国内经济政策、进口数量、债务余额以及长短期债务的比重等因素的条件下，确定要持有的储备资产的数量。过多是浪费资源，过少可能丧失国际支付能力。二是保持合理的储备资产构成。一般情况下，中央银行要根据安全性、流动性和收益性的原则，考虑各种储备资产的构成比例。

8.3.4 中央银行的支付清算业务

在现实经济生活中，有两种能够实现债权债务清偿和货币资金转移的形式，即“结算(settlement)”和“清算(clearing)”。结算一般是指为实现商品交易、劳务供应和资金调拨等经济活动而发生的货币收付行为。结算按其支付方式不同，可分为现金结算和转账结算两种形式。现金结算是收款方和付款方直接以现金为媒介进行的经济交易或消费支付方式，适用于个人对个人、单位对个人、单位间的零星支付行为；转账结算也叫非现金结算，是指通过银行将款项从付款人账户划转到收款人账户的货币收付方式，实际上是以存款货币的转移代替现金的流通。在商品经济发达的社会里，转账结算是货币收付的主要形式。一个国家的经济和金融产业越发达，其现金结算的比重越低，转账结算的比重越高、范围越广。

从商业银行经办的结算业务来看，除极少量属于收付款双方在同一银行开户以外，大量的结算业务都要通过两个银行的基层行处的往来而实现，因而产生了系统内的联行往来以及跨系统的同业往来。联行之间、同业之间产生的债权债务的清偿和资金的划拨，需要通过一定的清算组织和支付系统来进行。当然各商业银行之间可以通过建立双边清算机制来实现相互间的资金清算，但这样效率比较低，会造成人、财、物的巨大浪费。为此，各国中央银行为商业银行之间的往来提供了支付清算服务，即银行同业间的资金转移一般都是通过中央银行的最终清算实现的。

所以，中央银行的支付清算业务是指中央银行作为一国支付清算体系的参与者和管理者，通过一定的方式、途径，使金融机构之间的债权债务清偿及资金转移顺利完成并维护支付系统的平稳运行，从而保证经济活动和社会生活的正常运行。

1. 中央银行的支付清算体系

支付清算体系是指中央银行向金融机构提供资金清算服务的综合安排，包括清算机构、支付结算制度、支付系统以及银行间清算制度及操作四项内容。

1) 清算机构

清算机构是为金融机构提供资金清算服务的中介组织，其组织形式有票据交换所、清算中心、清算协会等。例如为金融机构提供票据交换与清算服务的票据交换所，就是最传统和最典型的清算机构。清算机构一般实行会员制度，会员要遵守组织章程和操作规则，并交纳会员费。在多数国家，中央银行是清算机构的主要成员，直接参与清算支付活动。但在有些国家，中央银行不直接加入清算机构，而是对清算机构进行监督和审计。

2) 支付系统

支付系统是由提供支付清算服务的中介机构和实现支付指令传送及资金清算的专业技术手段共同组成的，用以实现债权债务清偿及资金转移的一种金融安排，也叫清算系统。世界上的三大电子清算系统分别是CHIPS(clearing house interbank payment system)——美国同业银行收付系统，CHAPS(clearing house automated payment system)——英国伦敦同业银行自动收付系统，SWIFT(society for worldwide interbank financial telecommunication)——全球银行金融电讯协会。其中，SWIFT 是世界上最大的金融清算与通信组织，一个国际银行同业间非营利性的国际合作组织，总部设在比利时的布鲁塞尔。该组织成立于 1973 年 5 月，由北美和西欧 15 个国家的 239 家银行发起。SWIFT 每星期 7 天运转，每天 24 小时运转。中国银行于 1983 年 2 月率先加入 SWIFT 组织。1985 年 5 月正式开通使用 SWIFT 系统。

3) 支付结算制度

支付结算制度就是关于结算活动的规章政策、操作程序、实施范围等的规定与安排。

4) 同业间清算制度与操作

同业间清算是指金融机构之间为实现客户委托办理的业务和自身经营的需要所进行的债权债务清偿和资金划转。同业间清算制度就是为实现金融机构间的清算而制定的规则、程序与制度安排。

2. 中央银行支付清算业务的主要内容

1) 组织票据交换与清算

工商企业、事业单位及消费者用票据进行债权债务清偿和支付时，要通过开户银行的转账结算系统实现资金收付。当各银行收到客户提交的票据后，通过票据交换的方式将代收的票据交付款行。

2) 办理异地跨行清算

办理异地资金汇划是指办理不同区域、不同城市、不同银行之间的资金转移。如各行的异地汇兑形成各行间异地的债权债务需要进行跨行、跨地区的资金划转。

3) 提供跨国支付清算服务

跨国清算指由于国际贸易、国际投资及其他方面所发生的国际间债权债务，借助一定的结算工具和支付系统进行清算，实现资金跨国转移的行为。

4) 我国中央银行的支付清算体系

我国中央银行的支付清算体系已步入适应现行银行体制、为市场经济和对外开放条件下的经济及社会活动提供现代化支付清算服务的阶段。目前运行的主要支付系统如下：

(1) 同城清算所。同城清算是指同一城市(区域)内交易者间的经济往来，通过开户金融机构的同城票据交换实现债权债务清偿及资金转移。

(2) 全国电子联行系统。全国电子联行清算系统是中国人民银行处理异地清算业务的行间处理系统。全国电子联行系统通过中国人民银行联合各商业银行设立的国家金融清算总中心和在各地设立的资金清算分中心运行。

(3) 电子资金汇兑系统。电子资金汇兑系统是商业银行系统内的电子支付系统。目前我国国有商业银行和其他商业银行均以电子资金汇兑系统取代原有的手工操作系统，即通过电子支付指令的集中交换代替了原有的实物票据交换。

(4) 银行卡支付系统。中国人民银行在组织各商业银行联合共建银行卡支付系统、制定相关标准等方面发挥了积极作用，目前已形成了覆盖全国的银行卡信息交换系统。

特别提示

中央银行的资产是其在某一时点所拥有的各种债权；中央银行的负债是社会各集团和个人在一定时点上所拥有的对中央银行的债权。中央银行的支付清算业务是中央银行的基本职责之一，其效率对一国经济发展及金融稳定具有重要意义。

项目小结

中央银行是一国实施货币政策和对金融业进行监督管理的特殊金融机构，是国家的货币当局和金融体系的核心。它最早是从商业银行中分离出来或是由商业银行演变而来的，它的产生既有历史背景，又有其客观经济原因。中央银行制度主要有单一式中央银行制度、复合式中央银行制度、准中央银行制度、跨国中央银行制度四种类型。中央银行的职能：发行的银行、银行的银行、国家的银行。中央银行在具体的业务经营活动中，一般要奉行非营利性、流动性、主动性和公开性四个原则。中央银行的资产是指中央银行在一定时点上所拥有的各种债权。中央银行的负债是指金融机构、政府、个人和其他部门持有的对中央银行的债权，是形成中央银行资金来源的业务。中央银行的负债业务主要有货币发行业务、存款业务、其他负债业务和资本业务。中央银行的资产业务包括贷款、再贴现、有价证券买卖、黄金、外汇储备等，这些业务对于中央银行制定实施货币政策、调控金融运行具有重要作用。

专栏八

欧洲中央银行负责欧元区13国的货币政策，是世界上重要的中央银行之一。欧洲中央银行成立于1998年6月1日，总部设在德国法兰克福。其组织结构模仿德国中央银行和地方银行。欧洲中央银行由一个董事会管理，其中主席负责领导职责，董事会成员是政府官员、欧洲中央银行体系中的地方中央银行代表。

欧洲中央银行系统(ESCB)由欧洲中央银行和27个成员国的地方中央银行组成。因此，欧洲的货币政策机构是一个由中央银行和各国中央银行官员构成的体系。

欧洲中央银行的首要目标是保持欧元区物价稳定，例如控制通胀水平。目前的目标是控制通胀水平在低于但接近2%水平。此外，在不损害物价稳定目标的同时，中央银行还需支持欧盟的经济政策。根据欧盟协议的第二条款，支持内容包括促进就业、持续而无通胀的经济增长。

欧洲中央银行的主要目标是制定货币政策以保证上述目标的实现。货币政策会在欧洲中央银行的官方网站上公布出来。

实训练习

一、核心概念

单一式中央银行制度	复合式中央银行制度	准中央银行制度	跨国中央银行制度
发行的银行	银行的银行	国家的银行	货币发行业务
存款准备金业务	贷款业务	再贴现业务	有价证券买卖业务

二、问答题

1．中央银行产生的原因有哪些？
2．试述中央银行的性质和职能。
3．中央银行制度类型有哪些？各有什么特点？
4．中央银行业务活动的一般原则是什么？
5．中央银行的存款业务与商业银行的存款业务有何不同？
6．中央银行关于货币发行的基本原则有哪些？

7. 中央银行的贷款业务和再贴现业务有何区别?

8. 什么是中央银行的支付清算业务？我国中央银行的支付清算体系包括哪些内容？

三、案例分析

欧洲中央银行在经历了13个月的思想斗争之后，于2002年12月5日宣布将欧元区主导利率降低50个基点，降到2.75%，逼近欧元启动以来的历史最低水平。实际上，自2001年5月以来，欧元区的货币政策呈现单调下调的轨迹，2年间主导利率下降了200个基点，从2001年初的4.75%(2000年10月5日确定)下降到2002年年底的2.75%。欧洲中央银行货币政策的单向调整与整个欧元区的经济增长下滑有着密切的关系，从2000年下半年开始，欧元区的经济增长逐渐减缓，当年实现3.5%的10年最高增长率，但进入2001年，增长骤降，2001年欧元区仅增长1.4%。本来指望2002年的经济有所恢复或至少能与上年持平，遗憾的是，根据欧盟及国际组织的预测，欧元区2002年的增长将是10年来的最低，不会超过0.9%；欧洲中央银行的预测低点是0.6%。鉴于这种经济持续走弱的态势，欧洲中央银行面临着欧元区成员国政府、商界、工会、消费者团体乃至国际货币基金组织不断要求降息的压力。但是，欧洲中央银行同时还面临着另一个压力，即欧洲央行必须保证“欧元区统一消费价格指数(HICP)的年上涨率从中期看低于2%”。而欧元区HICP自2000年下半年以来持续上涨，2000年年平均水平为2.3%，2001年上升到2.5%，2002年会在2.3%左右，年年超出价格目标。这就形成了两难局面：一方面，经济增长乏力，要求降息；另一方面，物价始终(至少已满足中期的时间长度标准)在目标值之上，政策空间并不是很大。幸好《欧洲联盟条约》提供了回旋的余地：欧洲单一货币政策的首要目标是维持价格稳定，并在不损害价格稳定的前提下支持欧洲的总体经济政策。因此，欧洲央行的货币政策实际上是要做到左右兼顾的，关键的问题是选择货币政策调整的时机。

请思考：查阅相关资料，分析欧元区是不是“最优货币区”，欧元的不稳定因素有哪些？

项目 9　货币需求与货币供给

项目思考

我们知道，货币的本质也是商品，它是固定的充当一般等价物的特殊商品，而利率则是货币商品的交易价格。那么，作为决定货币商品价格的需求面和供给面又是什么呢？经济生活中的货币需求和货币供给会分别受到哪些因素的影响和作用？

项目目标

通过本项目的学习，你将能够：

- 理解货币需求的概念，区分名义货币需求与真实货币需求；
- 掌握西方理论界有关货币需求的理论；
- 了解货币供给的数量界定，掌握货币的层次划分及货币供给的形成机制；
- 了解货币均衡的含义及利率对货币均衡的作用。

项目框架

在明确货币需求定义的基础上，区分名义货币需求与真实货币需求两个重要概念，然后分别介绍马克思货币需求理论、古典货币需求理论、凯恩斯的货币需求理论、弗里德曼货币需求理论对货币需求决定因素的解释；在明确狭义货币量和广义货币量概念的基础上，划分货币层次和阐述货币供给形成机制；最后，说明货币均衡的含义及利率对货币均衡的作用。本项目的知识框架如图 9.1 所示。

- 货币需求与货币供给
  - 货币需求
    - 相关概念
    - 理论学派
      - 马克思货币需求论
      - 古典货币需求论
      - 凯恩斯货币需求论
      - 弗里德曼货币需求论
  - 货币供给
    - 相关概念
    - 货币层次
    - 形成机制
      - 商业银行与货币供给
      - 中央银行与货币供给
  - 货币均衡
    - 均衡含义
    - 利率作用

图 9.1 项目框架

引导案例

货币供给量的决定

20 世纪 80 年代以来，随着金融证券化的发展，为创造一个更加宽松的金融竞争环境，西方国家开始放松金融管制，采取金融自由化措施，各国政府纷纷放松对银行业的管制。1980 年，美国率先废除了 30 年代大危机后制定的 Q 条例，允许商业银行向支票存款支付利息。

这个措施提高了支票存款相对于通货的预期回报率，增加了支票存款对公众的吸引力，公众相应减少通货的持有，于是在 1980 年 6 月至 12 月间，美国公众的 C/D(即通货比率：通货/支票存款)由 0.4 下降到 0.37。C/D 比率的下降意味公众手持通货的减少和商业银行基础货币的增加，商业银行信用创造能力增强，这就造成货币乘数扩大，货币供给量增加，当年货币供应增长率就达到 7.2%。由此可见，短期内，C/D 比率的变动对货币供给影响很大，支票存款这一金融工具可以作用于通货比率，影响货币供给。显然，中央银行只是决定货币供给的一个方面，其他经济主体，商业银行和公众也有影响货币供给的很大力量。

(资料来源：中国经济学在线，2010 年 10 月 9 日)

9.1 货币需求

9.1.1 货币需求概述

1. 基本定义

在经济生活中，货币是各个经济主体从事正常的经济活动所必不可少的条件，一定的经济活动必然伴随着对一定的货币的需求。社会各部门(个人、企业、单位和政府)在经济活动中必须持有一定的货币，才能去媒介交换、支付费用、偿还债务、从事投资或保存价值等，由此产生了货币的需求。货币需求是指一定时期内社会各经济主体为满足正常的生产、经营和各种经济活动需要，而应该保留或持有一定货币的动机或行为。因此，货币需求是一种由各种客观经济变量所决定的对货币的持有动机或要求，而不是指人们在主观上“想要”占有多少货币的“欲望”。人们对占有货币的“欲望”是无限的，而人们为满足正常的生产、经营和各种经济活动所“必需”的货币是有限的。

2. 名义货币需求与真实货币需求

在现实生活中由于通货膨胀的存在，货币的名义购买力与实际购买力存在差异，这就形成对货币需求的两种不同表示方法。名义货币需求是指经济主体在不考虑价格变动时的货币需求，即直接以现行价格水平或名义购买力表示的货币需求。真实货币需求则是指剔除了物价变动因素后的货币需求，即用货币的实际购买力表示的货币需求数量，它表现为名义货币需要量所能够购买到的实际商品和劳务数量。

3. 微观货币需求与宏观的货币需求

微观货币需求是指企业、家庭、个人等微观经济主体，在既定的收入水平、利率水平和其他经济条件下，把自己财富(或收入)中的多大比例以货币形式持有。对微观货币需求的分析，主要在于研究每一个经济单位持有多少货币最为合算，并剖析货币需求变化的原因。宏观货币需求是指一国经济合理协调运转或者要达到当局制定的某些宏观经济目标在总体上需要多少货币供应量。对宏观货币需求的分析主要在于根据影响货币需求的变量，探讨一国经济发展客观上所需的货币量，从而为货币供给决策提供依据。研究微观货币需求量的出发点是微观经济主体的资产选择行为，研究宏观货币需求量的出发点则是整体经济运行。但两者之间存在着密切联系，微观货币需求量是宏观货币需求量的构成和基础，宏观货币需求量是微观货币需求量的总括。在对货币需求进行研究时，需要将二者有机地结合起来。

9.1.2 马克思货币需求理论

马克思的货币需求理论又称货币必要量理论。马克思的货币需求理论也是马克思在《资本论》中对于货币必要量的论述。按照马克思的论述，流通中必需的货币量是实现流通中待售商品价格总额所需的货币量。其公式即项目 1 中的货币流通规律公式。

马克思的货币必要量公式具有四点意义：

第一，马克思货币流通规律公式既表达了货币必要量的决定因素，即商品流通量、商品价格和单位货币流通速度，同时也表达了这三个因素与货币必要量之间的关系，即货币必要量与商品数量、价格水平，进而与商品价格总额成正比，货币必要量与单位货币流通速度成反比。如果进行动态考察，这三个因素的变动对货币必要量的影响有多种组合。例如，在商品价格不变时，商品交易量增加或单位货币流通速度下降，或者这两种情况同时发生，货币必要量就会增加，在相反情况发生时则会减少。

第二，它明确了货币必要量最核心、最基本的内容，就是商品价格总额决定货币必要量，反映了商品流通决定货币流通的基本原理。根据马克思的劳动价值论，商品价格由其价值决定，价值源于社会必要劳动，因此，商品价格是在流通领域之外的生产过程决定的，商品是带着价格进入流通的。由于价格是先于流通过程确定的，商品价格总额是一个既定的量，进入流通以后就要求有与之价值相等的金币量去实现其价值。因此，在单位货币流通速度不变的条件下，流通手段量决定于待实现的商品价格总额。

第三，马克思货币必要量公式反映的是货币的交易性需求，即执行流通手段职能的货币需求。

第四，在金属货币流通条件下，如果流通中的货币量大于或小于货币的必要量，金属货币流通的自发调节机制使货币流通量与货币必要量自发达到均衡，所以流通中的货币量永远等于货币的客观需要量。

马克思进而分析了纸币流通条件下货币量与价格之间的关系。他指出：纸币本身没有价值，只有流通才能作为金的代表。由于流通所能吸收的金量是客观决定的，所以无论向流通中投入多少纸币，所能代表的也只是客观所能吸收的金量。马克思概括的纸币流通规律是：纸币的发行限于它象征地代表的金(或银)的实际流通的数量。这样，纸币投入越多，每一单位纸币所能代表的金量越少，即纸币贬值，物价就上涨。所以在纸币流通条件下，纸币数量的增减成为商品价格涨跌的决定因素。

9.1.3　古典货币需求理论——传统货币数量论

古典经济学家在 19 世纪末、20 世纪初发展起来的传统货币数量论，其对货币需求的影响因素和数量关系的解释，是货币需求最基本的思想和理论渊源。

1. 现金交易数量论

1911 年，美国经济学家、耶鲁大学教授欧文·费雪在《货币的购买力》一书中提出了著名的“现金交易方程”(简称交易方程)，用现金交易解释货币价值与商品价格，费雪的理论因此被称为现金交易数量论。该理论的交易方程式如下：

$$MV=PT$$

其中，M 表示货币数量，P 表示价格水平，T 表示以不变价格表示的商品交易总量，V 表示货币流通速度，即货币周转率，也就是单位货币(1 美元)每年用于购买经济中最终产品和劳务总量的平均次数。

费雪认为，交易方程式中 M 是一个可以控制的变量，由政府的政策作用所决定；P 是一个灵活多变的变量，由其余三个变量相互作用所决定；T 取决于生产要素及其利用程度、社会生产的分工及其专业化程度以及社会商品交易的程度，在充分就业的条件下，这些因素都是相对稳定的，因此，从短期均衡的角度来看，T 是一个相对稳定的量；V 主要取决于支付制度和支付习惯两大因素，支付制度即对人们的收入如何被支付所做出的安排，作为一种制度在正常情况下其变动是逐渐的、有一定方向和限度的，不会出现无规则变动，因而是相对稳定的，而支付习惯即“习惯”，就是一种反复出现的行为，因而也具有相对稳定性，故由它们所决定的货币流通速度也必然具有相对稳定性。这样，在交易方程中，T 和 V 都是相对稳定的，而且不会因 M 的变动而变动，那么，货币数量 M 的任何变动必然正比例引起一般物价水平 P 的变动，或者说价格水平的变动来自于货币数量的变动，这就是费雪交易数量论的主要内容。从该交易方程式 $MV=PT$ 可看出，PT 表示的是出售商品的货币总值，也就是完成社会商品总交易所需要的货币量；MV 则表示购买商品所付出的货币总值，也就是完成社会商品总交易所提供的货币量。交易方程式反映出货币的需求与供应，而其货币需求是从满足交易媒介需要的角度进行分析的。

对费雪交易方程式变形可以得到相应的货币需求量表达式：

$$M=PT/V$$

从形式上，交易方程式与马克思的货币必要量公式没有大的区别，但二者的含义是截然不同的。费雪特别强调货币数量变化对商品价格的影响，而马克思则强调商品价格对货币数量的决定作用。

2. 现金余额数量论

现金余额数量论由剑桥学派的经济学家所提出，属于剑桥学派的货币需求理论，它着眼于货币贮藏手段职能，认为货币是购买力的“暂栖所”，货币数量是在一定时刻停息的货币量。英国剑桥学派创始人费雷德·马歇尔(Alfred Marshall)在1923年出版的《货币、信用与商业》一书中系统地提出了现金余额数量论。马歇尔的观点又由他的学生、剑桥学派的主要代表庇古(Arthur Cecil Pigou)加以系统化并用方程式表达出来，即剑桥方程式：

$$M=KPY$$

$$\text{或}\quad P=M/KY$$

其中，M 为货币需求量，也就是所谓现金余额，P 为一般物价水平，Y 代表实际收入，PY 为名义收入，K 代表一个常数，即人们以货币形式持有的资产占财富或总收入的比例。其理论含义是指人们的货币需求总是与人们的财富或名义收入保持一定的比率关系，以名义收入乘以这一比率就可以求出货币需求量。

剑桥学派经济学家认为，就实际收入 Y 而言，它主要是由人类所能控制的经济资源数量、生产的技术水平与生产要素供给等外生因素决定，而在短期内，这些因素不易变化，因而 Y 是一个相对稳定的变量。就 K 而言，它受三个重要因素影响：一是持有货币所带来的便利和所能避免的风险；持有货币所获得的便利越大，K 值越大；二是把以货币形式持有的资产用于投资所能获得的实际收入水平，投资收益越少，人们愿意以货币形式持有的资产越多，K 值越大；三是把货币用于消费所能得到的效用满足程度；如果货币用于消费的满足程度较低，则 K 值越大。以上三个因素在短期内是相对稳定的，因而 K 值在短期分析中也可视为既定的量。因此，货币需求量 M 与一般物价水平 P 是正比例关系。于是，剑桥方程式用与现金交易方程式不同的方法对货币需求进行了分析，但在货币量与价格的关系上，二者取得了一致的结论。

3. 两方程式的比较

首先，两方程式是意义大体相同的模型：①费雪交易方程式 $MV=PT$ 可以变换为 $M=PT/V$，由于交易量(T)近似于收入量(Y)，$V=PT/M=PY/M$，所以，$\frac{1}{V}\approx K$，从而同剑桥方程式 $M=KPY$ 具有相同的数学形式；②在分析货币问题时均采用“两分法”，将货币分析与实体经济分析分开，认为货币数量的变动与实体经济增长无关，货币的唯一的作用是决定一般物价水平，即两者都是关于绝对价格水平的学说；③两者都认为物价水平和货币数量之间存在一种因果关系，货币数量是因，物价水平是果，物价水平随货币数量的变化成正比例变化。

其次，两方程式有显著的差异。第一，现金交易方程式强调的是每一单位货币存量的平均持有时间，剑桥方程式则注重总收入中以货币形式持有的比例。前者重视的是货币的交易媒介功能，把货币需求与经济单位的支出流量联系在一起，关心的是社会公众使用货币的数量和速度。后者强调的是货币的资产功能，把货币需求当成保存资产或财富的一种手段，而资产有多种形态，货币只是其中一种，因此货币需求总量决定于货币资产的边际收益同其他资产边际收益的比较。第二，现金交易方程式重视影响交易的货币流通速度的金融及经济制度等机械因素，忽视了经济主体在金融市场中的主观意志因素。而剑桥方程式重视资产的选择，即持有货币的成本与满足程度之间的比较，强调人的意志及预期等心理因素的作用，从而开创了从微观经济主体的持币动机、持币行为的角度研究货币需求的先河，这是对货币需求理论的重大贡献。

9.1.4 凯恩斯的货币需求理论

凯恩斯的货币需求理论是其经济理论的重要组成部分。在1936年出版的著名的《就业、利息与货币通论》一书中，凯恩斯放弃了古典学派将货币流通速度视为常量的观点，提出了一种强调利率重要作用的货币需求理论。他认为，货币需求是人们特定时期能够而且愿意持有的货币量；人们之所以需要持有货币，是由于存在流动性偏好的心理倾向。所谓流动性偏好，就是人们在心理上偏好流动性，愿意持有流动性强的货币的欲望。因为与其他资产相比，货币具有最充分的流动性和灵活性，货币需求的实质就是流动性偏好。

1. 货币需求的三种动机

凯恩斯流动性偏好货币需求理论的一个显著特点是注重对货币需求动机的分析。凯恩斯认为，人们对货币的需求取决于交易动机、预防动机和投机动机三个方面。

(1) 交易动机。即为进行日常交易而产生的持有货币的愿望，又可分为个人收入的动机和企业营业的动机，其强度大小主要取决于收入的多少和收入间隔的正常长度，即“主要取决于收入的数量和收入到支出的时间间隔的一般长度”。基于交易动机而产生的货币需求被称为货币的交易性需求。货币交易性需求的影响因素包括收入规模、收入与支出的时间间隔及其规律性、支出习惯、金融制度、预期因素等。除收入规模外，其他因素可视为在短期内不变的常量。因此，在这些因素不变的条件下，交易货币需求是收入的递增函数。

(2) 预防动机。即人们为应付不测之需而产生的持有货币的愿望。人们在生活中常会遇到一些未曾意料到的、不确定的支出和购物需求，因此需保持一定量的货币以应付这种不确定性和购买吸取。对个人来说，如应付失业、患病等意外支出的需要；对企业而言，如原材料突然涨价等意外支出的需要。这类为应付不测之需的需求称为货币的预防性需求。凯恩斯认为，货币的预防性需求仍然主要取决于收入的数量，为收入的递增函数。

(3) 投机动机。即人们为选择有利的机会进行债券投机活动从中获利的愿望或动机。货币是最具流动性的资产，持有货币则可以随时根据市场行情的变化进行债券投机活动而获利。出于投机动机而产生的货币需求称为货币的投机性需求。根据凯恩斯的分析，债券价格的变动依赖于市场利率的变动，当市场利率上升时，债券价格则会下降；而当市场利率下降时，债券利率就会上升。凯恩斯认为，在每个投资者或投机者的心目中都有一个利率水平的正常值，若实际利率高于这一正常值，投机者会预期利率下降，反之则会预期利率上升。如果投机者预期利率下降，他就会毫无保留地把全部货币换成债券，以期在债券价格上升的同时获得利息收入和资本溢价这双重收益；相反，如果投机者预期利率将上升，他就会减持债券而增持货币，以避免损失。可见，货币的投机性需求是利率的减函数。

2. 凯恩斯货币需求函数模型

凯恩斯认为，交易动机货币需求与预防动机货币需求是收入的正函数，收入越多，这两种动机货币需求会越多，反之则越少。而投机动机货币需求是利率的递减函数，利率水平越低，为投机债券而持有货币的数量就会越多；利率水平越高，则为投机债券而持有货币的数量就会越少。并以此建立了货币需求函数式：

$$M = M_1 + M_2 = L_1(y) + L_2(r) = ky - hr$$

其中，$k>0$，$h<0$。

凯恩斯的货币需求理论区别于前人的最显著特点，是对投机动机货币需求 M_2 的分析。凯恩斯对 M_2 的分析，抛弃了货币纯粹作为交换媒介的观点，第一次将货币作为一种资产进行研究，明确提出了货币在现实经济中作为资产的功能。因此，凯恩斯分析的货币需求，不仅作为交易媒介的货币需求，更重要的是作为一种投资媒介，一种直接为人们财富存在形式的货币需求。另一方面，强调 M_2 与利率之间的关系，是凯恩斯对货币理论的一大贡献，也为货币政策的实施奠定了基础。既然 M_2 与利率有直接关系，金融管理当局完全可以通过改变货币量来控制市场利率，进而对投资、就业和国民收入产生影响。同时，凯恩斯也指出，当利率降至某一很低的水平时，所有人都预期利率将迅速上升，持有债券会遭受很大损失，因而人人都希望持有货币。这时，货币无论如何增加，均有对货币的需求产生，货币需求成为完全弹性。这就是“流动性陷阱”。与“流动性陷阱”相反的是“古典区域”，即当利率高到某一水平时，人们普遍预期利率将下降，债券价格将上涨，因而货币将全部转为债券，此时对货币的投机需求为零。这就是说，在一般情况下，货币供给增加，利率下跌，对货币需求增加；在“流动性陷阱”区域，货币供给无论怎么增加，都会被灵活偏好所吸收，从而使中央银行试图通过增加货币供给降低利率、刺激投资的政策完全失效；相反，在“古典区域”，人人都逃避通货，除非利率有所改变，否则货币供给对货币需求的影响也非常困难。

3. 凯恩斯货币需求理论评析

尽管凯恩斯货币需求理论对传统货币数量论进行了补充和发展，但仍然存在许多问题。

第一，凯恩斯认为利率取决于由流动性偏好决定的货币需求和中央银行决定的货币供给，把利息视为与资本主义生产过程无关的纯粹货币现象，这就完全抹杀了利息来源于工人剩余劳动的本质，同时也歪曲了决定利率及其变动的真正原因。因此，马克思指出，这实际上是“作为现象观念的单纯的现象复写”。

第二，在分析货币需求时，凯恩斯把货币的需求归结为受流动性偏好决定，完全从人们的主观动机出发，研究人们的心理因素对经济活动的影响，并根据人们的心理状态去把握经济活动的客观必然性，这显然是错误的。人的心理因素虽然对经济活动有一定的影响，但仅仅根据人们的心理状态来分析社会的现实生活，显然不可能对资本主义生产方式进行科学的分析，而且必然得出错误的、庸俗的、非科学的结论。

第三，凯恩斯在分析货币需求时，将货币需求分为交易性货币需求、预防性货币需求和投机性货币需求，认为交易性货币需求和预防性货币需求只决定于收入而与利率无关，而投机性货币需求则决定于利率。这实际上是认为人们对自己未来利率变化的预期是确信不疑的，因而人们根据对未来利率的预期决定是持有债券还是货币，在债券和货币两者之间只能择其一。事实上，人们不能肯定自己对未来利率变化的预期是否准确，因而总是既持有货币又持有债券，以分散风险。

9.1.5 弗里德曼货币需求理论

弗里德曼是货币主义学派的代表人物。货币主义学派是与凯恩斯主义和凯恩斯学派直接对立的西方经济学派。其中弗里德曼的货币需求函数占有重要的地位。弗里德曼一方面继承了凯恩斯视货币为一种资产的观念，利用它把传统的货币数量说改为货币需求函数；另一方面基本上肯定了传统货币数量说的长期结论，即货币量的变化反映于物价变动。货币量变化从长期而论只能影响总体经济中货币部门的名义量，如物价、名义利率、名义所得等，但不能影响实质部门的真实的量，如就业量、实际所得或产量、实际利率、生产率等。1956年，弗里德曼发表了他的名作：《货币数量学说——新解说》(The Quantity Theory of Money——A Restatement)，标志着现代货币数量论的诞生。弗里德曼对货币需求理论的最大贡献就在于提出了和古典学派的货币数量说不同的观点，即货币数量说不是关于产量、货币收入或物价的理论，而首先是货币需求的理论，是明确货币需求由何种因素决定的理论，物价水平或名义收入是货币需求函数和货币供给函数相互反映的结果。

弗里德曼没有着重分析人们的持币动机，而是深入地对影响人们持有货币的经济因素进行了细致分析，他从消费者选择理论出发，把货币看做一种商品，认为人们需要货币由三大类因素决定：财富、不同形式资产的预期收益率、非收入因素，并建立了货币需求函数模型：

$$\frac{M_{\mathrm{d}}}{p}=f\left(y,w;r_{\mathrm{m}},r_{\mathrm{b}},r_{\mathrm{e}},\frac{1}{p}\frac{\mathrm{d}p}{\mathrm{d}t};u\right)$$

以上影响货币需求变动的三类因素具体含义如下：

1. 财富对货币需求的影响

弗里德曼将个人的财富总额视为货币需求的主要决定因素。他所指的财富是从最广泛和最普遍意义上来说的财富。因此，财富总额包括人力财富和非人力财富。人力财富是指个人获得收入的能力，包括一切先天的和后天的才能与技术，其大小与受教育的程度紧密相关。非人力财富是指物质性财富，如房屋、生产资料、耐用消费品等各种财产。一般来说，个人所持有的货币量，不会超过其财富总额。弗里德曼认为财富可以用收入来表示，但不能用即期收入代表财富，因为即期收入受经济周期不规则波动的影响，带有较大的片面性。因此，弗里德曼使用“恒久收入”概念。恒久收入是一个人在相当长时间内获得的收入流量，相当于观察到的过去若干年收入的加权平均数(以y表示)。恒久收入与货币需求成正比，是影响货币需求的最主要的变量。w为非人力财富占总财富的比重，非人力财富具有较高的替代性，而人力财富的市场则是不完全的，人力财富转化为非人力财富存在市场障碍，尤其在经济不景气时，更难将人力财富转变为收入。因此，为了应付可能发生的人力财富的滞销(失业)，人们出于预防动机会增加对货币的需求。因此，人力财富在总财富中所占比例越大，对货币的需求也就越大。

2. 不同形式资产的预期收益率对货币需求的影响

弗里德曼认为，持有货币的多少是将货币资产与其他资产收益进行比较的结果。弗里德曼界定的货币是M_2(与凯恩斯不同)，货币和其他资产一样，对其持有者来说是有收益的，银行利率(r_{m})可以看做货币的收益。债券、股票和实物资产被弗里德曼视为货币的主要替代品，股票收益包括变动收益——股利和买卖差价(r_{e})、债券的收益包括固定收益——利息和买卖差价(r_{b})，而实物资产的收益就是物价变动率($\frac{1}{p}\frac{\mathrm{d}p}{\mathrm{d}t}$)。而由于持有货币所放弃的其他资产提供的潜在收益就成了持有货币的机会成本，股票、债券、实物资产收益率大小会影响到人们的持币需求，成反比例关系。

3. 非收入因素对货币需求的影响

人们对货币流动性效用大小的评价受许多因素的影响，这些影响因素有的是客观的，如社会的富裕程度、取得信贷的难易程度、社会支付体系的状况等，如社会支付体系发达，人们普遍使用支票、信用卡结算，货币的效用就会下降；有的是主观的，如人们的嗜好、兴趣、社会风尚、民族习惯等，而这些因素均是影响货币需求的因素，弗里德曼将这些因素称为综合变量 u。就个人对财富的持有形式的偏好来说，一般视为不变，但它们在客观环境发生变化时，也会发生变化。例如，战争时期以货币形式保有的财富的比例会增大；严重通货膨胀时期，人们可能更乐意保持实物资产。所以，这种偏好的变动也会对货币需求产生影响。

总之，上述三大类因素可被细分为六种：财富总额、非人力财富占总财富的比例、债券的预期收益、股票的预期收益、实物资产的预期收益和财富持有者对各种财富持有形式的偏好。

此外，弗里德曼非常重视实际货币需求，认为人们关心的是实际货币需求而不是名义货币需求，他将名义货币需求剔除了价格因素后的实际货币需求作为货币需求函数的因变量。弗里德曼认为，“我们所谈的货币需求，必须是对支配商品和劳务的实际余额的需求，而不是对名义余额的需求。”上式所表示的是真实货币需求，式中，M 为个人财富持有者手中保存的货币量(名义货币量)，P 为一般物价水平，M/P 为个人财富持有者手中的货币所能支配的实物量(实际货币需求量)。

弗里德曼认为，货币需求函数的最主要特点是该函数的稳定性，其动向是可以预测的。他之所以论证并强调货币需求函数具有稳定性，目的在于阐明其政策主张，即说明影响经济的主要因素不在货币需求方面，而是来自货币供给方面，也就是说要保持货币均衡就必须保证货币供给的稳定，中央银行应采取稳定的货币政策，弗里德曼的“单一规则”因此而产生。因此，货币需求函数稳定性的论述成为货币学派理论及政策的立论基础和分析依据。

特别提示

在传统货币数量论中，利率并没有被作为一个影响货币需求的重要因素而加以考虑；而在凯恩斯货币需求理论以及弗里德曼货币需求理论中，利率因素则被作为一个重要变量引入了模型分析。

9.2 货币供给

9.2.1 货币供给的相关概念

货币供给(money supply)是指某一国或货币区的银行系统向经济体中投入、创造、扩张(或收缩)货币的金融过程。货币供应量则是指一国在某一时期内为社会经济运转服务的货币存量，它由包括中央银行在内的金融机构供应的存款货币和现金货币两部分构成。货币供给量是一个外生变量，这是因为：当代世界各国无不建立起独享货币发行权的中央银行体制，中央银行既是信用货币的发行者又是货币供应数量的调节者，它能够按照保证货币稳定并支持经济发展的意图，运用货币信用调节手段，通过对社会信用活动扩张和收缩的调节来伸缩货币数量，故流通中货币数量及其结构在很大程度上受到中央银行货币政策的左右。货币供给量具有外生性，是与利率变动无关的一个外生变量。货币供给问题历来受到各国中央银行和货币管理当局高度重视，也是各国经济学家一直关注的重大课题，其原因皆在于货币供给是否适当会直接影响各国经济发展的状况，货币供给过多容易引起通货膨胀，货币供给不足又容易引起通货紧缩。无论是通货膨胀还是通货紧缩都不利于经济的可持续增长。在追求经济可持续增长和建设和谐社会的时期，讨论货币供给的适度增长问题，有更加重要的现实意义。

1. 狭义货币量

所谓狭义货币，通常由社会公众所持有的通货(即流通中的现金)和商业银行的活期存款所构成。持这种观点的经济学家如穆勒、马歇尔等古典经济学家认为货币的主要职能就是交易媒介职能。因此，凡能发挥商品交换媒介作用的金融资产就是货币，而不能充当交易媒介的金融资产就不是货币。在现代经济中，能作为交易媒介的首先是现金通货，还有能使用支票的银行活期存款。因为在商品交易中使用支票就能直接购买商品或支付费用，支票成为商品交换的媒介，所以能使用支票的活期存款属于货币的范畴，在中国包括支票类和信用卡类的活期存款。这里应注意，不能使用支票的存折类的活期存款不能用来直接购买和支付，因而不属于狭义货币的范围，这样狭义货币量就是指通货加上可以使用支票的银行活期存款。

2. 广义货币量

广义货币通常由流通中的现金、商业银行活期存款以及定期和储蓄存款所构成。弗里德曼等经济学家认为货币是一种资产，它的主要职能是价值贮藏，是“购买力的暂栖所”。因此，他们认为货币应包括具有价值储存功能的各种资产。有以下三种意见：

(1) 有的经济学家认为，除了既能充当交易媒介同时也具有价值储存功能的现金通货及银行活期存款是货币以外，具有价值储存功能的银行金融机构的资产——银行的定期存款和储蓄存款也是货币的组成部分。

(2) 有的经济学家认为，除了银行资产外，一些非银行金融机构(如财务公司、信托投资公司等)的存款也可以视为货币的组成部分。

(3) 还有经济学家认为，除了金融机构的资产以外，一些非金融机构发行的流动性强的短期金融资产，如政府发行的国库券、企业发行的短期债券及商业票据等，也应列入货币范围。

9.2.2 货币层次的划分

1. 基本概念

货币层次是指各国中央银行在确定货币供给的统计口径时，以金融资产流动性的大小作为标准，并根据自身政策目的的特点和需要，把流通中的货币量分成若干层次并用符号代表的一种方法。金融资产的流动性是指金融资产在不受损失或少受损失的前提下，及时转化为现实购买力的能力。

按流动性标准划分货币供应量的层次，对中央银行而言，有两个方面的意义：一方面，有利于为中央银行的宏观金融决策提供一个清晰的货币供应结构图，有助于掌握不同的货币运行态势，并据此采取不同的措施进行调控；另一方面，有助于中央银行分析整个经济的动态变化，每一层次的货币供应量都有特定的经济活动和商品运动与之对应，通过对各层次货币供应量变动的观察，中央银行可以掌握经济活动的状况，并分析、预测其变化的趋势。

2. 货币层次划分的国际比较

一般来说，可以将流动性最强的金融资产划分为第一层次或最基本层次，然后使货币范围逐步向流动性较强、次强的金融资产扩展，从而形成货币结构的不同层次。

由于各个国家经济发展水平不同，社会民众的生活习惯不同，金融体制、信用制度的特点也不同，甚至一个国家不同时期的具体情况也会发生变化，所以不同国家的货币层次的划分是有区别的，同一国家不同时期的货币层次划分也往往会随情况变化而调整。其基本模式如下：

M_1＝现金(C)＋活期存款(D_d)

M_2＝M_1＋储蓄存款(D_s)＋定期存款(D_t)

M_3＝M_2＋其他所有存款(D_n)

M_4＝M_3＋除存款外的短期流动性金融资产(L)

美国联邦储备系统公布的货币层次统计口径如下：

M_1＝流通中通货＋所有存款机构的支票性存款

M_2＝M_1＋所有存款机构的小额(10 万美元以下)定期存款＋所有存款机构的储蓄存款＋隔夜回购协议

M_3＝M_2＋所有存款机构的大额定期存款＋定期回购协议

M_4＝M_3＋其他短期流动性金融资产(如美国储蓄债券、商业票据、银行承兑票据、短期政府债券等)

国际货币基金组织货币层次划分统计口径如下：

M_0＝银行体系以外的现钞和铸币

M_1＝M_0＋商业银行的活期存款＋其他活期存款

M_2＝M_1＋准货币(这里指定期存款和政府债券)

1984 年中国人民银行独立地行使中央银行职能以后，我国开始按国际货币基金组织建议划分货币层次。从 1985 年首次公布货币层次划分的统计口径起，我国根据社会经济生活和金融创新的发展，已多次调整了货币层次划分的统计口径，如 1985 年货币层次划分的统计口径如下：

M_0＝流通中现金

M_1＝M_0＋企业活期存款＋农村集体存款＋机关团体存款

M_2＝M_1＋城乡储蓄存款＋企业单位定期存款＋自筹基建存款

M_3＝M_2＋财政金库存款＋汇兑在途资金＋其他金融机构存款

2000 年我国中央银行公布的货币层次划分统计口径如下：

M_0＝流通中现金

M_1＝M_0＋活期存款

M_2＝M_1＋准货币(企业单位定期存款＋城乡居民储蓄存款＋证券公司的客户保证金存款＋其他存款)

9.2.3 货币供给的形成机制

在二级银行制度下，货币供给是通过中央银行和商业银行两级货币创造机制来完成的。在这种体制下，中央银行是发行银行、银行的银行、国家的银行，一般不与个人、企业、单位发生信用关系，只与商业银行等金融机构及政府发生信用关系，是银行货币的供应者。商业银行与个人、企业、单位直接发生信用关系，是公众货币的直接供应者。在二级银行制度下，中央银行和商业银行在货币供应过程中的地位和作用是不同的。

1. 商业银行与货币供给

商业银行区别于其他金融机构的最重要特征在于：只有商业银行才能经营活期存款业务，因而商业银行可以通过其业务经营活动(吸收活期存款及发放贷款等)进行多倍存款扩张，并形成存款货币供应量。要解释商业银行存款货币创造原理，首先要理解以下概念：

1) 存款准备金与存款准备率

存款准备金是商业银行为了应付存款人随时提现的需要和避免出现挤兑现象而储备的流动资产。存款准备率是商业银行保留的准备金占活期存款的比率。

商业银行主要的业务活动是吸收存款发放贷款，银行吸收存款后，一部分用于发放贷款，一部分要以准备金的形式保留下来以备存款人提现的需要。在实行部分准备金制度条件下，各国中央银行一般以法律的形式规定商业银行必须保留的最低数额的准备金，即法定准备金。这部分准备金是商业银行不能动用的，要全额上缴中央银行形成商业银行在中央银行的法定准备金存款，因而商业银行必须在此基础上保留更多的准备金，才能满足客户提现的需要和增发贷款的需要。商业银行实有准备金超过法定准备金的部分叫超额准备金。超额准备金主要由库存现金和在中央银行超额准备金存款两部分组成。法定准备金占活期存款的比率叫法定存款准备率，超额准备金占活期存款的比率叫超额存款准备率。

法定存款准备金用公式表示为

$$R_d=D\cdot r_d$$

其中，R_d为法定准备金，D为活期存款总额，r_d为法定存款准备率。

超额准备金用公式表示为

$$E=R-D\cdot r_d$$

E为超额准备金，R为实有准备金，$D\cdot r_d$为法定准备金。

2) 原始存款与派生存款

超额准备金是商业银行发放贷款进行存款创造的基础。在不考虑中央银行提供信用的情况下，商业银行只有吸收客户的现金存款才能使超额准备金增加，所以客户以现金形式存入银行的存款，就称为原始存款；或者更准确地说，原始存款就是能增加商业银行准备金的存款。

商业银行信用创造是由运用超额准备金发放贷款开始的，在现代转账结算制度下，客户在以支票的形式取得银行贷款以后，一般并不立即提取现金，而是转入其开户银行的活期存款账户，这样，商业银行一方面增加了贷款，另一方面又增加了活期存款，这种通过银行转账方式发放贷款而创造的存款，就称为派生存款，它是在原始存款基础上形成的。在信用制度发达的条件下，大部分存款实际上都是派生存款。

我们可以通过一个简单的例子来说明商业银行是如何在其业务经营过程中创造出派生存款的。

为了便于阐述先做几个假设：①每家商业银行对吸收的存款按10%的法定存款准备率提取法定准备金以后，余额全部用来发放贷款，而不留超额准备金；②银行的客户将其全部货币收入都存入银行而不持有现金；③银行客户将其全部货币收入都存入活期存款账户，而不增加定期存款和储蓄存款。

假设 A 企业将 10 000 美元现金存入第一家银行，该行按照法定准备率 10%提取 1 000 美元法定准备金之后，将其余 9 000 美元全部贷给 B 企业，B 企业用这笔贷款以支票的形式向 C 企业支付货款。C 企业将支票交给自己的开户银行(第二家银行)代收这笔货款，并存入第二家银行，第二家银行存款增加了 9 000 美元，在提取 10%即 900 美元准备金后，又可以将其余的 8 100 美元贷给 D 企业，D 企业又用贷款向 E 企业支付货款，E 企业又将货款存入第三家银行，第三家银行提取准备金后又可发放贷款。如此循环下去，直至存款在扣除法定准备金后的余额递减至 0 而无法再继续其循环为止。可以得到表 9-1。

表 9-1　存款货币的创造过程表

银行名称	存款增加数	按 10%提留法定存款准备金数	贷款增加数
第一家银行	10 000.00	1 000.00	9 000.00
第二家银行	9 000.00	900.00	8 100.00
第三家银行	8 100.00	810.00	7 290.00
第四家银行	7 290.00	729.00	6 561.00
第五家银行	6 561.00	656.10	5 904.90
第六家银行	5 904.90	590.49	5 314.41
第七家银行	5 314.41	531.44	4 782.97
第八家银行	4 782.97	478.30	4 304.67
第九家银行	4 304.67	430.47	3 874.20
第十家银行	3 874.20	387.42	3 486.78
十家银行合计	65 132.15	6 513.22	58 618.93
其他银行	34 867.85	3 486.78	31 381.07
总　　计	100 000.00	10 000.00	90 000.00

这一过程我们可以用几何级数来表示：

$$\dot{D}=10\,000+9\,000+8\,100+\cdots+0$$

$$=1\,0000\left[1+(1+10\%)+(1+10\%)^2+(1+10\%)^3+\cdots+(1+10\%)^n\right]$$

通过级数求和可得下式：

$$\dot{D}=10\,000(\frac{1}{10\%})$$

10%就是法定存款准备率 r_d，这样可得以下公式：

$$\dot{D}=\dot{P}\times\frac{1}{r_d}$$

用文字可表述为

$$\text{增加存款总额}(D)=\text{增加原始存款}(P)\times\frac{1}{\text{法定存款准备率}}=10\,000\times10=100\,000$$

$$\text{存款派生倍数}(W)=\frac{1}{\text{法定存款准备率}}=\frac{1}{10\%}=10$$

$$\text{派生存款}=\dot{D}-\dot{P}=100\,000-10\,000=90\,000$$

由于 W 是法定存款准备率的倒数，所以，法定存款准备率越低则存款的扩展倍数越大，反之越小。由于存款派生倍数就是经过派生后的存款总额占原始存款的倍数，所以还可以表示为：

$$W=\frac{\dot{D}}{\dot{P}}=\frac{100\,000}{10\,000}=10$$

上面的例子中，影响存款派生倍数的因素只有法定存款准备率，但是实际经济生活中存款派生倍数还要受以下三个因素的限制：

(1) 现金漏损。当客户在取得贷款以后，往往不会将其全部转为存款而要提取一部分现金，这部分现金流出银行系统，退出银行的存款货币的创造过程，这种现象称为现金漏损。当出现现金漏损时，银行系统可以用于发放贷款的资金减少，所以存款派生倍数也必然缩小，银行创造存款货币的能力下降。

$$\text{现金漏损率}(C')=\frac{\text{现金漏损}(C)}{\text{活期存款}}$$

(2) 银行持有超额准备金。在现实经济生活中，银行并不会把上缴法定存款准备金后的余额全部都用来发放贷款，而是要保留一部分超额准备金以满足客户提现及增发贷款之需，这部分超额准备金也会退出商业银行存款创造过程，使存款派生倍数缩小。银行超过法定要求持有的准备金与存款总额之比称为超额准备率，即：

$$\text{超额准备率}(e)=\frac{\text{超额准备金}(E)}{\text{活期存款}}$$

(3) 部分活期存款转为定期存款。在现实经济生活中，有一部分活期存款会转为定期存款。由于在西方对于两种存款分别规定了不同的法定准备率，活期存款的法定存款准备率一般高于定期存款的法定存款准备率，所以部分活期存款转为定期存款使两种存款的比例发生变化时，必然会使商业银行的法定准备金总额发生变动，从而使商业银行可用资金发生相应变化，进而对其派生能力产生影响。该因素对商业银行派生能力的影响可计算为

$$r_t\cdot\frac{D_t}{D}=r_t\cdot t$$

其中，t 是定期存款占活期存款的比例。

(4) 综合考虑以上三个因素的影响存款派生倍数可以修正为

$$W=\frac{1}{r_d+c'+e+r_t\cdot t}$$

存款的扩张是倍数扩张，相反，存款的收缩也是倍数收缩。存款的倍数收缩过程与存款的倍数扩张过程是相对称的，其原理是一样的。

2. 中央银行与货币供给

中央银行是现金的发行者与管理者，又是商业银行的最后贷款者，所以商业银行所能获得的原始存款的数量，归根到底都是由中央银行提供的。中央银行向商业银行提供的货币是一种特殊的货币，被称为银行货币，也称基础货币。

1) 基础货币

基础货币，也称货币基数(monetary base)、强力货币、始初货币，因其具有使货币供应总量成倍放大或收缩的能力，又被称为高能货币(high-powered money)，它是中央银行发行的债务凭证，表现为商业银行在中央银行的准备金存款和流通中的现金。流通中的现金是中央银行对公众的负债，准备金存款是中央银行对商业银行的负债，所以基础货币是中央银行对社会公众负债的总额。

从本质上看，基础货币具有几个最基本的特征：一是中央银行的货币性负债，而不是中央银行资产或非货币性负债，是中央银行通过自身的资产业务供给出来的；二是通过由中央银行直接控制和调节的变量对它的影响，达到调节和控制供给量的目的；三是支撑商业银行负债的基础，商业银行不持有基础货币，就不能创造信用；四是在实行准备金制度下，基础货币被整个银行体系运用的结果，能产生数倍于它自身的量，从来源上看，基础货币是中央银行通过其资产业务供给出来的。

基础货币是中央银行通过其资产业务提供的，中央银行资产业务的开展都会使中央银行资产负债表上资产金额与中央银行的两项货币性负债——现金发行和商业银行准备金存款等额增加。例如，中央银行向商业银行提供再贷款或者进行票据再贴现，资金的划拨是通过转帐方式进行的，资金划拨商业银行后，中央银行资产负债表上资产方再贷款、再贴现余额增加，同时负债方商业银行准备金存款余额等额增加；如果中央银行向商业银行发放的贷款和贴现，部分是以现金方式支付的，则中央银行资产负债表上资产方再贷款、再贴现余额增加，同时负债方流通中现金和准备金存款余额之和等额增加。又如，中央银行向财政贷款透支后，中央银行资产负债表的资产方财政借款余额增加，同时负债方财政存款增加，这时两项货币性负债并未增加，当财政发生预算支出的情况下，财政在中央银行的存款减少，而企业、个人在商业银行的存款增加，商业银行在中央银行的准备金存款增加。也就是说，中央银行向财政提供信用最终会增加商业银行的存款准备金，导致基础货币的增加。中央银行在公开市场上收购外汇、黄金、国债，无论是向个人、企业还是商业银行购买，其结果都会导致商业银行准备金存款或流通中现金增加，而中央银行资产负债表的资产方则表现为持有政府债券和黄金、外汇储备增加。总之，中央银行的资产业务的发生，都会引起中央银行的两项货币性负债——现金发行和商业银行准备金存款的等额增加。中央银行资产负债见表 9-2。

表 9-2　中央银行资产负债简表

资　　产	负　　债
贴现与贷款	流通中现金(货币性负债)
政府债券与财政借款	商业银行及其他金融机构存款(货币性负债)
外汇、黄金储备	国库及公共机构存款
其他资产	其他负债及资本项目
合　　计	合　　计

所以，基础货币是中央银行通过其资产业务提供的，从中央银行负债来看，基础货币就是流通中现金和商业银行准备金存款之和，即

$$B=C+R$$

其中，B 为基础货币，C 为流通中现金，R 为商业银行准备金存款。

中央银行提供基础货币以后，还要通过商业银行的信用创造过程才能成为货币供给量，这个过程是一个倍数放大过程，因此，在二级银行制度下货币供给的一般模型为

$$M=B\cdot K$$

归纳而言，基础货币的增减变化通常取决于以下因素：

第一，央银对商行等金融机构债权的变动。一般来说，中央银行的这一债权增加，意味着中央银行对商业银行再贴现或再贷款资产增加，同时也说明通过商业银行注入流通的基础货币增加，这必然引起商业银行超额准备金增加，使货币供给量得以多倍扩张。相反，如果

中央银行对金融机构的债权减少，就会使货币供应量大幅收缩。通常认为，在市场经济条件下，中央银行对这部分债权有较强的控制力。

第二，国外净资产数额。国外净资产由外汇、黄金占款和中央银行在国际金融机构的净资产构成，其中外汇、黄金占款是中央银行用基础货币来收购的。一般情况下，若中央银行不把稳定汇率作为政策目标的话，则对通过该项资产业务投放的基础货币有较大的主动权；否则，中央银行就会因为要维持汇率的稳定而被动进入外汇市场进行干预，以平抑汇率，这样外汇市场的供求状况对中央银行的外汇占款有很大影响，造成通过该渠道投放的基础货币具有相当的被动性。

第三，对政府债权净额。中央银行对政府债权净额增加通常由两条渠道形成：一是直接认购政府债券，二是贷款给财政以弥补财政赤字。无论哪条渠道都意味着中央银行通过财政部门把基础货币注入了流通领域。

第四，其他项目(净额)。这主要是指固定资产的增减变化以及中央银行在资金清算过程中应收、应付款的增减变化，它们都会对基础货币量产生影响。

2) 货币乘数

货币乘数(money multiplier)是指货币供给量相当于基础货币的倍数，或者说是基础货币每增加或减少一个单位所引起的货币供给量增加或减少的倍数。货币乘数与派生倍数是两个不同的概念，货币乘数反映的是基础货币与货币供给量之间的倍数关系，即 $K=M/B$；而派生倍数反映的是商业银行的原始存款与活期存款的倍数关系。下面将介绍货币供给模型对货币乘数的推导过程。

假定 M_1 表示狭义货币供给量，M_2 表示广义货币供给量，B 表示基础货币，K_1 表示狭义货币对应的货币乘数，K_2 表示广义货币对应的货币乘数，R 表示商业银行存款准备金，r 表示法定存款准备金率，e 表示商业银行超额存款准备金率，C 表示流通中的现金，D 表示商业银行存款总额，D_d 表示商业银行活期存款，n 表示商业银行活期存款与存款总额的比率，h 表示流通中现金与存款总额的比率(又称现金漏损率或通货比率)。于是，有如下一组等式成立：

$$M_1=C+D_d$$

$$M_2=C+D$$

$$B=C+R$$

$$R=D\cdot r+D\cdot e$$

$$C=D\cdot h$$

$$D_d=D\cdot n$$

$$K_1=\frac{M_1}{B}=\frac{C+D_d}{C+R}=\frac{D\cdot h+D\cdot n}{D\cdot h+D\cdot r+D\cdot e}=\frac{h+n}{h+r+e}$$

$$K_2=\frac{M_2}{B}=\frac{C+D}{C+R}=\frac{D\cdot h+D}{D\cdot h+D\cdot r+D\cdot e}=\frac{h+1}{h+r+e}$$

3) 货币乘数的影响因素

(1) 法定存款准备金率。法定存款准备金率由中央银行直接决定。通常，法定存款准备金率的变动与货币乘数负相关。法定存款准备金率提高，货币乘数变小；法定存款准备金率降低，货币乘数变大。

(2) 超额存款准备金率。超额存款准备金率的大小主要取决于商业银行的经营决策行为，它的变动直接由商业银行决定。商业银行超额存款准备金的存在相应减少了银行创造派生存款的能力，因此，超额存款准备金率与货币乘数之间也呈反方向变动关系，超额存款准备金率越高，货币乘数越小；反之，货币乘数就越大。影响超额存款准备金率的因素主要有以下几个：

① 市场利率。市场利率是保有超额存款准备金的机会成本。超额存款准备金是银行的非营利性资产，市场利率高，银行放款或投资有利，势必减少超额准备；反之，市场利率低，保有超额存款准备金的机会成本也随之降低，超额存款准备金增加。所以，超额存款准备金与市场利率成反向变动。

② 再贴现率。再贴现率是商业银行向中央银行借入资金的成本。商业银行在准备金不足时，可以拿贴现客户的票据向中央银行再贴现。若中央银行的再贴现率低说明商业银行向中央银行融通资金的成本低，势必鼓励商业银行扩充银行信用，减少超额存款准备；反之，中央银行提高再贴现率，将使商业银行向中央银行借入资金的成本提高，从而减少向中央银行的资金融通，并相应保有较多的超额存款准备。

③ 社会公众对现金或定期存款的偏好程度。当社会公众偏好现金时，银行为防备大量存款提现，势必保留较多的超额存款准备金；若社会公众对定期存款的偏好增加，银行准备金将随之降低。

④ 社会资金需求愿望。在经济增长较快时，社会资金需求愿望强烈，会使超额存款准备金率降低，反之则会使超额存款准备金率升高。此外，商业银行的经营态度等都影响商业银行的超额存款准备金，使超额存款准备金率降低或升高。

(3) 现金漏损率。现金漏损率的高低与货币需求的大小正相关。因此，凡影响货币需求的因素，都可以影响现金漏损率。例如银行存款利息率下降，导致生息资产收益减少，人们就会减少在银行的存款而宁愿多持有现金，这样就加大了现金漏损率。现金漏损率与货币乘数负相关，现金漏损率越高，说明现金退出存款货币的扩张过程而流入日常流通的量越多，因而直接减少了银行的可贷资金量，制约了存款派生能力，货币乘数就越小。影响现金漏损率的因素很多，归纳起来有以下几个：

① 社会公众的收入水平与消费倾向。一般来说，收入增加，消费支出也增加，所以，社会公众保有现金的绝对额也会增加。当然，也不排除在这种情况下出现资金持有量减少的现象。

② 社会公众的流动偏好。由于现金是一种流动性最强、最便利的金融资产，所以，在其他条件不变的情况下，社会公众的流动偏好越强，保有的现金越多，现金漏损率也就越高。

③ 持有现金的机会成本。持有现金的机会成本有两种：一种是收益损失，另一种是由于价格变动引起的购买力损失。前一种情况与银行存款利率和其他金融资产的收益率有关。若银行存款利率和其他金融资产的收益率都高，保有现金的收益损失就大，机会成本增加。此时，社会公众将可能降低保有的现金比率，转而保有存款或各种有价证券。后一种情况与国内币值是否稳定有关。在通货膨胀期间，社会公众会减少对存款货币的需求，而更多保有现金，以便尽快从事交易，减少损失。因此，社会公众对未来价格的预期也会影响保有现金的比率。

④ 其他因素。其他因素主要包括货币结算制度、银行制度的发达程度和服务水平、社会支付习惯、现金管理制度以及其他一些自然随机因素。

(4) 商业银行活期存款与存款总额的比率。该比率与货币乘数 K_1 正相关，而与货币乘数 K_2 无关。它主要受下列因素影响：

① 可支配收入水平。非银行社会公众可支配收入水平的高低是影响存款结构的主要因素之一。随着可支配收入的提高，非银行社会公众所保有的金融资产数量也会相应增加。但就商业银行所出售的金融资产来看，由于活期存款不支付利息或支付较低利息，所以，当公众可支配收入增加时，虽然活期存款也会增加，但定期存款和储蓄存款会增长更快，从而使存款结构发生变化，活期存款所占比率相对降低。

② 存款利率及其结构。存款利率是影响存款规模的重要因素，同样存款利率结构也会影响到存款结构。当活期存款与定期存款、储蓄存款利差扩大时，活期存款占存款总额的比率会降低；相反，若活期存款与定期存款、储蓄存款利差缩小，活期存款占存款总额的比率会提高。

特别提示

古典经济学家通常认为货币供给量的增减不会对实际变量产生任何影响，而只会引起名义变量的相应增减，也即货币在古典经济学中被认为是中性的。实际上，货币中性反映了经济在长期中的基本特征，而在短期中，货币并不一定总是中性的。

9.3 货币均衡

9.3.1 货币均衡的含义

货币均衡(monetary equilibrium)即货币供求均衡，是指在一定时期经济运行中的货币需求与货币供给在动态上保持一致的状态。货币均衡的特点表现为：第一，货币均衡是货币供求作用的一种状态，使货币供给与货币需求大体一致，而非货币供给与货币需求在价值上的完全相等；第二，货币均衡是一个动态过程，在短期内货币供求可能不一致，但在长期内是大体一致的；第三，货币均衡不是货币供给量和实际货币需求量一致，而是货币供给量与适度货币需要量基本一致。

货币均衡的标志体现在以下几个方面：①商品市场物价稳定；②商品供求平衡，即社会上既没有商品供给过多引起的积压，也没有商品供给不知道引起的短缺；③金融市场资金供求平衡，形成均衡利率，社会有限资源得到合理配置，货币购买力既非过多，也非不足。

9.3.2 利率与货币均衡

在市场经济条件下，货币均衡的实现离不开利率的作用。

首先，市场经济条件下货币均衡的实现有赖于三个条件，即健全的利率机制、发达的金融市场以及有效的中央银行调控机制。

其次，在完全市场经济条件下，货币均衡最主要的实现机制是利率机制，但除利率机制之外，还包括中央银行的调控手段、国家财政收支状况、生产部门结构是否合理、国际收支是否基本平衡四个因素。

最后，在市场经济条件下，利率不仅是货币供求是否均衡的重要信号，而且对货币供求具有明显的调节功能。

因此，货币均衡可以通过利率机制的作用而实现。

就货币供给而言，当市场利率升高时，一方面社会公众因持币机会成本加大而减少现金提取，这样就使现金漏损率缩小，货币乘数加大，货币供给增加；另一方面，银行因贷款收益增加而减少超额存款准备金来扩大贷款规模，这样就使超额存款准备金率下降，货币乘数变大，货币供给增加。所以，利率与货币供给量之间存在着同方向变动关系。

就货币需求而言，当市场利率升高时，人们的持币机会成本加大，必然导致人们对金融生息资产需求的增加和对货币需求的减少。所以，利率同货币需求之间存在反方向变动关系。

当货币市场上出现均衡利率水平时，货币供给与货币需求相等，货币均衡状态便得以实现。当市场均衡利率变化时，货币供给与货币需求也会随之变化，最终在新的均衡货币量上实现新的货币均衡。

图 9.2 显示了由货币供给 M_s 与货币需求 M_d 所决定的货币商品的均衡价格，即均衡利率。易见，货币供给是一条与利率无关的垂线，它反映了货币供给的外生性特征，而货币需求则是一条向右下方倾斜的曲线，它反映了货币需求的三大动机。

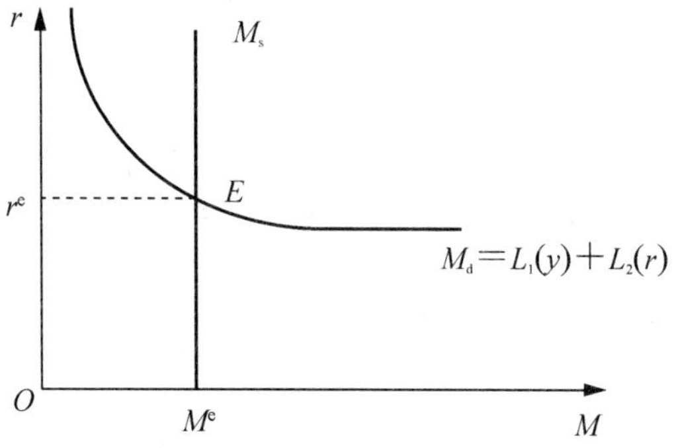

图 9.2　货币均衡与利率的决定

特别提示

如前所述，凯恩斯认为存在着流动性陷阱，即：当利率降低到某一低点后，人们会预期债券价格变得很高，没有人愿意持有债券，因而无论政府如何增加货币供给，货币需求都会无限增大。上述现象反映在货币需求曲线上则表现为：在利率降至某一水平之下以后，该曲线将成为与横轴平行的直线，在该直线部分，货币需求的利率弹性变得无限大。

项目小结

现代货币需求理论可分为微观角度的货币需求理论和宏观角度的货币需求理论两大类。货币需求是指一定时期内社会各经济主体为满足正常的生产、经营和各种经济活动需要而应该保留或持有一定货币的动机或行为。在现实生活中由于通货膨胀的存在，货币的名义购买力与实际购买力存在差异。货币需求又分为名义货币需求与实际货币需求。西方的货币需求理论主要由传统的货币数量论、凯恩斯的货币需求理论、弗里德曼的现代货币数量论所构成，这些理论之间既有区别又有联系，对它们的争论丰富、完善了现代的货币需求理论。货币供给是与货币需求相对的概念，是货币理论研究中的一个重要方面。货币供给是指经济生活中所有货币的集合，它在不同的货币本位制下有不同的形态。同时，世界各国中央银行在确定货币供给的统计口径时，通常以金融资产流动性为标准，将货币供给划分为不同的层次。最后，本项目介绍了二级银行制度下的货币供给形成机制，特别是描述了决定货币供给的模型，用货币乘数的概念将基础货币与货币供给联系起来，货币乘数与法定存款准备金率、超额存款准备金率和现金漏损率负向相关，而与商业银行活期存款与存款总额的比率正向相关。这就说明了在货币供给模型中，中央银行、商业银行和社会公众三者的行为都会在不同程度上影响货币供给的整个过程。货币均衡是指在一定时期经济运行中的货币需求与货币供给在动态上保持一致的状态，它可以通过利率机制的作用而实现。

专栏九

流动性偏好理论似乎证明了货币供给增加，利率下降的结论，这一点可以从凯恩斯的货币需求函数中得到反映，而这一个结论有着重要的含义，政客们就可以鼓吹增加货币供给可以降低利率，进而增加投资的可能性。

然而问题是否确实如此呢？流动性偏好理论是否遗漏了可以推翻这一结论的因素？

弗里德曼对货币供给和利率反向变动这一结论给出了重要的批评，他承认流动性偏好理论是正确的，并将货币供给增加使得利率下降这一结果称为"流动性效应"，不过他认为流动性效应只是整个理论的一部分，他强调，货币供给增加并不会使"其他条件不变"，而是会对经济产生其他效应，从而能够使得利率上升，如果这些效应很大，则货币供给增加利率反而上升完全有可能。

这些其他效应包括：①收入效应，即货币供给增加提高了收入水平，利率会因为收入增加而上升；②价格效应，即货币供给增加导致价格上升，这将导致利率上升；③通胀预期效应，即货币供给增加将影响人们的通货膨胀预期，进而影响着利率水平的变化。

实 训 练 习

一、核心概念

货币需求	现金交易方程式	剑桥方程式	流动性偏好
流动性陷阱	交易性货币需求	预防性货币需求	投机性货币需求
基础货币	货币乘数	现金漏损率	货币均衡

二、问答题

1. 什么是货币需求和货币需求理论？
2. 试述马克思的货币需求理论。
3. 试述欧文·费雪的交易方程式与剑桥方程式。
4. 试述凯恩斯的货币需求理论以及货币主义的货币需求理论。
5. 为什么研究货币供给时必须对货币供给划分层次？
6. 为什么中央银行对基础货币具有较强的控制力？
7. 请列出货币乘数的影响因素。
8. 假设在我们的经济中只有一家银行，准备金率为10%。如果某人存入了10万元现金，该银行最多能贷出多少？
9. 什么是现金漏损率？它主要决定于哪些因素？它对货币供给有什么影响？

三、案例分析

1994 年，美国以 12 314 亿美元的货币量(其中通货量为 3 635 亿美元)，实现了 67 269 亿美元的国民生产总值，国民生产总值是货币量的 5.46 倍，是通货量的 18.5 倍。同期，我国实现国民生产总值 43 750 亿元人民币，却需要货币量 20 556 亿元人民币(其中通货量为 7 289 亿元人民币)，国民生产总值是货币量的 2.13 倍，是通货量的 6 倍。美国货币量和通货量推动国民生产总值的效果比我国高 1.56 倍和 2.08 倍。

(资料来源：王广濂. 提高金融效率的理论思考. 中国社会科学. 1996(4))

请思考：一般而言，现金的需求应与一国国民经济规模成正比，相应美国的现金流通也应高于中国，而中国却是世界上现金流通最多的国家。试根据货币需求的相关理论与知识，分析中国为什么是世界上现金流通最多的国家，并分析其影响。

项目 10 通货膨胀与通货紧缩

项目思考

通货膨胀与通货紧缩是同人们日常生活息息相关的两类经济现象，蛋价、肉价、菜价、油价经常成为人们茶余饭后的谈资，“蒜你狠”、“豆你玩”、“猪你涨”等调侃名词广为流传。反映在这些现象背后的物价波动的真实原因有哪些？其对经济社会有哪些影响？政府如何稳定物价以实现宏观经济的健康发展？

项目目标

通过本项目的学习，你将能够：

- 掌握通货膨胀的含义、特征与度量指标；
- 理解通货膨胀的类型、成因与经济效应；
- 了解通货膨胀的治理对策；
- 掌握通货紧缩的含义与类型；
- 了解通货紧缩的产生机理、经济影响及治理措施。

项目框架

在明确通货膨胀的含义及特征基础上，说明通货膨胀的测度方法；按照不同的划分标准区分不同类型的通货膨胀，并解释通货膨胀的成因；分析通货膨胀的各类经济效应；从需求管理政策、收入紧缩政策、收入指数化政策三个方面阐释通货膨胀的治理；在明确通货紧缩的含义及类型基础上，通过介绍马克思的通货紧缩论、凯恩斯的通货紧缩论、费雪的通货紧缩论说明通货紧缩的产生机理；论述通货紧缩对经济的积极影响和消极影响；从实施扩张性的财政政策和货币政策、完善居民收入分配制度、实现产业结构优化升级三个方面阐释通货紧缩的治理。本项目的知识框架如图 10.1 所示。

- 货币需求与货币供给
  - 通货膨胀
    - 含义及度量
    - 类型及成因
    - 经济效应
    - 通胀治理
  - 通货紧缩
    - 含义及类型
    - 产生机理
    - 经济效应
    - 通缩治理

图 10.1　项目框架

引导案例

日本的通货紧缩对其经济的影响

20 世纪 90 年代初，日本出现过度投资现象，致使生产能力过剩，股市开始下跌。1998 年，日本股市出现暴跌后，大量资金不可避免地流向其他国家，包括韩国、印度尼西亚等国家。

1997 年上半年，日本政府采取提高税率等措施，增加财政收入，可是税赋达到了 GDP 的 2.5%，日本经济衰退的迹象还日益明显。后来，日本政府想采用财政支出一揽子计划来刺激经济增长。其结果是，日本的财政状况趋于恶化，总债务占 GDP 的比率达到 90%，赤字率(赤字占 GDP 的比率)达到 7%，可是经济状况并没有出现转机。至 1998 年，日本开始出现明显的通货紧缩迹象，日本银行的货币政策陷入“流动性陷阱”，利率达到历史最低水平，但物价指数仍然为负数，降低利率对于刺激物价上升的空间已经很小。与此同时，日本银行业不良贷款问题日益突出，银行资本金不足，流动性缺乏，因而出现银行不愿发放贷款的倾向，导致信贷紧缩。随着紧缩日趋严重的情况下，企业债务的实际负担有所加重，影响到企业的盈利水平。

直到 2002 年，日本的通货紧缩依然严重。统计数字显示，仅在 2002 年 1 月份，日本全国的消费价格指数比上年同期下降 1.4%，2 月份东京的物价水平下跌 1.7%，这是持续 30 个月出现下跌。近一段时期以来，日本公司的破产数量大增，使得失业率更高，其消费水平却在不断下降之中。另据统计，日本于 2002 年第二季度达到 2.6%的经济增长率。然而，从该国零售额萎缩 4.8%和平均薪资减少 5.6%的数字来看，日本经济仍然没有摆脱通货紧缩的迹象。

(资料来源：中华金融学习网，2010 年 7 月 10 日)

10.1　通货膨胀

10.1.1　通货膨胀的含义及度量

1. 定义及特征

通货膨胀(inflation)是当今世界上普遍存在的一种社会经济现象，特别是近半个多世纪以来通货膨胀问题日益成为人们所关注的焦点和热点。正如弗里德曼在《自由选择》一书中所言："通货膨胀是一种疾病，是一种危险的，有时是致命的疾病。如果不及时医治，它可以毁掉一个社会。"然而，迄今为止，经济学家尚没有给出一个能被普遍接受的明确定义。哈耶克认为通货膨胀一词原意和真意是指货币数量的过度增长，以致"太多的货币追逐太少的商品"，而这种增长会合乎规律地导致物价的上涨。琼·罗宾逊夫人认为通货膨胀是由于同样经济活动的工资报酬率的日益增长而引起的物价直线变动。弗里德曼认为物价普遍地上涨就叫做通货膨胀，他认为通货膨胀随时随地地都是一种货币现象，其产生的原因只能是货币数量的增长大大快于产量的增长。萨缪尔森认为通货膨胀是指物品和生产要素的价格普遍上涨时期——面包、汽车、理发的价格上升，工资、租金等也都上升。梅耶等认为通货膨胀是重大而持续的物价水平上涨。大卫·莱德尔和迈克·帕根在《通货膨胀综述》一书中认为通货膨胀是一个价格持续上涨的过程，或相应的是货币价格的持续下降。结合大多数经济学家的论述，我们认为相对完整的定义可表述为：经济中的货币供应量超过了客观需要量，使得社会总需求大于总供给，导致单位货币贬值，一般物价水平全面的、持续的和显著的上涨现象即为通货膨胀。

对上述定义，有三点需要明确：

第一，"全面的"是指通货膨胀所带来的物价上涨并非个别商品或劳务价格的上涨，而是全部物品及劳务的加权平均价格(一般物价水平)的上涨。例如一种商品价格的上升被另一种商品价格的下降所抵消，致使一般物价水平没有发生变化，这就不能称之为通货膨胀。此外，价格水平的上涨幅度在一定程度上反映了导致价格上涨的压力或力量的大小，但在某些情况下，物价存在上涨压力却因受到政府管制而并不上涨时，通货膨胀就必然以非价格形式得以反映，如排队抢购、定量供应等。人们习惯称这种现象为潜在的通货膨胀或抑制性通货膨胀。

第二，"持续的"是指在通货膨胀中，一般物价水平的上涨是在一定时间内的物价总水平持续上涨，而不是一次的、暂时性上涨。季节性或偶然性的价格上涨、一时的或短期的价格上涨都不能称为通货膨胀。

第三，"显著的"是指通货膨胀的上涨幅度要相对明显，较低幅度的上涨一般被认为是无害的。至于一般物价水平上涨到何种程度才可称为通货膨胀，主要取决于人们对通货膨胀的危害性的认识与敏感性，因而关于通货膨胀幅度的规定总是带有主观任意性。目前，国际惯例是：若一般物价水平上涨幅度在1%～3%的，则视为物价稳定；若超过3%，则被认为是发生了一定程度的通货膨胀。因此，3%通常在国际上被视为通货膨胀的安全警戒线。此外，由于使用不同的价格指数所计算出的通货膨胀率可能存在差异，使得用某一价格指数反映的一般物价水平超越了界限，而以另一价格指数反映的一般物价水平未超过界限。在此情况下，一些经济学家主张使用"可以觉察到的"这一词汇来定义通货膨胀的一般价格水平上涨幅度界限问题。

2. 通货膨胀的测度

通货膨胀的程度即通货膨胀率多以物价上涨幅度表示出来，而物价上涨幅度即物价总水平的变动则通过物价指数反映出来。物价指数是报告期商品价格与基期商品价格的比率，通货膨胀率＝物价指数－1，即物价上涨率。物价指数多以样本商品或劳务的价格为基础，采用加权平均方法计算。其公式为

$$I_t=\frac{\sum_{i=1}^{n}P_{it}Q_{i0}}{\sum_{i=1}^{n}P_{i0}Q_{i0}}\times 100$$

其中，I_t 为报告期 t 的物价指数，P_{i0} 和 Q_{i0} 分别表示第 i 种商品的基期价格和基期数量，P_{it} 表示第 i 种商品的报告期 t 的价格，n 为样本数量。由物价指数可计算出报告期 t 的一般物价水平的上涨幅度即通货膨胀率 π_t：

$$\pi_t=\frac{I_t-I_{t-1}}{I_{t-1}}\times 100\%$$

例如，假定居民消费品项目只包括餐饮、衬衫、水费、公共汽车车票四项，其 1980 年与 1996 年的价格及消费量见表 10-1。

表 10-1　居民消费品价格变动表

样本	单位	1996 年价格	1980 年价格	1980 年消费量
餐饮	元/人次	50	15	60
衬衫	元/件	260	98	3
水费	元/吨	1	0.2	20
车票	元/张	0.5	0.1	900

由公式可计算得：

$$I_{1996}=\frac{50\times 60+260\times 3+1\times 20+0.5\times 900}{15\times 60+98\times 3+0.2\times 20+0.1\times 900}\times 100\approx 329.97$$

$$\pi_{1996}=\frac{329.97-100}{100}\times 100\%=229.97\%$$

这就表示 1996 年的物价水平较 1980 年上涨了 229.97%。

目前，常用来衡量通货膨胀程度的物价指数主要有消费者价格指数(consumer price index，简称 CPI)、生产者价格指数(producer price index，简称 PPI)、国内生产总值价格平减指数(GDP deflator)。

1) 消费者价格指数

在我国，消费者价格指数通常被称为居民消费价格指数，是根据具有代表性的家庭消费的商品和劳务的价格变动状况编制的物价指数。这一指标的变化，表示居民货币收入购买力的升降，也在一定程度上反映了商品和劳务价格变动对居民生活支出的影响。因此，这一指数是居民在通货膨胀时期最为关心的物价指数。CPI 度量的是一组有代表性的商品和服务项目的价格变化情况，该指数一般由各国政府根据本国若干种主要食品、衣物和其他主要日用消费品的零售价格，以及水、电、住房、交通、医疗、教育、娱乐等费用而编制出来的，但选择哪些商品和劳务价格编造指数，取决于各国的实际状况，并无统一标准。消费物价指数的优点在于资料搜集比较容易，市场敏感性高，公布次数较为频繁(通常为每月公布一次)，因而能够比较及时地反映直接影响社会公众生活费用的物价变动趋势。我国 CPI 的统计范围涵盖了食品、烟酒及用品、衣着、家庭设备用品及服务、医疗保健及个人用品、交通和通信、娱乐教育文化用品及服务、居住共八大类，包括了居民吃、穿、用、住、行等 262 个基本分类。2011 年 1 月起，国家统计局对 CPI 调查方案进行了例行调整，涉及对比基期、权数构成、调查网点和代表规格品的调整，其中八大类消费品权重调整情况为：居住提高 4.22 个百分点，食品降低 2.21 个百分点，烟酒及用品降低 0.51 个百分点，衣着降低 0.49 个百分点，家庭设备用品及服务降低 0.36 个百分点，医疗保健及个人用品降低 0.36 个百分点，交通和通信降低 0.05 个百分点，娱乐教育文化用品及服务降低 0.25 个百分点。西方国家经常使用核心消费者价格指数(Core CPI)这一概念，它一般是剔除了食品和能源消费价格之后的居民消费价格指数，这是因为食品和能源价格会受到一些异常因素的影响而产生大幅波动，并模糊消费价格的真实变动趋势。目前，我国对核心 CPI 尚未明确界定，美国则是将燃料和仪器价格剔除后的居民消费物价指数为核心 CPI。通常认为，核心 CPI 能够更真实地反映宏观经济运行情况。

尽管消费者价格指数可以灵敏地反映居民日常生活成本的变化，但其也有内在缺陷：第一，CPI 仅说明物价上涨这一结果，而无法区分出真正的价格上涨及商品或劳务的质量改善对该结果影响的具体信息；第二，由于消费品中经常出现新产品取代老产品的情况，而新产品通常又较精良或功能较强，故 CPI 时有被高估倾向；第三，CPI 对不同收入阶层的消费情况反映缺乏差异性，不能准确体现各阶层的真实感受；第四，CPI 无法反映整个社会物价水平的变动情况，因为它只统计作为社会最终产品一部分的消费品。

2) 生产者价格指数

生产者价格指数是工业生产产品出厂价格和购进价格在某个时期内变动的相对数，反映全部工业生产者出厂和购进价格变化趋势和变动幅度，它是制定有关经济政策和国民经济核算的重要依据。我国的 PPI 由工业生产者出厂价格指数和工业生产者购进价格指数两部分组成。我国工业生产者出厂价格调查产品目录包括 39 个行业大类、191 个行业中类、525 个行业小类、1 702 个基本分类的 11 000 多种工业产品；购进价格调查目录包括 900 个基本分类的 6 000 多种工业产品。关于被调查企业的选择，对全部规模以上工业企业(即年主营业务收入 2 000 万元以上的工业企业)通过主观选样和抽样相结合方式确定调查企业；对规模以下工业企业通过随机抽样方式确定调查企业。目前，我国工业生产者价格调查企业近 6 万家，分布在 430 个调查市、县。关于各类调查产品的代表权数确定，出厂价格指数的中类、大类权数根据工业统计中分行业的销售产值资料计算，中类以下权数根据典型调查资料估算确定；购进价格指数的权数根据投入产出资料和典型调查资料估算确定。我国 PPI 数据由国家统计局统一对外发布，每月一次，发布内容包括工业生产者出厂价格总指数、工业生产者购进价格总指数、各主要类别指数的环比及同比数据。实践中，一些国家也会统计核心生产者价格指数(Core PPI)以进一步观察通货膨胀率的变化趋势，该指数是剔除食品和能源价格后的价格指数。之所以剔除，是由于食品及能源价格易受到季节及供求的影响而剧烈波动，PPI 有时会因此而产生意外波动。

3) 国内生产总值价格平减指数

该指数是指按当年价格计算的国内生产总值与按基年不变价格计算的国内生产总值的比率，即报告期名义国内生产总值(Nominal GDP)与实际国内生产总值(Real GDP)的比率。该指数是正式的通货膨胀指标之一，它反映了经济社会物价总体水平的变动趋势。其计算公式为

$$\text{国内生产总值价格平减指数}=\frac{\text{按报告期价格计算的名义国内生产总值}}{\text{按基期价格计算的实际国内生产总值}}\times 100\%$$

以国内生产总值价格平减指数度量通货膨胀，优点是所包括的范围广。它除了包括消费资料及劳务的价格之外，还包括生产资料以及进口商品和劳务的价格，能够全面反映社会总体价格水平的变化情况。但由于计算的工作量较大，资料较难收集，且统计数字发表滞后等

原因，通常每年只公布一次，缺乏及时性，很难及时描述通货膨胀的程度和变化趋势。目前，在大多数发达国家和一些国际组织(如联合国、经济合作与发展组织、世界银行、国际货币基金组织等)都采用国内生产总值价格平减指数来进行年度分析。

10.1.2 通货膨胀的类型

1. 按物价上涨速度划分

温和式通货膨胀(moderate inflation)，指每年物价的上涨率在10%以内。其中3%以下的物价上涨称为爬行的通货膨胀，是经济发展的润滑剂。因为通常人们感觉不到这种价格上涨，从而会将任何小于物价上涨幅度的货币工资的上涨当作实际工资的上涨。这样，一方面，工人增加劳动供给；另一方面，厂商增加劳动需求(实际工资下降)，最终使就业量和收入增加。

奔腾式通货膨胀(galloping inflation)，指年通货膨胀率在10%以上和100%以内。这时货币流通速度提高而货币购买力下降，并且均具有较高的速度。西方学者认为，当奔腾式通货膨胀发生以后，由于价格上涨率高，公众预期价格还会进一步上涨，因而采取各种措施来保卫自己，以免受通货膨胀之害，这使通货膨胀更为加剧。

超级通货膨胀(hyper-inflation)，又称恶性通货膨胀，指年通货膨胀率在100%以上的一种无法控制的通货膨胀。这种通货膨胀已经严重破坏正常的生产流通秩序和经济生活秩序，开始动摇社会安定的基础，它会使货币信用制度走向彻底崩溃和经济的完全瘫痪。一般多发生于处在战争、社会变革、政治动荡时期的国家和地区。例如，德国在1922年1月到1923年1月价格指数从100上升到10 000亿，提高了99亿倍。

2. 按对不同商品价格的影响程度划分

平衡的通货膨胀(balanced inflation)，指每种商品的价格均按同一比例上涨，包括各种生产要素的价格，如劳动的价格(即工资)、土地的价格(即租金)和资本的价格(即利息率)等。实际上，各种商品价格按相同的速度和比例上涨的情况在现实经济生活中是难以出现的，因此，平衡的通货膨胀在现实生活中更像是一种巧合。多数情况下，通货膨胀都表现为非平衡的通货膨胀。

非平衡的通货膨胀(imbalanced inflation)，指在经济中各种商品的价格按不同比例上涨的通货膨胀。这是一种常见和多发的通货膨胀类型。这种类型的通货膨胀之所以常见，是因为不同商品和服务的价格毕竟受不同因素的影响。因此，在现实生活中，某种商品的价格上涨的幅度可能会高于另外一种商品价格上涨的幅度，消费品价格上涨的幅度可能会高于投资品价格的上涨幅度。当然，也可能会出现某些商品价格上涨，而另外一些商品价格下降的情形。

3. 按通货膨胀的表现形式划分

公开型通货膨胀(open inflation)，又称开放型通货膨胀，指完全通过一般物价水平上涨的形式表现出来的通货膨胀。在这种类型的通货膨胀过程中，物价总水平明显地、直接地上涨，通货膨胀率就等于物价上涨率。这种通货膨胀普遍存在于市场机制较为完善的西方发达国家和部分发展中国家，但在市场机制不完善、价格尚未完全放开的国家，物价水平的上涨幅度还不能完全准确地反映通货膨胀的真实状况。

隐蔽型通货膨胀(hidden inflation)，又称抑制型通货膨胀，指物价水平的上涨并没有完全通过公开的物价指数上涨表现出来。这是由于价格被政府管制而不能上涨或不能完全、充分地上涨，在现行价格水平及相应的购买力条件下，就会出现商品普遍短缺、有价无货、凭票证供应、排队抢购、黑市猖獗等现象。这种类型的通货膨胀主要存在于社会主义国家的计划经济时期和英美在 20 世纪 40 年代末的物价管制时期。

4. 按人们对物价上涨的预期划分

可预期的通货膨胀(expected inflation)，指在通货膨胀发生之前，人们已意识到通货膨胀将会出现，而且有可能预测到它的发展趋势和程度。在该类型通货膨胀发生的情况下，人们为避免经济损失，会在各种交易、合同、投资中把预期通货膨胀率计算在内，这势必造成该国商品和服务的价格与工资、利息、租金、利润等同比例地提高，从而导致商品与要素价格水平的螺旋式上涨。因此，可预期的通货膨胀具有自我维持的特点，而这种价格水平的上涨有点像运动着的物体存在惯性一样，故人们又将可预期的通货膨胀称为惯性通货膨胀。

不可预期的通货膨胀(unexpected inflation)，指公众没有正确地预期到的通货膨胀，即价格上涨的速度超出人们的预料，或者人们根本没有想到价格的上涨问题。在一个开放的世界中，由于影响价格水平变动的因素多种多样，并且变化莫测，因此，在大多数情况下，通货膨胀都是不可预期的。不可预期的通货膨胀如果出现，它通常会使收入和财富进行再分配，改变收入财富在人们之间既定的分配比例，一些人可能因此而变得富裕，而另一些人可能因此而变得贫穷。

5. 按通货膨胀的诱因划分

根据通货膨胀产生的原因，可以分为需求拉上型通货膨胀、成本推进型通货膨胀、供求混合型通货膨胀以及结构型通货膨胀四种类型。本章将在通货膨胀的成因分析中做具体说明。

10.1.3 通货膨胀的成因

1. 需求拉上型通货膨胀

需求拉上型通货膨胀是指总需求过度增长所引起的通货膨胀，即“太多的货币追逐太少的货物”。按照凯恩斯的解释，如果总需求上升到大于总供给的地步，过度的需求就会引起物价水平的普遍上升。所以，导致总需求增加的任何因素都可以是造成需求拉上型通货膨胀的具体原因。不过，经济学家对总需求增加的原因的看法存在分歧。货币学派认为，货币供应量的增加是总需求增加的主要原因，即总需求决定于货币数量和货币流通速度，在货币流通速度相对稳定的情况下，货币数量的增加直接导致总需求的增加。凯恩斯学派认为，总需求由消费支出、投资支出和政府支出构成，这三部分的增加都是总需求增加的原因。

在我国，经济学界常用总需求膨胀来指代需求拉上型通货膨胀及其性质。总需求膨胀又包括消费需求膨胀和投资需求膨胀。前者是指由于国民收入分配倾向于消费，使得居民可支配收入增长速度快于国民收入增长速度，同时消费品供给不能满足消费需要而引起的物价整体水平上涨；后者则是指由于积累率过高、投资规模扩大而引起的需求膨胀。

在总供给和总需求模型中，需求拉上型通货膨胀表现为总需求曲线右移造成的价格上升，如图 10.2 所示。

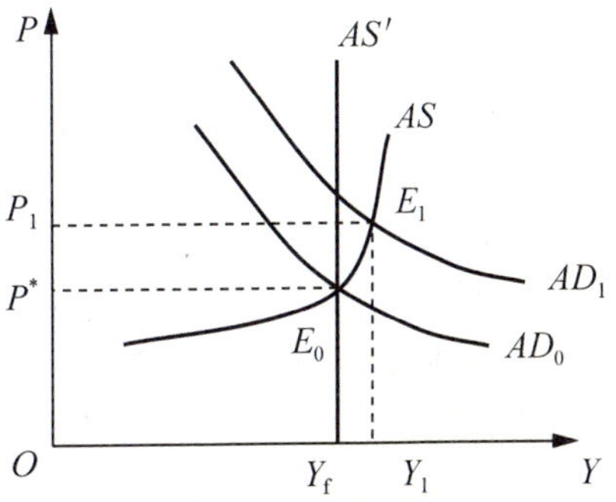

图 10.2　需求拉上型通货膨胀

在图 10.2 中，AS' 代表垂直的长期总供给曲线，初始的总需求曲线 AD_0 与短期总供给曲线 AS 相交于点 E_0，此时的收入为充分就业收入 Y_f，一般价格水平为 P^*。当总需求增加时，总需求曲线由 AD_0 向右平移到 AD_1，AD_1 与 AS 相交于点 E_1，一般价格水平由 P^* 上升到 P_1，发生通货膨胀。

2. 成本推进型通货膨胀

20 世纪 50 年代以前，通货膨胀的原因主要归结为需求性因素。20 世纪 50 年代后期起，资本主义经济发生了很大的变化，一些资本主义国家出现了物价持续上涨而失业率却居高不下，甚至失业率与物价同时上升的情况，对此，“需求拉上论”无法加以解释。于是，一些经济学家提出另一种解释通货膨胀成因的新理论——成本推进论。这一理论认为，成本推进型通货膨胀是指总供给减少，使得总需求大于总供给而引起的一般价格水平持续和显著上涨的现象。该理论是一种侧重从供给或成本方面分析通货膨胀形成机理的假说。经济学家认为，总供给减少的原因可能有三种情况：工资成本的增加、利润的增加、进口原料成本的增加。

在我国，成本推进型通货膨胀可能有三个原因：一是内生的成本上升，如在我国现行体制下，企业间存在工资、奖金的互相攀比，使工资增长率超过劳动生产率增长率，从而使得产品内生成本提高；二是外生成本提高，具体反映在国外进口的设备材料等的价格上涨上；三是需求拉上型通胀导致各种基础产品涨价，反过来导致企业生产成本提高，而生产成本提高进一步推动物价上涨。

在总供给和总需求模型中，成本推进型通货膨胀表现为总供给曲线左移造成的价格上升，如图 10.3 所示。

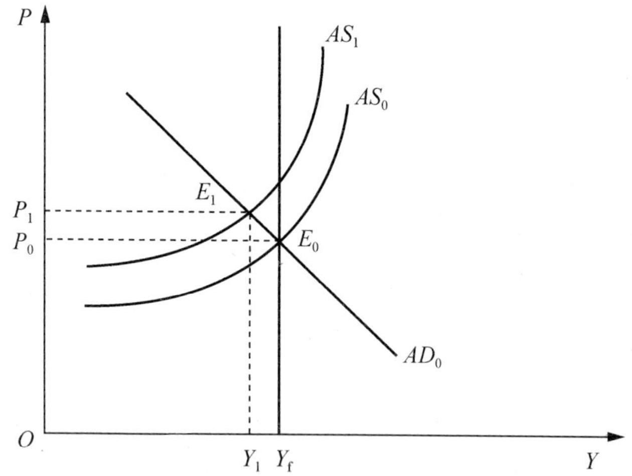

图 10.3 成本推进型通货膨胀

在图 10.3 中，初始的短期总供给曲线 AS_0 与总需求曲线 AD_0 与相交于点 E_0，此时的收入为充分就业收入 Y_f，一般价格水平为 P_0。当总供给减少时，总供给曲线由 AS_0 向左平移到 AS_1，AD_1 与 AD 相交于点 E_1，一般价格水平由 P_0 上升到 P_1，发生通货膨胀。

3. 供求混合型通货膨胀

从理论上说，可以区分需求拉上型和成本推进型通货膨胀，但在现实经济生活中需求拉上的作用与成本推进的作用常常是混合在一起的。所以，人们把由总需求增加和总供给减少共同作用下的通货膨胀称为供求混合型通货膨胀(hybrid inflation)。

在总供给和总需求模型中，供求混合型通货膨胀表现为总供给曲线左移造成的价格上升，如图 10.4 所示。

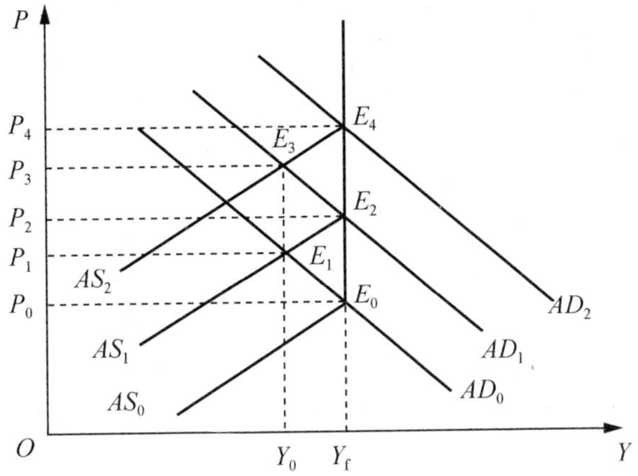

图 10.4　供求混合型通货膨胀

在图 10.4 中，初始的短期总供给曲线 AS_0 与总需求曲线 AD_0 与相交于点 E_0，此时的收入为充分就业收入 Y_f，一般价格水平为 P_0。此后当总供给减少而总需求增加时，总供给曲线依次向左平移到 AS_1 和 AS_2，总需求曲线依次向右平移到 AD_1 和 AD_2。易见，一般价格水平由 P_0 顺次上升到 P_4，发生通货膨胀。

4. 结构型通货膨胀

结构型通货膨胀是指从经济结构分析物价总水平持续上涨机理的理论，其基本含义是在总需求和总供给大体平衡下，由于经济结构方面的因素所引起的物价上涨。该理论为人们全面认识通货膨胀的成因提供了一种全新的思路。结构型通货膨胀又可分为以下几种：

1) 需求结构移动型通货膨胀

需求结构移动论认为即使总需求并不过多的情况下，只要需求在部门之间发生移动，也会产生通货膨胀。需求移动论的基本原理是：在总需求不变的情况下，社会需求结构总是处于不断变化之中的，随着一部分需求由一个部门不断地转移到另一个部门，一些部门日渐兴盛，而另一些部门则日趋衰落，在劳动力及其他生产要素不能及时转移的情况下，一些需求过多或供给不足的部门会出现工资、价格上涨现象，而另一些供过于求的部门则应该出现价格下跌的现象。如果这些部门的价格确实会因供过于求而相应下跌，那么只是部门间相对价格的变动，并不会引起一般物价水平的上涨，不会发生通货膨胀；但若供过于求的部门的价格具有只涨不跌的特点，即它的价格并不因供给超过需求而下跌，就会出现这样的情况：尽管整个社会的总需求并不过多，也会出现一般物价水平持续上升的现象。

2) 部门差异型通货膨胀

该理论认为，在一个经济社会中，不同部门的劳动生产率的增长是不相同的，如工业部门的劳动生产率的增长快于服务业部门，因此，当劳动生产率提高较快的部门的货币工资随劳动生产率的提高而增加以后，如果劳动生产率提高较慢的部门的货币工资和前者看齐，就会使后者的货币工资增长率超过自身的劳动生产率的提高幅度，这些部门的价格上涨会导致一般物价水平的提高。

3) 输入型通货膨胀

输入型通货膨胀又称“斯堪的纳维亚模型”或“北欧模型”，是结构型通货膨胀中最有影响的一种理论模型，它的分析对象是小型开放经济或海岛经济。该模型将一国经济分成两大部门，一是“暴露部门”(即开放经济部门)，指产品与世界市场有直接联系的部门，具体包括大多数制造业、一部分农业和矿业、绝大部分航运业等；二是“隐蔽部门”(即非开放经济部门)，指产品与世界市场没有直接联系的部门，具体包括建筑业、公用事业、一部分制造业和农业及大多数服务性行业等。贸易小国的暴露部门由于须在国际市场上参与竞争，因此其价格是由国际价格所决定的。当世界市场上的价格上涨时，暴露部门的产品价格也随之上涨，这势必会使暴露部门的货币工资相应上涨。于是，通过全国性的集体谈判，暴露部门任何工资增加将导致隐蔽部门工资率的相应增加，但因后者的劳动生产率低于前者，而工资却做同比例调整，这便会不可避免地出现工资推进所引起的通货膨胀。在此模型情况下，一国的通货膨胀率取决于该国国民经济中暴露部门和隐蔽部门所占的相对份额，以及这两个部门的货币工资增长率和劳动生产率增长率。

在我国，结构型通货膨胀主要源于两方面原因：一是基础工业与加工工业的发展不平衡，基础工业产品价格上涨导致价格总水平上涨；二是农业发展与工业发展不平衡，农产品价格上涨引发价格总水平上涨。

10.1.4 通货膨胀的经济效应

1. 强制储蓄效应

一个国家实行通货膨胀政策使货币贬值，一方面使人们持有的货币的购买力下降，另一方面国家用多发行的货币进行投资，其实质是将一部分原来属于社会公众拥有的财富转移到国家手中，相当于向社会公众征收了通货膨胀税，这就是通货膨胀的强制储蓄效应。

在此，储蓄是指用于投资的货币积累。通常，这种积累的来源主要有三种：一是家庭，二是企业，三是政府。上述三个部门的储蓄有其各自的形成规律。家庭部门的储蓄由收入减去消费支出构成。企业的储蓄由用于扩张生产的利润和折旧基金构成。政府的储蓄从来源上说比较特殊——如果政府用增加税收的办法来筹资进行生产性投资，那么这部分储蓄是从其他两部分储蓄中挤兑出来的，从而全社会储蓄的总量并不增加；如果政府向中央银行借款，从而直接或间接地增发货币，这就会增加全社会的储蓄总量，结果将是物价上涨。在公众名义收入不变的前提条件下，按原来的模式和数量进行消费和储蓄，两者的实际额均减少，其减少的部分大体相当于政府运用通货膨胀强制储蓄的部分。以上分析是基于经济已经达到充分就业的水平的假定，因此，用扩张货币的政策来强制储蓄会引起物价总水平的上涨。但在实际经济运行中，可能尚未达到充分就业的水平，实际 GDP 大大低于潜在的 GDP，生产要素大量闲置，这时，政府如果扩张有效需求，虽然也是一种强制储蓄，但是并不会引发持续的物价上涨。

然而，在通货膨胀条件下，尽管名义所得的增加会因纳税人适用更高的边际税率而使应纳税额的增加高于名义所得的增加，进而使政府成为通货膨胀的受益者。但是，政府又会因通货膨胀而被迫增加各项支出，使得财政负担加重。因此，在通货膨胀税的做法中，政府既是受益者，又是受害者。

2. 收入再分配效应

从不同的社会成员或不同阶层来看，由于社会各阶层的收入来源不同，故在物价总水平上涨时有些主体的实际收入水平会增加，有些主体的实际收入水平会下降，这种由物价上涨造成的收入再分配，就是通货膨胀的收入再分配效应。

一般来说，依靠固定薪金维持生活的职员，由于薪金的调整总是慢于物价的上升，因此是主要的受害群体；工人和雇员也是受害者，其受害的程度跟他们所在的行业和企业在通货膨胀中的利润变动有关，处在产品价格大幅上涨的企业的工人或雇员，名义工资可能增加得较快，通货膨胀的损失得到的补偿也就较快，受害的程度也就小一些。作为雇主，一般都会让工资上涨的幅度小于物价上涨的幅度，以谋求最大的盈利，因此雇主，尤其是从事商业活动的雇主会是通货膨胀的受益者。其中，最大的受益者是那些经营垄断性商品、从事囤积居奇的专门的投机商和不法经营者。

3. 财富再分配效应

人们所拥有的财富主要表现为实物资产和金融资产。通货膨胀的财富再分配效应是指通货膨胀会对不同社会成员所拥有的财富产生消长作用。

在通货膨胀环境下，持有实物资产一般具有保值效应，但各种实物资产的价格上涨程度有所不同，有的价格上涨高于通货膨胀率，有的则低于通货膨胀率。因此，通货膨胀对实物资产持有者的影响取决于其持有的实物资产的价格上涨与通货膨胀率是否一致。如果前者大于后者，则可由此受益；反之，如果后者大于前者，则要因此受损。

在通货膨胀环境下，对收益固定的金融资产(如债券、定期存款等)，其面值和收益会随着物价上涨而贬值，因此，持有这些资产的社会成员或阶层(也就是债权方)会受到损失；持有现金资产会蒙受货币贬值的损失；对于变动收益的金融资产，其收益一般在通货膨胀时会呈上升趋势，其收益增长率是否超过通货膨胀率，是判断持有者是否获益的标准。

总之，通货膨胀对债务人来说是有利的，因为在名义利率不变的情况下，债务人实际所付的本金和利息减少了，在负利率的情况下还可以得到净收益；而对债权人来说是不利的，因为物价的上涨会使债权人会受到本金和利息贬值的损失。

4. 产出效应

1) 促进论

这种观点认为通货膨胀可以促进经济的增长。这是以弗兰克斯、西尔斯、巴伊尔和泰勒等人为代表的结构主义者的看法。他们认为，在资本主义经济长期处于有效需求不足、生产要素尚未充分有效地使用、劳动者没有充分就业的情况下，实际经济增长率低于潜在的经济增长率。因此政府可以选择通货膨胀政策，实行财政赤字预算，扩大货币发行，增加政府的投资性支出，以扩大总需求，劳动总供给增加，从而刺激经济增长。这样，由于投资乘数(即增加投资可以引起几倍于投资量的国民收入增长)的作用，在通货膨胀的同时，实际产量也增加了。

对发展中国家来说，促进论认为，通货膨胀促进经济增长的效应更为明显，他们认为：首先，发展中国家的政府税收来源有限，但是可以把从中央银行借款作为财政融资的一种主要途径(财政向中央银行借款，会增加流通中的货币供给)，只要政府将这种借款用于增加实际投资，同时采取措施保证私人部门的投资不会相应减少，那么这种通货膨胀性融资就会由于增加了实际投资而促进经济增长；其次，在货币经济中，一般情况下，通货膨胀有利于社会高收入阶层的收入再分配，高收入阶层的边际储蓄倾向较高，因此通货膨胀通过提高社会储蓄率而促进经济增长；再次，通货膨胀出现后，公众预期的调整有一个过程，公众对通货膨胀的预期调整较慢，工资上涨率会低于物价上涨率，工资低了，利润就会相应提高，因此通货膨胀又可以提高私人部门投资，进而促进经济增长。

2) 促退论

这种观点认为，通货膨胀与经济增长负相关，不仅不会促进经济增长，而且还会损害经济的发展。认为通货膨胀必然会阻碍经济增长和导致低效率，这是因为：第一，较长时期的通货膨胀会增加生产性投资的风险经营成本，使生产性投资下降；第二，它会造成对资金的过度需求，迫使金融机构加强信贷配额，降低金融体系的效率；第三，它会打乱正常的资金分配流向，使资金流向非生产部门，不利于经济的长期增长；第四，在社会公众对通货膨胀产生预期之后，政府可能会加强全国的价格管制，从而使经济运行更加缺乏竞争性和活力。

3) 中性论

这种观点认为，人们对通货膨胀的预期最终会综合它对经济的各种效应。由于公众预期，在一段时间内，他们会对物价上涨做出合理的行为调整，因此通货膨胀的各种效应的作用就会相互抵消。因此通货膨胀对经济增长既无正效应，也无负效应，它是中性的。

5. 就业效应

就业效应是指短期内通货膨胀可以在一定程度上带动就业，从而对实体经济产生某种积极影响。其理论依据是经济学原理中著名的菲利普斯曲线。

新西兰经济学家菲利普斯通过对英国近 100 年的统计资料的分析，发现在失业率与货币工资上涨率之间存在一种比较稳定的此增彼减的替代关系，这种替代关系可以用一条向右下方倾斜的曲线表示，即菲利普斯曲线。美国经济学家萨缪尔森和索洛发表论文，用物价水平的上涨率代替货币工资上升率，对该曲线进行修正，并将该曲线应用于对经济政策的分析，从而使其盛行。修正后的菲利普斯曲线表示通货膨胀与失业之间存在此消彼长的关系。当失业率较低时，通货膨胀率就较高；反之当通货膨胀率较低时，失业率就较高。它的政策含义在于：通货膨胀和失业现象会使政府陷入两难境地，无法同时解决两个问题，社会公众也不能做这种不切实际的期望。政府当局可以利用这种关系，在制定经济政策时，选择并确定社会可接受或可忍受的最大失业率和通货膨胀率，并将其作为临界点，当失业率在临界点以下，通货膨胀率超出临界点时，则提高失业率，以换取通货膨胀率的降低；当通货膨胀率在临界点以下，失业率超出临界点时，则提高通货膨胀率，以此为代价换取失业率的降低，如此进行“相机抉择”，使通货膨胀率和失业率都被控制在人们可以接受的限度内。20 世纪 60 年代，许多国家运用菲利普斯曲线原理进行政策制定，取得了显著效果。但是 70 年代以后，滞涨的出现使得政策变得无所适从。

美国经济学家弗里德曼和费尔普斯分别发表论文，对菲利普斯曲线提出修正，提出了适应性预期理论。该理论认为，在现代经济中存在着自然失业率，其不受通货膨胀率影响，同时存在着通货膨胀预期，通货膨胀率与失业率的交替关系，只有在短期内当公众尚未意识到通货膨胀的时候才会成立，一旦形成预期，则通货膨胀率会随时调整。因此，从长期看，并不存在失业率与通货膨胀率之间的替代关系，失业率将不受通货膨胀率影响而必然趋向于自然失业率，并且只有在失业率处于自然失业率水平时，通货膨胀率才能稳定下来。他们认为菲利普斯曲线只有在短期内才是一条向右下方倾斜的曲线，而在长期内是一条与纵轴平行的直线，无论通货膨胀的程度如何，失业率总是保持在其自然率水平上。该理论具有非常鲜明并很重要的政策含义，即政府只能在短期内用较高的通货膨胀率换取较低的失业率，并使实际失业率降低到自然失业率以下；但从长期看，扩张性的经济政策只能使通货膨胀加速，而不能使失业率长久地保持在低于自然失业率水平上。

10.1.5　通货膨胀的治理

1. 需求管理政策

需求管理政策是应付不可预期通货膨胀及需求拉上型通货膨胀的一种主要政策，即政府利用财政政策或货币政策的操作，改变全社会的总支出，以实现抑制通货膨胀的目的。具体包括：

首先，控制消费支出。政府可以通过调整直接税税率(即个人所得税税率)来增加或减少个人及家庭的可支配收入，从而达到控制消费支出的目的。同时，政府可以通或货币政策的实施使利率水平改变，从而控制消费支出总量。

其次，控制投资支出。政府可以通过投资的税收政策和折旧政策影响企业的预期税后收益，从而降低资本边际收益率，抑制投资支出。此外，在资本边际收益率不变时，利率水平的提高也可以达到抑制投资的目的。

再次，控制政府支出。政府支出是总需求的重要构成内容之一，多具有非生产性。然而，在现代国家政府支出构成中，有许多项目具有支出刚性，如经费支出、国防支出、债息支出、社会福利支出等，故可调节的幅度非常有限。但政府支出的增长要与经济发展水平相适应，特别是与政府财力的增长相适应，严格控制财政赤字规模，减少赤字政策对通货膨胀的压力。

此外，货币供应量的增加直接导致总需求增加，而且中央银行是货币供给的源头，货币政策又是一国经济总量控制的最有效手段。因此，中央银行要积极运用法定准备金率、再贴现率、公开市场业务以及利率等多种货币政策工具，调节和控制货币供应总量，以达到控制社会总需求的目的。

2. 收入紧缩政策

20 世纪 60 年代中期以前，许多发达国家运用需求管理政策抑制通货膨胀取得了显著成绩。但是，20 世纪 70 年代的滞胀使凯恩斯主义政策主张遇到极大障碍。在此背景下，经济学家们提出了收入紧缩政策，即借助于管制手段抑制成本冲击对物价上涨的压力，从而为政府当局实现经济总体目标创造条件。

收入政策一般包括下列几方面内容。①确定工资—物价指导线，以限制工资—物价的上升。这种指导线是由政府当局在一定年份内允许总货币收入增加的一个目标数值线，即根据统计的平均生产力的增长，政府当局估算出货币收入的最大限度增长，而每个部门的工资增长率应等于全社会劳动生产率增长趋势，不允许超过。只有这样，才能维持整个经济中每单位产量的劳动成本的稳定，因而预定的货币收入增长就会使物价总水平保持不变。②工资管制(或冻结工资)，即强制推行的控制全社会职工货币工资增长总额和幅度，或政府强制性规定职工工资在若干时期内再增加必须固定在一定水平上的措施。管制或冻结工资被认为能降低产品成本，从而减轻成本推动通货膨胀的压力。这是通货膨胀相当严重时采取的非常措施，但正是因为通货膨胀严重，使人民收入生活水平持续下降，从而使冻结或管制工资措施实施起来更为困难。③以纳税为基础的收入政策，是指通过一种对过多地增加工资的企业按工资增长超额比率征以特别税款的办法，来抑制通货膨胀。一般认为，实行这种税收罚款办法，可以使企业公司有所依靠，拒绝工资超额提高，并同工会达成工资协定，从而降低工资增长率，减缓通货膨胀率。

3. 收入指数化政策

收入指数化政策又称指数连动政策，一般被当作一种适应性的反通货膨胀政策。所谓收入指数化就是对货币性契约订立物价指数条款，使工资、利息、各种证券收益以及其他收入一律实行指数化，同物价变动联系起来，使各种收入随物价格数的变动而做出调整，从而避免通货膨胀所带来的损失，并减轻由通货膨胀所带来的分配不均问题。

支持该政策的主要理由有：第一，有利于国民收入分配的公平和社会稳定；第二，可以提高资源配置效率；第三，可以促进经济的正常发展；第四，有可能通过降低公众预期而抑制通胀率的持续上升。

反对该政策的主要理由有：第一，存在指数选择困难，而且全面实行指数化在技术上也有很大的难度；第二，该政策并非对所有机构和所有阶层都有效；第三，有可能助长成本推进型通货膨胀。

总之，通货膨胀是一个十分复杂的经济现象，其产生的原因是多方面的，这就要求政策制定者必须具体分析和对症下药，绝不能机械僵化地照搬别人或自己以往的经验；同时，必须通过综合性治理方案的选择应对通货膨胀。换句话说，治理通货膨胀是一项系统工程，各治理方案只有相互配合才能取得理想的效果。

特别提示

经济学家关于通货膨胀的成因有着不同的看法：凯恩斯主义者强调实际因素对总需求的影响，他们认为实际总需求大于充分就业总需求时，其差额或称膨胀性缺口的存在是引起通货膨胀的主要原因；货币主义者强调货币因素对总需求的影响，他们认为实际因素即使对总需求有影响也是不重要的，由此所引起的通货膨胀也不可能持久的，引起总需求过度的根本原因是货币的过量发行；制度主义者则强调制度变量的重要性，他们认为“货币现象”只是通货膨胀的表面，“制度现象”才是通货膨胀的本质。

10.2 通货紧缩

10.2.1 通货紧缩的含义与类型

1. 通货紧缩的定义及判定

在经济学发展的早期，经济学家更多地会关注通货膨胀问题，然而，通货紧缩(deflation)的出现及威胁使得经济学家不得不开始对这一现象进行深入研究。

通货紧缩是与通货膨胀相对立的概念。对于通货紧缩，中外经济学家也曾做出过不同的定义和争论。例如，萨缪尔森和诺德豪斯在其《经济学》一书中认为，“与通货膨胀相反的是通货紧缩，它发生于价格总水平的下降中”。货币主义代表人物莱德勒将通货紧缩定义为“一种物价降低和货币升值的过程”。托宾在《经济学百科全书》一书中指出，“通货紧缩也是一种货币现象，它是每单位货币的商品价值和商品成本的上升”。英国的戴维·皮尔斯在其主编的《现代经济学辞典》中认为，“通货紧缩是指一般物价水平的持续下降，表示为单位时间内一般物价水平减少的百分比”。此外，“三要素说”认为，通货紧缩主要是指这样一种连续状态：“在一定时期内，随着价格水平的不断下降，总需求没有相应地增长”。其具体特征为：①一定时期界定为 18 个月以上；②价格主要是居民消费价格商品零售价格和固定资产投资价格；③社会总需求下降的标志是通货量和货币供给量下降；④总需求没有相应增长一是指低位徘徊，二是指处于停滞状态，三是指严格单调下降；⑤在定义通货紧缩时，价格、时间、需求三个要素一个都不能少，否则是不完整的。胡鞍钢认为“通货紧缩就是货物与服务的货币价格普遍地、持续地下降”。易纲认为，通货紧缩都体现为“两个特征、一个伴随”，即物价水平的持续下降和货币供应量的持续下降，以及伴随着经济衰退。张曙光则提出了“两个标准”的意见，即价格持续负增长和实际增长率持续低于潜在的增长率就意味着通货紧缩。

综合有关通货紧缩定义的多方观点，我们认为通货紧缩的内涵是：经济中的货币供应量少于客观需要量，使得社会总需求小于社会总供给，导致单位货币升值(购买力增强)，一般物价水平全面而持续地下降并伴随着经济衰退的现象即为通货紧缩。

依据这一定义，通货紧缩的判定标准首先应当是一般价格水平全面而持续地下降，其含义包括：一是反映全部商品和劳务的价格水平的普遍下降；二是物价水平要表现出一定时间内的持续下降，如美国学者伯恩斯和密契尔将价格水平连续下降两个季度以上就视为持续下降；三是通货膨胀率低于 1%即可认为是通货紧缩，这是由于商品的价格受产品质量提高和功能改善的影响，一般官方的估计要高一个百分点。其次，还有一些经济学家认为一般价格水平作为“单一标准”时只是部分地反映通货紧缩，他们主张采用“多重标准”，即除了看物价水平是否下跌之外，还要看货币供给是否下降，经济是否出现衰退。

2. 通货紧缩的类型

1) 以后果为标准划分

危害型通货紧缩，又称无益型通货紧缩，是指由于生产能力过剩和需求低迷所致的通货紧缩。它表现为实际产出与潜在生产能力之间的“产出缺口”不断扩大。该类通货紧缩不仅会降低总体物价水平，而且还会减少总产出，极大地损害经济发展，甚至引起社会危机。

无害型通货紧缩，又称技术进步型通货紧缩，这种通货紧缩最重要的现象是价格水平下降，但总产出水平增加，它常常是由于技术进步加快，降低了生产成本，从而促进了产品价格下降所致。该类型的通货紧缩对经济发展是有益的。

2) 以程度为标准划分

温和型通货紧缩是指物价水平在 0～－3%之间波动，持续时间不超过 6 个月的轻微的通货紧缩。

严重的通货紧缩是指物价水平跌破－3%，并且持续时间在 6 个月以上的通货紧缩。

3) 以成因为标准划分

需求不足型通货紧缩是指由于社会有效需求严重不足引起的通货紧缩，一般表现为供给总量过剩(生产能力过剩)。

结构型通货紧缩是指由于需求结构与供给结构严重错位及比例失衡引起的通货紧缩，一般表现为结构型过剩与市场结构性萎缩。

微观效益下降型通货紧缩是指由于生产成本的上升，企业经济效益下降引发的通货紧缩。

政策失误型通货紧缩是指由于国家的宏观经济政策失误造成的通货紧缩。

10.2.2 通货紧缩产生的机理

关于通货紧缩的起因，不同国家在不同时期是不同的，不同的经济学家也有不同的认识，由此形成了不同的通货紧缩理论。在此，介绍几种影响较大的通货紧缩理论。

1. 马克思的通货紧缩论

在经济学研究中，较早提出通货紧缩问题的是马克思，他在《资本论》中多次分析流通中货币的收缩问题。他认为通货的收缩可能由经济的产业周期引起，可能由流通中的商品数量、价格变动引起，可能由货币流通速度变化引起，还可能由技术因素引起。但他在研究这一问题时，其对象是以金币为主的货币流通，由于金属货币本身具有价值，其过多过少都不会引起币值的变化，只有在纸币流通的条件下，货币供给的过多或过少才会引起币值的变动。因此，马克思对通货紧缩问题的研究是建立在信用货币(纸币)流通规律的基础上的，实际上是在讨论金币流通与替代金币流通的价值符号的关系，而并非在讨论货币供给的多少与物价涨落的关系。

2. 凯恩斯的通货紧缩论

凯恩斯于 1923 年在《币值变动的社会后果》中分析了 1914～1923 年英国物价水平的变动，他指出："从 1914 年到 1923 年，所有国家都出现了通货膨胀现象，也就是说，相对于可购买的物品而言，支出货币的供给出现了极大的扩张。从 1920 年起，重新恢复对其金融局势控制的那些国家，并不满足于仅仅消灭通货膨胀，因而过分缩减了其货币供给，于是又尝到了通货紧缩的苦果。"凯恩斯认为，通货紧缩将使社会生产活动陷于低落，并指出："无论是通货膨胀还是通货紧缩，都会造成巨大的损害……两者对财富的生产也同样会产生影响，前者具有过度刺激的作用，而后者具有阻碍作用，在这一点上，通货紧缩更具危害性。"而通货紧缩之所以会使社会生产活动陷于低落，是因为通货紧缩的再分配效应不利于生产者。

在《就业、利息和货币通论》一书中，凯恩斯对通货紧缩现象的分析更多使用的是就业不足和有效需求不足的概念，通过对 20 世纪 30 年代世界经济危机的精辟分析，他提出了"有效需求不足"的论断，认为有效需求不足是导致通货紧缩的根本原因。因而，他主张：扩大有效需求以治理通货紧缩，而在扩大有效需求方面，财政政策比货币政策更为有效；在通货紧缩时期，政府要通过财政政策和货币政策的有机结合，尽可能地扩张有效需求。

3. 费雪的通货紧缩论

欧文·费雪从供给角度并联系经济周期研究了通货紧缩问题。他通过对 20 世纪 30 年代世界经济危机的研究，于 1933 年提出了"债务-通货紧缩"理论，并认为企业的过度负债是导致大萧条的主要原因。在经济繁荣时期，企业家为追求更多利润，会过度负债，而在经济状况转坏时，企业家为了清偿债务会降价倾销商品，导致物价水平的下跌，出现通货紧缩。通货紧缩的出现，又会使企业利润减少、生产停滞、失业增加；而失业的增加，则会使人们的情绪低落，产生悲观心理，对经济和生活丧失信心，更愿持有较多的货币，居民和企业的这种行为将使货币流通速度下降。在名义利率不变情况下，物价下降引起实际利率上升，这意味着企业真实债务的扩大，它会使贷款者不愿贷而借款者不愿借。过度负债和通货紧缩会相互作用，由于过度负债的存在，在经济周期的阶段转型时，会出现通货紧缩，反过来由债务所导致的通货紧缩又会反作用于债务，其结果会形成欠债越多越要低价变卖，越低价变卖自己的资产越贬值，而自己的资产越贬值，负债就越重的恶性循环。最后，则必然出现企业大量破产，银行倒闭的危机。该理论实际上是将通货紧缩的过程看做商业信用被破坏和银行业引发危机的过程。

10.2.3 通货紧缩对经济的影响

1. 积极影响

(1) 由于货币购买力提高而有利于增加消费者福利水平。

(2) 由于能够购置廉价的设备而有利于加速固定资产的更新和实现企业技术改造。

(3) 有助于对经济结构的强制性调整。

(4) 有助于形成买方市场条件下的“消费者主权意识”，培养经济民主和社会民主意识以及促进社会的稳定和发展。

2. 消极影响

(1) 通货紧缩引起的商品价格下跌会提高实际利率水平，使社会投资支出趋于减少，影响全社会的经济增长。商业活动的萎缩不仅会引起失业率增加，而且会形成名义工资下降的压力，在居民因此而减少消费支出的情况下，经济衰退便很有可能出现。

(2) 物价负增长，意味着市场需求下降，产品或者卖不出去，或者要低价销售，结果导致许多企业微利或者亏损，逼迫企业或者停业，或者闲置一部分生产能力，即开工不足，甚至破产。

(3) 导致就业机会减少，下岗职工增多，失业人员增加。

(4) 易引发企业“降价大战”和恶性竞争，从而使市场环境更加无序和恶化。

(5) 由于通货紧缩一旦形成，就有可能形成“债务—通货紧缩陷阱”，加重银行的不良资产，从而提高银行的经营成本与风险，使金融体系陷入困境。

(6) 居民收入水平下降，贫富差距进一步拉大，两极分化现象加重。其中农业产品的价格下降幅度较大，农产品销售发生困难，农民收入增长停止甚至下降，农民与城镇居民的收入差距越来越大，造成农民增收增支缓慢。

(7) 扭曲正常的债权债务关系，使债务人的财富和利益被债权人“合法盗窃”。

(8) 不良预期导致消费和投资的延迟，形成恶性循环。

(9) 企业产品销售不畅，结果引起开工不足，使财政的增值税收减少，甚至会因微利或亏损而导致所得税减少。

10.2.4 通货紧缩的治理

1. 实施扩张性的财政政策和货币政策

要治理通货紧缩，必须实行积极的财政政策，增加政府公共支出，调整政府收支结构。对具有极大增长潜力的高新技术产业实行税收优惠，尽可能地减少对企业的亏损补贴以及各种形式的价格补贴，利用财政贴息的方式启动民间投资，大力发展民营经济，引导其资金投向社会急需发展的基础设施领域，在继续增加国家机关和企事业单位以及退休人员工资的基础上，更要把增加农民和中低收入者的收入水平当作一件大事来抓。总之，实行积极的财政政策，就是要在加大支出力度的基础上，优化财政收支结构，既要刺激消费和投资需求，又要增加有效供给。

同时，也必须采取扩张性的货币政策，增加货币供给，以满足社会对货币的需求。增加货币供给的方式不外乎从基础货币和货币乘数两个方面着手。作为中央银行可以充分利用自己掌握的货币政策工具，影响和引导商业银行及社会公众的预期和行为。在通货紧缩时期，一般可以综合采用降低中央银行的再贴现率、法定存款准备金率、利率及在公开市场回购政府债券等方式，并鼓励商业银行扩张信用，从而增加货币供给。具体操作要根据造成货币供给不足的原因来灵活掌握。

总之，财政政策与货币政策的配合运用是治理通货紧缩的主要政策措施。然而，尽管货币政策不需要像财政政策那样必须经历冗长的立法程序，但由于货币政策从出台实施到效果显现存在着滞后性，故在通货紧缩时期，财政政策的效果一般比货币政策更为直接而有效。需要注意的是，扩张性财政政策和货币政策一定要适度，否则在经济恢复的过程中还可能蕴含着新一轮的通货膨胀。

2. 完善居民收入分配制度

居民消费能力不足会直接导致企业产品难以销售和生产受阻，并引起通货紧缩。而要扩大消费需求，提高消费水平，除充分利用各种政策组合创造增加社会消费的条件外，更重要的是创造有利于扩大消费的物质条件，即在经济力量允许的情况下，使居民收入能够稳定增加，增强居民对未来收入的预期和信心，以增加居民的消费需求。同时，改变收入结构的不合理状况，通过税收调节等措施使高收入水平阶层的过剩消费能力转移到低收入水平阶层，从而提高整个社会的消费需求。

3. 实现产业结构优化升级

在通货紧缩时期，应当利用供过于求、价格下跌的时机，积极推进企业资产重组，加速淘汰低效率、低效益、产能过剩的企业，从而调整产业结构和产品结构，实现资源的优化配置。对于使用新技术、生产率高的企业则给予政策上的支持，使其快速发展壮大。总之，通过产业结构调整来优化供给将有利于经济摆脱通货紧缩，并会启动新一轮的经济增长。

特别提示

目前，关于我国通货紧缩的原因，主要有三种解释，即流动性滞存、货币流动性不足、流动性约束。流动性滞存论者把货币供给总量分为购买货币量和滞存货币量两部分，当流动性滞存达到一定程度时，增加的货币供应量全部变为滞存货币量，这时经济就进入了流动性陷阱，便会引起通货紧缩。货币流动性不足论者认为，通货紧缩的原因在于货币的流动性不足，即货币总体的流通速度减慢。流动性约束论者认为，造成通货紧缩的原因是由于企业投资收益多数较差，故银行的“惜贷”、“慎贷”行为使企业和居民得不到投资所需的资金，从而形成了流动性约束。

项目小结

通货膨胀是指经济中的货币供应量超过了客观需要量，使得社会总需求大于总供给，导致单位货币贬值，一般物价水平全面的、持续的和显著的上涨现象。常用的通货膨胀度量指标有消费者价格指数、生产者价格指数、国内生产总值价格平减指数三类。通货膨胀按照不同的划分标准可分为温和式通货膨胀、奔腾式通货膨胀、超级通货膨胀、平衡的通货膨胀、非平衡的通货膨胀、公开型通货膨胀、隐蔽型通货膨胀、可预期的通货膨胀、不可预期的通货膨胀、需求拉上型通货膨胀、成本推进型通货膨胀、供求混合型通货膨胀、结构型通货膨胀。通货膨胀的成因是多方面的。通货膨胀具有强制储蓄效应、收入再分配效应、财富再分配效应、产出效应和就业效应。通货膨胀的治理可以从需求管理政策、收入紧缩政策、收入指数化政策三个方面着手。通货紧缩是指经济中的货币供应量少于客观需要量，使得社会总需求小于社会总供给，导致单位货币升值(购买力增强)，一般物价水平全面而持续地下降并伴随着经济衰退的现象。马克思、凯恩斯和费雪分别阐述了通货紧缩的产生机理。通货紧缩对经济会带来积极影响和消极影响。为治理通货紧缩，需要从实施扩张性的财政政策和货币政策、完善居民收入分配制度、实现产业结构优化升级三个方面入手。

专栏十

1) 1929～1933 年美国大萧条

1929～1933 年，美国国民生产总值下降 29%，消费者价格指数下降近 25%，股市暴跌近 85%，失业率从 3%升至近 25%，实际利率维持在 8%左右。为摆脱大萧条，1933 年 3 月 4 日，罗斯福总统开始实行一系列举措：兴建大规模公共工程；颁布一系列旨在挽救银行业的立法，如《1933 年银行法》、《格拉斯-斯蒂格尔法》等；颁布《农业调整法》和《全国工业复兴法》，扶持工、农业发展；颁布《社会保障法》，建立社会保障制度等。

2) 1992～2002 年日本“失去的十年”

1992～2002 年被称为日本“失去的十年”。期间，日本名义 GDP 增长率不到 1%，从 1994 年第三季度之后的每个季度(除自 1997 年第二季度之后的四个季度外)，GDP 平减指数均为负增长，日经指数下跌近 78%，失业率从 2.1%上升到 5.4%，实际利率维持在 3%以上。日本政府采取多种措施应对通缩：实施高达 130 万亿日元的财政刺激方案；实行零利率和数量宽松货币政策；对日元贬值采取听之任之的态度；集中出台一批关于银行业危机管理的金融法案，全面清理主要银行不良资产等。

3) 1998～2002 年我国通货紧缩

1998～2002 年，我国 GDP 年均增长率从 1990～1997 年的 6.8%下降到 3.6%，M_2 环比平均增速从 1990～1997 年的 21.5%下降到 8.8%；CPI 增速有 10 个季度为负，增速最快的 2000 年第一季度仅环比增长 1.3%。面对通货紧缩，我国政府积极应对：一是从 1998 年下半年开始，我国开始采取发行建设国债、减税等扩张性财政政策。二是央行在 1996 年以后连续八次降息，从 1998 年起取消对国有商业银行的贷款限额控制。

(资料来源：央行课题组，对当前宏观调控政策取向的几点建议)

实 训 练 习

一、核心概念

通货膨胀	物价指数	消费者价格指数	生产者价格指数
国内生产总值价格平减指数		温和式通货膨胀	奔腾式通货膨胀

超级通货膨胀　平衡的通货膨胀　非平衡的通货膨胀　公开型通货膨胀
隐蔽型通货膨胀　可预期的通货膨胀　不可预期的通货膨胀　结构型通货膨胀
需求拉上型通货膨胀　成本推进型通货膨胀　供求混合型通货膨胀
菲利普斯曲线　通货紧缩　危害型通货紧缩　无害型通货紧缩
温和型通货紧缩　严重的通货紧缩　需求不足型通货紧缩　结构型通货紧缩
微观效益下降型通货紧缩　政策失误型通货紧缩

二、问答题

1. 通货膨胀的基本特征是什么？
2. 试述通货膨胀的成因。
3. 通货膨胀具有哪些经济效应？
4. 论述通货膨胀的治理措施。
5. 说明通货紧缩的产生机理。
6. 试述通货紧缩对经济的影响。
7. 说明通货紧缩的治理措施。

三、案例分析

第一次世界大战之后，德国经历了一次历史上最引人注目的超速通货膨胀。在战争结束时，同盟国要求德国支付巨额赔款。这种支付引起德国财政赤字，德国支付最终通过大量发行货币来为赔款筹资。

从 1922 年 1 月到 1924 年 12 月，德国的货币和物价都以惊人的比率上升。例如，每份报纸的价格从 1921 年 1 月的 0.3 马克上升到 1922 年 5 月的 1 马克、1922 年 10 月的 8 马克、1923 年 2 月的 100 马克直到 1923 年 9 月的 1 000 马克。在 1923 年秋季，价格实际上飞起来了：一份报纸价格 10 月 1 日 2 000 马克、10 月 15 日 12 万马克、10 月 29 日 100 万马克、11 月 9 日 500 万马克直到 11 月 17 日 7 000 万马克。1923 年 12 月，货币供给和物价突然稳定下来。

正如财政引起德国的超速通货膨胀一样，财政改革也结束了超速通货膨胀。在 1923 年底，政府雇员的人数裁减了 1/3，而且，赔款支付暂时中止并最终减少了。同时，新的中央银行——德意志银行取代了旧的中央银行——德国国家银行。政府要求德意志银行不要通过发行货币为其筹资。

根据我们对货币需求的理论分析，随着持有货币成本的下降，超速通货膨胀的结束会引起实际货币余额增加。随着通货膨胀上升，德国的实际货币余额减少，然后，随着通货膨胀下降，实际货币余额又增加。但实际货币余额的增加并不是即刻的。也许实际货币余额对持有货币成本的调整是一个渐进的过程。也许使德国人民相信通货膨胀已真正结束需要一段时间，从而预期的通货膨胀比实际通货膨胀下降得要慢一点。

请思考：通货膨胀对高、中、低收入阶层的影响一样吗？

项目11 货币政策

项目思考

货币政策已经成为当今世界各国干预宏观经济的重要调控手段之一，则货币政策的内容体系如何？它包括哪些部分？中央银行如何实施货币政策，有哪些政策工具？货币政策是如何对经济产生影响的，即货币政策的传导机制是什么？

项目目标

通过本项目的学习，你将能够：

- 理解货币政策的内容体系；
- 掌握货币政策的最终目标以及中介目标；
- 了解货币政策工具以及货币政策传导；
- 了解中国的货币政策实践。

项目框架

在明确货币政策的含义及其构成要素的基础上，介绍了货币政策的内容体系，包括货币政策目标、货币政策工具、货币政策传导机制等。本项目的知识框架如图 11.1 所示。

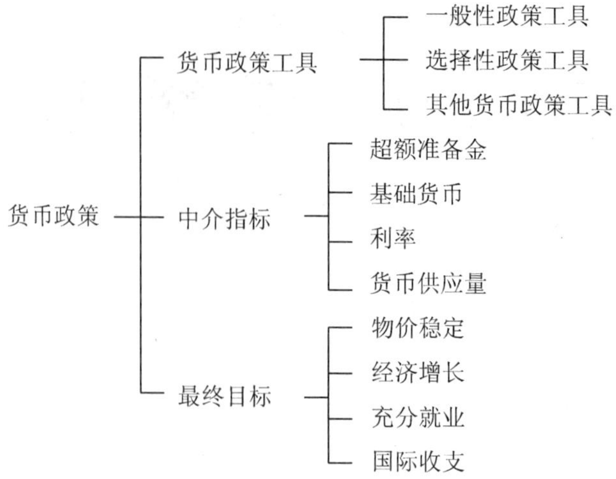

图 11.1 项目框架

引导案例

中国的货币政策实践

近年来我国货币政策动作频繁：1996～2002 年，面对实现“软着陆”之后国内国际经济形势的新变化，中国人民银行配合国家扩大内需的总体经济方针，先后采取了一系列具有扩张性的货币政策，包括 8 次降息、两次调低存款准备率、取消实施多年的贷款规模管理、扩大公开市场操作、增加再贴现规模、出台各种窗口指导政策、大力倡导消费信贷等。其扩张意图之明显、扩张政策工具之多、扩张力度之大实为我国宏观调控历史之最。

2004 年 10 月之后，为缓解经济偏热的压力，我国进入了加息周期。特别是 2007 年以来，为了应对较为严重的结构性通货膨胀压力，中国人民银行连续 6 次上调金融机构人民币存贷款基准利率，并连续 15 次提高存款类金融机构人民币存款准备金率，到 2008 年 2 月金融机构一年期存款和贷款的基准利率分别提高到 4.14%和 7.47%，存款类金融机构人民币存款准备金率也于 2008 年 6 月 7 日提高到 17.5%，这一阶段我国货币政策呈“紧缩”态势。

而自 2008 年下半年开始，受美国“次贷危机”爆发所引起的国际经济金融环境急剧恶化的影响，为防止经济增长速度过快下滑和出现大的波动，我国开始实行积极的财政政策和适度宽松的货币政策。其中，货币政策方面，中国人民银行于 2008 年 9 月 16 日将金融机构 1 年期人民币贷款利率下调至 7.20%，并从 11 月 27 日起，再次将存贷款基准利率均下调 1.08 个百分点，同时下调中央银行再贷款、再贴现等利率。

11.1 货币政策及其目标

货币政策是当代世界各国政府干预和调节宏观经济运行的主要政策之一，也是对市场经济影响力最大、影响面最广的经济政策。所谓货币政策是指中央银行为实现一定的经济目标，运用各种工具调节货币供给、信贷和利率等变量进而影响宏观经济所采取的方针和措施的总和。货币政策有三大构成要素，即货币政策目标、实现目标所采用的政策工具，以及中介指标。货币政策的最终目标包括物价稳定、经济增长、充分就业以及国际收支平衡，这四个目标之间存在着矛盾与统一。为实现这些目标，中央银行可以采用的政策工具有一般性货币政策工具(包括法定存款准备金率、再贴现和公开市场操作)、选择性政策工具(包括消费信用控制、证券市场信用控制、不动产信用控制和优惠利率)，以及其他货币政策工具(包括直接信用控制和道义劝告等间接信用指导)。为了更好地实施货币政策以调控宏观经济，中央银行往往选择政策的中介指标，如超额准备金、基础货币、利率和货币供给等。

11.1.1 货币政策的含义及其构成要素

货币政策(monetary policy)，通常指的是中央银行为实现一定的经济目标，运用各种工具调节货币供给、信贷和利率等变量进而影响宏观经济所采取的方针和措施的总和。它在国家的宏观经济政策中居于十分重要的地位，同财政政策一起构成国家调节经济的两大宏观政策。

货币政策有三大构成要素：①货币政策目标(包括最终目标、中间目标、操作目标)；②实现政策目标所采用的政策工具；③货币政策中介指标。三者之间的关系是，货币政策工具作用于货币政策中介指标，通过货币政策中介指标去实现货币政策目标。从确定目标，运用工具，到实现预期的政策目标，还存在着一些作用环节，其中主要有货币政策中介目标和政策传导机制等。货币政策的内容构成可以如图 11.2 所示。

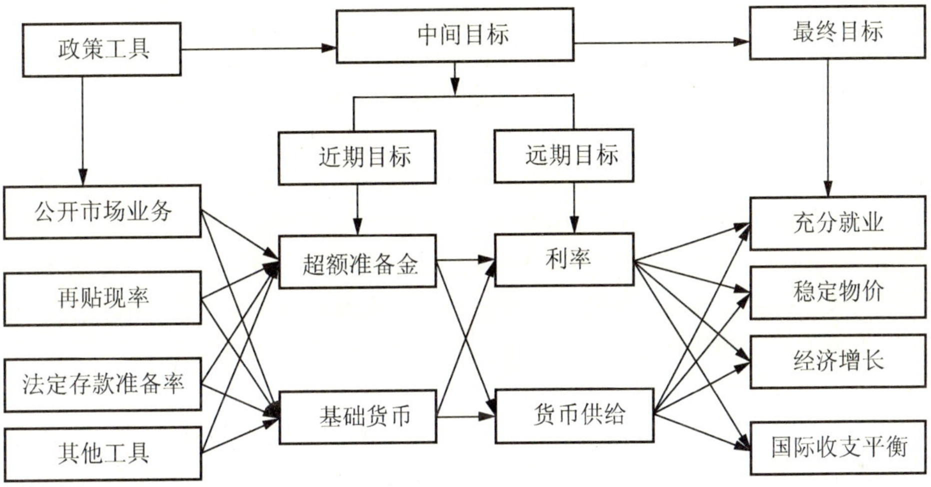

图 11.2 货币政策内容结构

11.1.2 货币政策的最终目标

1. 货币政策目标的内容

货币政策最终目标又称货币政策目标，是中央银行通过货币政策的操作而达到的最终宏观经济目标。一般地，货币政策分为四大目标：

1) 币值稳定

从字面上理解，币值稳定就是指稳定货币的价值，在纸币流通条件下，也就是要稳定货币的购买力。货币购买力是用单位货币所能购买到的商品(或服务)来衡量的，稳定货币购买力即保持单位商品所能换到的货币数量不变。因为单位商品所能换到的货币数量就是物价，所以，稳定币值就等同于稳定物价。对于该目标，就其本身要求而言，就是既要防止物价上涨，又要防止物价下跌。从历史上货币政策的实践来看，稳定物价水平主要是解决物价上涨的问题，因此，许多国家货币当局的最终目标中只提出反对通货膨胀，如德国和日本等。需要注意的是，物价稳定只能是相对稳定，并非是通货膨胀率越低越好，因为通货紧缩同样会对经济发展产生不良影响。

2) 充分就业

20 世纪 30 年代，经济形势的变化和经济理论的发展使货币政策有了新的内容。这主要是世界经济危机的出现导致大量失业，高失业率成为当时政府面临的最重要的问题。因此，如何降低失业率，实现充分就业就成为宏观经济政策的主要任务。1936 年凯恩斯在《就业、利息和货币通论》一书中从理论上阐述了货币政策在国家干预经济、实现充分就业中的积极作用，从而赋予了货币政策新的职能。1946 年美国国会通过了《就业法》，正式将充分就业确定为货币政策的一个目标。但需要说明的是，经济理论中的充分就业并不是指所有的社会劳动力均有工作这样一种状态，而是指所有有劳动能力且愿意工作的人均有工作，即失业率降到社会可以接受的水平。充分就业并不意味着消除失业，因为在许多国家，即使社会提供的工作机会与劳动力完全均衡，也可能存在摩擦性或结构性失业。另外，在市场经济发达的国家，失业队伍是产业的后备军，是劳工市场供给要素流动的必备条件。根据西方国家近 20 年的经验，失业率若控制在 4%左右，即可视为充分就业。

3) 经济增长

关于经济增长，经济学界至少有两种解释。一种观点认为，经济增长就是指国民生产总值的增加，即一国在一定时期内所生产的商品和劳务总量的增加，或者是人均国民生产总值的增加，它反映了一个国家的经济发展速度。另一种观点认为，经济增长是指一国生产商品和劳务能力的增长，它反映了一个国家经济增长的动态效率。目前大多数国家采用国民生产总值或国内生产总值的年增长率或人均年增长率来衡量经济增长程度。

至于货币政策应当追求多高的经济增长速度，则取决于经济增长利益和经济增长成本之间的权衡和比较。社会欲实现一定速度的经济增长，必须付出一定的成本和代价，社会公众必须忍受目前消费减少的痛苦以进行储蓄和投资，经济的增长还可能带来环境的污染、资源的消耗等，而经济增长的最大利益是增加社会公众的未来福利。适度的经济增长，从理论上来讲就是经济增长的边际成本和边际收益相等时的经济增长率，但是很难测算。在实际操作中，各国政府为了政治、经济和军事上的需要，总是追求实现一定速度的经济增长，但是，应在综合考虑资源有效利用、环境保护和长期可持续性发展要求的基础上制定年度经济增长目标。

4) 国际收支平衡

国际收支是指一定时期内一国与其他国家或地区之间由于政治、经济、文化往来所引起的全部货币收支。国际收支平衡是指一国对其他国家或地区的全部货币收支持平，或略有顺差和逆差。国际收支平衡有利于一个国家国民经济的健康发展，保证对外经济活动的正常进行，特别是对于开放经济部门占总体经济比重较大的国家更是如此。中央银行通过货币政策措施的实施，可以改善贸易收支和资本流动，解决或预防国际收支失衡问题。

2. 货币政策目标之间的关系

货币政策目标之间的关系较为复杂，有的在一定程度上具有一致性，如充分就业和经济增长，二者成正相关关系；有的目标之间则存在着矛盾和冲突，常常不能够同时实现。

1) 稳定物价(即币值稳定)与充分就业的矛盾

货币政策要实现充分就业的目标，只能通过扩张信用和增加货币供给量来刺激投资需求和消费需求，才能扩大生产规模，增加就业，但伴随而来的将是一般物价水平的上涨。而为了稳定物价，就需要抽紧银根，紧缩信用，降低通货膨胀率，其结果就会导致经济衰退和失业率上升。因此，失业率与物价上涨之间存在着一种此消彼长的关系。稳定物价与充分就业是一对矛盾，要实现充分就业，就要以忍受通货膨胀率上升为代价；要维持物价稳定，就要以忍受失业率上升为代价，二者不能同时兼顾。

2) 稳定物价与经济增长的矛盾

稳定物价与经济增长之间是否存在矛盾，学术界看法不一。古典学派认为，只有物价稳定才能维持经济的长期增长势头，而经济增长带来的商品丰富，又会使物价稳定，所以稳定物价与经济增长是不矛盾的。然而现代经济实践表明，经济增长总是伴随着物价的上涨，两个目标之间客观地存在着矛盾，追求无通货膨胀的经济增长是不现实的。政府当局和货币管理当局在很多情况下只能在两者之间做出调和，选择两项目标的最佳组合方式，即在可接受的物价上涨率基础上发展经济，在保证合理经济增长需要的前提下稳定币值。

3) 稳定物价与国际收支平衡的矛盾

在开放型经济中，各个国家的经济是相互联系和相互影响的，这种联系和影响会通过一个国家的收支状况反映出来。一般来说，只有各国都维持基本相同的物价水平，并且在贸易形态和进出口商品结构不变的条件下，物价稳定才能与国际收支同时存在。但事实上这是不可能的。若其他国家发生通货膨胀，本国物价稳定，则会造成本国出口增加，进口减少，国际收支发生顺差；若本国发生通货膨胀，其他国家的物价稳定，表明本国货币对内贬值，在一定时期内购买外国商品便宜，则会导致本国出口减少，进口增加，使国际收支恶化。

4) 经济增长与国际收支平衡的矛盾

经济增长与国际收支平衡之间之所以会出现矛盾，是因为随着经济增长，就业人数增加，收入水平提高，对进口商品的需求通常也会相应增加，从而使进口贸易增长得更快，出现贸易逆差。为了平衡国际收支，消除贸易逆差，中央银行需要紧缩信用，减少货币供给，以抑制国内的有效需求，但是生产规模也会相应减缩，从而导致经济增长放缓。因此，经济增长与国际收支平衡二者之间也相互矛盾，难以兼得。

3. 货币政策目标选择

由于货币政策的各个目标之间存在着矛盾，从而使人们不能兼顾全部目标，只能权衡各目标对当前形势的轻重而选择一个或几个目标作为货币政策的最终目标，于是就出现了货币政策目标的选择问题。在理论上，主要有主张以稳定币值为唯一目标的“单一目标论”，主张同时追求稳定币值和经济增长的“双重目标论”，主张总体上兼顾各个目标，而不同时期确定各目标的主次地位和先后顺序的“多重目标论”。各国由于经济发展水平和经济结构的差异，在货币政策目标选择上才有差异，例如发展中国家多以促进经济增长为首选目标，而开放经济型小国通常将国际收支平衡放在首要地位；同一国家在不同时期也有不同的选择。

我国于1995年《中国人民银行法》颁布之前，一直奉行的是双重货币政策目标，即发展经济和稳定货币。但随着我国改革开放的推进，货币政策的双重目标越来越难以同时实现。1995年的《中国人民银行法》对双重目标进行了修正，确定货币政策目标“保持货币币值的稳定，并以此促进经济增长。”显然，在“稳定”与“增长”之间，有先后之序、主次之分。

2003 年 12 月 27 日生效的重新修订的《中国人民银行法》再次确认了这一目标。这个目标体现了两个要求。第一，不能把稳定币值与经济增长放在同等的地位。从主次看，稳定币值始终是主要的；从顺序来看，稳定货币为先。中央银行应该以保持币值稳定来促进经济增长。第二，即使在短期内兼顾经济增长的要求，仍必须坚持稳定货币的基本立足点。

11.1.3 货币政策的中介指标

1. 货币政策中介指标的含义及选择标准

货币政策中介指标，也称中间目标、中介目标，是指中央银行为实现特定的货币政策目标而选取的操作对象。中央银行在实施货币政策时所采用的货币政策工具无法直接作用于最终目标，需要一些中间环节来完成政策传导任务，因此，中央银行在政策工具和最终目标之间设置了某些短期的数量化的金融变量。中央银行可以通过它们的变动，观察社会经济活动状态和金融趋势，测定货币政策工具的有效性以及货币政策的实施进度及效果，并通过对它的控制与调节来影响并最终实现既定的货币政策目标。因此，货币政策中间指标是政策工具和最终目标之间的中介或桥梁，是为货币政策朝着最终目标运行而设置的可靠“航标”。使用它来校正工具和跟踪目标，可以使中央银行在实施货币政策的过程中时刻处于主动地位，对宏观经济实现有弹性和有层次的调控。概括起来，货币政策中间目标的作用在于：第一，表明货币政策实施的进度；第二，为中央银行提供一个追踪的指标；第三，便于中央银行随时调整货币政策。

通常，合适的货币政策中介指标应该具备以下三个条件：

(1) 可测性。即中央银行能够迅速和准确地获得它所选定的中介指标的各种资料，并且能被社会各方面理解、判断与预测。

(2) 可控性。即中央银行应该能够对货币政策中间目标进行有效的控制和调节，能够较准确地控制该变量的变动状况及其变动趋势，并且不会遇到太多的麻烦和障碍。

(3) 相关性。即货币政策中介指标应与最终目标之间具有高度的相关关系。

2. 货币政策中介指标的种类

目前，中央银行实际操作和理论界推崇的货币政策中介指标主要有基础货币、超额准备金、利率、货币供应量等。

1) 基础货币

基础货币是指流通中现金与商业银行存入中央银行的准备金之和。基础货币作为操作目标，其可测性、可控性和相关性非常好。首先，从可测性来看，基础货币表现为中央银行的负债，其数额多少随时在中央银行的资产负债表上反映出来，中央银行很容易掌握这些资料。其次，基础货币中的通货是中央银行向社会注入的现金量，中央银行愿意注入多少现金，是可以直接控制的。金融机构的存款准备金总量则取决于中央银行的再贴现和再抵押贷款，以及法定存款准备金比率水平，有较强的可控性。再次，从基础货币与货币政策目标的相关性来看，中央银行通过对基础货币的操纵，就能使商业银行及社会大众调整其资产构成，改变社会的货币供应总量，从而影响到市场利率、价格以及整个社会经济活动。一般来说，基础货币增加，社会的货币供应总量增加，社会总需求增加；相反，基础货币减少，社会的货币供应总量减少，社会总需求也会随之减少。所以，基础货币是一个良好的货币政策操作目标。

2) 超额准备金

超额准备金是指商业银行准备金中超过中央银行规定的法定存款准备金的部分，主要由库存现金和在中央银行的超额准备金存款组成。超额准备金是商业银行扩大贷款、增加货币供应量的基础，中央银行控制商业银行超额准备金是控制贷款规模的重要手段。虽然超额准备金主要受商业银行决策的影响，但是，中央银行对商业银行的超额准备金是可以控制的，控制方法就是通过变动法定存款准备率、开展再贴现业务和实行公开市场操作等。当中央银行提高法定存款准备率或在公开市场出售有价证券时，就会使商业银行的超额准备金减少；而降低法定存款准备率、增加对商业银行的再贴现、买入有价证券，就会使商业银行超额准备金增加。中央银行还可以通过向某一商业银行定向发行央行票据，冻结其过多的超额准备金，限制它的贷款行为。由于商业银行要定期向中央银行报告库存现金变动情况，在中央银行的超额准备金存款数据可从中央银行银行资产负债表上直接获得，因此超额准备金的可测性也是很好的。

3) 利率

作为中间目标的利率是指市场短期利率，它是凯恩斯主义所推崇的货币政策中间目标。在20世纪70年代以前凯恩斯主义占统治地位时，各国中央银行都把利率作为主要的中间目标。利率作为中间目标的优点是：①可测性强，中央银行随时都能观察到市场利率的水平及结构；②可控性强，中央银行可以通过直接控制再贴现率、再贷款利率，或通过公开市场业务买卖有价证券，调节市场的资金供求，影响市场利率水平和结构；③相关性强，利率是把货币供应量变动传导到生产和投资领域的关键变量，利率的变动直接影响投资需求，并通过投资乘数的作用，使投资支出、消费支出数倍增长，从而使产出增加。市场利率作为经济的一个内在因素，总是随社会经济的发展状况而运转的。

但是，利率作为中间目标也存在缺陷。其主要缺陷是作为内生变量的利率与作为政策变量的利率会相互干扰。主要表现在：利率作为一个经济内生变量，它的变化与经济周期变动方向是一致的，即在经济繁荣兴旺时期，利率会因为信贷资金需求的增加而上升；在经济萧条时期，利率会因金融市场的萎缩、信贷资金需求的减少而下降。而作为一个政策变量，利率变动也是与经济周期变动方向一致的，即在繁荣时期，由于各经济主体投资增加，信贷资金需求旺盛，中央银行为防止通货膨胀，必须压缩社会总需求，调高利率；反之，在萧条时期，为刺激需求、提高就业水平，则需要降低利率。因此，作为经济内生变量的利率与作为政策变量的利率，与经济周期的变动方向一致，所以，利率变动的政策性效果与非政策性效果是混合在一起，中央银行往往难以判断货币政策是否奏效。

4) 货币供应量

货币供应量是以弗里德曼为代表的现代货币主义所推崇的中间目标，20世纪70年代中期各国中央银行纷纷把中间目标由利率改为货币供应量。货币供应量作为货币政策中间目标具有的优点是：①货币供应量的变动能直接影响经济活动，及货币供应量与经济的运动方向是一致的，在经济繁荣时会增加，经济萧条时会自动收缩；②中央银行对货币供应量的控制力较强；③与货币政策意图联系紧密。货币供应量增加，表示货币政策扩张；货币供应量减少，表示货币政策紧缩。

作为货币政策中间指标，货币供应量与利率相比较，优点是不会产生内生变量与政策变量之间的互相干扰。作为内生变量，货币供给量的变动是顺经济循环的，即繁荣时，银行会增加信贷资金投放，增加货币供应量；当经济萎缩时，银行会减少信贷资金的投放，减少货币供应量。货币供应量作为政策变量则是逆经济循环的，经济过热时，为防止过高的通货膨胀，中央银行会压缩货币供应量；在经济萎缩时期，中央银行会增加货币供应量，刺激需求。因此，货币供应量作为中间指标，不会使政策性影响与非政策性影响相互混淆，导致中央银行判断失误。

特别提示

货币政策与稳定物价、经济增长、充分就业和国际收支平衡这四大最终目标之间的关系存在着统一和矛盾。货币政策不可能同时兼顾，因而要根据不同的经济形势确定货币政策追求的重点目标。

11.2 货币政策工具

货币政策工具又称货币政策手段，是中央银行为实现货币政策目标而使用的各种策略手段。货币政策工具按其影响范围的不同，可分为一般性货币政策工具、选择性货币政策工具和其他货币政策工具三类。

11.2.1 一般性货币政策工具

一般性货币政策工具是最主要的货币政策工具，通常被称为货币政策的"三大法宝"，包括法定存款准备金政策、再贴现政策和公开市场操作政策。

1. 法定存款准备金政策

法定存款准备金政策是指中央银行通过调整商业银行交存的法定存款准备金比率，以调控商业银行超额准备和改变货币乘数，控制商业银行的信用创造能力，进而间接调控社会货币供应量的策略、措施。法定存款准备金率是金融机构按规定向中央银行交纳的存款准备金占其存款总额的比率。

存款准备金制度始于英国，以法律形式出现则始于1913年美国的联邦储备法。凡是实行中央银行制度的国家，一般都实行法定存款准备金制度。实行该制度的本意是，银行吸收的存款不能全部贷出去，而要留下一部分以应对存款人的随时支取。而现今，实行法定存款准备金制度的主要目的已不是应付支取和防止挤兑，而是作为控制银行体系总体信用创造能力和调整货币供给的根据。法定存款准备金政策通常被认为是货币政策最猛烈的工具之一。因为法定存款准备金率是通过决定或改变货币乘数来影响货币供给的，即使法定存款准备金率调整的幅度很小，也会引起货币供给的巨大波动。这个工具的优点主要在于其作用力大、主动性强和见效快。

但是，存款准备金政策也有明显的局限性：①由于法定存款准备金率调整的效果比较强烈，其调整对整个经济和社会心理预期都会产生显著的影响，不宜作为中央银行调控货币供给的日常性工具，这致使它有了固定化的倾向；②调整法定存款准备金率对商业银行的经营管理干扰交点，增加了银行流动性风险和管理的难度，且由于中央银行对法定存款准备金不付息，这会降低银行的盈利，削弱其在金融领域的竞争力；③存款准备金对各类银行和不同种类存款的影响不一致，因此货币政策实现的效果可能因这些复杂情况的存在而不易把握。

2. 再贴现政策

再贴现政策是指中央银行对商业银行向其申请再贴现所做的政策性规定。再贴现政策是中央银行通过向商业银行等金融机构提供融资的方式来进行货币政策的操作。一般包括两方面的内容：①再贴现率的确定与调整，②申请再贴现资格的规定与调整。前者主要影响商业银行的筹资成本，限制商业银行的信用扩张，控制货币供应量；后者则主要影响商业银行及社会的资金投向，可以按照国家产业政策的要求，促进结构调整。再贴现率的调整主要着眼于短期供求均衡，中央银行可根据市场资金供求状况调整再贴现率。一方面能够影响商业银行借入资金的成本，进而影响商业银行向社会提供的信用量；另一方面，反映了中央银行的政策意向，在金融市场上产生一种告示效应，即提高再贴现率意味着货币政策的紧缩倾向，反之则意味着货币政策的扩张。从传导机制看，若中央银行调高再贴现率，商业银行需要以较高的代价才能从中央银行获得贷款，商业银行就会提高对客户的贴现率或提高放款利率，其结果就会使信用量收缩，市场货币供给减少，市场利率也会因资金供求和预期的变化而相应变动。中央银行对再贴现资格条件的规定与调整能够改变或引导资金流向，可以发挥抑制或扶持作用，主要着眼于长期的结构调整。再贴现政策还是中央银行扮演最后贷款人角色的途径，在保持金融稳定方面发挥着重要作用。

但是，再贴现政策也有一定的局限性。①主动权并非只在中央银行，甚至市场的变化可能违背中央银行的政策意愿。因为商业银行是否申请再贴现或再贴现多少，取决于商业银行的行为，由商业银行自主判断和选择。如果商业银行可以通过其他途径筹措资金而不依赖于再贴现，则中央银行就无法运用这个工具。②再贴现率的调节作用是有限度的。在经济繁荣时期，提高再贴现率也不一定能够抑制商业银行的再贴现需求和资产扩张；在经济萧条时期，调低再贴现率也不一定能够刺激商业银行的再贴现需求。③再贴现率是中央银行的利率，其调整会引起市场利率的大幅波动，加大利率风险，干扰市场机制。④中央银行通过再贴现充当最后贷款人，有可能加大金融机构的道德风险。

3. 公开市场操作政策

公开市场操作，即公开市场业务，是指中央银行在金融市场上公开买卖有价证券，以此来调节金融机构的准备金和基础货币，进而影响市场利率和货币供给的政策行为。当中央银行认为应该放松银根时，就在金融市场上买进有价证券(主要是政府债券、回购协议或央行票据)，从而将基础货币投放出去，直接增加金融机构的准备金存款；反之，则卖出有价证券以紧缩银根。

与再贴现和法定存款准备金政策相比，公开市场操作有着明显的优越性。①主动性强。中央银行的公开市场操作的目标是调控货币供应量或利率而非盈利，所以它可以不计证券交易的价格，从容实现操作目的，即可以高于市场价格买进或低于市场价格卖出有价证券，自主性很强，不像再贴现政策那样被动。②灵活性强。中央银行可以根据金融市场的变化，进行经常性、连续性的操作，并且买卖数量可多可少，且操作方向可以逆转。③调控效果和缓，振动性小。由于这项业务以交易行为出现，不是强制性的，加之中央银行可以灵活操作，所以其对经济社会和金融机构的影响比较平缓，不像调整法定存款准备金率那样震动很大。④告示效应强，影响范围广。中央银行在金融市场上公开买卖证券，其操作的方向和力度代表了货币政策的取向，给商业银行和公众以明确的信号，可以影响他们的预期和经济行为；

同时，中央银行的买卖还会影响证券市场的供求和价格，进而对整个社会投资和产业发展产生影响。

但公开市场操作作用的有效发挥取决于三个条件：①中央银行必须具有足以干预和控制整个金融市场的资金实力；②要有发达和完善的金融市场，中央银行可以买卖的证券种类必须达到一定规模，经济主体的理性化程度较高，有完善的政策传导机制；③必须有其他政策工具的配合。

公开市场操作政策的局限性在于：①政策意图的告示作用较弱，由于公开市场业务操作具有连续性，随时可能改变操作方向，很难判断公开市场操作是改变政策的进攻性操作，还是抵消其他影响的防御性操作，所以人们很难从公开市场操作中了解中央银行的政策意图；②对商业银行的强制性影响较弱，中央银行虽然决意买进或卖出政府债券，但商业银行是否愿意交易，则取决于自己的判断，中央银行难以对商业银行的交易施加强制性影响。

11.2.2 选择性货币政策工具

选择性货币政策工具也称特殊的政策工具，是中央银行针对某些特殊的经济领域或特殊用途的信贷而采用的信用调节工具。与一般性货币政策工具侧重于货币总量调节相比，选择性工具对信贷资金配置侧重的是结构性调节。选择性政策工具大都是 20 世纪 30 年代以后逐步发展起来的，多数有浓厚的行政色彩，它们的运行机制不依靠利益，而主要是依靠国家授予中央银行的权力来推动的。选择性货币政策工具有以下几种：

1. 消费信用控制

消费者信用控制，是指中央银行对不动产以外的各种耐用消费品的销售融资予以控制，如规定分期购买耐用消费品首期付款的最低限额、规定消费信贷的最长期限、规定可用消费信贷购买的耐用消费品的种类等。

2. 证券市场信用控制

证券市场信用控制，是指中央银行对有关有价证券交易的各种贷款进行限制，目的在于限制借款购买有价证券的比重。例如，规定支付的保证金限额，一方面可以控制证券市场信贷资金的需求，稳定证券市场价格；另一方面可以调节信贷资金供给结构，通过限制大量资金流入证券市场，将较多的资金转入生产和流通领域。

3. 不动产信用控制

不动产信用控制，是指中央银行对商业银行等金融机构在房地产方面放款的限制。其调控方式与消费信用控制类似。

4. 优惠利率

优惠利率，是指中央银行对按国家产业政策要求重点发展的经济部门或产业，规定较低贴现率或贷款利率的一种管理措施，如基础产业、高科技产业、出口创汇企业等。优惠利率大多在经济不发达国家运用。

11.2.3 其他货币政策工具

1. 直接信用控制

直接信用控制，是指中央银行从质和量两个方面以行政命令或其他方式对商业银行等金融机构的信用活动进行直接控制，如规定利率最高限额、信用配额、流动性比率和直接干预等。

规定利率最高限额，即中央银行对商业银行等金融机构的存贷款利率规定最高限额。信用配额是指中央银行根据金融市场状况及客观经济需要，规定各金融机构或某一类金融机构的最高贷款额度，以此控制信用规模。在西方国家，这种直接干预一般只在金融危机、战争等特殊情况下使用。流动性比率即商业银行流动资产占总资产的比率。规定流动性比率是中央银行为了控制长期信用规模而采取的直接管制措施。商业银行为保持中央银行规定的流动比率，就必须压缩长期贷款，扩大短期放款，并增加易变现的流动资产比率，从而达到中央银行压缩长期信用规模、减少社会投资规模的目的。直接限制是指中央银行对业务活动不当的银行的信贷业务、放款范围等加以直接限制。例如：对业务经营不当的银行拒绝给予再贴现，或拒绝再贷款，或对其采用高于一般利率的惩罚性利率等；直接干涉某一商业银行对活期存款的吸收；规定某一商业银行对不动产投资的限额，等等。

2. 间接信用指导

间接信用指导是指中央银行通过道义劝告、窗口指导和金融检查等办法对商业银行等金融机构的信用变动方向和重点实施间接指导。

所谓道义劝告是指中央银行利用其声望和地位，对商业银行等金融机构发出通告、指示或与各金融机构的负责人进行面谈，交流信息，解释政策意图，使商业银行和其他金融机构自动采取相应措施来贯彻中央银行的政策。

所谓窗口指导是指中央银行根据产业行情、物价趋势和金融市场动向，规定商业银行的贷款重点投向和贷款变动数量等。

所谓金融检查，是指政府赋予中央银行的监督职能，对商业银行等金融机构的有关业务活动进行合法性、合规性等方面的检查，并针对检查情况采取必要的措施。

特别提示

对于一般性货币政策工具，法定存款准备金率、再贴现和公开市场操作，各有优劣，在实践中运用较多的是公开市场操作。

11.3 货币政策传导机制

所谓货币政策传导机制，一般是指货币政策影响实体经济的方式或机制。货币政策传导的机制或渠道的多少取决于一定的金融结构。由于经济运行涉及的变量众多，各种变量之间的关系更是繁复，因此，关于货币政策到底通过何种途径来影响经济的理论也是众说纷纭。根据弗雷德里克·S. 米什金的理论，可以将货币政策传导渠道分为利率传导渠道、货币供应量传导渠道、资产价格传导渠道(包括关于投资的 q 渠道、关于消费的财富效应渠道、关于居民资产组合的流动性渠道等)、信贷传导渠道以及开放经济条件下的汇率渠道。

11.3.1 利率传导机制

1. 维克塞尔的自然利率说

维克塞尔把利率分为两种：货币利率，即由市场供求决定的利率，即银行的贷款利率；自然利率，也就是使借贷资本需求与储蓄供给相等的利率，大致相当于新形成资本的预期收益率。维克塞尔认为货币利率与自然利率相等，则货币政策就不会对真实经济产生影响；但实际经济中，这两种利率总是相背离的，从而货币对经济具有真实效应。

2. 凯恩斯的利率传导渠道理论

凯恩斯认为货币政策通过影响利率、有效需求，进而对实际经济产生影响。以扩张性货币政策为例，货币供应量增加会导致利率下降和投资增加，进而通过乘数效应直接增加社会总需求和收入。由此，凯恩斯的货币政策传导途径可概括为：货币供给↑→利率↓→投资↑→总支出↑→产出↑，即 $M\uparrow \to r \to I\uparrow \to E\uparrow \to Y\uparrow$。其中，$M$ 为货币供应量，r 为市场利率，I 为投资，E 为总支出，Y 为总收入。

具体来说，当中央银行采取宽松的货币政策时，货币供给量的增加打破了原有的货币市场均衡，货币供给大于货币需求，促使利率降低。而利率降低就意味着资本边际效率相应提高，从而刺激投资增加。增加的投资通过乘数效应直接增加了社会总需求，扩大支出，最终导致社会总收入的增加。若此时社会处于未充分就业状态，则货币供应量增加，只会促进实际产出(或真实国民收入)的增加，以及就业水平的提高，而不会引起物价水平的上涨；当社会实现了充分就业后，货币供应量的增加就会造成物价水平的上涨。若中央银行采取紧缩性的货币政策则会引起与上述相反的效果。

由此，中央银行货币政策作用的大小，主要取决于三个方面的因素：一是取决于一定的货币供应量变动能否引起利率发生变化，以及发生多大的变化。如果货币供应量增加，不能对利率产生影响，即存在流动性陷阱，则货币政策无效。二是取决于投资支出的利率弹性，即一定的利率变动对投资支出的影响程度。三是取决于投资乘数的大小。在这一传导机制中，利率是整个传导机制的核心和主要环节。如果货币供应量增减后不能对利率产生影响，或者利率变动后对投资支出的影响有限，那么货币政策失效。

11.3.2 货币供应量传导机制

1. 现金交易理论

费雪的现金交易理论，即 $MV=PT$。该理论认为现金流通速度 V 和与生产能力相对应的交易量 T 在一定时间内受技术条件限制，从而可视为常数，因此，从货币交易功能视角确定的货币量 M 的增长会带来价格 P 的同比例上涨。

2. 现金余额理论

马歇尔、庇古的现金余额说，即 $M=KPY$。这一学说与现金交易说的观点一致。该理论认为货币资产存量 M 与名义收入成一定比例 K，而 K 取决于一定历史条件下的技术、偏好以及预期因素，可视为常数；实际产出 Y 受生产能力以及充分就业量的限制也可视为常数。因此，当货币量 M 增加而超过了人们意愿持有的数量时，人们会增加开支，由此导致货币流通速度加快、商品供求失衡，最终导致价格 P 同比例货币量 M 而上涨。

3. 货币学派的观点

该观点与上述两种理论的“货币供给导致物价同比例上涨，没有真实效应”的观点相反。弗里德曼和施瓦茨认为，货币供应量增长率的变动是导致经济周期性波动的原因，货币政策的传导过程较为直接和迅速。因此，货币学派仅从实证上检验货币供应量与国民收入的相关性，而不探讨货币供应量对国民收入的具体作用方式或影响过程。简言之，货币学派将货币政策传导过程概括为：货币供应量→国民收入，即 $M \rightarrow Y$。

具体地，以弗里德曼为首的货币学派认为货币需求函数具有内在稳定性，而货币供给是中央银行可以控制的外生变量。当中央银行增加货币供应量时，由于货币需求并未改变，公众持有的货币余额会超过他们所愿意持有的货币余额，为了消除这一过多的货币余额，人们必然会增加支出，将富余的货币用于购买更多的非货币金融资产或实物资产。货币总流量的扩大，会导致非货币金融资产价格上升，收益率下降，从而使更多的货币用于购买实物资产。这会使商品价格水平提高。在短期内，由于产品价格的上升幅度大于生产要素的上升幅度，因而实际工资降低，企业利润相对提高，这就刺激了生产的扩张和产出的增多，使社会总收入增加。

从以上介绍可以看出，货币学派的传导机制理论与凯恩斯学派的传导机制理论最主要的分歧是：凯恩斯学派非常重视利率在传导机制中的作用，而货币学派则不重视利率在传导机制中的作用，认为货币供应增加的初期，虽然利率会随之降低，但不久就会因为货币收入的增加和物价的上涨而使名义利率上升，而实际利率则又回到并稳定在原先的水平上。因此，货币政策不是通过利率间接地影响投资和收入，而是通过货币供应量的变动直接影响社会支出和货币收入。所以，货币学派认为，中央银行在实施货币政策时，应忘掉利率，把注意力集中到货币供应量上。

11.3.3 资产价格传导机制

货币政策的资产价格传导机制关注多种资产价格，且资产价格在货币政策传导中作用的发挥是通过财富变动效应以及由不同资产之间不完全替代性所形成的资产结构调节效应而实现的。更进一步地，资产价格变动通过影响投资和消费而对国民收入等产出变量产生影响。

1. 托宾的 q 理论

以托宾为首的经济学家沿着一般均衡分析的思路，把资本市场、资本市场上的资产价格，特别是股票价格纳入传导机制，认为货币理论应看做微观经济行为主体进行资产结构管理的理论。也就是说，货币和金融机构作为一方，实体经济作为一方，沟通这两方之间的联系，并不是货币数量或利率，而是资产价格以及关系资产价格的利率结构等因素。

该理论认为，货币政策通过影响企业的股票价值而对真实经济产生影响。“q”的含义是金融市场估价的增值与相关投资成本的比率。具体地，当 q 大于 1 时，新工厂和设备的购买成本相对于企业的市场价值为低，从而企业增加投资；相反，当 q 小于 1 时，企业会减少投资。而当 q 等于 1 时，则资本形成进而投资将以经济的自然增长速度重置和扩张。以扩张性货币政策为例，基于 q 理论的货币政策传导机制可描述为：

货币供给↑→利率↓→股票价格↑→企业的 q 值↑—投资↑→总产出、总收入↑。

2. 企业资产负债表效应

企业资产负债表效应又称平衡表效应。贝南克和格特勒认为，不完全竞争金融市场上的信息不对称导致贷款者易于遭受逆向选择和道德风险，由此，投资水平取决于借款者的资产负债表状况，即取决于借款人的净值与负债的比率。货币政策通过影响借款人的授信能力而影响银行对借款人的授信，并作用于借款人的投资活动。以中央银行实施紧缩性货币政策政策为例：货币紧缩时，名义利率上升，股票价格下跌，从而借款人的资产状况恶化，抵押品价格降低，由于逆向选择，银行减少对借款人的贷款。同时，资产状况恶化导致借款人更倾向于从事高风险投资项目，从而道德风险增加，银行进一步缩减贷款，由此导致投资减少进而总产出下降。

3. 财富效应理论

莫迪利安尼认为，消费者会在其一生中按时间均匀安排其消费支出，且消费支出取决于其一生的可消费资源，包括消费者当前和未来的收入，以及主要由股票所构成的金融财富等。当股票价格上升时，消费者的金融财富增加、可消费资源增加，从而消费者的消费支出增加，进而国民收入增加。这一传导过程可概括为：货币供给↑→股票价格↑→居民财富↑→消费支出↑→总产出、总收入↑。

4. 流动性效应理论

米什金认为，货币政策通过影响消费者的财富而改变其资产负债状况，进而资产负债状况决定了消费者对其陷入财富困难的可能性的估计。如果股票价格下跌，则消费者发生财务困难的可能性上升，从而会减少缺乏流动性的耐用消费品的支出；反之，股票价格上升，则消费者陷入财务困难的可能性降低，消费者会增加住房等耐用消费品支出。

但货币政策通过财富效应或流动性效应影响消费进而产出的传导途径的存在性具有两个前提条件：一是存在评价企业价值的股票市场；二是消费者主要以股票的形式持有金融资产，而非存款或债券。如果这两个条件不满足，则财富效应渠道和流动性效应渠道就不可能发挥作用。

11.3.4 信贷传导机制

1. 信用可得性理论

该理论认为资金供给者同样对利率变动反应敏感，其行为会对经济活动产生影响。因此，注重分析资金供给者对利率变动的敏感程度及其贷款行为，强调信用供给对利率变动的反应，认为贷款者对流动性的考虑及其提供信用的意愿影响实际经济。则信用可得性理论的传导机制可概括为：货币政策→利率→贷款者流动性→信用可得性→总产出。

2. 银行信贷传导理论

该理论认为银行贷款与证券之间是不完全替代的，银行不会减持证券来弥补由于存款减少而导致的贷款供给下降，因而中央银行可以通过货币政策运作限制商业银行的贷款供给。

具体地，银行信贷传导的过程可概括为：货币供给↓→银行准备金和存款↓→银行贷款↓→投资↓→总产出↓(以紧缩性货币政策为例)。并且，伯南克和布林德通过构建包含货币、信用渠道的 CC-LM 模型(其中，CC 曲线表示商品和信贷市场同时处于均衡状态时产出和利率的组合)的研究认为即使存在“流动性陷阱”，货币政策仍然可以通过变动贷款供给而使 CC 曲线移动，进而对实际经济产生影响。

3. 资产负债表渠道

资产负债表渠道即广义信贷渠道理论。该理论认为紧缩货币供应量会使资产价值下跌、企业和消费者贷款抵押品价值下跌，而由于信息不对称和代理成本，抵押品价值下跌会导致外部融资溢价上升和信贷配给，进而导致投资和消费下降、产出下降。则货币政策的资产负债表渠道的传导过程可概括为：货币供应量↓→利率↑→净现金流量和股票等资产价格↓→企业、消费者资产状况恶化→贷款↓→投资、消费↓→产出↓。

11.3.5 汇率传导机制

理论上，在开放经济条件下，货币政策会通过汇率而对真实经济产生影响。汇率机制的形成和汇率政策的选择，会影响货币供给和货币政策的真实效应。蒙代尔-弗莱明的 IS-LM-BP 模型认为，在高度开放的经济中，资本具有高度流动性，因而在固定汇率制下，货币政策变动导致国内外利率水平偏离，进而引发国际资本流动，从而抵消了货币政策的调整效果，货币政策汇率传导渠道不存在；但在浮动汇率制度下，货币政策通过汇率而对经济具有真实效应。

货币政策通过汇率传导的途径有两条：一是进出口，当实行紧缩性货币政策时，货币供应量下降导致国内实际利率上升、外币流入，从而使本币升值、净出口下降，最终导致本国产出下降，即货币供应量↓→国内实际利率↑→外币流入、本币升值→净出口↓→产出↓；二是企业资产负债平衡表，扩张性货币政策导致本币贬值，持有大量外债的银行和企业的资产负债情况严重恶化，企业因为自身财务状况不佳，难以获得贷款去投资，而银行也因为自身的财务困境难以再提供贷款，从而使全社会的投资下降，进而产出随之下降，即货币供应量↑→本币贬值→银行、企业财务困难→投资↓→产出↓。

特别提示

货币政策传导机制强调不同的变量在货币政策效应发挥中所起的作用不同。

11.4 货币政策的有效性

货币政策是否对产出、就业等宏观经济指标具有真实效应，即货币政策的有效性问题，历来是不同经济理论学派争论的焦点之一。从古典学派到凯恩斯主义学派，再从理性预期学派到新凯恩斯主义学派，有关货币政策的观点经历了中性到非中性的过程，即认为货币政策无效到货币政策具有真实效应的观点转换。货币政策效应的发挥取决于货币政策时滞，即中央银行从研究、制定货币政策到货币政策取得预期效果所经过的时间，也就是货币政策传导过程所需要的时间。货币政策时滞对货币政策有效性有很大的影响。货币政策时滞又可分为内部时滞、中间时滞和外部时滞。

11.4.1 货币政策有效性的含义

货币政策有效性，即货币政策的效应，是指货币政策在稳定货币和促进经济增长这两方面的作用大小和有效程度，即货币政策的实施在多大程度上以尽可能低的通货膨胀率来获取尽可能高的经济增长。货币政策是否有效，主要取决于三个条件：①货币能否系统地影响产出；②货币与产出之间是否存在稳定关系；③货币当局能否有效地控制货币量的多少。西方经济学对货币政策有效性的看法，其发展大体上有以下三条线索：

第一，自由与干预是西方经济学的主线索。它经历了自由主义(古典学派)→干预主义(凯恩斯主义)→新自由主义(货币主义和理性预期学派)→新干预主义(即新凯恩斯主义)的演进过程。在自由主义的框架中，货币政策的有效性一般不强，甚至认为货币是中性的，即货币政策对真实经济没有影响，仅导致物价的同比例上升。而在干预主义的框架中，货币政策的有效性则得到普遍的肯定。

第二，对货币控制的认识经历了从外生到内生的演变，即外生货币论(凯恩斯主义)→形式外生货币论(新剑桥学派)→内生货币论(新古典综合派)这样一个过程。

第三，对货币作用的认识经历了从中性到非中性的转变。在古典学派看来，货币在短期和长期中均是中性的。在凯恩斯主义学派看来，货币是兴奋剂，因为温和的通货膨胀(即“半通货膨胀”)会在短期内刺激有效需求，并能在长期内把经济推向充分就业下的均衡，因此，货币在短期和长期中均是非中性的。货币主义和理性预期学派则认为，货币在短期内是非中性的，但在长期内则是中性的。新凯恩斯主义则又复活了凯恩斯主义对货币的非中性评价。

11.4.2 货币政策时滞

货币政策效应的发挥取决于货币政策时滞，即中央银行从研究、制定货币政策到货币政策取得预期效果所经过的时间，也就是货币政策传导过程所需要的时间。货币政策时滞又称货币政策的作用时滞或货币政策时差。

货币政策时滞对货币政策有效性有很大的影响。由于货币政策时滞的存在，中央银行在实施货币政策的过程中常常发生这样的问题：当中央银行采取的货币政策正在发挥作用时，经济状况却已发生了完全相反的变化。如中央银行在前一经济高涨时期实施紧缩的货币政策，但由于时滞的存在，紧缩的货币政策在随后出现的经济衰退时期仍然发挥着降低收入的作用，这时，货币政策不仅不能起到“熨平”经济周期的作用，反而还会扩大经济周期波动的幅度，使国民经济更加不稳定。如果货币政策的时滞短，并能进行较为准确的预测，则可大大提高货币政策的有效性。

货币政策时滞可以分为三个部分：内部时滞、中间时滞、外部时滞。

1. 内部时滞

内部时滞是指从经济形势发生变化，需要中央银行采取行动，到中央银行实际采取行动所花费的时间过程。内部时滞还可以细分为认识时滞和决策时滞两个阶段：认识时滞和决策时滞。认识时滞，即从经济发生变化需要中央银行采取行动，到中央银行在主观上认识到这种变化，并承认需要采取行动的时间间隔。这段时滞的存在，一是因为搜集各种信息资料需要耗费一定的时间，二是对各种复杂的经济现象进行综合分析，做出客观的、符合实际的判断需要耗费一定的时间。决策时滞，即从中央银行认识到需要采取行动，到实际采取行动的时间间隔。这部分时滞的长短取决于中央银行对各种信息资料的占有程度和对经济形势发展的预见能力。总而言之，内部时滞的长短取决于中央银行对经济形势变化和发展的敏感程度、预测能力，以及中央银行制定政策的效率和行动的决心，而这些又与决策人员的素质、中央银行的独立性以及经济体制的制约程度等密切相关。

2. 中间时滞

中间时滞是指从中央银行从采取行动开始，到商业银行和其他金融机构根据中央银行货币政策意图，改变其信用条件的时间过程。这段时间的长短决定于商业银行及其他金融机构的反应以及金融市场的敏感程度，是中央银行所不能操纵的。

3. 外部时滞

外部时滞，是指从中央银行采取行动到这一政策对经济过程发生作用所需要的时间。外部时滞又可分为操作时滞和作用时滞两个阶段。操作时滞是指从调整政策工具到其对中介指标发生作用所需要的时间距离。这段时滞的存在，是因为在实施货币政策的过程中，无论何种货币政策工具都需要通过影响中介指标才能起作用。究竟是否生效，主要取决于商业银行及其他金融机构对中央银行政策的态度、对政策工具的反应能力和金融市场对中央银行政策的敏感程度。作用时滞是指从中介指标发生反应到其对最终目标产生作用所需要的时间距离。这是因为企业部门对中介指标变动的反应有一个滞后过程，而且投资和消费的实现也有一个滞后过程。这一时滞的长短取决于调控对象对中介指标变动的反应，从而表现为对最终目标发生影响。

外部时滞是货币政策时滞的主要部分，是一个由多种因素综合决定的复杂变量。它既包括微观经济主体在新货币政策出台后的决策过程，也包括微观经济主体行为对储蓄、投资、消费、货币需求、产出和价格等重要经济变量产生影响的过程。它的长短主要由客观经济条件和微观经济主体的行为所决定，是中央银行所不能控制的。

货币政策时滞长度是各国经济学家研究的重要课题，20 世纪 60 年代以来许多经济学家对此进行了实证研究，但由于各国具体情况不同，研究的方法各异，所得出的结论相差很大，基本结论是：①内部时滞长度较短，一般在 2～6 个月之间；②中间时滞比较稳定，可预测，一般认为在 2 个月左右；③外部时滞最长，各国差异最大，一般在 4～20 个月之间。

特别提示

货币政策时滞对货币政策效应有着重要影响，特别是外部时滞，是中央银行所不能控制的。

11.5　货币政策与财政政策的协调

财政政策和货币政策是政府干预宏观经济的两大手段，但由于它们各自本身固有的特点，它们对宏观经济的调节作用具有一定的局限性，单独实施其中一种政策的效果将会大大减弱，且它们之间存在着可以协调配合实施的基础。因此，政府对宏观经济的调控可以通过财政政策和货币政策的搭配来实现。即政府可以根据经济情况，灵活采用松紧搭配的财政政策和货币政策，如一松一紧，或双松、双紧。

11.5.1 货币政策与财政政策的协调基础

财政政策(fiscal policy)是国家宏观调控的另一大政策，主要包括税收和国家财政支出两个方面。与货币政策一样，财政政策也是需求管理的政策。

国家干预经济的宏观调控，其焦点在于推动市场的总供给与总需求恢复均衡状态，以实现物价稳定、经济增长、充分就业和国际收支平衡等目标。要使总供给与总需求从失衡回复均衡，或是调节总供给，或是调节总需求，或是调节总供求双方。就短期均衡来说，关键是调节短期内易于调节的总需求，使之与短期内比较难以调节的总供给达到均衡状态。这就是需求管理的含义。

由于市场需求的载体是货币，所以调节市场需求也就是调节货币供给。换言之，需求管理政策的运作离不开对货币供给的调节——或是使之增加，或是使之减少。货币政策是这样，财政政策也是这样，这就是它们两者应该配合，也可能配合的基础。至于财政和货币政策的区别，就调节货币供给这个角度来说，只是在于：一个通过银行系统，一个通过财政系统；一个运用金融工具，一个运用财税工具；一个由金融传导机制使之生效，一个由财政传导机制使之生效。

11.5.2 货币政策与财政政策协调运用的必要性

货币政策和财政政策是当代各国政府调节宏观经济最主要的两种政策。虽然这两种政策在宏观经济运行中都有较强的调节能力，但由于它们本身固有的特点，二者都有一定的局限性。仅靠某一项政策很难全面实现宏观经济的调控目标，没有二者的配合，单个政策的实施效果将会大大减弱。这就要求二者相互协调、密切配合，充分发挥它们的综合优势。

11.5.3 货币政策与财政政策的协调配合模式

在 20 世纪 30 年代以前，占统治地位的经济理论均不主张政府对经济进行过多的干预。除非战时，各国政府一直遵循平衡收支的财政原则。在货币领域，以曾存在过的金本位为最高境界。20 世纪 30 年代的世界经济危机和“凯恩斯革命”推出了宏观经济干预政策。由于金融体系扩张乏力，遂把财政政策推崇到反危机政策的首位。进入 20 世纪 40 年代，长期的萧条局面暂时被战争带来的繁荣所代替。有效需求不足不再是主要矛盾，应付巨额的预算赤字和严重的通货膨胀反而成为迫切的要求。在这一新形势下，凯恩斯主义者进而提出“补偿性财政货币政策”，即根据经济的冷热，交替实行紧缩和扩张政策。

后凯恩斯学派的代表人物萨缪尔森强调财政政策和货币政策“松紧搭配”的功效，其含义是权衡经济中最需要注意的紧迫问题，并根据财政政策与货币政策各自适用性的特点，或采用松财政政策与紧货币政策的搭配，或采用紧财政政策与松货币政策的搭配。当然，特定的经济形势也会要求“双紧”或“双松”。

财政政策与货币政策的松紧搭配，到底如何选择，取决于政府对客观经济情况的判断。概括地说，“一松一紧”主要为解决结构问题，单独使用“双紧”或“双松”主要为解决总量问题。

在总量平衡的情况下，调整经济结构和支付与公众间的投资比例，一般采取货币政策和财政政策“一松一紧”的办法。“紧”财政，使政府的支出和投资直接减少；“松”货币，使公众能够以较低的成本获得较多的资金，并使因增税而导致的收入减少得到补偿。其结果是调整了政府与私人企业的投资结构。相反，“松”财政，直接扩大了政府的支出和投资；“紧”货币，使企业和公众的借贷数额减少和借贷成本增加，其结果是企业投资和居民的一般性投资减少。

在总量失衡的情况下，微量调整，一般单独使用财政政策或货币政策。根据西方国家的经验，货币政策在短期内见效快，但长期调整还要靠财政政策。因此，当经济运行因特殊情况出现临时失衡时，宜采用货币政策来解决；而当国家要做长期调整时，宜采用财政政策来实现。

在总量失衡较为严重的情况下，政府要达到扩张或紧缩的目的，一般同时采用货币政策和财政政策两种手段，即“双紧”或“双松”。在经济萧条后期，设备大量闲置，工厂开工不足，而失业率又很高，为刺激生产和投资、启动闲置的生产能力，政府一般实行“双松”的财政货币政策。在总量失衡与结构失调并存的情况下，政府一般采用先调总量后调结构的办法，即在放松或紧缩总量的前提下调整结构，使经济在稳定中恢复均衡。

特别提示

财政政策和货币政策一样，也是需求管理政策，它们对宏观经济调控的载体都是货币供给，因而可以协调搭配。

11.6 中国的货币政策实践

中国的货币政策实践活动可以追溯到新中国成立之后，但在计划经济时期，中国的货币政策实施存在较大的局限性。改革开放以来，中国的货币政策在不同的时期采取了松紧不一、手段不一的操作。

11.6.1 计划经济时期的货币政策实践

从1953年开始，我国实行了有计划的经济建设，确立了计划经济体制。在我国的计划经济时期，我国货币政策的实践特征可以总结如下：

(1) 在高度集中的计划经济体制下，只有信贷计划的指标管理，不存在市场经济中的货币政策工具。年度信贷计划由国家批准，同时规定在批准的计划范围内，由中国人民银行将指标层层分解到基层行，基层行不得突破。这纯粹是一种直接的行政控制办法。

(2) 货币的概念只局限于现金，因此，当时所谓的货币政策，实际上是仅限于现金投入和回笼的政策。因为现金的使用有严格的规定，所以由此推理，控制住现金，也就控制住了信贷。其实，当时的现金也只是一个观测指标而已，因为当时的现金发行计划从来不是由计划硬性规定的，真正操作的还是指令性的信贷计划。

(3) 一切货币资金的需求都是为了保证国家计划的执行。在财政经济工作总方针“发展经济、保障供给”的指引下，具体到货币的目标，就是保证和监督国民经济计划的完成。当前我国货币政策的实施更多地采用了市场化的操作手段，且所采用的手段呈现多样化。

11.6.2 改革开放以来的货币政策实践

从1979年开始，我国进入了改革开放的历史新时期。在此期间，中央银行根据各个时期国民经济发展的需要，不断调整货币政策的方针和力度。

1. 1979年实行“总量控制、结构调整”的政策

1976年10月，我国国民经济开始恢复生机。但在1978年年底以前，由于只强调加快建设速度，追加基本建设，扩大外资引入规模，造成国民经济比例严重失调。1979年4月，提出了“调整、改革、整顿、提高”的八字方针。面对改革开放后出现的第一次经济过热，中国人民银行不是简单地压缩需求，而是从实际出发，实行“总量控制、结构调整”的方针，在总量控制的前提下，通过增加农业投入和发放中短期设备贷款等措施，对农业和轻工业给予较多的信贷支持，从而通过增加有效供给来抑制通货膨胀。事实证明，这种做法收到了显著成效，实现了货币基本稳定的目标。

2. 1985年实行紧缩银根的政策

1984年，我国经济出现了过热的势头，表现在：固定资产投资大量增加、消费迅速膨胀以及贷款增加过猛。于是，1985年国家采取了果断措施，努力扭转经济过热、基建投资失控和信贷失控的局面。在金融方面采取的对策主要有：①从1985年1月起，实行以“实贷实存”为主要内容的新的信贷资金管理办法；②为解决专业银行在资金上吃中央银行“大锅饭”问题，从1985年4月1日期实行新的“自成体系”的联行制度；③紧缩信贷，实行严格的贷款规模限额管理；④两次提高银行存贷款利率；⑤恢复工资基金管理制度，加强现金管理。

3. 1986年和1987年分别实行“稳中求松”和“紧中有活”的货币政策

1985年的紧缩政策只控制经济超常发展所需的货币供给，经济增长速度总体来说仍比较快。到1986年，资金供需矛盾就显得突出，需要增加贷款来解决问题。为解决经济滑坡、财政状况恶化的问题，国家要求实行有区别的松动政策，以保持一定的经济增长速度。由于当时中国人民银行缺乏专门执行央行职能的经验，因而未能掌握好基础货币的吞吐量，在实际执行过程中使贷款投入失去控制。1987年初，鉴于当时仍在升温的经济形势，基于“软着陆”的考虑，中国人民银行将“稳中求松”的货币政策适当修正为“紧中有活”。但这些政策并没有从根本上改变经济偏热的状况。

4. 1988年实行严格紧缩的货币政策

1988年初，中央提出的沿海发展战略对加快沿海地区的经济发展具有积极作用，但也导致了许多地区出现相互攀比、争上项目、投资再次膨胀的情况，加之通货膨胀严重，从1988年第四季度开始实行紧缩的货币政策，采取的主要措施有：严格控制货币信贷增长，及时收回对非银行金融机构发放的短期贷款以紧缩基础货币，再次调高法定存款准备金率和贷款利率，采取强制管理措施调整贷款结构，切实加强拆借资金的管理，稳定和增加储备存款。为保证各项措施的贯彻落实，抑制通货膨胀，中国人民银行1989年采取了更为严厉的措施：建立全社会信用总量监控制度，严格控制信贷总量的增长，强化信贷结构调节，主要农副产品收购资金实行专项管理，加强贷款管理和提高存款利率等。

5. 1994～1996年实行适度从紧的货币政策

1994年，我国物价过高、通货膨胀严重的情况依然存在。1994年年底，中央经济工作会议正式提出“适度从紧”的货币政策。为此，中国人民银行采取了收缩专业银行信贷能力、调高对金融机构贷款利率等措施，同时着力减轻外汇储备增长对货币供给的影响，加强金融监管，整顿金融秩序等措施，从而抑制了通货膨胀的上升势头。

6. 1997 年开始实行稳健的货币政策

稳健的货币政策是在 1997 年 7 月亚洲金融危机爆发、1998 年初我国出现有效需求不足和通货紧缩趋势的特殊背景下提出并付诸实施的，这一政策一直持续到了 2006 年。这一政策注重和强调的是货币信贷增长要与国民经济增长大体保持协调关系，而不排斥在不同的时期和不同的条件下可以有不同的操作特点和操作方式，即根据经济形势的变化在操作层面灵活地实行适度从紧或宽松的货币政策。

7. 2007～2008 年实行从紧的货币政策

2006～2007 年，我国经济出现了加快增长的趋势，与此同时，经济领域的结构性矛盾也开始凸显，出现了物价上涨过快、货币信贷投放过多等一系列现象。“流动性过剩”成为人们指责货币供给过多的代名词。为此，中国人民银行在 2007 年 10 次上调法定存款准备金率，6 次上调存贷款基准利率，并于 2007 年 12 月中央经济会议上明确提出，要实施从紧的货币政策，防止经济增长由偏快转为过热，防止价格由结构性上涨演变为明显的通货膨胀，把保持经济平稳较快发展、控制物价过快上涨作为宏观调控的首要任务，把抑制通货膨胀放在突出位置。

8. 2008 年 9 月以后实施适度宽松的货币政策

从 2008 年第三个季度开始，我国的宏观经济形势发生重大转折，出口大幅度回落，经济增速下降，通货膨胀压力逐渐减缓。在此形势下，中国人民银行根据形势变化及时、适度调整货币政策操作，实行适度宽松的货币政策，确保货币信贷稳定增长及金融体系流动性充足，支持扩大内需，维护币值稳定和金融稳定，加大金融对经济增长的支持力度。具体措施有：一是根据形势变化及时启动保障经济金融稳健运行的各项应对预案，加强国际协作，应对金融危机的不确定性冲击；二是确保金融体系流动性充足，及时向金融机构提供流动性支持；三是促进货币信贷总量稳定增长，加大银行信贷对经济增长的支持力度；四是加强窗口指导和政策引导，着力优化信贷结构；五是进一步发挥债券市场融资功能，拓宽企业融资渠道；六是密切监测国际资本流动，深化外汇管理体制改革。自此，中国人民银行开始了新一轮的降低利率和存款准备金率、放松银根的过程。

特别提示

货币政策已成为我国宏观经济干预的主要政策，中国人民银行在不同时期，根据经济形势灵活采取了松紧不一、手段多样的货币政策操作。

项目小结

货币政策通常指的是中央银行为实现一定的经济目标，运用各种工具调节货币供给、信贷和利率等变量进而影响宏观经济所采取的方针和措施的总和。货币政策具有三大要素，即政策工具、中介指标和最终目标。货币政策最终目标是中央银行通过货币政策的实施而达到的最终经济目标，包括物价稳定、经济增长、充分就业和国际收支平衡。这四个目标之间既有统一又有矛盾，不可能同时兼顾。货币政策工具是中央银行为实现货币政策目标所采用的各种政策手段，包括法定存款准备金率、再贴现和公开市场操作等一般性政策工具，消费信用控制、不动产信用控制、优惠利率和证券市场信用控制等选择性货币政策工具，以及直接信用控制和间接信用指导等其他货币政策工具。货币政策传导机制，一般是指货币政策影响实体经济的方式或机制，包括利率传导机制、货币供应量传导机制、信贷传导机制、资产价格传导机制以及开放经济下的汇率传导机制。货币政策有效性，即货币政策的效应，是指货币政策在稳定货币和促进经济增长这两方面的作用大小和有效程度。货币政策效应的发挥有一个时间过程，即货币政策时滞，是指中央银行从研究、制订货币政策到货币政策取得预期效果所经过的时间，也就是货币政策传导过程所需要的时间。货币政策时滞包括内部时滞、中间时滞和外部时滞。货币政策和财政政策对宏观经济的调控作用各有局限性，因此要将两种政策协调搭配以干预宏观经济，充分发挥它们的综合优势。

专栏十一

1) 中国货币政策最终目标的选择

1984年中国人民银行专门行使中央银行职能以来，在相当长的一段时期内，我国货币政策一直强调双重目标，即经济发展和币值稳定。《中共中央关于制定国民经济和社会发展第七个五年计划的建议》中规定："中国人民银行要……控制货币供应量和贷款规模，做到既能控制通货膨胀又能促进经济的协调发展和经济结构的合理化。"1986年国务院发布《中华人民共和国银行管理暂行条例》，第三条规定："中央银行……应以发展经济、稳定货币、提高社会经济效益为目标。"1990年，十一届七中全会关于制定"十年规划"和"八五计划"的建议中明确指出："既要充分发挥多种资源的潜力，促进经济增长，又要防止国民收入超分配，重新诱发通货膨胀"，等等。从这些论述中可以清楚看到，货币政策采取双重目标。这种选择是当时的经济发展水平所决定的。但也正是由于这种双重目标，我国中央银行的货币政策操作一直在平衡妥协之中运作，最终导致货币投放过多。过多的货币必然带来通货膨胀，这时平抑物价又成了中央银行的主要政策目标。而且，这种情况反复出现，我国1985年、1988年、1992年出现的三次经济过热和通货膨胀都是由投资过度引发的。1993年和1994年我国的零售物价上涨均超过两位数，分别为13.2%和21.7%。货币政策的"松—紧—再松—再紧"的痉挛状况，往往导致经济大幅波动。基于这种认识，1993年出台的《国务院关于金融体制改革的决定》把我国货币政策的最终目标规定为"保持货币的稳定，并以此促进经济增长"；1995年3月18日，经全国人民代表大会通过的《中华人民共和国中国人民银行法》以法律条文的形式将这一目标予以确定。1996年3月，全国人民代表大会进一步规定，"九五"期间物价年均涨幅要低于经济增长幅度。在某种意义上可以说，我国中央银行的货币政策目标已经完成了由双重目标向单一目标的转变。

2) 美联储量化宽松货币政策对全球经济形势的影响

当前，全球经济仍处"寒冬"之中，为了尽快走出金融危机的泥潭，各国政府在2009年继续实施大规模的救市计划。截至目前，在这些救市计划中，对全球震撼最大的还是3月18日美联储宣布收购1.15万亿美元国债和抵押贷款债券的决定，因为这一决定表明，为了应对金融危机，美联储大胆采取了俗称"印钞票"的量化宽松货币政策。

量化宽松货币政策俗称"印钞票"，是由日本央行2001年提出的，指一国货币当局通过大量印钞、购买国债或企业债券等方式，向市场注入超额资金，旨在降低市场利率，刺激经济增长。该政策通常是在常规货币政策对经济刺激无效的情况下才被货币当局采用，即存在流动性陷阱的情况下实施的非常规的货币政策。

量化宽松货币政策是一把"双刃剑"，一方面向市场注入大量资金，使市场利率维持在非常低的水平，促使银行放贷，从而刺激投资和消费，有助于经济复苏；另一方面却埋下通货膨胀的隐患，且会导致本国货币大幅贬值，在刺激本国出口的同时，恶化相关贸易体的经济形势，产生贸易摩擦，等等。对于美国这种世界经济霸主而言，实施这种激进的政策对其本国和全球经济的影响不容小觑。还降低了相应持债国家的外汇资产价值。

3) 中国的货币政策工具选择

我国货币政策工具的实践大致经历了以下三个阶段。第一阶段是1948年至1978年，在这一阶段主要的货币政策工具为信贷现金计划，辅助货币政策工具为信贷政策、利率政策和行政手段。第二阶段是1979年至1998年，在这一阶段主要的货币政策工具为信贷现金计划和中央银行贷款，辅助货币政策工具为信贷政策、利率政策、再贴现、公开市场操作和特种存款。第三阶段是1998年至今，在这一阶段主要的货币政策工具为中央银行贷款、利率政策、公开市场操作和法定存款准备金，辅助货币政策工具为指导性信贷计划、再贴现、信贷政策和窗口指导。尤其是近年来，法定存款准备金率的调整比较频繁，成为货币政策主要的工具。

实训练习

一、核心概念

货币政策	再贴现政策	公开市场操作	货币政策时滞
内部时滞	外部时滞	优惠利率	直接信用控制
间接信用指导	不动产信用控制	道义劝告	窗口指导

二、问答题

1. 什么是货币政策？它有哪些构成要素？
2. 什么是法定存款准备金政策？其效果和局限性如何？
3. 什么是公开市场操作业务？它有哪些优缺点？
4. 货币政策的最终目标有哪些？
5. 什么是货币政策时滞？它由哪些部分组成？
6. 什么是货币政策传导？有哪些渠道？
7. 货币政策的中介指标有哪些？如何选择？

三、案例分析

一般认为中央银行货币政策影响社会总产出的方式即货币政策的传导机制可归成三类：通过投资支出起作用，通过消费支出起作用，通过国际贸易起作用。货币政策传导机制理论主要有货币渠道理论、托宾的 q 理论以及所谓“信贷观点”等理论。中国人民银行近年来采取一系列改革措施来改善货币政策的传导渠道，主要有：

(1) 取消贷款限额控制。1998 年 1 月 1 日，中国人民银行正式取消国有商业银行贷款限额控制。这项改革在制度上为货币政策中介目标真正转向货币供应量，实施数量型为主的间接调控奠定了基础。

(2) 改革存款准备金制度。1984 年我国建立准备金制度。1998 年 3 月将备付金存款账户与准备金存款账户合并。2004 年我国开始实行差别存款准备金率制度。

(3) 积极扩大公开市场操作。1998 年 5 月 26 日，中国人民银行恢复了公开市场业务债券交易，加大了操作力度，扩大了交易对象，增加了交易工具，把国债、中央银行融资券和政策性金融债均纳入交易工具之列。

(4) 稳步推进利率市场化改革。房地产市场的利率政策管理模式的调整，标志着目前银行除存款利率的上限和贷款利率的下限之外，中国基本取消了利率管制。

(5) 改革再贴现机制。改变了贴现和再贴现利率的生成机制，使再贴现利率与再贷款利率脱钩，首次成为独立的基准利率种类，有利于中央银行基准利率的形成，有利于商业票据市场和贴现、再贴现业务的发展，有利于中央银行货币政策的执行。

(6) 改革人民币汇率形成机制，减少外汇占款对货币供应量的影响，提高货币政策的有效性，发挥外汇市场对货币政策的传导作用。

请思考： 结合发达国家的经验，说明为了提高货币政策传导机制的有效性，还应该采取哪些措施？

项目 12　金融监管

项目思考

金融是整个世界经济的核心，同时金融业也是一个高风险的行业。随着金融业的迅速发展，经济全球化步伐的加快，金融风险日益凸现，且形式呈现多样化的发展趋势。这些金融风险一旦爆发将会波及经济生活中的各个领域并带来严重影响。那么，怎么才能有效地监管这些金融风险？金融监管的目标和原则以及监管的体制有哪些？

项目目标

通过本项目的学习，你将能够：

- 了解金融监管的含义和必要性；
- 理解金融监管的目标、内容、原则和体制；
- 掌握金融监管的实践过程；
- 了解我国金融监管的实践。

项目框架

首先明确了金融监管的含义和必要性，然后详细介绍了金融监管的目标、内容、原则和体制，最后介绍了我国金融监管的实践。本项目的知识框架如图 12.1 所示。

- 金融监管
  - 金融监管概述
    - 金融监管的含义及必要性
    - 金融监管的目标
    - 金融监管的原则
  - 金融监管体制
    - 金融监管体制的含义
    - 金融监管体制的类型
  - 金融监管的实施
    - 金融监管的内容
    - 金融监管的方法
  - 我国金融监管的实践

图 12.1 项目框架

引导案例

银行恐慌

存款者与银行之间信息不对称，存款者对银行资产质量信息缺乏了解，这会导致银行恐慌的发生。所谓银行恐慌，是指银行体系中众多银行倒闭。银行恐慌使通过银行的间接融资活动减少，引起投资缩减和总体经济活动水平下降，对经济产生严重的不利影响。同时，银行倒闭意味着存款者的利益受到损害。

银行恐慌不是假设，而是事实。从 19 世纪到 20 世纪 30 年代，美国的银行恐慌屡屡出现，几乎每隔 20 年发生一次：1837 年、1857 年、1873 年、1884 年、1893 年、1907 年、1930 年～1933 年。尤其是 1930 年～1933 年，平均每年有 2000 多家银行倒闭。

银行倒闭，主要是由于信息不对称引起的道德风险问题，即银行用吸收来的存款进行高风险投资，而冒险活动又未能获得成功，致使银行资不抵债。银行倒闭，让存款者蒙受损失。防范这种道德风险问题的办法之一，是存款者对银行的活动进行监督，要设法获得银行从事高风险投资活动的信息，并加以制止(例如把存款提取出来，让银行没有资金去冒险)。然而不幸的是，存款者获取这种信息是一件很难的事情，几乎是办不到的，大多数存款者都无法对银行从事高风险活动进行约束。可见，要防范银行倒闭，只有依靠政府。必须加强政府对银行的监管，通过监管来降低银行的经营风险，保护存款者的利益，保护经济的安全运行。

12.1 金融监管概述

12.1.1 金融监管的含义

金融监管是金融监督与金融管理的总称。金融监督是指金融主管当局对金融机构实施全面的、经常性的检查和督促，并以此促使金融机构依法稳健地经营，安全可靠和健康地发展。金融管理是指金融主管当局依法对金融机构及其经营活动实行的领导、组织、协调和控制等一系列的活动。

金融监管有狭义和广义之分。狭义的金融监管是指中央银行或其他金融监管当局依据国家法律法规的授权对整个金融业(包括金融机构以及金融机构在金融市场上所有的业务活动)

实施的监督管理。广义的金融监管是在上述监管之外，还包括了金融机构的内部控制与稽核、同业自律性组织的监管、社会中介组织的监管等。

12.1.2 金融监管的必要性

为什么世界各国，凡是实行市场经济体制的国家，无不客观地存在着政府对金融体系的监督管理？我们认为，金融监管的原因如下。

1. 金融监管的现实理由

(1) 金融业在国民经济中处于特殊的重要地位，这决定了对金融业的监管是一个国家经济稳定发展的必然要求。金融是现代经济的核心，金融体系是全社会货币的供给者和货币运行及信用活动的中心，因而金融的状况对社会经济的运行和发展起着至关重要的作用，它具有特殊的公共性和全局性。

(2) 金融监管可以帮助管理者将风险控制在一定范围之内，进而保证金融体系的安全性。金融业是一个存在诸多风险的特殊行业，金融业的稳定关系到千家万户和社会的方方面面。一旦金融机构出现问题将对社会产生极大的影响。金融机构在经营过程中又面临种种风险，实施适当的金融监管可以帮助管理者将风险控制在一定范围之内，进而保证金融体系的安全性。具体来说，金融机构在经营过程中面临的风险主要有信用风险、流动性风险、收益性风险、市场风险、管理风险、汇率风险以及利率风险等。一旦金融机构发生危机或破产倒闭，将直接损害债权人的利益，后果是非常严重的。而金融监管可以帮助管理者将风险控制在一定范围之内，进而保证金融体系的安全性。

(3) 维护金融秩序，保护公平竞争，提高金融效率。良好的金融秩序是保障金融安全的重要前提，公平竞争是保持金融秩序和金融效率的重要条件。为了金融业的健康和发展，金融机构都需要规范竞争，不能无序经营，这就需要主管单位通过金融监管来实现这一目的，保证金融运行有序，竞争公平有效率。

2. 金融监管的理论基础

大多数国家的金融市场上都普遍存在着信息不对称的现象。信息不对称是指交易的一方对另一方不充分了解，这种信息的不对等就是信息不对称，由此将影响到交易双方的准确决策。而金融监管的目的就是要信息尽可能完全。信息不对称所造成的问题可能发生在两个阶段：交易之前和交易之后。在交易之前称为逆向选择，在交易之后称为道德风险。

1) 逆向选择

逆向选择是指由于交易前交易双方信息不对称和市场价格下降产生的劣质品驱逐优质品，进而出现市场交易产品平均质量下降的现象。在金融市场上，逆向选择是指市场上那些最有可能造成不利(逆向)结果(即造成违约风险)的融资者，往往就是那些寻求资金最积极而且最有可能得到资金的人。

以信贷市场为例。由于金融机构无法准确判定贷款客户的资信条件，所以它只能根据其潜在贷款客户的平均信用风险程度来确定贷款的利率水平。这一贷款利率水平自然要高于那些信用风险程度较低的借款人所能接受的水平，使得这些优良客户不愿意借贷，从而退出信贷市场。而金融机构所设定的这一贷款利率水平一定会低于那些信用风险程度较高的借款人所能接受的水平，使得这些劣质客户产生追加申请贷款的冲动。其结果是，真正拿到贷款或者获得更多贷款的恰恰是金融机构本来并不愿意贷出的那些劣质借款人。这就是信贷市场的逆向选择问题。

在逆向选择严重的情境下，信贷市场上将只剩下那些信用风险很高的贷款客户，从而导致金融机构的信贷风险上升，呆账增加，净现金流入减少。

2) 道德风险

金融市场上的道德风险是指借款者可能从事从贷款者的角度来看不希望看到的那些活动的风险，因为这些活动使得这些贷款很有可能不能归还，因而贷款者可能选择宁愿不贷款。

现实中，由于金融机构无法完全跟踪监控那些已经获得贷款的客户的资金使用效率及其风险管理决策，这就使得贷款客户有机会采取不利于金融机构顺利收回其贷款本息的行为，徒增信贷风险。在道德风险严重的情境下，金融机构的信贷风险上升，呆账增加，净现金流入也会减少。

12.1.3 金融监管的目标

金融监管的目标是指在具体进行监管的时候所要达到的目标，是实现金融有效运行的前提，和监管当局采取监管行动的依据。世界各国都认为，一般目标应该是促成建立和维护一个稳定、健全和高效的金融体系，保证金融机构和金融市场健康地发展，从而保护金融活动各方特别是存款人的利益，推动经济和金融发展。但由于各国历史、经济、文化背景和发展的情况不同，也就使具体监管目标有所差异。世界大多数国家的具体监管目标体现在中央银行法或银行法上，其中也有一些国家的法规把中央银行的政策目标和其监管目标放在一起作为一个整体目标。从这些法规中可以看出其监管目标的侧重点。

我国现阶段的金融监管目标可概括如下。

1. 一般目标

防范和化解金融风险，维护金融体系的稳定与安全，保护公平竞争和金融效率的提高，保证中国金融业的稳健运行和货币政策的有效实施。

2. 具体目标

具体目标包括经营的安全性、竞争的公平性和政策的一致性。经营的安全性包括两个方面：一是保护存款人和其他债权人的合法权益；二是规范金融机构的行为，提高信贷资产质量。竞争的公平性是指通过中央银行的监管，创造一个平等合作、有序竞争的金融环境，鼓励金融机构在公平竞争的基础上增强经营活力，提高经营效率和生存发展能力。政策的一致性，即通过监管，使金融机构的经营行为与中央银行的货币政策目标保持一致。通过金融监管，促进和保证整个金融业和社会主义市场经济的健康发展。

12.1.4 金融监管的原则

1. 依法管理原则

各国金融管理体制各有不同，但在依法管理这点上是相同的。它有两重含义：一方面金融机构必须接受国家金融管理当局的监督管理，要有法律来保证，不能有例外；另一方面管理当局实施监管必须依法而行。只有依法，才能保证监管的权威性、严肃性、强制性和一贯性，才能保证监管的有效性。

2. 合理、适度竞争原则

竞争是市场经济条件下的一条基本规律，是优胜劣汰的一种有效机制。金融管理当局的管理重心应放在创造适度竞争环境上，既要避免造成金融高度垄断、排斥竞争从而丧失效率与活力，又要防止出现过度竞争、破坏性竞争从而波及金融业的安全和稳定，甚至引起经常性的银行业破产倒闭及社会经济生活的剧烈动荡。为此，金融管理的目标应是创造一个公平、高效、适度、有序的竞争环境。

3. 自我约束与外部强制相结合原则

外部强制管理再缜密严格也是相对有限的，如果管理对象不配合、不愿自我约束，而是千方百计地设法逃避、应付、对抗，那么外部强制监管也难以收到预期效果；相反，如果将希望全部放在金融机构本身自觉自愿的自我约束上，则实难有效避免种种不负责任的冒险经营行为与道德风险的发生。因此，要把创造自我约束环境和加强外部强制管理结合起来。

4. 安全稳健与经济效益相结合原则

要求金融机构安全稳健地经营业务历来都是金融监管的中心目的，为此所设的金融法规和一系列指标体系都是着眼于金融业的安全稳健及风险防范。但金融业的发展毕竟在于满足社会经济发展的需要，追求发展就必须讲求效益。因此，金融监管必须切实把防范风险同促进金融机构效益协调起来。

此外，金融监管还应注意如何顺应不断变化的市场环境，对过时的监管内容、方式、手段等及时进行调整。进入 20 世纪 90 年代以来，金融自由化浪潮一浪高过一浪，金融衍生工具风险、金融业间的收购兼并风潮、风险的国际扩散等，已成为金融管理当局高度关注的问题，监管力度的松紧搭配和管理方式的更加审慎已逐渐上升为基本原则的一个重要延伸部分。

特别提示

金融监管本质上是一种具有特定内涵和特征的政府规制行为。金融监管的一般目标相同，而具体目标则是多元化的，各个国家或一个国家的各个阶段金融监管的具体目标都是有差别的。

12.2 金融监管体制

12.2.1 金融监管体制的含义

金融监管体制是指金融监管的职责和权力分配的方式和组织制度。它的基本构成要素为：一是监管的基本政策；二是监管机构的设置；三是监管权限的分配与界定；四是监管权力的行使；五是监管方式与方法的选择。

12.2.2 金融监管体制的类型

由于各国或地区的金融制度形成的历史、政治、法律、民族文化的差异，以及金融监管理论和方法上的差异，其监管体制也会呈现出不同的特征。金融监管体制依不同的标准可做不同的分类。

1. 按监管机构的设立原则

按监管机构的设立原则，可将金融监管体制划分为机构型监管和功能型监管。

1) 机构型监管

机构型监管是按照被监管者即金融机构的类型设立监管机构，不同的监管者监管各自领域的金融机构，互不交叉的一种监管体制。机构型监管体制的监管专业化高，适合进行审慎监管，可以避免不必要的交叉监管和重叠监管。但是，它在解决各类金融机构之间的公平竞争问题上存在困难，难以应对金融机构间的监管“套利”，即受管制大的机构会将某一类业务转向受管制最小的机构。同时，在这种模式下，每个监管机构都要制定面向同一行业的规则条例，这势必导致金融资源的浪费。

2) 功能型监管

功能型监管是一种依据金融体系的基本功能而设计的金融监管体制，即一个既定的金融活动仅由同一个监管者来监管，而无论这个活动由谁来从事。功能型监管体制主要适用于混业经营，它赋予每一个监管机构它最清晰的功能的司法裁决权，并保证它们在一致的监管理念下运作，避免监管混乱。但是这种监管体制不能形成监管机构对某一个金融机构的整体评估，容易造成各监管机构对新业务监管权的争夺。

2. 按权力配置模式

按权力配置模式，可以将金融监管体制划分为单元多头金融监管、双元多头金融监管、集中单一金融监管和跨国金融监管。

1) 单元多头金融监管

单元多头金融监管是指全国的监管集中于中央，地方没有独立的权力，在中央一级由两家及两家以上机构共同负责的监管体制。它有利于金融体系的集中和监管效率的提高，但需要各金融管理部门之间的协调、配合。从德国、日本的实践来看，各权力机构相互制约和平衡，金融管理部门之间的配合是默契而有成效的。

2) 双元多头金融监管体制

双元多头金融监管体制是指中央和地方对金融机构都有监管权，同时每一级有若干机构共同行使监管职能。联邦制国家因为地方权力大，常采用此模式，如美国和加拿大。

3) 集中单一金融监管体制

集中单一金融监管体制是指由一家金融监管机构集中进行监管，这一机构通常由中央银行或其他专门机构担当，如英国、巴西、印度等国的实践。

4) 跨国金融监管体制

跨国金融监管体制是指在经济合作区域内，对区域内的金融监管机构实行统一的监管，其监管机构是跨国的中央银行。这一体制适用于区域性的经济组织进行联合监管，但在实践中，由于各国利益难以协调，使得这一体制的运用受到很大的限制。

3. 按不同金融业务是否由统一的监管机构进行监管

根据不同金融业务是否由统一的金融监管机构进行监管，可以将金融监管体制划分为分业监管和混业监管。

1) 分业监管体制

分业监管体制是指在银行、证券和保险三个业务领域内分别设立一个专职的监管机构，负责各行业的审慎监管和业务监管。它是随着金融的发展而发展起来的，保障了 20 世纪的全球金融业的快速发展。分业监管体制是根据金融业内不同的机构主体及其业务范围的划分而分别进行监管的体制。各国的分业监管体制通常由多个金融监管机构共同承担监管责任，各监管机构既分工负责，又协调配合，共同组成一个国家的金融监管组织体制。总体来说，分业监管的优点在于：

(1) 针对性强。随着经济的发展，金融业衍生出很多分支行业，这些不同的分支行业拥有自己的经营方式、机构和业务品种，相互之间的差异性比较大。根据不同行业的特殊性，区别对待不同金融机构或金融业务，确定各自的监管标准和要求，制定针对性强的监管手段和措施，可以有效地控制金融风险，保持金融稳定。

(2) 专业性强。监管机构更易于针对监管对象发挥自己的长处，专注研究本行业的业务特点，形成自己的业务研究人员，逐步深化监管的程度。

(3) 竞争性强。分业监管体制下，由于各监管机构监管程度的深入，各行业寻租机会会减少。一旦一个行业都处于正轨中运行，它们之间的竞争力就会增强。

(4) 透明性强。各监管机构有自己的监管对象，可以防止权力垄断，缓解金融监管机构受到的政治和社会压力，抑制金融监管上的官僚主义倾向，亦可以在很大程度上减少腐败和权利寻租。

(5) 绝缘性强。由于各行业采取不同的监管方式，行业之间的交叉范围较小，若某一行业产生金融风险，可大大降低风险的传递性，阻断金融风险向其他行业间的转移。

尽管分业监管的优点明显，但它采用的分别对待原则却让这一体制呈现出了与新形势不相适应的特点。主要表现在：

(1) 重复监管，降低了监管效率。金融创新快速发展，不同的金融业务之间的联系日益紧密，相互间的区分不再那么明显。在分业监管体制下，按照机构性质实行监管，各机构之间容易出现推诿、扯皮的情形，从而降低了监管的效率。

(2) 监管真空。在金融全球化和金融机构并购浪潮的冲击下，大型金融集团纷纷出现，但是新的金融产品或新的金融机构并不能及时地被纳入法律的规制之下。在利益的诱惑下，各监管机构容易被大型金融集团“俘获”，单一机构的权威性难以和大型金融集团的规模相抗衡，从而违背其成立的初衷。

(3) 监管成本过高。分业监管体制意味着一种行业就要有一种相对应的监管机构，金融产品的创新力不断提高，也就意味着监管机构要不断地设立。这势必会造成机构设置过多、资源和人力浪费的情形，金融监管机构直接和间接的监管成本都会相应增加，造成一项很大的额外负担。

(4) 监管套利。大型金融集团还可以利用其业务的分散化、多样化等特点，将某项特定业务或产品安排到服从成本最低或受强制性监管最少的部门或子公司，或重新设计已有产品，来降低其服从成本，甚至规避监管。与此同时，各金融监管机构为了防止客户流失，就可能减轻其监管对象的负担，放松管制，弱化监管效果。

2) 混业监管体制

混业监管体制又称统一监管体制，是指不同的金融行业、金融机构和金融业务均由一个统一的监管机构负责监管，这个监管主体可以是中央银行或其他机构。它是伴随着大型金融集团和多样化的金融产品出现的，因此它适应了当今金融全球化的发展潮流，体现出了分业监管体制不具备的优势，主要表现在：

(1) 监管创新。金融创新的发展，金融产品的多样化，各行业纷纷突破原有领域的发展局限，相互渗透的能力增强。要对发展的金融进行监管，必须努力进行监管创新。

(2) 降低了监管成本。混业监管体制意味着多个行业共用一个监管机构，避免了机构的重复设置，提高了资源利用率，固定成本支出相应减少。经验表明，对于经济规模较小的金融体系来说，统一的混业监管体制体现出的规模经济更为明显，如北欧和英国等国家在实行混业监管之后，金融监管的报告成本和支持服务成本大大降低。

(3) 优化资源配置。金融监管当局可以有效地利用最优的资源来解决最关键、最迫切的问题，将稀缺的监管资源优先配置在潜在风险突出的金融机构和业务领域，保持金融稳定。

(4) 消化力强。在混业监管体制下，监管当局在行使其监管职权时，不必过多地考虑对其他监管机构或其他金融行业带来的影响，只需通过自身对金融风险的判断和立场，通过必要的监管手段就可以实现一定的监管目标。

虽然混业监管体制具有种种优点，并且正在被越来越多的国家所采用，但它并不是完美无缺的体制，也有自己的弊端：

(1) 依赖性强。混业监管体制下，金融监管机构的有效性依赖于内部的权责划分和专业化监管，如果内部的权责没有区分明确，专业化监管没有建立，那么混业监管体制的监管效率可能会更低。

(2) 加大了立法难度。混业监管体制是一种制度改革，在监管范围和监管职能的设定上都需要通过相关立法加以明确。然而，在实行金融监管体制改革时，立法往往落后于实践，无法紧跟着一个行业的发展就可以迅速的进行立法。

(3) 易造成权力垄断。混业监管体制意味着拥有相对独立的监管机构，这个监管机构能将以前分散的监管权力集中到一起，这势必会造成监管权力集中，同时又缺乏监管部门之间的竞争，易滋生官僚主义之风，从而造成监管职能的僵化。

综上所述，混业监管比分业监管更容易制定统一的监管标准，也更易于协调冲突，并可以应对大型金融机构的挑战；而分业监管则更利于公平竞争、发挥专业性强的优势。

特别提示

截至1999年，实行混业监管体制的有13个国家，包括瑞典、挪威、丹麦、冰岛、英国、日本、韩国等。而目前实行分业监管体制较为普遍，较为典型的国家有德国、美国、波兰、中国等。

12.3 金融监管的实施

12.3.1 金融监管的内容

各国中央银行或货币管理当局对金融业的监管包括对商业银行及非银行金融机构和金融市场的监管。

1. 对银行业的监管

1) 市场准入监管

所有国家对银行等金融机构的监管都是从市场准入开始，各个国家的金融监管当局一般都参与金融机构的审批过程。银行申请设立必须符合法律规定，主要包括两个方面：一是具有素质较高的管理人员；二是具有最低限度的认缴资本额。管理人员的条件和资本额的标准各国都有具体规定。

我国金融机构的设立申请，一般也是主要审查这两个方面。金融机构设立的最后批准的权限在中国人民银行总行。按照有关法律规定，我国商业银行应采取有限责任公司或股份有限公司的形式设立，城市和农村信用社及其联社均采取合作制。设立各类金融机构，都必须符合规定的最低资本金要求。我国金融机构的设立采取特许证制度。

2) 市场运作监管

金融机构经批准开业后，中央银行还要对金融机构的运作过程进行有效监管，以便更好地实现监控目标的要求。

(1) 资本充足性监管。对于商业银行的资本金，除注册时要求的最低标准外，一般还要求银行自有资本与资产总额、存款总额、负债总额以及风险投资之间保持适当的比例。银行在开展业务时要受自有资本的制约，不能脱离自有资本而任意扩大业务。在这方面，1988 年"巴塞尔协议"关于核心资本和附属资本与风险资产的 4%和 8%的比率规定，已经被世界各国普遍接受，作为对银行监管中资本充足率的最重要最基本的标准。

(2) 流动性监管。各国金融监管当局对银行的流动性同资本充足性一样重视，只是监管流动性的方法有所不同。有的国家不正式规定流动性的具体界限，但经常予以检查监督；有的国家对银行资产负债分别设计比例，来监视银行的清偿能力；有的国家对吸收短期存款而进行长期投资的银行单独进行管理，对其长期性投资加以特殊限制。流动性监管既包括本币流动性，也包括外币流动性。有的国家对这两个指标分开管理，有的国家合在一起管理，统一规定一个标准。在实践中要恰当地评价、准确地测量银行的流动性是很复杂的，也很困难。趋势是以考核银行资产负债期限和利率结构搭配是否合理为基础对流动性进行系统的评价。

(3) 业务范围监管。金融机构可经营哪些业务，不可以经营哪些业务，一般是有限制的。一些国家把商业银行业务与投资银行业务分开，并禁止商业银行认购股票；一些国家则限制银行对工商企业的直接投资。有的国家禁止在银行内把银行业务与非银行业务混在一起，但允许通过银行控股公司、附属机构等参与某些风险较大的非银行活动；有的国家允许银行经营非银行业务，但限制投资规模；有的国家允许受特殊管理的银行进行大范围的经营活动；有的国家对银行经营的业务种类很少施加限制。

(4) 贷款风险的监管。追求最大限度的利润是商业银行经营的直接目的，商业银行把吸收的资金尽可能地用于贷款和投资，尽可能地集中投向盈利高的方面。由于获利越多的资产，风险相对就越大，因而，大多数国家的中央银行都尽可能限制贷款投向的过度集中，通常限制一家银行对单个借款者提供过多的贷款，以分散风险。分散风险既是银行的经营战略，也是金融监管的重要内容。经验表明，在经济、金融环境不断变化的情况下，任何形式的风险集中都有可能使一个营运正常的银行步入险境。因此，如何对风险集中进行准确的估价和有效的控制，成为近年来备受关注的一个问题。如意大利规定对单个客户的贷款不得超过银行自有资本；美国规定不得超过自有资本的 10%；日本规定不得超过自有资本的 20%。从风险管理和风险监管的角度上讲，仅对各种风险进行逐项控制是远远不够的，更重要的是应当将注意力放到各类风险之间的相互联系和相互影响上。既要考虑表内业务风险；也要考虑表外业务风险；既要注意资产风险，也要注意负债风险。在金融创新日新月异的情况下，要对银行的风险集中程度做出客观准确的评价，不仅要对银行的整体业务状况进行深入的了解，而且还必须有一套科学的考核参数和分析方法。

(5) 外汇风险监管。在外汇风险领域里，大多数国家对银行的国际收支的趋向很重视，并制定适当的国内管理制度，但各自的管理制度有着显著的差别。美国、法国、加拿大等国对外汇的管制较松；而英国、日本、荷兰、瑞士等国对外汇的管制较严，如英格兰银行对所有在英国营业的银行的外汇头寸进行监控，要求任何币种的交易头寸净缺口数均不得超过资本基础的10%，各币种的净空头数之和不得超过资本基础的15%。对于外国银行分支机构，英格兰银行要求其总部及母国监管当局要对其外汇交易活动进行有效的控制；日本要求外币银行在每个营业日结束时，其外汇净头寸(包括即期和远期外汇)不得突破核准的限额；荷兰、瑞士对银行持有未保险的外币款项要求增加相应的资本金；等等。

(6) 准备金监管。银行的资本充足性与其准备金政策之间有着内在的联系，因此，对资本充足性的监管必须考虑准备金因素。监管当局的主要任务是确保银行的准备金是在充分考虑谨慎经营和真实评价业务质量的基础上提取的。各国金融监管当局已经普遍认识到准备金政策和方法的统一是增强国际金融体系稳健性的一个重要因素，也有助于银行业在国际范围内的公平竞争。因此，监管当局之间的协商与合作将会推动在准备金问题上达成共识。

(7) 存款保险监管。为了维护存款者利益和金融业的稳健经营与安全，有些国家建立了存款保险制度。在金融体制中设立负责存款保险的机构，规定本国金融机构按吸收存款的一定比率向专门保险机构交纳保险金，当金融机构出现信用危机时，由存款保险机构向金融机构提供财务支援，或由存款保险机构直接向存款者支付部分或全部存款，以维护正常的金融秩序。对于存款保险制度，多数学者持赞同态度。也有人认为，存款保险制度的存在使存款者和金融机构本身会受到直接的保护，有可能促使银行无所顾忌地从事过度的冒险活动。从国际金融业的实践来看，存款保险制度对促进金融业稳定发展的作用是明显的。

3) 市场退出监管

金融机构市场退出的原因和方式可以分为两类：主动退出与被动退出。主动退出是指金融机构因分立、合并或者出现公司章程规定的事由需要解散，因而退出市场的。其主要特点是“主动地自行要求解散”。被动退出则是指由于法定的理由，如由法院宣布破产或因严重违规、资不抵债等原因而遭关闭；中央银行依法将金融机构关闭，取消其经营金融业务的资格，金融机构因此而退出市场。

我国对金融机构市场退出的监管也是由法律予以规定，一般有以下几种形式：①接管；②解散；③撤销；④破产。

2. 对证券业的监管

证券业由于其证券产品的特殊性，在监管上相对于其他行业来说意义更为重大。对证券业的监管，是指证券管理机构运用法律的、经济的以及必要的行政手段，对证券的募集、发行、交易等行为以及证券投资中介机构的行为进行监督和管理。

1) 证券监管的目标

一般来说，证券市场监管的目标在于：运用和发挥证券市场机制的积极作用，保护市场参与者(尤其是投资者)的合法利益，维持证券市场的正常秩序；维护证券市场的“三公”原则，调控证券市场与证券交易规模，保证证券市场的稳定高效。

2) 证券监管的原则

为保障证券市场的高效、稳定、有序、顺利地运行，围绕证券监管的各项目标，证券市场的有效监管必须确立下列原则。

(1)“三公”原则。“三公”原则即公平、公开、公正，这是证券监管最基本的原则。

公平，要求证券市场上的参与者拥有均等的市场机会、均等的交易机会和均等的竞争机会，不存在任何歧视或特殊待遇。市场经济条件下的市场公平，在本质上反映了商品交换的等价有偿性。证券市场上，统一的市场规则，均等的市场机会，平等的主体地位与待遇，以价值规律为基础的证券交易形式，就是公平。公平原则的首要要求是信息的完全性和对称性，即所有投资者拥有同质的及时信息。公平原则的内容也涉及地位公平、税负公平、权利公平、利益公平；公平的对象主要是社会公众，也包括其他市场参与主体。机会均等和平等竞争是证券市场正常运行的前提。

公正，要求证券监管者公正无私地进行市场管理和对待市场参与者。公正原则的内容包括立法公正、执法公正、仲裁公正。公正原则是有效监管的生命，是监管者以法律框架实现市场所有参与者之间的平衡与秩序的关键，并构成对管理者、立法者、司法者权利的赋予与制约。

公开，要求证券市场上的各种信息向市场参与者公开披露，任何市场参与者不得利用内幕信息从事市场活动。这里的信息包含各种财务信息、交易信息、行为信息、政策信息乃至监管信息等与市场参与者利益相关的所有信息。公开原则是实现市场公平和公正的必要条件，也是证券法律的精髓所在。而且，公开性与信息的透明度是证券市场监管与证券市场效率之间的微观结合点。信息的公开程度直接关系到市场效率的高低。可以说，“三公”原则是市场经济的三大原则，是证券监管活动必须奉行的基本原则，也是各国证券市场管理的核心和灵魂所在。

(2) 保护投资者利益原则。从资金来源看，证券市场发展的关键在于投资者对市场的信心。要确保投资者信心，必须切实保护投资者的利益。由于普通投资者一般处于信息和资金劣势，为消除市场竞争中的不对称性，要求监管者尽力消除证券市场上的欺诈、操纵、信息偏在等问题，保证投资者利益免受侵害。

(3) 诚实信用原则。证券监管者在制定和实施各项法律、法规、制度的时候，必须以要求市场参与者达到诚实信用为原则：作为证券市场筹资者，必须真实、准确、完善地公开财务信息；作为证券市场的中介机构，在提供市场信息与服务时不得存在欺诈或严重误导行为；作为证券市场投资者，不得散布虚假信息、垄断或操纵市场价格、扰乱市场正常秩序。

(4) 依法管理原则。依法管理并非否定经济调控方式和行政管理方式在一定客观条件下的必要性，而是强调以法治市的管理原则。依法管理有两层含义：一是要求证券法律、法规、制度的完善与具体；二是要求执法的严格和有力。一个无法可依、执法不严或以人治代替法治的证券市场必然出现动荡甚至危机。

(5) 政府监管与自律管理相结合的原则。政府证券监管机构必须注重政府监管与自律管理的有机结合，由此出发建立完整的证券市场监督管理体系。即使在自律管理具有悠久传统且发挥重大作用的英国等西方国家，政府监管也正成为整个证券监管框架中不可或缺的部分。对于新兴证券市场，更应强调政府的集中、统一的监管地位，在此基础上构建自律组织的权责和职能。

3) 证券监管的内容

证券监管的内容主要包括发行市场的监管、交易市场的监管、证券经营机构和从业人员的监管。其重点是对证券商、上市公司、机构投资者的信息披露的管理和监督。

(1) 发行市场的监管。对证券发行市场的监管是证券监管的最基础内容。世界各国的证券发行上市审核制度基本可分为两种：一是证券发行注册制，又称“申报制”或“形式审查制”，是指政府对发行人发行证券，事先不做实质性审查，仅对申请文件进行形式审查，发行者在申报申请文件以后的一定时期以内，若没有被政府否定，即可以发行证券，这种制度适合于比较成熟的市场；二是证券发行核准制，又称 “准则制”或“实质审查制”，是指发行人发行证券，不仅要公开全部的、可以供投资人判断的材料，还要符合证券发行的实质性条件，证券主管机关有权依照公司法、证券交易法的规定，对发行人提出的申请以及有关材料进行实质性审查，发行人得到批准以后才可以发行证券，这种制度适合于证券市场历史不长、投资者素质不高的国家。

(2) 交易市场的监管。证券交易监管是证券市场监管的重要组成部分，证券市场的所有行为最终都会体现在交易过程中。对证券交易市场的监管主要体现在：一是对不正当交易行为的监管，其重点是反操纵监管和反内幕交易监管；二是对市场过度投机、稳定市场的监管，其重点是价格限制制度、交易停止制度、保险金制度等。

(3) 证券经营机构和从业人员的监管。证券经营机构的监管包括对证券经营机构的业务范围监管、对证券经营机构的市场准入监管、对证券商经营行为的监管等。对证券从业人员的监管主要有证券从业人员的资格管理制度和证券市场禁入制度。

(4) 信息披露的监管。即要求证券发行人对现实或潜在购买者提供有关交易证券的公开财务信息。

4) 证券监管的对象

证券监管的对象涵盖参与证券市场运行的所有主体，既包括证券经纪商和自营商等证券金融中介机构，也包括工商企业和个人。对于证券监管对象的设定可以从不同角度加以阐述：

(1) 以证券市场参与主体的性质区分。按照这个角度，证券监管对象就是参与证券市场活动的各法人和自然人主体。一般包括：

① 工商企业，指进入证券市场筹集资金的资本需求者，也包括在证券交易市场参与交易的企业法人。

② 基金，既包括被作为交易对象的上市基金，也包括作为重要市场力量的投资基金(仅从不同角度看待)。

③ 个人，大致包含两类，主要指证券市场上的投资者，即资金供给者，另一类指各种证券从业人员。

④ 证券金融中介机构，主要指涉及证券发行与交易等各类证券业务的金融机构。它既可以是专业的证券经纪商、承销商、自营商，也可以是银证合一体制下的商业银行和其他金融机构。

⑤ 证券交易所或其他集中交易场所。证券交易所是提供证券集中交易的场所，并承担自律管理职能的特殊主体。它既包括传统的有形市场，也包括以电子交易系统为运作方式的无形市场。

⑥ 证券市场的其他中介机构，包括证券登记、托管、清算机构，以及证券咨询机构、会计师事务所、律师事务所、资产评估机构等。

(2) 以各证券市场主体的地位与角色区分。按照此标准，证券监管对象大致可分为四类：

① 上市对象(即筹资者)，包括以股票、债券、基金等证券形式挂牌上市的各类市场主体；

② 交易对象(即投资者)，包括所有参与证券买卖的市场主体；

③ 中介对象，包括媒介证券发行与交易等各类活动，提供各类中介服务的上述金融机构、咨询机构、市场服务机构等；

④ 自我管理对象，主要指证券集中交易场所。

3. 对保险业的监管

保险监管是指一个国家对本国保险业的监督管理。一个国家的保险监管制度通常由两大部分构成：一是国家通过制定保险法律法规，对本国保险业进行宏观指导与管理；二是国家专门的保险监管职能机构依据法律或行政授权对保险业进行行政管理，以保证保险法规的贯彻执行。

1) 保险监管的目标

保险监管的目标主要包括：保证保险人有足够的偿付能力；规范保险市场，维护保险业的公平竞争；防止保险欺诈；弥补自身管理的不足等。

2) 保险监管的原则

(1) 依法监管原则。保险监督管理部门必须依照有关法律或行政法规实施保险监督管理行为。保险监督管理行为是一种行政行为，不同于民事行为。凡法律没有禁止的，民事主体就可以从事民事行为；对于行政行为，法律允许做的或要求做的，行政主体才能做或必须做。保险监督管理部门不得超越职权实施监督管理行为；同时，保险监督管理部门又必须履行其职责，否则属于失职行为。

(2) 独立监管原则。保险监督管理部门应独立行使保险监督管理的职权，不受其他单位和个人的非法干预。当然，保险监督管理部门实施监督管理行为而产生的责任(如行政赔偿责任)也由保险监督管理部门独立承担。

(3) 公开性原则。保险监督管理需体现透明度，除涉及国家秘密、企业商业秘密和个人隐私以外的各种监管信息应尽可能向社会公开，这样既有利于保险监督管理的效率，也有利于保险市场的有效竞争。

(4) 公平性原则。保险监督管理部门对各监督管理对象要公平对待，必须采用同样的监管标准，创造公平竞争的市场环境。

(5) 保护被保险人利益原则。保护被保险人利益和社会公众利益是保险监督管理的根本目的，同时也是衡量保险监督管理部门工作的最终标准。

(6) 不干预监督管理对象的经营自主权的原则。保险监督管理对象是自主经营、自负盈亏的独立企业法人，在法律、法规规定的范围内，独立决定自己的经营方针和政策。保险监督管理部门对监督管理对象享有实施监督管理的权利，负有实施监督管理的职责，但不得干预监督管理对象的经营自主权，也不对监督管理对象的盈亏承担责任。

3) 保险监管的内容

(1) 保险组织监管。保险组织的监管包括组织形式的限制、保险公司的设立、保险公司的停业解散、外资保险公司的监管。

① 保险公司设立的审批。各国保险监管制度均规定，设立保险企业必须向主管部门申请批准，申请时要提交资本金的证明，以及有关企业的章程、负责人资格、有关条款、费率、营业范围等文件资料。

② 资本金和保证金要求。保险公司申请开业必须具有最低的保证金要求，其数额都高于一般企业。

③ 组织形式。各国普遍要求采用的组织形式是股份公司，此外还有相互保险公司、保险合作社等。个人保险组织仅在英国劳合社保险市场上采用。

(2) 保险业务监管。

① 业务经营范围的监管。对业务经营范围的监管，主要是规定保险公司除保险业务外是否可经营其他的金融业务，如银行业务、证券业务等。目前，世界上各国情况大致分为两类：一类是禁止保险公司经营保险以外的其他业务；另一类是允许保险公司经营保险业务以外的其他金融业务。

② 保险条款与费率的监管。保险条款与费率的拟定是保险监管的主要内容。在保险监管宽松的国家和地区，国家一般只审核各险种的基本条款，具体条款可根据市场的需要，由保险同业工会制定实施。在严格的国家和地区，由国家规定各种标准保险单的格式、条款，保险公司制定的费率和保险条款必须经国家主管部门审批。

③ 偿付能力的监管。偿付能力是指保险公司对所承担的风险在发生超出正常年份的损失数额时具有的偿付或给付能力。当偿付能力低于法定最低限度时，保险监管部门就会进行干预，或者要求增加资本金，或者限制业务发展，直至停业清算。

④ 承保限额的监管。各国保险监管部门都规定了保险公司每笔非寿险业务的最大承保金额，超过这一金额，保险公司必须办理再保险业务。

4) 保险监管方式

(1) 非现场监控与公开信息披露。监管机构应当建立有效的监控机制，应当设定辖区内保险公司提供财务报告、统计报告、精算报告以及其他信息的频率和范围；设定编制财务报告的会计准则；确定保险公司外部审计机构的资格要求；设定技术准备金、保单负债及其他负债在报告中的列示标准。

国际保险监督管理协会于2002年1月颁布了保险公司公开信息披露的指导原则，旨在为保险人的信息披露提供指引，以便市场参与者更好地了解保险人当前的财务状况以及未来的发展潜力。但需要强调的是，国际保险监管组织并不提倡、也不认为监管机构有义务去披露他们自己手中掌握的保险公司的信息。

如果能够提供可以用来评估保险人的活动以及这些活动内在风险的适当信息，市场力量就会发挥有效的作用，即奖励那些能够有效管理风险的公司，惩罚那些不能够有效管理风险的公司，这就是所谓的市场法则或市场纪律，它是有效监管的重要组成部分。

因为保险本身具有内在的不确定性，市场对保险公司信息披露的要求要比一般企业高。当然，较多的细节披露会直接或间接增加保险公司的成本，监管机构应当在成本的增加与信息披露所带来的潜在利益之间进行权衡。

20世纪末至21世纪初，保险业越来越国际化，但各国的会计制度和惯例存在很大差异，不同国家保险公司财务信息的可比性很难实现。因此，应当对保险公司所使用的会计制度进行披露。

保险公司公开披露的信息必须与市场参与者的决策有关；必须具有及时性，以便人们在决策时所依据的信息是最新的；必须是经济和便利的，对市场参与者而言是可取的，而且不必支付过多费用；必须是全面和有价值的，有助于市场参与者了解保险公司的整体状况；必须是可靠的，基于这些信息的决策应当是可信的；必须是可比较的，要在不同保险公司之间以及保险公司与其他企业之间有可比性；必须是一致的，要具有连续性，以便可以看出相关的趋势。

(2) 现场检查。现场检查可以为监管机构提供日常监督所无法获得的信息，发现日常监督所无法发现的问题。监管机构可借机与公司管理者建立良好的沟通关系，通过现场检查评估管理层的决策过程及内部控制能力，制止公司从事非法或不正当的经营行为。监管机构可以借现场检查的机会分析某些规章制度产生的影响，或从更广泛的意义上说，收集制订规则所需的信息。现场检查对于解决公司的问题也大有裨益。

一般来说，现场检查的目标是对公司的风险结构和承受风险的能力进行比较，找出任何有可能影响到公司对投保人承担长远义务的能力的问题。但是，现场检查不应只局限于找出公司的问题，监管机构还应深究问题后隐藏的原因，并找到解决问题的办法。

监管机构在拟订现场检查计划之前，应当对被监管机构的有关业务和财务报告及其他信息进行认真分析研究。要考虑现场检查的频率和被监管机构的风险结构，对经营状况和财务状况较差的公司，现场检查应更加频繁和深入。

有的监管机构可能既负责日常监督，又负责现场检查。这种体制可以使非现场监控和现场检查之间的联系更加紧密，也是实现对被监管机构持续跟踪观察的有效手段。

现场检查必须有一定的法律基础，应当赋予监管机构广泛的权力，以便调查和搜集其所需的信息。现场检查既可以是全面检查，也可以是专项检查。

不论监管框架的内部组织如何，监管人员都可以在现场检查过程中或某些环节上得到外部审计师或精算师的协助。

在中国，《中华人民共和国保险法》、《中华人民共和国外资保险公司管理条例》、《中国保险监督管理委员会主要职责内设机构和人员编制规定》赋予了中国保监会实施非现场监控与现场检查的权力，《保险公司管理规定》、《金融企业会计制度》、《保险企业财务制度》、《保险监管报表管理暂行办法》、《保险公司偿付能力额度及监管指标管理规定》、《保险公司偿付能力报告编报规则》、《财产保险公司分支机构监管指标》、《人身保险新型产品信息披露管理暂行办法》、《现场检查规程》、《现场检查手册》等监管规章中有明确具体的规定。保险监管国际规则要求保险监管机构应对保险公司经营状况和业绩的监控制定一定的框架，这要求保险监管者有高效的信息系统，直到20世纪末21世纪初，中国还没有一套高效的监管信息系统，无法满足高效率信息处理的需要。

12.3.2 金融监管的方法

中央银行的金融监管主要依据法律、法规来进行。在具体监管过程中，主要运用金融稽核手段。

1. 依法实施金融监管

中央银行实施金融监管的依据是国家法律和法规，中央银行依法对金融机构及其经营活动实行外部监督、稽核、检查和对违法者进行处罚。各国金融监管体制和风格虽各有不同，但在依法管理这一点上是共同的，这是由金融业的特殊地位和对经济的重大影响所决定的。金融机构必须接受国家金融管理当局的监管，金融监管必须依法进行，这是金融监管的基本点。要保证监管的权威性、严肃性、强制性和一贯性，才能保证它的有效性。而要做到这一点，金融法规的完善和依法监管是绝对不可少的。市场经济就是要充分发挥各个生产要素和环节的主动性和积极性，鼓励和支持竞争，而竞争要做到规范有序，必须而且只能由法律做保障。

2. 运用稽核手段实施金融监管

“稽”，就是审查；“核”，就是认真地对照、考查、核算、核实。金融稽核，是中央银行或监管当局根据国家规定的稽核职责，对金融业务活动进行的监督和检查。它是由管辖行的稽核机构派出人员以超脱的、公正的客观地位，对辖属行、处、所，或业务领导范围内的专业行处，运用专门的方法，就其真实、合法、正确、完整性，做出评价或建议，向派出机构及有关单位提出报告。因此，金融稽核，是做好金融宏观控制的一项重要手段，是经济监督体系中的一个重要组成部分，与纪检、监察、审计工作有着紧密的联系。

我国的中国人民银行稽核、检查监督的主要内容如下：

1) 业务经营的合法性

业务经营的合法性即金融机构对国家和中央各项方针、政策、法律、制度遵守的情况，其中包括：货币政策和利率政策的执行，存款准备金的缴存，代理财政性存款的划交，联行资金的清算，业务经营范围的划分，存、贷款及办理结汇的情况，贷款期限的管理，拆入、拆出资金的管理，债券发行，新增机构的报批等。

2) 资本金的充足性

资本金的充足性即金融机构实收资本的构成及来源是否适当，以及资本金与资产总额、存款总额、负债总额的比例等。

3) 资产质量

从稽核金融机构资产的流动性、安全性和效益性的角度来评价其资产质量，主要检查贷款投向是否正确，贷款结构是否合理，贷款风险程度，贷款担保状况，信贷的集中程度等。

4) 负债的清偿能力

检查金融机构可变现资产的数量、质量，以保证存款的支付，主要稽核存入中国人民银行的备付金数量及占存款总额的比例，联行和同业往来可调用的资金数量，近期内难以收回的贷款数量，可以取得中国人民银行借款和再贴现的数量，可以拆入资金的数量等。

5) 盈利情况

主要稽核金融机构的收益率，以及利润来源和结构是否合理、适当。

6) 经营管理状况

主要稽核金融机构的内部控制制度以及基本制度的执行情况，包括主要负责人的决策和组织领导能力、高中级管理人员的工作胜任情况、内部控制构成因素的状况，诸如组织结构、岗位责任、业务程序、处理手续、检查标准、人员素质、内部稽核等。

中国人民银行的稽核分两类，即全面稽核与专项稽核。

全面稽核指中国人民银行对金融机构的全面业务、经营管理和财务状况按照稽核程序进行检查。检查以业务经营合法性、资本金的充足性、信贷计划的适度性、资产的风险性、负债清偿的保证性、经营的效益性、管理的科学性为主要内容。

专项稽核指中国人民银行对金融机构的业务经营活动、财务活动或经营管理的某一方面、某一层次、某一项目、某一问题的真实性或合规性进行专项的检查监督。

中国人民银行在进行具体稽核时，又有以下几种方式：现场稽核方式、报表稽核方式、委托稽核方式、联合稽核方式。

特别提示

在金融机构体系中，商业银行的地位十分突出，它是金融机构的主体组成部分，其业务量占有绝对多数的市场份额。因此，对于商业银行的监管是一个国家最主要的监管领域。

12.4 中国金融监管实践

12.4.1 中国金融监管体制的历史沿革

大致来说，我国中央银行与银行监管体制的改革经历了四个阶段：

1. 1983 年以前的体制

1979 年以前，我国一直实行“大一统”的银行制度。中华人民共和国成立后，政府接管了所有的官僚资本银行，将它们并入中国人民银行。1902 年成立的中国银行虽然对外仍保留其名称，但对内则被中国人民银行接管，改组为中国人民银行的对外局，是中国人民银行专门办理外汇业务的金融机构。1954 年成立的中国人民建设银行并不办理银行信贷业务，而只办理基本建设投资拨款业务，1958 年被改组为财政部基建财务司，专门办理基本建设财政拨款业务。交通银行除了香港分行尚保留外，其余机构被分别并入中国人民银行和中国人民建设银行。中国人民保险公司自 1958 年就未再办理国内业务，机构和人员都大量缩减，到 1979 年仅被作为中国人民银行所属分支机构保留了下来。中国农业银行经过几次撤销和重建，于 1965 年并入中国人民银行，而农村信用合作社实际上是中国人民银行的基层机构。这样，在很长一段时期内我国只存在一家银行——中国人民银行。

作为唯一的银行，中国人民银行既行使中央银行的职能，也办理商业银行的业务。中国人民银行在全国各省、市、县均设有分支机构，其办事处、储蓄所、营业所等基层组织机构遍布城乡各地。

全国的流动资金在中国人民银行的账户上都可以反映出来，国家通过中国人民银行统一分配和管理资金。在计划经济体制下，中国人民银行实际成为实行计划的工具和财政的出纳，毫无独立性可言，不是严格意义上的中央银行。同时，资金的运营效益与基层金融机构毫无利益关系，无法调动基层金融机构的积极性；基层金融机构没有自主权，也无法根据经济情况的变化调整资金的运用，严重阻碍了资金的流动性。因此，中国人民银行也不是真正的商业银行。

1978 年，我国开始实行改革开放，金融体制也发生了巨大的变化。1979 年开始，我国相继恢复了中国农业银行、中国银行、中国人民建设银行、中国人民保险公司，为中央银行体制的建立奠定了基础。

2. 1984 年～1993 年的金融体制

1983 年 9 月，国务院发布《关于中国人民银行专门行使中央银行职能的决定》(以下简称《决定》)。该《决定》确定中国人民银行为国务院领导和管理全国金融事业的国家机关，不对企业和个人办理信贷业务。为此，中国工商银行于 1984 年 1 月成立，从而使中国人民银行从具体的商业银行业务中解脱出来。我国的银行体制也开始走出封闭的旧体制，开展对外金融活动，登上了国际金融大舞台。1980 年，我国恢复了在国际货币基金组织和世界银行的合法地位。1985 年，我国与国际清算银行建立了业务往来关系。1986 年，我国加入了亚洲开发银行。

1986 年 1 月，国务院发布了《中华人民共和国银行管理暂行条例》(以下简称《银行管理暂行条例》)，以法律形式体现了我国金融制度改革的成果。《银行管理暂行条例》明确了中国人民银行是国家的中央银行，还确立了具有中国特色的专业银行体制，即中国工商银行、中国银行、中国农业银行、中国人民建设银行均是国家所有的独立核算的经济实体，按照规定的业务范围，分别经营本、外币的存款、贷款、结算以及个人储蓄存款等业务。从此，我国开始形成以中央银行为领导，国家专业银行为主体，多种金融机构并存、分工协作的金融组织体系。

《银行管理暂行条例》对于巩固我国金融领域的改革成果，促进银行业的发展发挥了重要作用。1986 年 6 月，我国第一家综合性的股份制银行——交通银行成立。1987 年又有两家全国性的商业银行——中信实业银行和光大银行成立。之后，各地不断出现了一些区域性的商业银行，如福建兴业银行、广东发展银行、深圳发展银行和招商银行、华夏银行、浦东开发银行等。城市信用社也得到了较大的发展。1992 年全国共有 30 多个城市组建了城市信用社联社，使城市合作金融向规范化和有效管理迈进了一步。金融领域的对外开放也取得了新进展。

但是，随着我国改革开放的深入，《银行管理暂行条例》的缺陷逐渐暴露，已无法满足金融建设的需要。主要表现在：《银行管理暂行条例》的法律层次低，影响了它的法律效力，难以维护中央银行的权威性，使得中国人民银行的宏观调控未能发挥应有的作用；中国人民银行的重大决策历来是由国务院决定或批准，其最高权力机构——理事会形同虚设；政府不仅可以向中国人民银行临时借款，出现财政赤字时还可以向中国人民银行透支，致使中国人民银行无法控制货币发行，很难稳定币值；由于缺乏强有力的手段，中国人民银行对金融业的监管也有些力不从心。另外，《银行管理暂行条例》的内容比较简单，随着我国经济体制改革的不断发展，金融体制也发生了巨大的变化，出现了大量的新型金融关系，超出了《银行管理暂行条例》的调整范围。到 1993 年底，我国除了四大国家专业银行外，还有交通银行等 9 家银行，4 000 多家城市信用合作社，50 000 多家农村信用合作社。还有各类保险公司 20 家，信托投资公司 380 多家，企业集团财务公司 50 多家，金融租赁公司 14 家，证券公司 80 多家。银行的信贷资产质量不高，截至 1992 年底，银行的各类坏账、呆账约占银行信贷资产的 15%，造成了银行的经营困难。因此，1989 年初，新的银行法的起草工作开始进行。

3. 1994 年至今

1) 政策性银行与商业银行业务分离

1993 年，中共中央十四届三中全会通过了《关于建立社会主义市场经济体制若干问题的决定》，确立了加快金融体制改革的指导思想，为中央银行法和商业银行法的立法工作指明了方向。同年 12 月，国务院依据该指导思想发布了《关于金融体制改革的决定》(以下简称《决定》)，其主要内容有：①把中国人民银行办成真正的中央银行，建立在国务院领导下独立执行货币政策的中央银行宏观调控体系；②将政策性金融与商业性金融分离，把国家专业银行办成真正的国有商业银行，建立以国有商业银行为主体，各种金融机构并存的金融组织体系；③完善货币市场和证券市场，建立统一开放、有序竞争、严格管理的金融市场。根据《决定》，1994 年国家开发银行、中国农业发展银行和中国进出口信贷银行三家政策性银行成立，从而实现了政策性金融与商业银行金融分离，解决了国有专业银行身兼二任的问题，割断了政策性贷款与基础货币的直接联系，确保了中国人民银行调控基础货币的主动权，为完善中央银行的宏观调控和国有专业银行向国有商业银行转换奠定了基础。

1995 年 3 月 18 日，第八届全国人民代表大会第三次会议通过了《中华人民共和国中国人民银行法》，以法律的形式规定了中国人民银行即中央银行的法律地位。同年 5 月 10 日，《中华人民共和国商业银行法》也获通过，我国现行的银行法律制度开始形成。

1995 年 3 月 18 日，第八届全国人大第三次会议表决通过的《中华人民共和国中国人民银行法》(以下简称《中国人民银行法》)，以基本法律的形式明确规定了中国人民银行作为我国中央银行的地位，从而使我国中央银行的法制建设步入了一个新的时期。

《中国人民银行法》共 8 章 51 条，依次为总则、组织机构、人民币、业务、金融监督管理、财务会计、法律责任及附则。内容主要包括：中国人民银行的性质与法律地位、法定职责、组织机构、货币政策、法定业务及操作、金融监督管理、财务会计、法律责任等。

根据《中国人民银行法》的规定，中国人民银行行使两大基本职能，即制定和执行货币政策的职能、对金融机构进行监督和管理的职能。

为了加强中央银行制定和执行货币政策的独立性，增强其货币调控职能，国务院提议将中国人民银行行使的金融监管职能予以分离。

2) 中央银行的三次职能转变

中国人民银行作为我国的中央银行，经历了三次转变其职能的历程：

1983 年，中国工商银行作为国有商业银行从中国人民银行中分离出来，使中国人民银行实现了中央银行与商业银行的分离。

1992 年 10 月 26 日，中国证监会正式成立；1998 年 11 月 18 日，中国保监会正式成立。证券、保险市场的监管职能从中国人民银行的金融监管职能中剥离出来，中国人民银行保留行使对银行业(包括信托业)的监管职能。

2003 年 4 月 26 日，全国人大常委会通过由中国银行业监督管理委员会行使原由中国人民银行履行的监督管理职权的议案，新设中国银监会，实现中央银行的货币政策与银行业(包括信托业)监管职能的分离。至此，我国建立了银监会、证监会和保监会分工明确、互相协调的金融分工监管体制。

3) 我国实行分业监管的必要性

首先，将银行监管职能从中国人民银行中分离出来之后，有利于中国人民银行全心全意地履行宏观调控职能，保证人民银行在制定和执行货币政策过程中的独立性。

其次，有利于强化银行监管职能，规范我国银行监管，提升银行业的国际竞争力。

12.4.2 中国金融监管机构的主要职能

1. 中国银行业监督管理委员会(简称银监会)的主要职能

中国银监会统一监管银行、金融资产管理公司、信托投资公司及其他存款类金融机构，维护银行业的合法、稳健运行。另外，中国银监会还要加强对银行业金融机构风险内控的监管，重视其公司治理机制的建设和完善，促使其有效地防范和化解金融风险。中国银监会的监管职责主要有：①依照法律、行政法规制定并发布对银行业金融机构及其业务活动监督管理的规章、制度；②依照法律、行政法规规定的条件和程序，审查批准银行业金融机构的设立、变更、终止以及业务范围；③对银行业金融机构的董事和高级管理人员实行任职资格管理；④依照法律、行政法规制定银行业金融机构的审慎经营规则；⑤对银行业金融机构的业务活动及其风险状况进行非现场监管，建立银行业金融机构监督管理信息系统，分析、评价银行业金融机构的风险状况；⑥对银行业金融机构的业务活动及其风险状况进行现场检查，制定现场检查程序，规范现场检查行为；⑦对银行业金融机构实行并标监督管理；⑧会同有关部门建立银行业突发事件处置制度，制定银行业突发事件处置预案，明确处置机构和人员及其职责、处置措施和处置程序，及时、有效地处置银行业突发事件；⑨负责统一编制全国银行业金融机构的统计数据、报表，并按照国家有关规定予以公布；⑩对银行业自律组织的活动进行指导和监督；⑪开展与银行业监督管理有关的国际交流、合作活动；⑫对已经发生或者可能发生信用危机，严重影响存款人和其他客户合法权益的银行业金融机构实行接管或者促成机构重组；⑬对有违法经营、经营管理不善等情形银行业金融机构予以撤销；⑭对涉嫌金融违法的银行业金融机构及其工作人员以及关联行为人的账户予以查询，对涉嫌转移或者隐匿违法资金的申请司法机关予以冻结；⑮对擅自设立银行业金融机构或非法从事银行业金融机构业务活动予以取缔；⑯负责国有重点银行业金融机构监事会的日常管理工作；⑰承办国务院交办的其他事项。

2. 中国证券监督管理委员会(简称证监会)的主要职能

1992 年 10 月，中国证监会成立。经国务院授权，中国证监会依法对全国证券期货市场进行集中统一监管。中国证监会的主要监管职责如下。①研究和拟定证券期货市场的方针政策、发展规划；起草证券期货市场的有关法律、法规；制定证券期货市场的有关规章、规则和办法。②垂直领导全国证券监管机构，对证券期货市场实行集中统一监管；管理有关证券公司的领导班子和领导成员，负责有关证券公司监事会的日常管理工作。③监管股票、可转换债券、证券公司债券和国务院确定由证监会负责的债券和其他证券的发行、上市、交易、托管和结算；监管证券投资基金活动；批准企业债券的上市；监管上市国债和企业债券的交易活动。④监管境内期货合约的上市、交易和清算；按规定监督境内机构从事境外期货业务。⑤监管上市公司及其按法律法规必须履行有关义务的股东的证券市场行为。⑥管理证券期货交易所；按规定管理证券期货交易所的高级管理人员；归口管理证券业协会和期货业协会。⑦监管证券期货经营机构、证券投资基金管理公司、证券登记清算公司、期货清算机构、证券期货投资咨询机构、证券资信评级机构；与中国人民银行共同审批基金托管机构的资格并监管其基金托管业务；制定上述机构高级管理人员任职资格的管理办法并组织实施；指导中国证券业、期货业协会开展证券期货从业人员的资格管理。⑧监管境内企业直接或间接到境外发行股票、上市；监管境内机构到境外设立证券机构；监管境外机构到境内设立证券机构、从事证券业务。⑨监管证券期货信息传播活动，负责证券期货市场的统计与信息资源管理。⑩会同有关部门审批会计师事务所、资产评估机构及其成员从事证券期货中介业务的资格并监管其相关的业务活动；监管律师事务所、律师从事证券期货相关业务的活动；⑪依法对证券期货违法违规行为进行调查、处罚。⑫归口管理证券期货行业的对外交往和国际合作事务。⑬国务院交办的其他事项。

3. 中国保险监督管理委员会(简称保监会)的主要职能

中国保监会成立于 1998 年 11 月 18 日，是国务院直属事业单位。根据国务院授权履行行政管理职能，依照法律、法规如下。统一监督管理全国保险市场，维护保险业的合法、稳健运行。中国保监会的主要监管职责如下。①拟定保险业发展的方针政策，制定行业发展战略和规划；起草保险业监管的法律、法规；制定业内规章。②审批保险公司及其分支机构、保险集团公司、保险控股公司的设立；会同有关部门审批保险资产管理公司的设立；审批境外保险机构代表处的设立；审批保险代理公司、保险经纪公司、保险公估公司等保险中介机构及其分支机构的设立；审批境内保险机构和非保险机构在境外设立保险机构；审批保险机构的合并、分立、变更、解散，决定接管和指定接受；参与、组织保险公司的破产、清算。③审查、认定各类保险机构高级管理人员的任职资格；制定保险从业人员的基本资格标准。④审批关系社会公众利益的保险险种、依法实行强制保险的险种和新开发的人寿保险险种等的保险条款和保险费率，对其他保险险种的保险条款和保险费率实施备案管理。⑤依法监管保险公司的偿付能力和市场行为；负责保险保障基金的管理，监管保险保证金；根据法律和国家对保险资金的运用政策，制定有关规章制度，依法对保险公司的资金运用进行监管。⑥对政策性保险和强制保险进行业务监管；对专属自保、相互保险等组织形式和业务活动进行监管。归口管理保险行业协会、保险学会等行业社团组织。⑦依法对保险机构和保险从业人员的不正当竞争等违法、违规行为以及对非保险机构经营或变相经营保险业务进行调查、处罚。⑧依法对境内保险及非保险机构在境外设立的保险机构进行监管。⑨制定保险行业信息化标准；建立保险风险评价、预警和监控体系，跟踪分析、监测、预测保险市场运行状况，负责统一编制全国保险业的数据、报表，并按照国家有关规定予以发布。⑩承办国务院交办的其他事项。

12.4.3 国际金融监管的发展趋势

1. 金融监管体制的组织结构体系向部分混业监管或完全混业监管的模式过渡

各国金融监管体制的组织结构千差万别。英国的大卫•T. 卢埃林教授在 1997 年对 73 个国家的金融监管组织结构进行研究，发现有 13 个国家实行单一机构混业监管，35 个国家实行银行、证券、保险业分业监管，25 个国家实行部分混业监管，后者包括银行证券统一监管、保险单独监管(7 个)，银行保险统一监管、证券单独监管(13 个)以及证券保险统一监管、银行单独监管(3 个)3 种形式，并且受金融混业经营的影响，指定专业监管机构即完全分业监管的国家在数目上呈现出减少趋势，各国金融监管的组织机构正向部分混业监管或完全混业监管的模式过渡。

2. 金融监管法制呈现出趋同化、国际化发展趋势

金融监管法制的趋同化是指各国在监管模式及具体制度上相互影响、相互协调而日趋接近。由于经济、社会文化及法制传统的差异，金融监管法制形成了一定的地区风格，在世界上影响较大的有两类：一是英国模式，以非制度化著称，加拿大、澳大利亚、新西兰即属此类；二是美国模式，以规范化著称，监管严厉，日本、欧洲大陆国家多属此类。历史上，英国对金融业的监管主要采取行业自律形式，英格兰银行在履行监管职责时形成了非正式监管的风格，不以严格的法律、规章为依据，而往往借助道义劝说、君子协定等来达到目的；而美国是一个以法制化著称的国家，金融监管制度被视为规范管理的典范，监管法规众多，为美国金融业的发展营造了一个规范有序、公平竞争的市场环境。自 20 世纪 70 年代以来，两种模式出现了相互融合的趋势，即英国不断走向法治化，注重法律建设；而美国则向英国模式靠拢，不断放松管制的同时增强监管的灵活性。

随着不断加深的金融国际化，使金融机构及其业务活动跨越了国界的局限，在这种背景下，客观上需要将各国独特的监管法规和惯例纳入一个统一的国际框架之中，金融监管法制

逐渐走向国际化。双边协定、区域范围内监管法制一体化，尤其是巴塞尔委员会通过的一系列协议、原则、标准等在世界各国的推广和运用，都将给世界各国金融监管法制的变革带来冲击。

3. 金融监管更加注重风险性监管和创新业务的监管

从监管内容看，世界各国监管当局的监管重点实现了两个转变。第一，从注重合规性监管向合规性监管和风险监管并重转变。过去监管当局一直将监管重点放在合规性方面，认为只要制定好市场游戏规则，并确保市场参与者遵照执行，就能实现监管目标。但随着银行业的创新和变革，合规性监管的缺点不断暴露，这种方法市场敏感度较低，不能及时反映银行风险，相应的监管措施也滞后于市场发展。有鉴于此，国际银行监管组织及一些国家的监管当局相继推出一系列以风险监管为基础的审慎规则，如巴塞尔银行监管委员会发布的《有效银行监管核心原则》、《利率风险管理原则》等，实现了合规性监管向合规性监管和风险监管并重转变。第二，从注重传统银行业务监管向传统业务和创新业务监管并重转变。随着金融市场的不断发展，金融创新产品层出不穷，如金融衍生产品交易、网上银行交易等创新业务，它们在增加收益的同时也增大了风险，且更易扩散，对金融市场的冲击也更加直接和猛烈。因此，只注重传统银行业务的监管已经不能全面、客观地反映整个银行业的风险状况，只有“双管齐下”，并重监管传统业务和创新业务，才能有效地防范和化解银行业的整体风险。

4. 金融监管越来越重视金融机构的内部控制制度和同业自律机制

金融机构的内部控制是实施有效金融监管的前提和基础。世界金融监管的实践表明，外部金融监管的力量无论如何强大，监管的程度无论如何细致而周密，如果没有金融机构的内部控制相配合，往往事倍功半，金融监管效果大打折扣。在国外，银行经营管理层的内控意识很强，他们把这作为非常重要的管理理念，贯穿于整个经营管理体制工作中。国外商业银行一般专门成立独立于其他部门的、仅对银行最高权力机构负责的内部审计机构，并建立了健全的内控制度。近年来，由于巴林银行、大和银行以及住友商社等一系列严重事件的发生都与内控机制上的缺陷或执行上的不力有直接关系，国际金融集团和金融机构在震惊之余，纷纷开始重新检讨和审视自己的内控状况，以免重蹈他人覆辙，许多国家的监管当局和一些重要的国际性监管组织也开始对银行的内部控制问题给予前所未有的关注。

金融机构同业自律机制作为增强金融业安全的重要手段之一，受到各国普遍重视。以欧洲大陆国家为代表，比利时、法国、德国、卢森堡、荷兰等国的银行家学会和某些专业信贷机构的行业组织都在不同程度上发挥着监督作用。尽管金融业公会组织在各国监管体系中的地位不尽相同，但各国都比较重视其在金融监管体系中所起的作用。

5. 金融监管向国际化方向发展

随着金融国际化的发展及不断深化，各国金融市场之间的联系和依赖性也不断加强，各种风险在国家之间相互转移、扩散便在所难免，如1997年7月东南亚爆发的金融危机就蔓延到了许多国家，使整个世界的经济都受到了强烈的震动。金融国际化要求实现金融监管本身的国际化，如果各国在监管措施上松紧不一，不仅会削弱各国监管措施的效应，而且还会导致国际资金大规模的投机性转移，影响国际金融的稳定。因此，西方各国致力于国际银行联合监管，如巴塞尔银行监管委员会通过的《巴塞尔协议》统一了国际银行的资本定义与资本率标准。各种国际性监管组织也纷纷成立，并保持着合作与交流。国际化的另一体现是，各国对跨国银行的监管趋于统一和规范。

12.4.4 国际金融监管发展趋势对我国金融监管的启示

1. 进一步完善金融监管法律体系

金融监管法规为依据，并严格依法监管。第一，根据我国金融发展的实际情况并借鉴国际经验加快一些重要金融法律法规的制定，如《金融机构破产法》、《金融控股公司法》等；第二，调整修改现有的法律法规，如《商业银行法》、《中国人民银行法》、《证券法》等，以适应当前我国金融业发展的需要；第三，制定有关法律的实施细则，严格金融执法，建立有效的市场惩戒机制。

2. 逐步建立一个完整、有效的监管体系

完整、有效的监管体系应该包括监管当局的监管、行业组织自律、金融机构内控和社会监督，我国应该从这四个方面完善金融监管体系。

1) 金融监管体制逐步向功能型监管转变

作为监管体系主体的监管机构，应该是组织结构设置合理，职责分明。面对金融自由化的浪潮和我国金融业混业经营的大趋势，现存的机构性监管(entityre gulation)已不适应，应逐步建立适应我国国情的金融监管体制，实现功能性金融监管(functionalre gulation)。功能性金融监管是指依据金融体系的基本功能而设计的监管，在一个统一的监管机构内，由专业分工的管理专家和相应的管理程序对金融机构的不同业务实行监管。

目前在我国分业经营、分业监管的体制下，应按照功能性监管原则明确各监管机构的监管职责和范围，强化各金融监管机构之间的协调和沟通，逐步向功能性监管转变。其具体内容为：①按照功能性监管原则，明确中国人民银行、银监会、证监会和保监会的监管职责；②加强中国人民银行、银监会、证监会和保监会之间的定期会晤机制，并将其制度化；③建立各监管机构之间的信息交流和共享机制；④对业务交叉领域和混业经营集团建立主监管制度，由主监管部门对其进行监管，其他相关部门积极配合。

2) 健全金融机构的内部控制制度

金融机构内部控制是指金融机构稽核部门对金融机构日常经营情况的经常性监控，它是非现场监测信息处理与现场检查稽核方法的统一。我国金融机构应从以下几个方面完善内部控制：一是合理设置内控机构，建立独立的稽核监督体制，形成有效的组织结构控制；二是建立有效的风险预警系统，识别、评估和控制金融风险，对风险进行早期预警；三是建立可靠和高效的信息及传递控制机制；四是不断完善内控制度。内控制度的建立与完善是一个动态过程，各金融机构都要适时根据其业务发展和环境变化不断修改完善内控制度，以动态适应其业务发展与金融创新对风险控制的需要。

3) 充分发挥行业自律组织的监管作用

行业自律机制可以创造一种维护同业有序竞争、防范金融风险、保护同业成员利益的秩序和氛围。通过建立金融业行业自律组织，督促金融机构认真执行金融法律法规，协调金融同业之间的竞争关系，防止恶性竞争，确保金融业的健康持续发展。在国家宏观金融监管确立的条件下，提高金融机构自律管理水平，加强金融业同业公会或协会自律性组织建设，是构建我国金融监管体系中不可缺少的部分。

4) 改善信息披露制度，强化社会监督

信息披露制度通过要求金融机构定期对其经营状况、财务状况和风险管理等相关政策的公示，使得金融监管当局处于更加有利的地位，对金融风险进行有效管理。另一方面，信息披露强制公示整体经营状况，弱化内部人控制，构成了有效的社会监督机制，从而降低监管成本，提高监管效率。改善信息披露制度，一是要加强信息披露制度建设，对信息披露的内容、程序、质量标准用法律的形式加以规范；二是完善金融机构的信息库和指标体系；三是加强信用评级机构和金融咨询机构的建设，充分利用外部审计力量，提高金融运行的透明度。

3. 实施以风险为本的持续性监管

金融监管机构在不同时期有不同的监管重点，要实现监管目标，必须实施持续性监管。从金融机构的市场准入到市场退出，对其经营活动实施全方位和规范化的持续性监管。持续监管是根据金融机构的资产规模、业务特性和风险程度等因素，确定不同的监管周期以及一个监管周期中各个阶段的监管安排，按照监管计划逐步实施监管。在事前监管方面，包括金融机构市场准入，保证金融机构的数量、结构、规模和分布符合国家经济、金融发展规划和市场需要。在经营监管方面，应包括现场和非现场稽核，建立并完善一个以现场检查和非现场稽核相结合的风险识别和评估系统，并将评估结果作为确定问题机构重点监管对象的依据，以防范风险为基础，形成一个高效完备的金融监管信息系统和金融风险预警系统。在事后危机处理方面，要完善对危机金融机构的处理手段。建立稳妥透明的金融机构市场退出机制，包括存款补偿机制、收购兼并机制和资产保全处置机制。

4. 加强金融监管的国际合作

加入世界贸易组织后，我国金融业对外开放的程度不断加深，为有效地防范和控制金融风险，必须与各国金融监管当局开展有效的双边和多边合作，建立定期的磋商和交流制度，加强对金融机构的跨境监管，这既包括外资金融机构在我国的分支机构，也包括我国在外国设立的分支机构。同时，还应该积极参与国际性和区域性金融监管组织，如巴塞尔委员会、国际货币基金组织的活动，积极参与有关国际监管规则的制订，以便更好地维护我国金融业的整体利益。

特别提示

从目前我国金融监管体制来看，属于分业经营的模式。中国银监会、中国证监会和中国保监会各司其职，共同承担我国金融业的监管责任。但是，我国的中央银行仍然承担着重要的责任。因为我国的三个监管会的职责划分是按机构进行的，而从业务活动看，银行间同业拆借市场和银行间债券市场、外汇市场等，都由中国人民银行负责直接的监督管理。

项目小结

金融监管是金融监督与金融管理的总称。金融监管是指中央银行或其他金融监管当局依据国家法律法规的授权对整个金融业(包括金融机构以及金融机构在金融市场上所有的业务活动)实施的监督管理。金融监管的目标是指在具体进行监管的时候所要达到的目标，是实现金融有效运行的前提和监管当局采取监管行动的依据。它分为一般目标和具体目标。

金融监管体制是指金融监管的职责和权力分配的方式和组织制度。按监管机构的设立原则来划分，可以将金融监管体制划分为机构型监管和功能型监管；按权力配置模式划分，可以将金融监管体制划分为单元多头金融监管、双元多头金融监管、集中单一金融监管和跨国金融监管；根据不同金融业务是否由统一的金融监管机构进行监管，可以将金融监管体制区分为分业监管和混业监管。

各国中央银行或货币管理当局对金融业的监管包括对商业银行及非银行金融机构和金融市场的监管。金融监管的方法主要有：依法实施金融监管和用稽核手段实施金融监管。

专栏十二

(1) 应该实施混业监管还是分业监管要依据一国金融发展的实际水平来决定。我国已经加入WTO，从与国际接轨的角度讲，应实行混业监管。但从中国金融业发展的状况来看，目前尚不具备混业监管的条件。银行、保险、证券拥有比较独立的金融活动，有各自的收益和风险特征，监管目标上也各有差异，将不同的监管目标统一到一个监管机构内，使统一的监管机构在监管目标上可能没有像专业化的分立监管者那样有清晰的重点，可能会带来不同监管目标的冲突等难以处理的问题。另外，统一的监管机构规模庞大，内部分工不当，可能会滋生官僚主义等现象。因此，笔者认为现阶段，分业监管基本适合中国国情。但也不能忽视目前分业监管体制实际运行中存在着诸多缺陷，如缺乏有效金融监管的条件、多元化监管主体使得缺乏必要的信息交流与合作、证券业和保险业的监管资源(包括人力、物力和技术)与行业发展不匹配、金融监管缺乏完善的实务操作系统等；分设多个监管主体使得行政成本大，而且不同监管主体之间的协调与合作成本也是很大的弊端。另外，德国的混业监管也是从分业监管经过较长的时期发展而来的。因此，应该实施混业监管还是分业监管要依据一国金融发展的实际水平来决定。

(2) 中央银行即使不直接负责金融监管，也应该广泛参与金融监管过程，以保证金融监管目标的一致性。中央银行专司制定货币政策，银监会、证监会、保监会分别行使对金融业三个领域的管理，这确实在客观上强化了金融监管，主观上避免了某种道德风险。但同时我们应该看到，金融监管与货币政策具有较强的相关性，二者目标密不可分。中央银行同时承担货币政策和银行监管的职能，拥有监管信息与货币政策的协调优势，还有作为最后贷款人的风险处置优势等。另外中央银行与国际清算银行和巴塞尔委员会有着紧密的合作关系，这些对于及时交流执行金融监管国际准则的新情况，对于金融业国际间的合作与交流也是大有裨益的。因此笔者认为中央银行即使不直接负责金融监管，也应该广泛参与金融监管过程。可以通过参加对监管机构的监督、管理；承担具体的监督任务；以及与监管机构共享资源参与金融监管过程。制定货币政策，真正维护国家金融稳定，实现统一金融监管目标。

(3) 放松对金融业管制的同时加强对金融业的监管。要减少诸如银行市场准入限制、价格管制等金融行政监管的成分，简化行政审批手续，调整监管方式和程序，扩大间接监管制约功能，在放松对金融业管制的同时加强对金融业的监管。一是要充分发挥社会监督的作用，发挥社会中介机构(如会计、审计、资产评估事务所)的审计监督作用，加强媒体监督，鼓励和利用媒体的曝光功能进行监督和揭露违规违法及腐败行为，发挥投资人、债权人等市场参与者的监督约束作用；二是要在金融机构建立合理的内部控制机制，合理划分内部职责和权限，建立严格的授权和审批制度，建立独立的会计及核算体制，建立内部风险评估、监测、预警系统；三是要建立“阳光工程”，提高信息披露、资产评估的真实性和权威性；四是要建立良好的金融自律机制，要进一步完善组织机构建设，建立和完善同业公约及规章，建立规章制度执行情况的检查披露制度及奖惩制度，处理好各金融监管部门间的关系。

(资料来源：刘春红. 中德金融监管体系比较. 华东经济管理. 2006(10).)

实训练习

一、核心概念

金融监管	金融监管体制	一般目标	具体目标
机构型监管	功能型监管	分业监管体制	混业监管体制

二、问答题

1. 各国为什么要对金融业进行监管?
2. 如何理解金融监管的理论基础?
3. 如何理解金融监管的目标?
4. 金融监管过程中应履行哪些原则?
5. 一国金融监管机构应从哪些方面对其银行业进行监管?
6. 我国的金融监管机构有哪些?其职能分别是什么?
7. 一国金融监管机构主要通过哪些方法进行监管?
8. 试比较分业监管体制和混业监管体制的优缺点。

三、案例分析

有资料显示，美国金融监管体制极其庞大和复杂，交叉监管明显，其金融监管体制也主要是对银行的监管以及历次金融危机的推动而逐步形成。在监管方面，各州和联邦分别对在州和联邦注册的银行进行监管，注册地成为界定银行监管部门的主要依据。对于在联邦注册的银行，成立于1870年的财政部下属货币监理署(OCC)对非联邦储备银行(FED)的会员银行进行监管，其主要运行是通过支付服务和收取监管对象费用获得收入。而成立于1929年大危机中的联邦储备银行则对其会员银行、金融控股公司进行监管。它主要利用会员银行的资本金提供贷款获取利息，并从FEDWIRE的银行间大额支付及ACH(automatic clearing house)零售支付服务中收取费用。上述两类银行大多是大银行。而对于在各州注册的银行，则由各州的银行厅监管。

由于银行具有是否加入联邦储备银行的权利，实际上也就获得了选择监管部门的权利。OCC与FED之间的这种平行结构造成二者之间的监管竞争，从而争相讨好金融界，单方面给银行松绑，以吸引银行加入或不加入FED的会员。

同时，联邦存款保险公司(FDIC)为在各州注册的非FED会员银行提供存款保险，主要是一些中小银行。储蓄机构监管署则负责监管在联邦注册的储蓄机构和储蓄机构控股公司，国家信用合作社办公室(OTS)负责监管联邦注册和州注册且加入其保险系统的信用社。

至于证券业、基金业、保险业及期货业的监管，则分别由美国证券监督委员会(SEC)，联邦保险署(SIC)和美国期货交易委员会(CFTC)负责。正如FED将稳定货币及支付体系的稳定性作为首要目标一样，保护投资者利益成为SEC对证券业监管的主要目标。它只要求投资银行、上市公司、资产管理公司等提供连续的年度财务报告，监督其信息披露，而且只监管证券经纪业务，不管其投资银行业务。保险业的监管则主要由州政府负责。上述联邦监管机构的组成人员均由国会任命，任期大多与总统任期错开，只对国会负责。FED作为中央银行，具有相当大的独立性。

请思考：美国金融监管体制的特点对我国的金融监管有哪些启示?

项目 13　几个金融理论问题

项目思考

从 20 世纪 60 年代至今，金融创新在西方国家层出不穷，金融创新有力地推动了金融发展，而金融发展又促进了宏观经济的发展。但金融创新是一把双刃剑，其在推动一国经济发展的同时，一旦运用不当则会放大金融风险，引发宏观经济的波动甚至衰退，2007 年的美国次贷危机就是一个典型案例。因此如何利用金融创新来推动经济发展，同时规避金融创新对经济的扰动？中国应该如何有序地进行金融创新？政府如何对金融创新进行有效监控？这些都是阅读本部分内容后需要深入思考的问题。

项目目标

通过本项目的学习，你将能够：

- 了解金融创新的概念及原因，掌握金融创新的种类；
- 掌握金融发展理论及其与经济发展的关系；
- 理解金融风险及其种类，掌握金融脆弱性及原因；
- 了解金融危机及其特征，以及金融危机的防范。

项目框架

首先在了解金融创新的发展历程和金融创新定义的基础上，介绍一些重要的金融创新工具和金融创新市场；详细地介绍了相关的金融发展理论以及金融发展与经济发展的关系；接下来分别介绍金融风险、金融脆弱性和金融危机及它们之间的内在关系。本项目的知识框架如图 13.1 所示。

- 几个金融理论问题
  - 金融创新
    - 定义即产生原因
    - 金融创新的种类
  - 金融发展理论
    - 金融发展理论
      - 金融结构理论
      - 金融深化理论
      - 金融约束理论
    - 金融发展与经济发展
  - 金融脆弱性与金融危机
    - 金融脆弱性
      - 不稳定假说
      - 安全边界说
      - 信息不对称原因
    - 金融危机
      - 定义及种类
      - 金融危机的防范

图 13.1 项目框架

引导案例

次贷危机显现金融创新“双刃”作用

危机全面显现了金融创新的“双刃”作用。近几年来，金融创新蓬勃发展，在一段时间之内取得了巨大的发展。然而此次的华尔街危机显示出了金融创新高风险的一面：首先，创新产品本身的复杂性很可能掩盖产品自身暗藏的巨大风险，导致风险的不断积累。经过复杂数学模型计算出来的产品，大概除了设计者本人外，绝大多数人都不知道其真实价值。其次，金融创新产品有与其转嫁风险的功能，在转移自身非系统性风险的同时造成宏观系统性风险的积累。这在金融创新的机构自身承担的风险和收益不匹配的情况下非常严重。

本次华尔街危机，受到严重损失的不仅仅是贝尔斯登、美林、雷曼的这类投资银行，还包括 UBS 和花旗集团等一些顶级金融机构，这说明随着“格拉斯—斯蒂格尔法案”的取消，美国混业经营的发展，金融机构业务趋同性或者相关性增强，使得金融风险在各类机构之间的传导更加容易。作为本次元凶的资产证券化产品，就是以商业银行传统的信贷资产作为基础资产的，通过证券化之后其影响范围已经远远超过了传统的商业银行领域。

危机也彰显金融监管协调的重要性。监管体系也一定要能够跟得上创新和混业经营趋势。以美国此次金融业危机来看，监管当局并没有及时意识到衍生证券所蕴藏的巨大风险，也没有及时采取行动，导致危机扩大。次贷危机爆发后，美国的监管体系发生了重大调整正是这一趋势的顺应。

然而，就像硬币的两面一样，危机往往成为契机。在华尔街的旧体系瓦砾之上，新的金融业格局正在形成。未来金融业的发展格局或许可以简单概括为：更加安全的经营策略，新的混业经营格局，与之相适应的监管体系。

对于处于转型阶段的中国银行业来说，在吸取经验教训的同时，不能因噎废食。首先，要继续加强金融创新，拓展中间业务。同时，一定要不断提高风险控制和风险防范的能力，让创新与银行本身的风险控制和防范能力相匹配。其次，要继续推进混业经营，拓宽盈利渠道，发挥不同业务之间的协同效应和互补效应，减少单一业务模式所受到的行业周期影响。最后需要强调的是，监管体系也要逐步顺应未来发展的趋势，逐步建立起适合未来金融业创新和混业经营的监管体系。就目前来说，为减少监管盲区，“一行三会”之间的协调有待加强。

(资料来源：上海证券报，2008 年 9 月 24 日)

13.1 金融创新

金融创新泛指金融体系和金融市场上出现的一系列新事物，主要包括新的金融工具、新的融资方式、新的金融市场、新的支付清算手段以及新的金融组织形式与管理方法等内容。金融创新从 20 世纪 60 年代初开始，70 年代各种创新活动日益活跃，到 80 年代已形成全球创新浪潮。金融创新浪潮的兴起及迅速发展，给整个金融体系、金融宏观调节乃至整个经济都带来了深远影响。

13.1.1 金融创新原因的理论分析

20 世纪 70 年代以后，理论界对金融创新的原因主要是从金融创新动因方面的探讨，主要观点有以下几种。

1. 技术进步论

技术进步除了对整个社会的发展有重要影响外，它在刺激金融创新方面无疑也起到了巨大的作用。自 20 世纪 70 年代以来，以电子计算机为核心的信息技术的广泛应用和高度发展为金融领域中的创新奠定了基础。计算机和网络的出现，促使存款、提款功能的电子化，促使了商业银行业务的网络化和电子化，其他金融机构也相继推出了电子化的产品和业务，如商业银行国际结算中的电子计算，信用卡业务发展到现在的高级水平等。计算机和网络技术的快速发展产生的信息储存、再现和传递方式使信息处理的速度加快，成本降低，这些都促使了新金融产品的推广和新金融交易方式的使用。

2. 规避管制论

该理论是由 E. J. 凯恩(E.J.Kane)提出来的。他认为金融创新主要是由于金融机构为了获取利润而回避政府的管制所引起的。许多形式的政府管制与控制，在性质上等于隐形的税收，阻碍了金融机构从事已有的盈利性活动和获取受管制业务利润的机会。因此，金融机构会通过创新来回避政府管制。而当金融创新可能危及金融稳定与货币政策时，金融当局又会加强管制，新的管制又会导致新的创新，两者不断交替，形成一个相互推动的过程。一般而言，凯恩的理论能够解释管制引起的创新。但金融管制只是创新的成因之一，所以不能全面回答金融创新的原因。

3. 规避风险论

国际金融市场上一些基本条件的变化导致金融市场风险增大，为了避免或分散风险，出现了大量的金融创新，如利率期货、利率互换等。20 世纪 70 年代末至 80 年代初，西方国家出现恶性通货膨胀和高利率，一些金融机构为了保住存款不得不支付高额利息，经营成本大于收益。这些金融机构开始采用浮动利率，把利率不断上升的风险转移到客户身上去。

4. 竞争趋同论

金融企业之间的产品和服务相互模仿，导致产品和服务的趋同，出现金融创新。

此外，还有诺思、戴维斯的“制度改革”理论、希克斯(J. R. Hicks)、J. 尼汉斯(J. Niehans)

的“交易成本”理论、格林包姆、海沃德的“财富增长”理论以及弗里德曼的“货币促成”理论。

13.1.2 金融创新的种类

1. 金融制度创新

金融制度创新包括金融机构的创新、国内金融监管的创新和国际金融监管制度创新。

1) 金融机构创新

20 世纪 30 年代以前，非银行金融机构很少，银行主要经营传统的存贷款业务、汇兑业务。第二次世界大战后，非银行机构开始大量出现，保险公司、养老基金、住宅金融机构、信用合作社和投资基金等机构迅速发展，业务不断创新。

第二次世界战后，随着大量跨国公司的出现，导致对跨国金融服务的需求剧增，促进了跨国银行的发展。同时，跨国银行的业务也在不断创新，主要体现在业务的电子化、专业化和全能化，不仅从事一般的商业银行服务，还从事投资银行、信托、保险、基金、租赁及金融衍生业务等，成为全能型银行。但由于各国政治经济、文化传统的不同，全能银行的组织形式各异。

在金融机构和业务创新的基础上，银行与保险、信托、证券等非银行金融机构的分工界限逐渐被打破，传统的金融分业经营制度走向现代混业经营。20 世纪 30 年代初的金融危机导致了美国 1933 年《格拉斯—斯蒂格尔法》的出台，标志着分业经营制度的里程碑。而 1999 年美国通过了《金融服务现代化法案》，允许以控股方式实现银行、证券和保险业务的跨行业经营，以应对日趋激烈的国际金融业竞争。以此为标志，西方发达国家开始了从分业经营向混业经营制度的转变。

2) 国内金融监管制度创新

20 世纪 70 年代的金融业务创新和金融工具创新促进了金融监管制度的创新，同时监管制度创新又进一步推动了金融业务和金融工具的创新。主要趋势表现为各国金融管理当局废除或减弱对金融机构及金融业务的管制，即放松金融管制。

(1) 利率自由化，即取消对利率的直接管制，使得金融市场的利率主要由市场供求决定。从 1986 年起，美国废除了管制储蓄存款和定期存款利率上限的 Q 条款。日本利率自由化始于 20 世纪 70 年代的有价证券利率的放松。此外，英国、法国、德国等都在 20 世纪 80 年代完成了利率的自由化。

(2) 证券市场自由化，从 20 世纪 80 年代起，西方发达国家先后放松了对外国资本进入国内资本市场的限制，取消外汇管制，允许外国居民购买本国债券和本国居民购买外国债券，促进了证券市场的自由化、国际化。

(3) 金融业务自由化，从 20 世纪 80 年代起，金融监管部门开始放松和取消对金融机构业务范围和经营领域的限制。1999 年美国国会通过的《金融服务现代化法案》可以看做金融业务自由化、综合化的一个标志。商业银行与其他金融机构之间的业务分工和界限变得越来越模糊。

3) 国际金融监管制度创新

金融机构和金融业务的自由化、国际化对金融监管提出了新的挑战，需要各国金融监管的跨国协调。1988 年公布的《巴塞尔协议》对银行的资本比率、资本结构和各类资产的风险权数做了统一规定，以此控制国际性商业银行的业务风险。1997 年爆发的东南亚金融危机中，最初的《巴塞尔协议》没有发挥应有的作用。在此背景下，2002 年发布、2005 年实施的《新巴塞尔协议》增强了风险敏感性，首次将资本充足率、监管部门的监管和市场约束三大要素结合在一起，旨在推动以指标为核心的数量型监管模式向以风险管理为核心的质量监管模式转变。

2. 金融市场创新

金融市场在现代市场体系中处于核心地位。20 世纪 60 年代以来，金融市场出现了大量的创新，主要表现为离岸金融市场的建立。

1) 离岸金融市场

离岸金融市场(off-shore financial market)又称境外市场，是一种经营非居民之间的国际金融业务，且基本不受市场所在国金融法规和税收管制的新型国际金融市场。在该市场中，非居民交易为业务主体，没有法规和税收限制，是一个完全自由的国际金融市场。离岸金融市场产生于 20 世纪 50 年代，是东西方冷战的产物。当时，苏联和东欧一些社会主义国家为防止美元被冻结或没收，纷纷将美元存入欧洲国家的商业银行，以保证资金安全。而一些国际收支逆差国也需要到欧洲商业银行借取这些美元用于平衡国际收支。进入 60 年代，国际游资急剧膨胀，大量游资流入欧洲美元市场使得离岸金融市场业务得到广泛的发展。至 70 年代中期，在亚洲、中美洲、加勒比海地区和中东地区也纷纷出现了离岸金融市场。

2) 欧洲货币市场

欧洲货币市场指在货币发行国境外进行该货币借贷的市场。此处的“欧洲”指“境外”含义。由于该类型市场起源于欧洲，故沿用至今。欧洲货币市场泛指世界各地经营境外货币各种借贷业务的市场，如纽约欧洲货币市场、东京欧洲货币市场、香港欧洲货币市场等。

欧洲货币市场起源于 20 世纪 50 年代，市场最初只有欧洲美元。进入 60 年代，美国国际收支逆差促进了欧洲美元的迅速成长，加之美国队资本输出的限制使美元大量外流，使欧洲货币市场逐渐发展起来。且随着欧洲经济实力的增强，欧洲货币市场开始出现欧洲英镑、欧洲德国马克、欧洲日元等。

3. 金融工具创新

20 世纪 60 年代以来，金融创新中最具活力的就是金融工具创新，使得金融工具的内容不断丰富，功能不断增强。1960 年美国花旗银行推出大额可转让定期存单(CDs)，标志着当代金融工具创新的序幕。为了应对金融货币当局对金融市场的管制，金融机构开始创造新的金融工具来绕过这些管制，如欧洲美元、平行贷款和自动转账等。

1) 商业银行金融工具创新

(1) 可转让支付命令账户(NOWS)。NOWS 是一种对个人、非营利性机构开立的支付利息的支票账户，也称付息的活期存款。其最主要的特点是：其一，转账或付款不是使用一般的支票，而是使用支付命令，这种支付命令在票面上没有支票字样，但实质上与支票无异，可以用来提款，经背书也可以转让；其二，可以按其平均余额支付利息，在没有这种账户时，为了获得利息，存户把存款存入储蓄账户，为了能开支票付款，存户又要开立一个活期账户。现在合二为一，给存户带来很大的方便，银行也省去很多手续费。

(2) 货币市场存款账户(MMDAS)。MMDAS 起源于美国，其性质介于储蓄存款和活期存款之间，开户时的最低金额为 2 500 美元，平均余额(每旬、每月或每周的平均余额由各银行自定)不低于 2 500 美元；对存款最高利率无限制，如余额低于 2 500 美元，则改按储蓄存款计息，利率每周按货币市场利率调整，每天复利，于月底打入该账户；对存款不规定最短期限，但银行规定客户提取存款应在 7 天前通知银行；存户使用该账户进行收付，每月不得超过 6 次，其中用支票付款不得超过 3 次；存户对象不限，个人、非营利机构、工商企业都可开户。在西方国家，目前货币市场账户和可转让支付命令账户得到非常普遍的应用，有取代储蓄存款账户之势。

(3) 自动转账制度(ATS)。ATS 在 1978 年以后开始出现，是由早期的电话转账制度演变而来的。其主要内容是：存户同时在银行开立储蓄账户和活期存款账户，活期存款账户的余额始终保持 1 美元，其余存款存入储蓄账户可获得利息收入。当需要签发支票时，存户可用电话通知开户行。该账户与 NOWS 类似，都属于转账账户，银行需提取存款准备金，对于银行提供的转账服务，存户要支付一定的服务费。

(4) 大额可转让定期存单(CDs)。可转让定期存单是指存款人将资金按某一固定利率和期限存入银行并获得的可在市场上转让买卖的存单形式凭证。1965 年 2 月，纽约花旗银行首先开始发行大额可转让定期存单，它是作为逃避政府最高利率限制与存款准备金制度的一种创新金融工具。大额可转让定期存单的特点是：不记名、自由转让、存单面额大和金额固定，如当时最低起价面额为 10 万美元，最大面额达到 100 万美元；期限固定，多是 3～6 个月，一般不超过一年；利率高于同期的定期存款利率，与当时的货币市场的利率一致。可转让定期存单集中了活期存款和定期存款的优点，对于银行来说，它可作为相对稳定的资金来源用于放款和投资；对于存款人来说，它既有较高的利息收入又能在需要时转让出售迅速变为现金，是一种理想的金融工具。目前，大额可转让定期存单已成为公司、养老金协会、政府机构以及个人的主要投资对象。

(5) 资产证券化。资产证券化是指商业银行将流动性较差，但能产生可预见现金流的盈利资产，如抵押品和消费贷款等，在金融市场上以发行证券的方式出售。当这些资产带来现金流入时，如借款人向银行偿还本金和利息时，证券持有人将从银行手中取得该部分收入。资产证券化参与者包括发起人、特殊目的实体和受托人。贷款被证券化的银行称为发起人，贷款被转移到了特殊目的实体的手中，两者完全独立，即使发起人破产，也不会影响该笔贷款的信用等级。受托人的责任是确保发起人资产证券化中履行各项义务，并向证券持有人提供各种合同规定的服务。对银行来讲，通过证券化能够筹集资金，并且能够利用该笔资金取得新的资产，弥补银行的部分经营成本，调整自己的资产组合，更好地匹配银行资产与负债的久期，进行利率风险管理。

4. 衍生品市场金融工具创新

1) 金融期货合约

期货合约是一种在将来的某个时间交割一定数量和质量等级的商品的标准化的远期合约或协议。

金融期货合约的特点有标准化交易所交易、保证金制度、逐日盯市制度、强制平仓制度。

金融期货的种类有利率期货、外汇期货、指数期货。

金融期货交易的经济功能有规避风险、套利投机、发现价格。

2) 金融期权合约

金融期权是指以金融商品或金融期货合约为标的物的期权交易。具体地说，其购买者在向出售者支付一定费用后，就获得了能在规定期限内以某一特定价格向出售者买进或卖出一定数量的某种金融商品或金融期货合约的权利。

金融期权合约的要素有执行价格、权利金、合约到期日等。

期权合约可分为看涨期权与看跌期权，欧式期权、百慕大式期权与美式期权。

期权买卖买方只有权利没有义务，风险有限，获利无限，无须付出保证金；卖方只有义务而无权利，风险无限，收益有限，必须支付保证金。

3) 金融互换

金融互换是约定两个或两个以上的当事人按照商定条件，在约定的时间内，交换一系列现金流的合约。

金融互换分为货币互换和利率互换。

货币互换：将一种货币的本金和固定利息与另一货币的等价本金和固定利息进行交换。其主要原因是双方在各自国家中的金融市场上具有比较优势。

利率互换：指双方同意在未来的一定期限内根据同种货币的同样的名义本金交换现金流，其中一方的现金流根据浮动利率计算出来，而另一方的现金流根据固定利率计算。互换的期限通常在两年以上，有时甚至在15年以上。

特别提示

金融创新对经济、金融产生了深远的影响。它对经济既有促进作用，又有负面影响，要一分为二地看待。促进作用在于金融创新刺激了金融业的竞争，提高了经济效率。金融创新增加了投资者的应付风险的能力。负面影响在于对政府宏观管理带来困难，使得中央银行实施货币政策的情形更为复杂，效力也下降。此外，还降低了金融体系的稳定性，并增大了金融业的经营风险。

13.2 金融发展理论概述

所谓金融发展，主要包括金融资产的发展、金融机构的发展和金融市场的发展。

13.2.1 金融发展理论

20世纪60年代末至70年代初，一些西方经济学家开始从事金融与经济发展关系方面的研究工作，创立了金融发展理论。其中比较著名的理论有雷蒙德·戈德史密斯的金融结构与发展理论、罗纳德·麦金农和爱德华·肖的金融抑制论和深化论，以及后来兴起的金融约束论。

1. 金融结构理论

雷蒙德·戈德史密斯在1969年出版的著作《金融结构与金融发展》中，运用统计资料，对金融结构和金融发展做了横向的国际比较和纵向的历史比较，从而揭示了金融发展过程中带有规律性的结论，即“金融理论的职责就在于找出决定一国金融结构、金融工具存量和金融交易量的主要经济因素，并阐述这些因素怎样通过相互作用，从而形成金融发展。”

雷蒙德·戈德史密斯的金融发展理论提出了一个重要的量化指标，即金融相关比率(FIR)，该指标从数量上论证了金融发展与经济增长之间的关系。他把各种金融现象归纳为三个基本方面，即金融工具、金融机构和金融结构。其中金融结构就是一国金融机构和金融工具的形式、性质及其相对规模。不同类型的金融工具和金融机构组合在一起，构成不同特征的金融结构。他的基本结论表明，金融发展与经济发展有着密切的联系，并且发达国家与发展中国家在金融发展中存在着明显的区别。关于这两个问题，他从理论和历史两个方面分别进行了分析。

从理论上看，金融机构对经济增长的效用必须从总体以及储蓄和投资的分配这两个方面进行探讨。一方面，金融机构的存在和发展可有效地增加储蓄与投资的总量；另一方面，金融机构的介入还能有效地将既定的资金分配给收益率较高的投资项目，从而使平均投资效率得以提高。显然，金融机构这两方面的作用都能有效地促进经济的增长和发展。同时，他也指出，在某些情况下，金融机构的存在和发展也许会给经济增长带来消极的影响。例如，金融机构的存在与发展将大大便利政府的借款，从而使金融工具成为政府弥补财政赤字、筹措经费的重要工具。因此，从理论上看，金融发展对经济增长的影响是难以确定的。

从历史经验来看，雷蒙德·戈德史密斯发现，在不同国家之间或在同一国家的不同时期之间，金融发展对经济增长的影响也大为不同。

2. 金融深化理论

20 世纪 60 年代以来，发展中国家的金融发展问题受到越来越多的关注。1973 年，美国经济学家罗纳德·麦金农和爱德华·肖先后出版了《经济发展中的货币与资本》和《经济发展中的金融深化》两本著作，对发展中国家的金融发展及与经济增长的关系和采取的货币金融政策和体制进行了深入探讨，分别提出了“金融抑制理论”和“金融深化理论”，建立了一套比较适合发展中国家特征的货币金融理论，在西方金融界引起很大反响。由于这两个理论有许多相似之处，这里将它们统称为“金融深化论”。

1) 金融抑制论

根据罗纳德·麦金农的分析，所谓金融抑制是指这样一种现象：政府对金融体系和金融活动的过多干预压制了金融体系发展，而金融体系的不发展又阻碍了经济的发展，从而造成金融压制与经济落后的恶性循环。对金融抑制现象的系统理论解析构成了金融抑制理论，该理论主要用于分析发展中国家抑制市场机制和不恰当的金融管理政策对经济发展如何产生阻滞作用。

该理论认为，金融变量与金融制度对经济发展来说，发挥促进作用还是阻滞作用取决于政府的政策和制度选择。在许多发展中国家普遍存在着选择金融政策和金融制度不恰当的现象，表现为政府当局对金融活动干预强烈，人为压低利率，使本币币值过高等。这些不恰当的政策和制度选择是导致金融抑制的主要原因，阻碍了经济的发展。

金融抑制在发展中国家对经济发展和经济成长的负效应主要包括负收入效应、负储蓄效应、负投资效应和负就业效应。

2) 金融深化论

1973 年，爱德华·肖提出金融深化理论。与金融抑制相反，所谓金融深化，他认为是这样一种情形：如果政府取消对金融活动的过多干预，发展中国家货币金融和经济可形成金融改革与经济发展的良性循环。

该理论认为，金融与经济发展息息相关，功能健全的金融体系能使较贫困地区的经济增长步伐变得更快；反之，扭曲的金融会阻碍经济的发展。爱德华·肖指出金融深化一般表现为三个层次的动态发展：一是金融增长，即金融规模不断扩大；二是金融工具、金融机构的不断优化；三是金融市场机制或市场秩序的逐步健全，金融资源在市场机制的作用下得到优化配置。这三个层次的金融深化相互影响、互为因果关系。

金融深化是一个国家金融和经济之间呈现的相互促进的良性循环状态。罗纳德·麦金农和爱德华·肖认为，金融抑制是发展中国家的一大发展障碍，要想实现经济迅速增长就必须进行金融深化，进行适当的金融改革，放松过度的政府干预，让金融体系充分发挥其有效配置资源的作用。

3. 金融约束论

随着金融发展理论研究的不断深入，特别是信息经济学的发展，为金融发展理论的研究构筑了微观基础。以斯蒂格利茨为代表的新凯恩斯主义经济学家从不完全信息的角度提出了“金融约束论”。

金融约束理论运用信息经济学理论对发展中国家的金融市场和金融体系进行了研究，他们认为金融深化论的假设前提是瓦尔拉斯的一般均衡，但这在现实中难以成立。况且，即使现实中存在这些条件，但由于经济中普遍存在着信息不对称导致的逆向选择、道德风险和代理行为等因素的影响，金融市场是失灵的。

金融约束理论认为，金融市场失灵本质上是信息失灵，它导致了金融市场交易制度难以有效运行，必须由政府供给有正式约束力的权威制度来保证市场机制的充分发挥。政府可通过金融约束政策来为金融部门和生产部门创造“租金机会”，并通过“租金效应”和“激励作用”来有效解决信息不完全问题。政府的这种选择性干预将有助于金融的发展，并推动经济增长。

13.2.2 金融发展与经济发展的关系

经济发展主要是指各种实际经济因素的发展，如物质财富的增加、生产技术的进步及经济制度的健全等。金融发展与经济发展之间有着密切的关系，经济发展是金融发展的前提和基础，金融发展是推动经济发展的动力和手段。

1. 金融发展对经济发展的促进作用

金融发展对经济发展的促进作用主要体现在以下几个方面：

第一，金融发展有利于帮助实现资本的积聚与集中，可以帮助实现现代化的大规模生产经营，实现规模经济效益。这个作用是金融的基本功能，金融产业越发达，迅速积累资本的功能就越强。在金融高度发达的国家，金融不仅能迅速帮之集中国内资源，还能迅速调动国外的资源，推动经济资源的全球范围优化配置，扩大了资源利用的空间和渠道，并推动全球经济一体化。

第二，金融发展有助于提高资源的使用效率，从而提高社会经济效率。发达的金融体系为投资者提供了众多可供选择的投资工具和理想的投资市场，在充分竞争的条件下，各种金融工具的价格相对趋近合理水平。在投资者的理性投资行为制约下，资源往往会从不善于利用资源的地方流出，流向资源能得到有效率利用的地方，从而实现社会资源的合理配置，提高资源的利用效率。

第三，金融发展有助于提高用金融资产进行储蓄的比例，因而有助于提高社会的投资水平。金融业的发展可以提供一个完善的金融市场，提高金融资产的流动性。而且金融市场的发达表现为金融资产的丰富、交易多样和收益的稳定合理。这样就会增强人们对持有金融资产的吸引力，增加以金融资产形式持有的储蓄比例，从而会带动社会投资的提高。

第四，金融发展有助于提高经济发展水平。随着现代市场经济的发展，金融业获得了快速的发展，金融业的产值大幅度增加，占国民生产总值的比重也不断提高，金融业自身的产值增长直接构成一国国内生产总值的重要组成部分，提高了经济发展水平。

2. 经济发展对金融发展的作用

经济发展对金融发展的带动作用体现为以下几个方面：

第一，经济的发展会使得社会收入水平不断提高，因而提高人们对金融投资和理财服务的需求。这种需求就是推动金融发展的原动力。

第二，经济发展形成越来越多的大企业集团，这些大的企业集团要求与其融资需求相匹配的现代金融机构为其提供服务。这意味着金融机构的融资规模必须大，融资的效率必须高，融资的手段必须多样化，承担风险的能力必须强。同时众多新生的、有发展前景的企业也需要金融机构为之提供能适应其需求变化的服务。经济发展导致企业规模及类型的变化，是金融工具、金融机构多样化和金融效率迅速提高的直接原因之一。

特别提示

一些经济学家对发展中国家金融问题的研究，把西方主流的货币金融理论加以改造使之使用于发展中国家的具体情况，产生了一些新理论，如“金融发展理论”、“金融深化理论”和“金融抑制理论”。而发展中国家为了实现本国经济的工业化，都进行了所谓的“金融自由化”改革，其中不乏有许多成功经验，但也有许多教训。这对我国正在进行的金融改革无疑很有借鉴意义。

13.3 金融脆弱性与金融危机

13.3.1 金融脆弱性

1. 金融风险

金融风险(financial risk)是指在金融活动中，由于金融市场中各种变量的不确定性，导致行为主体遭受损失的可能性。需要指出的是，这里的行为主体不仅包括金融机构，还包括参与金融活动的所有行为主体，如个人、企业、政府等。而所损失的也不仅仅是收益，可能还有本金、财产或信用等。

金融风险的种类很多，根据可能引起金融风险的成因不同大致可以分为政策性风险、市场风险、信用风险、流动性风险、操作性风险以及道德风险等。

1) 政策性风险

政策性风险是指由于一个国家宏观政策的变动可能给投资者带来的风险，包括一个国家的宏观财政政策、货币政策，以及对内、对外的各种经济、政治、外交甚至军事活动都会对金融活动的结果产生不确定性的影响。一旦决策失误就会造成金融业的不稳定，甚至是金融危机。例如，1997年爆发的东南亚金融危机在一定程度上就是由于当时的宏观经济政策不当造成的。而且政策性风险是来自于外部环境，起因于经济个体无法控制的外在不确定性，因此，会对所有的经济个体产生影响，是一种系统性的风险。

2) 市场风险

市场风险是指在市场交易中，由于基础金融变量，如汇率、利率、股票和债券价格、金融衍生产品价格、通货膨胀率等方面的变动引起的金融资产或负债的市场价值发生变化而给金融活动的行为主体带来损失的可能性。其中以利率风险和汇率风险最为常见。

3) 信用风险

信用风险是指由于交易一方当事人不愿意或不能够正常履行契约的责任，导致另一方遭受损失的风险。信用风险是银行业面临的最主要的风险之一。银行作为贷款人，可能因为借款人客观上丧失清偿能力或主观上缺乏还款意愿而受到损失。除此以外，债券或投票的持有者也面临着发行方信用等级变化，不能按期还本付息造成损失的风险。

4) 流动性风险

流动性风险可以从两个不同的层面来理解。一方面是由于金融资产或金融产品流动性的不确定性带来的损失。当金融产品的流动性下降，可能会产生产品的持有者无法及时的变现，或即使能变现也不得不付出高昂的成本，这种风险被称为产品流动性风险。另一方面是金融机构本身的资金流动出了问题。如果其流动性资产不能满足偿还流动性负债的要求，就会引起金融机构的清偿问题，不得不以较低的价格变卖资产，甚至出现资不抵债的情况，这种风险又往往被称为现金流动风险。显然，流动性风险对于金融机构的影响很大，流动性风险以其不确定性强、冲击破坏力大的特点，而被称为“商业银行最致命的风险”。因此，流动性风险管理在金融机构的经营管理中占有非常重要的地位。

5) 操作性风险

操作性风险是指由于内部程序、人员、系统的不完善或失误，或外部事件造成的直接或间接损失，包括内部人员操作失误或蓄意隐瞒信息导致的风险，自然灾害、政治和军事事件以及由于技术设施的缺陷等外部不可抗力造成的风险，和法律、税收、监管等方向变化带来的法律风险等。

6) 道德风险

道德风险是指立交易中的一方利用自身的信息优势，在双方签订契约后违反市场机制的一般要求或道德规范，谋求自身利益最大化而让对方承担损失的可能性。例如在融资完成后，融资者不从事事先约定的投资项目，而是将资金投入高风险的经济活动中，就会增加投资者所面临的风险。

2. 金融脆弱性

一般而言，金融脆弱性是指金融制度、结构出现非均衡，导致风险积聚，金融体系丧失部分或全部功能的金融状态。关于金融脆弱性的理解可以分为两个层次。一是狭义的金融脆弱性，即金融内部的脆弱性。由于金融业是一个高负债、高风险的行业，决定了在其整个经营过程中金融风险普遍存在，即金融业具有内在脆弱性，而这种脆弱性往往会影响金融机构的安全。二是广义的金融脆弱性，泛指所有融资领域，包括金融机构和金融市场融资领域的风险积聚。常见的金融脆弱理论有以下几种：

1) 金融不稳定性假说

海曼·明斯基(Hyman·P.Minsky)较早对金融脆弱性问题做出了系统的阐述。他认为信用创造机构，特别是商业银行和其他相关贷款人的内在特性使得他们不得不经历周期性危机和破产浪潮。当它们的困境被传递到经济体的各个组成部分，就会导致经济危机的爆发。

海曼·明斯基的分析基于资本主义繁荣与衰退长期波动现象(50 年)的总结之上，他指出在经济的繁荣时期就播下了金融危机的种子。这个 50 年的长周期以 20 或 30 年的相对繁荣开始，在经济上升时期，贷款人(银行)的贷款条件越来越宽松，而借款人(工商企业)则利用宽松有利的信贷环境进行积极的借款。

明斯基将借款的企业分为三类：第一类是抵补性的借款企业(hedge—financed firm)；第二类是投机性的借款企业(speculative—financed firm)；第三类是庞氏企业(Ponzi firm)。

在明斯基看来，商业周期的存在将诱使企业进行高负债经营。在一个新周期开始时，绝大多数企业都属于抵补性企业。随着经济的进一步繁荣，市场显现出一派利好气氛，企业预期收益上升，纷纷扩大借款，投机性企业和庞氏企业迅速增多。这样，在借款人中高风险的后两类借款人的比重越来越大，而安全的第一类借款人所占比重却越来越小，于是金融脆弱性越来越严重，一旦出现货币紧缩甚至传言都可能引起违约和破产，而这又进一步反馈影响金融体系。金融机构的破产迅速扩散，金融资产价格的泡沫也迅速破灭，金融危机就爆发了。

2) 安全边界说

如果说明斯基是从企业角度来分析金融脆弱性问题，J. A. 克瑞格(J. A. Kregel)的安全边界说则是从银行角度来解释。所谓 “安全边界” 可以理解为银行收取的风险报酬，包含在借款人给银行支付的贷款利息之中。当由于不测事件使得未来没有重复过去的良好记录时，安全边界能够给银行提供一种保护。对于贷款人和借款人来说，仔细研究预期现金收入说明书和计划投资项目承诺书，是确定双方都可以接受的安全边界的关键一环。

与借款企业相比，金融机构的经营者对整个市场环境和潜在竞争对手很熟悉，但无法准确地把握未来市场状况。因此银行在决定是否贷款时主要参照借款人过去的信用记录，或是参看其他同行业的做法来设定安全边界，而不太关注未来的预期。这种做法在经济稳定扩张时期会导致安全边界标准降低，低于安全边界的项目也会被批准(如经济过热时期的房地产贷款项目)，从而导致金融业脆弱性的增加。一旦经济形势发生逆转，金融危机就不可避免。

3) 借贷双方的信息不对称性

斯蒂格列茨等经济学家认为，虽然金融机构的存在在一定程度上减少了信息不对称的矛盾，通过金融中介作用防止了借款入与贷款人之间因信息不对称而发生的逆向选择和道德风险。但金融机构要真正解决信息不对称问题，还要受到两个前提条件的限制。首先，储户要真正信任金融机构，不会发生挤兑(bank run)。其次，金融机构对借款人的筛选和监督是高效率和低成本的。然而，这两个前提条件往往并不同时具备。由于信息不对称的存在，金融机构并不能总是高效率、低成本地实现对借款人的筛选和监督。相反，事实上借款人总是要比金融机构更清楚地了解自身的经营状况以及所投资项目的风险和收益。在经济扩张时期，金融机构常常会失去理性而投资一些高风险的项目，一旦经济发生逆转，这些项目就有可能给银行带来损失，而如果这些信息不幸被存款人所了解，或是一些意外事件的发生致使他们对金融机构失去了信心，就会出现挤兑现象，危及金融机构的安全。

此外，随着金融自由化、全球一体化的发展，金融机构之间的往来越来越密切，资金结构也越来越复杂，形成了相互交织的债权、债务网络。任何一家金融机构微小的支付困难都可能引起更大范围的流动性危机，甚至由于多米诺骨牌效应而波及其他国家和地区。目前，金融脆弱性理论已经逐渐被人们接受，但尚未形成系统的理论体系。随着金融危机呈现出的新特点，不断有新的理论产生，因此金融脆弱性理论还处在发展的过程中。

13.3.2 金融危机

1. 金融危机的含义、外延与分类

《新帕尔格雷夫经济学大辞典》将金融危机(Financial Crisis)定义为“全部或部分金融指标——短期利率、资产(证券、房地产、土地)价格、商业破产数和金融机构倒闭数的急剧、短暂的和超周期的恶化”。金融危机应该是金融状况在全部或大部分领域出现恶化，且具有突发的、急剧、短暂和超周期的特点。金融危机直接地表现为金融指标的急剧恶化和由于人们丧失信心而采取保值减损措施所造成的金融领域的严重动荡及其对整个经济引起的一系列后果。

金融领域的稳定，建立在某些均衡状态基础上。一般来说，它需要四种基本均衡，即货币供求均衡、资金借贷均衡、资本市场均衡和国际收支均衡。货币供求均衡维系着币值的稳定，资金借贷均衡维系着信用关系的稳定，资本市场均衡维系着金融资产价格的稳定，而国际收支均衡维系着汇价的稳定和国际资金流动的稳定。这四种基本均衡状态被破坏到一定程度，就会爆发金融危机。

金融危机一般分为四类，即货币危机、银行危机、债务危机和股市危机。

1) 货币危机(currency crises)

货币危机是指人们丧失了对一国货币的信心，大量抛售该国货币，从而导致该国货币的汇率在短时间内急剧贬值的情形。一般来说，实行钉住汇率制或固定汇率制的国家更容易出现货币危机。因为这样的国家往往国内经济变化没有配合相应的汇率调整，导致其货币内外价值脱节，反映为本币汇率高估，由此引发投机攻击，加大市场上本币的抛压，其结果是外汇市场上本币大幅度贬值，该国金融当局为捍卫本币币值而动用大量国际储备干预市场或大幅度提高国内利率，使一国的货币流通领域出现严重混乱，甚至使原有的汇率制度趋于崩溃。例如，1994 年墨西哥比索与美元的汇率和 1997 年泰铢兑美元的汇率骤然下跌，都属于典型的货币危机。

2) 银行业危机(banking crises)

银行业危机是指由于某些原因导致人们丧失对银行的信心，从而大量挤提存款，银行系统的流动性严重不足，导致银行倒闭的现象。一家银行的危机发展到一定程度，可能波及其他银行，从而引起整个银行系统的危机，即大量银行倒闭。例如，20 世纪 30 年代的大萧条，曾将金融危机推至极点。美国在 1930 年，银行倒闭突破四位数，达 1 350 家，占银行总数的 5.29%；1931 年，倒闭 2 293 家，占银行总数的 9.87%；1933 年达到高峰，当年有 4 000 家银行倒闭，占银行总数的 20%。

3) 债务危机(foreign debt crises)

债务危机是指一国政府不能按照预先约定的承诺偿付其国外债务，并且也导致对该国发放外债的金融机构遭受巨大的损失。发生货币危机的国家很容易发生债务危机，因为货币危机的发生往往伴随着资金外逃、国际借贷条件恶化。当过度借入外债时，尤其是短期外债，偿债期限过于集中和自身经济结构失调导致对外支付手段枯竭。20 世纪 80 年代拉美许多国家就爆发了债务危机。1982 年，墨西哥宣布无力偿还当年到期的国际债务。随后，巴西、阿根廷、委内瑞拉等拉美债务国也相继发生偿债困难。拉美债务危机同时也导致其大批外国债务银行陷入经营危机。

4) 股市危机(stock market crises)

股市危机是指人们丧失了对资本市场的信心，争先恐后地抛售所持有的股票，从而使股票价格急剧下跌、股市崩溃的现象。一般来说，股灾同时具有扩散性，不同的股票市场相互影响，引起连锁反应。而且资本市场对外开放的国家，股市危机与货币市场危机往往具有联动作用。例如，1929 年 10 月 28 日，纽约股市日跌幅达 12.82%，史称“黑色星期五”。从 1929 年 9 月到 1933 年 7 月，美国道·琼斯工业股票价格指数跌幅达 87.4%。这场股市危机不仅使无数市场参与者倾家荡产，也使美国金融、经济遭受重创，并波及全球。1999 年，美国纳斯达克股票市场的指数也急剧下跌，从原来的 6000 多点跌至 2002 年 9 月底的 1 150 点。

2. 当代金融危机的主要特征

1) 金融危机发生的频率加快

金融危机并非近年才有，但在第二次世界大战以前，它的出现在一定程度上还是一种偶然现象，其频率和影响范围、影响程度都比较有限。其中，1929 年开始的“大萧条”是仅有的一次由于经济危机而引发的波及面较广的金融危机。第二次世界大战以后，金融危机频频爆发，最终导致固定汇率制度受到冲击，布雷顿森林体系崩溃，债务危机四处蔓延。到 20 世纪 90 年代，金融危机愈演愈烈，频率有明显加快的趋势。首先是因金融衍生品投机失利的“巴林事件”和“大和事件”震惊了世界，随后发生了北欧银行危机，且有十余个欧洲发达国家在一批投机者攻击下发生了欧洲货币体系危机。时隔不久，作为新兴市场经济国家典范的墨西哥发生了“新兴市场时代的第一次大危机”。1997 年 7 月爆发的东南亚金融危机，则成为“全球化时代的第一次大危机”。20 世纪 80 年代末 90 年代初苏联东欧集团的解体，使全球金融危机蔓延到“转轨国家”之中。据有关数据统计，自 1980 年到 1996 年，共有 133 个国际货币基金组织成员国发生过银行部门的严重问题或危机，约占全部成员国的 70%。

2) 金融危机的爆发具有突发性

纵观近年来屡屡发生的金融危机，发生都非常突然，虽然其中也有先知先觉的人士，但人们毕竟把它当作一种“不切实际”的预期，并没有引起应有的重视。例如，在东南亚金融危机爆发之前，国际上就有经济学家警告人们当心“亚洲奇迹”将要破灭，然而当时并没有多少人相信这一论断。从本质而言，金融危机突然爆发往往缘于金融风险的突发性。当金融风险在量上积聚时，只要数量上没有突破临界点，就不会发生根本性变化。然而当金融风险、金融隐患不断积聚，就可能“牵一发而动全身”，即使小小的外在压力也会导致金融危机大规模爆发。东南亚金融危机的突然爆发就充分证实了这一点。

3) 金融危机具有明显的综合性

20 世纪 90 年代之前，金融危机通常只表现为某种单一形式，如 20 世纪 60 年代的英镑危机为单纯的货币危机，80 年代美国储贷协会危机为典型的银行业危机。但是，在 90 年代，多数金融危机具有明显的综合性，即多种危机融合在一起，形成“系统性金融危机”，也被称为“全面金融危机”。系统性金融危机是指主要的金融领域都出现严重混乱，即货币危机、银行业危机、债务危机和股市危机同时或相继发生，从而对实体经济产生较大的破坏性影响。较为典型的特征是，危机开始时是外汇市场的超常波动，及由此引起的货币危机，进而发展为货币市场和证券市场的动荡，并最终影响到实体经济的运行。例如，在 1994 年的墨西哥金融危机和 1997 年的东南亚金融危机中，危机国家在货币大幅贬值并最终被迫放弃原有的固定汇率制度的同时，均出现了银行坏账严重、存款抽逃等银行危机迹象。墨西哥、泰国和韩国等国家在危机期间还出现了外汇储备无法保证外债按期偿付的债务危机。

4) 金融危机的破坏性更大

金融危机的持续时间、传播范围、传播速度和危害程度都大大重于从前的危机。例如东南亚金融危机最严重时，东南亚经受金融危机的国家的货币平均贬值约 50%，股票价格下跌将近 70%，房地产价格下跌 40%～60%，此次危机带来的损失约占亚太各国国内生产总值的 15%～60%，导致 1998 年全球经济增长从上年 4%的跌至 2%，国际银行业经营效益也普遍出现下降，1997～1999 年间全球 1 000 家大银行的利润总额下降了 29%。

5) 金融危机具有超周期性和超前性

传统金融危机表现为周期性金融危机，是由经济周期性波动引发的金融危机，因此伴随着经济周期波动而出现高峰、低谷。20 世纪 30 年代的金融危机是历史上最深刻、最持久的一次周期性危机。1929 年 6 月美国工业生产在经历高峰到下降，出现严重工业生产过剩危机，同年 10 月，纽约证券市场上股市暴跌，股价跌幅最少的将近 1/2，多的超过 4/5，金融危机猛烈爆发。这次严重的金融危机还表现在银行信贷业务陷入空前困境，各国众多银行相继停业，甚至破产。而与此同时，各国货币危机迅速发展，货币纷纷贬值，英国、日本等被迫放弃金本位制。由此可见，当时的金融危机是由经济周期波动引发的，是经济周期中长期潜伏的主要经济问题在经济危机爆发时得以显现所产生的某些后果。

现代金融危机强调它的超周期性和超前性。经过 20 世纪 30 年代的金融危机后，伴随凯恩斯主义的出现，各国加强宏观经济调控，实施政府干预，金融危机似乎在某种程度上得到了控制，或者说金融危机的周期波段得到延长。然而金融危机却是此起彼伏的，似乎脱离了经济周期的轨道。伴随经济社会的证券化、资本化、货币化的发展，虚拟经济与实体经济严重脱钩，因此经济风险积累到一定程度时，先在金融领域爆发，使现代金融危机具有敏感性和超前性的特征，突发性加强，表现为经济危机病发的前兆。考察墨西哥金融危机中的拉美各国，东南亚金融危机中的各国情况，以及美国次贷危机，莫不如此。

6) 金融危机的蔓延和传染性效应增强，速度加快，呈全球性

20 世纪 90 年代以后，随着计算机、通信、网络技术的迅速发展，以贸易自由化、生产全球化、金融自由化与国际化为特征的经济全球化进程加快，也使金融危机蔓延和传染的范围更广。在 1992 年的欧洲货币体系危机中，来势凶猛的欧洲金融风暴横扫欧洲货币体系的各国货币，在意大利里拉、英镑、芬兰马克宣布自由浮动时，法国法郎、爱尔兰和瑞典克朗等都承受了不同程度的投机压力。1994 年墨西哥爆发金融危机后，危机迅速传递到巴西和阿根廷等拉美国家。1997 年泰国金融危机发生后，危机传导的地域范围不断扩大，从最初的泰国到东南亚 5 国，进而东亚、亚洲、俄罗斯、欧美、拉美，直到全球，“多米诺骨牌效应”效应更加明显。将三次危机传染的范围和程度进行比较，范围最广、程度最深的是东南亚金融危

机，具有全球性。这次危机中，不论是发达国家还是发展中国家，都成为受害者。同时，现代金融危机的一个显著变化就是“互震”趋势的加强，传统的单向传导，即由发达国家传递给发展中国家，变成双向传导趋势。发展中国家的金融危机会很快地传递给发达国家，这一点在东南亚危机中尤为突出。泡沫与崩溃的国际传递似乎不是一个经济法则，而更像是一种趋势。

7) 金融危机更容易在新兴市场国家爆发的区域性特征

20 世纪 90 年代以前，国际性金融危机主要表现为发达国家或资本主义经济体系的周期或非周期波动。在人们目睹发展中国家这些“小龙小虎”在世界经济中崛起的同时，同样而来的则是那些已经起飞和正在起飞的新兴市场经济国家的金融动荡的愈演愈烈之势，由此对世界经济的震撼一次比一次强烈。墨西哥金融危机和东南亚金融危机不仅让新兴市场经济国家深层次的经济体制与结构问题得到了充分暴露，而且也使这类新型金融危机特点和机制浮出水面，人们对金融危机的研究也开始更加关注新兴市场国家的发展问题。

伴随发达国家金融自由化和金融创新的发展，发展中国家也先后开展了以金融深化或金融发展为旗帜的金融体制改革，相继开放资本市场，使发展中国家与全球金融市场的联系日益密切，吸引大批国际投机资本，但由于缺乏约束机制，宏观经济基础脆弱以及制度的不合理，步入了“自由化”陷阱，造成了国内金融业的无序，使其暴露在强大的国际游资面前，成了投机者的牺牲品。1994 年之前的墨西哥一向被称为新兴市场国家经济改革“样板”和投资的“热点”，1997 年以前的泰国是有“亚洲第五小龙”的美誉。作为金融和资本项目自由化的结果：大量的国际短期资本流入这些国家。与此同时，快速的金融和资本项目自由化，并没有伴随着相应有力的监督和谨慎的监管体系的建立，银行和其他金融机构也缺乏足够的监测客户的技巧。而且，政府对银行债务明确的或隐含的担保也导致了严重的道德风险问题，这诱使银行经理去选择风险过高的项目，并使得国外投资者低估东道国银行资产组合的真实风险，这些金融机构的资产负债表中存在着严重的货币结构和期限结构的不匹配。投资质量的恶化引发了外国投资者对这些国家国内银行的挤兑，反过来就产生了对外汇需求的突然增加。为了援助这些银行，中央银行耗尽了它的外汇储备，导致了危机的发生。

国际货币基金组织曾做过研究，对 50 个国家 1975～1997 年间发生的金融危机进行鉴别，结果新兴市场国家货币危机发生是工业化国家的两倍，银行业危机是其两倍多。大多数工业化国家货币危机发生在 1975～1986 年，而银行业危机只发生在 1987～1997 年，新兴市场国家银行业危机相对集中在 20 世纪 80 年代早期和 90 年代。

3. 金融危机的危害

金融危机对经济的冲击会涉及方方面面，社会总会为之付出高昂的代价。不论是发展中国家还是发达国家，都屡受其害。拉美债务危机使拉美国家“失去了发展的十年”；美国的储贷协会危机让纳税人直接付出了 1 800 多亿美元的拯救代价，加深了美国在 20 世纪 80 年代末、90 年代初的衰退；欧洲货币体系危机曾迫使西欧若干主要国家推出欧洲货币体系；亚洲金融危机则使一向欣欣向荣的亚洲经济倒退五六年，“东亚奇迹”黯然失色；如此等等。而 2007 年美国的次贷危机不仅对这个世界上最强大的金融帝国造成了巨大的冲击和破坏，而且引发了一场波及全球的金融海啸，并带来了许多国家的经济衰退。正如金融大鳄乔治·索罗斯所说的，我们正在遭受着自 1930 年以来历史上最严重的金融危机的惨痛折磨。这次金融危机的冲击力无论是在实体经济还是金融市场都已经得到充分显现。下面，就以 2007 年国际金融危机为例，阐述金融危机带来了哪些方面的危害。

(1) 在美国金融危机爆发后，大量金融机构遭受巨额损失，甚至破产倒闭。2007 年 4 月，以美国第二大次级房贷公司新世纪金融公司破产事件为标志，美国次贷危机爆发。危机发生后，多家金融机构出现巨额亏损甚至倒闭，2008 年 3 月，美国第五大投资银行贝尔斯登因濒临破产而被摩根大通收购。9 月份以后，由于房价的持续下跌，美国次贷违约率继续上升，与次级抵押债券相关的各种金融资产风险开始加速暴露出来，受波及的金融机构范围也越来越大。9 月 7 日，美国政府宣布接管“两房”——房利美、房地美，随之，在不到一个月的时间里，华尔街五大投资银行相继破产或者被接管，包括商业银行、保险公司、投资银行、对冲基金等在内的金融机构大都遭受巨额损失。9 月 15 日，在次级抵押贷款市场(次贷危机)危机加剧的形势下，有 150 多年历史的美国第四大投资银行——雷曼兄弟宣布申请破产保护，引发了全球金融市场的剧烈动荡。

(2) 国际主要资本市场动荡加剧，很多国家甚至出现了股市连番暴跌，投资者损失惨重。美国金融危机全面爆发后，从美国纽约到英国伦敦，从法国巴黎到德国法兰克福再到日本东京，西方主要经济体的股市大幅下跌。到 2008 年 9 月份，美国次贷危机愈演愈烈，并逐步升级为全面的金融危机，西方主要经济体的股市遭到更大压力、频频出现暴跌，同时新兴工业国家和发展中国家的股市也大幅受挫，引发新一轮全球股灾。

(3) 这场金融危机已从金融领域扩散到实体经济领域，造成经济衰退。这一次次贷危机导致的经济周期与此前的经济周期存在的显著差异，在于此前的经济周期往往是由实体经济恶化之后逐步传导到金融市场，而此次经济动荡则是因为金融体系的监管出现缺陷等导致金融市场的大幅波动进而演变为现实的经济波动。从国际经济环境上来看，自 2008 年 10 月开始，伴随着次贷危机的进一步恶化，对各国实体经济的影响日益显现，各国经济增长出现明显减速，美国、欧盟等经济开始出现负增长，同时失业率上升，消费者信心显著下降，美国失业率继 10 月飙升至 6.5%以后，11 月又创造了 6.7%的 15 年来的最高纪录，引发了全球金融市场新一轮的大幅波动。此外，全球主要经济体逐步显现通缩压力，美国 10 月份消费者物价指数大跌 1%，创历史上最大跌幅；日本 10 月消费物价指数环比也下降 0.1%。泰国、韩国和澳大利亚等新兴市场国家 11 月通货膨胀率与全球同步回落，如泰国 11 月通膨胀率从 10 月的 3.9%大幅降至 2.2%。全球大宗商品价格更是同步一落千丈。原油价格从每桶 147 美元以上迅速跌落至 50 美元以下，铁矿石、煤炭和粮食价格也都大幅下跌，这意味着次贷危机对实体经济的冲击全面显现。

另外，金融危机还通过国际贸易渠道传导到对外依存度较高国家的实体经济。由于全球资产价格下跌，其造成的负向财富效应使得世界各国，尤其是发达国家居民消费意愿和消费能力显著下降，直接导致发达国家进口萎缩，全球贸易量锐减。据国际货币基金组织估计，2008 年和 2009 年世界贸易量增速放缓，分别为 4.6%和 2.1%。以美国为首的发达国家进口需求下降将对一些作为其贸易伙伴国的发展中国家的出口行业构成严重冲击。尤其是那些金融市场外资比重较大、经济增长高度依赖出口且出口结构单一、自身存在比较严重的资产价格泡沫的发展中国家将深受其害，譬如部分东欧国家和中亚国家，严重情况下这些国家也出现金融危机和经济衰退。

市场信贷紧缩、信心下降导致跨国公司的国际投资纷纷撤资，使国际投资东道国的经济增长滞缓，由于跨国公司原有的产能过剩，对经济增长的预期降低，加上融资成本增加，导致许多投资项目搁置。据世界银行统计，金融危机爆发以来，发展中国家借债的平均利率与发达国家借债利率之差从 2%攀升至 8%，而且流向发展中国家的官方和私人资本出现了大幅下滑。资料表明，2007 年流入发展中国家的私人资本达 1.1 万亿美元，而 2008 年该数字预计将降至 8 000 亿美元，2009 年将继续下降至 5 300 亿美元左右，仅占发展中国家当年国内生产总值的 3%。甚至原先流向发展中国家的国际资本如今也开始大规模撤离。2008 年 4～9 月份印度全国已有大约 175 亿美元的投资项目被搁置，进一步降低了当地经济增长潜力。

4. 金融危机的防范

1) 国内层面的危机防范

(1) 维护健全的宏观经济环境。健全的宏观经济环境和合理的产业结构是防范金融危机的必要宏观环境。健全的宏观经济环境主要包括适度的经济增长、较低的失业率、较稳定的物价水平、没有长期性的大规模国际收支赤字、平衡的政府财政收支和适度的政府债务规模等。因为过高的经济增长率可能导致人们过于乐观的预期，信贷急剧扩张，资产价格也迅速膨胀。另外，大规模的财政赤字和高失业率，都会造成货币供应量的过快增长，带来通货膨胀。这些都会给金融体系的稳定带来隐患。

(2) 建立合理的企业治理结构。有效的企业治理结构是防范金融危机的微观基础。这是因为，有效的企业治理结构可以最大限度地防止融资中的道德风险和逆向选择。有效的企业治理结构包括对企业经理人员的激励和约束两个方面，如对企业经理人员利益的奖赏和不负责任行为的惩罚，促使经理人员采取有效率的行动。因此，合理的企业治理结构减少了给商业银行带来不良贷款的可能性，同时也会提高公司的盈利能力，从而给其投资者带来更高的回报，为股票价格的稳定上涨奠定良好的基础。

在多数情况下，如果公司治理结构不合理，内部人控制就会更加严重，管理层可能会转移公司的现金和其他资产，用于偿付管理层个人的债务，或将其直接存入在国外银行的账户，或者注入其他公司。在发生金融危机的亚洲国家，经理人员通过转移现金和其他资产来侵占其他股东的财产是非常普遍的事情。在中国，由于不合理的公司治理结构，在上市公司中，大股东作为控股股东非法侵占上市子公司资产的现象屡见不鲜，结果使上市子公司遭受巨额亏损，这给中国股票市场埋下了巨大的隐患。因此，合理的企业治理结构是防范金融危机的微观基础。

(3) 选择合理的汇率制度和资本项目开放。不合理的汇率制度与资本项目开放可能带来货币危机。例如，在资本账户放开的条件下，选择固定汇率制度与资本项目开放就是一组错误的搭配。在固定汇率制下，一国货币的汇率往往会被高估，但由于资本项目开放，当该国货币汇率被高估后，就很容易受到投机冲击，从而使固定汇率制度崩溃，该国货币汇率大幅度地贬值，引发货币危机。

东南亚金融危机发生后，克鲁格曼提出了“永恒三角形”，也叫“克鲁格曼三角”，如图 13.2 所示。克鲁格曼认为，世界各国的金融发展模式可以被概括进这个三角形框架，A 是选择国内货币政策独立性和资本自由流动，美国及若干亚洲金融危机国家选择了这一模式；B 是选择汇率稳定和资本自由流动，实行货币局制度的

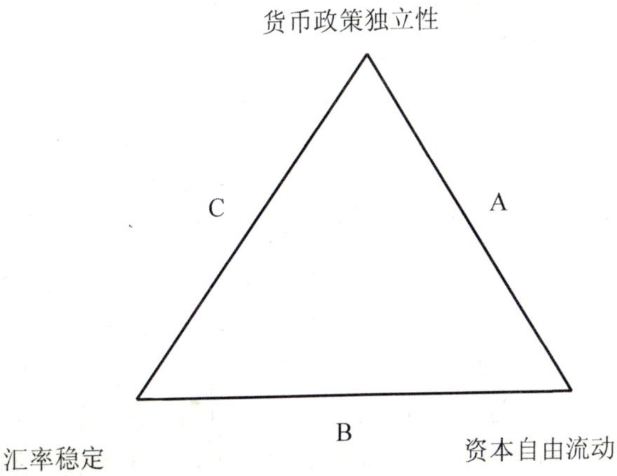

图 13.2　克鲁格曼三角

香港及南美诸国选择了这一模式；C 是选择货币政策独立性和汇率稳定，这方面最有代表性的国家是中国。他认为，美国选择 A 模式却不发生金融危机的原因是美国的金融体系十分健全和完善，而亚洲一些国家之所以发生金融危机，主要原因是没有像中国那样实行严格的资本管制。资本项目的管制断绝了国际投机资本对本国货币发动投机冲击的机会。

(4) 建立有效的金融监管制度。有效的金融监管可以减少道德风险和逆向选择，同时，通过限制金融机构从事高风险的业务活动，也减少了金融机构发生坏账的可能性，从而增强了金融体系的稳定性。有关金融监管方面的内容，在前面章节中已经进行了阐述。

(5) 提高对金融市场的干预调控能力。一是动用外汇储备干预外汇市场。针对国际投机资本的冲击，中央银行应该运用外汇平准基金入市干预，以稳定汇率。这种对冲性干预能在一定程度上减少汇率波动幅度和打击投机。但一国或地区这种干预能持续多久，要受该国或地区外汇储备的规模、从国际金融市场上所能借到的外汇数量等因素制约。二是动用财政资金，稳定股市。在股市大跌特别是市场信心涣散的时候，政府可动用财政资金进场护盘，这对于恢复市场信心，制止恐慌性抛售有很显著的作用。例如，在 2007 年国际金融危机中，各国政府都以这种方法积极救市。

(6) 完善金融机构的内控制度。在防范金融危机方面，金融机构的作用不可忽视。金融机构健全的内部控制制度可以防微杜渐，减少金融机构内部的道德风险。例如，科学的决策程序就可能避免导致严重不良后果的选择；严格的内部稽核与审计就可能及早地发现潜在的问题等。此外，金融机构内部良好的激励与约束机制使金融机构的业务人员在开展工作时更为审慎，减少高风险的活动。例如，商业银行良好的内控制度就可以鼓励信贷员发掘风险更低的潜在借款人，也防止了信贷员与借款者之间相互勾结骗取银行的信贷。巴林银行内控制度的不完善在很大程度上促成了这家老牌的英国商业银行的破产，因为它在新加坡的交易员里森可以为所欲为地从事期货交易。再庞大的金融企业，也必须有严格的内控制度，才能保证其业务的正常运营。

2) 国际层面的危机防范

面对 2007～2008 年席卷全球金融危机，世界各国都认识到，在全球经济一体化的背景下，很难有哪个国家能在这种情况下独善其身，互相携手才能将其带来的风险降到最小程度。正如胡锦涛主席 2008 年 10 月 24 日在第七届亚欧首脑会议上指出的“面对这一全球性挑战，世界各国需加强政策协调、密切合作、共同应对”。

(1) 各国加强宏观经济的协调与合作，重构与虚拟经济相匹配的实体经济。美国金融危机爆发的根源之一，就在于其虚拟经济严重脱离实体经济而过度膨胀。在欧美等发达国家，长期过于注重服务业和金融业，而把工业等制造业转移到其他发展中国家。一旦消费和资本市场出现问题，严重依赖资本市场融资的实体经济将受到很大冲击。显然，发达国家实体经济与虚拟经济发展的失衡是长期积累而成的，短期内难以达到平衡。这就要求发达国家制定实体经济与虚拟经济相协调的发展机制，使虚拟经济更好地为实体经济服务，找到新的经济增长点。同时，新兴经济体应积极、广泛参与到全球宏观经济政策的协调合作中来，采取审慎、主动的刺激经济增长的扩张性政策，促进全球经济复苏。

(2) 建立各主要经济体之间的经济合作与政策协调机制，循序渐进的调整全球经济失衡。在经济全球化深入发展的背景下，世界经济失衡影响着全球资源合理配置、加剧了全球经济结构性矛盾，它也是爆发美国金融危机的根源之一。各国应该根据自身情况，扩大国内需求，削减财政赤字，加快结构调整，深化体制改革，相互开放市场，加强战略对话和宏观政策协调，推动国际经济秩序朝着更加合理的方向发展，促进世界经济均衡发展。各主要经济体需进一步加快建立双边或多边的协调机制，为调整经济失衡制定明确的政策方向与行动重心：如美国应逐步提高国内储蓄，降低财政赤字；东亚各新兴经济体应逐步调整贸易结构，提高汇率弹性；日本应加快产业结构调整，扩大内需；欧洲应帮助美国吸收世界其他经济体出口，力争成为带动全球经济增长的新的“发动机”。

(3) 世界各国要积极参与、密切配合，建立有约束力、行之有效的国际金融管理体制，共同抵御金融风险。一是完善国际金融组织体系。完善国际金融组织体系，积极发挥其在维护国际和地区金融稳定、加强金融监管等方面的作用，提升新兴国家及发展中国家的知情权、话语权和规则制定权。在目前的国际形势下，要想彻底改变现有金融体制并不现实。国际金融市场最强大的国家都是现有体制的受益者。因此，世界各国应通过改革国际货币基金组织、世界银行等国际组织来对国际金融体制进行修补和完善。新兴国家及发展中国家在世界经济格局中的地位日益重要，因此，他们在完善国际金融组织体系的过程中将发挥巨大的作用。二是改革国际金融监管体系。国际经济组织，特别是国际货币基金组织和世界银行，应通过在财政、金融和货币领域制定国际通用的行为准则、改进国际会计标准、完善各国经济和金融形势的信息披露制度等措施，来制定合理有效的国际金融监管标准、预警系统和风险防范体系，同时密切关注各个国家不断上升和累积的具有发生金融危机的潜在因素，预先发出警告，并对各国政府提出相应的政策选择方案，以最大限度地避免危机的爆发。三是加快推进多元化国际货币体系建设。加快推进多元化国际货币体系建设，努力发挥多种货币的作用，共同支撑国际货币体系的稳定。美国金融危机的爆发与在当今国际货币体系中美元作为储备货币的核心地位密切相关。未来要改变以美元为主导的货币体系，提升区域货币在货币体系中的地位，以对美元形成一定的约束。多元化的货币体系有利于形成货币之间的竞争，使货币反映其背后所代表的经济实力的变化，共同支撑国际货币体系的稳定。

特别提示

随着金融自出化、全球一体化的发展，金融机构之间的往来越来越密切，潜在的金融风险也越来越多。金融风险的积聚使金融体系凸显其脆弱性，甚至会爆发金融危机，所以要在国内和国际范围内加强对金融风险和金融危机的防范。

项目小结

金融和经济之间存在有非常密切的关系，它始终是金融学研究的主题。在爱德华·肖看来，经济发展是金融发展的前提和基础，而金融发展是推动经济发展的动力和手段。雷蒙德·戈德史密斯提出了金融相关比例指标，其变动反映金融上层机构与经济基础结构之间规模的相对变化关系。罗纳德·麦金农从金融制度绩效的角度强调“金融抑制”对经济发展的负面影响，并认为传统的货币理论基础只适用于发达国家，并不适应于发展中国家。而赫尔曼等人提出的金融约束理论，认为政府对金融部门的有选择性的干预不仅不会带来金融抑制，反而有助于金融深化。金融创新是把双刃剑，既改变了金融体系的结构，也加大了金融体系的风险因素。当今时代，金融全球化又称为经济全球化的引擎和核心内容，而金融开放条件下的金融自由化又导致了金融风险的生成并对金融安全带来威胁。所以随着金融创新理论的研究，金融风险防范的研究也会应运而生。

专栏十三

1) 郁金香泡沫

“郁金香效应”是人类历史上第一次有记载的金融泡沫。16世纪中期，郁金香从土耳其被引入西欧，不久，人们开始对这种植物产生了狂热。到17世纪初期，一些珍品卖到了不同寻常的高价，而富人们也竞相在他们的花园中展示最新和最稀有的品种。到17世纪30年代初期，这一时尚导致了一场经典的投机狂热。人们购买郁金香已经不再是为了其内在的价值或做观赏之用，而是期望其价格能无限上涨并因此获利。

2) 18世纪末的“南海泡沫”

17世纪末到18世纪初。长期的经济繁荣使得英国私人资本不断集聚，社会储蓄不断膨胀，投资机会却相应不足。此时，一家名为“南海”的股份有限公司于1711年宣告成立。南海公司成立之初，是为了支持英国政府发行债券的信用(当时英国为与法国争夺欧洲霸主发行了巨额国债)，认购了总价值近1 000万英镑的政府债券。作为回报，英国政府给予其对南海(即南美洲)的贸易垄断权，但当时仍称雄海上的西班牙声称对这些地区拥有垄断权。在人们渴望发财的狂热气氛下，公司股票价格从1720年1月的128英镑，上涨到7月的1 000英镑。受“南海效应”启发，许许多多的公司也纷纷推出各自据称可以带来滚滚财源的新发明，如永动机、新式肥皂，以及“一个具有巨大优势但一时还没人能说清楚的项目”等，所有的股票都有人买并且身价百倍。

最终，南海公司的高级管理层感到公司的股票价格与经营业绩之间的差距如此离谱，于是决定把持有的公司股票全部抛空。消息一旦传出，股价立刻暴跌，整个市场因股价的一泻千里而处于极度恐慌中。著名物理学家牛顿爵士在第一次进场买入南海股票时曾赚7 000英镑，但第二次买进时已是股价高峰，结果亏损2万镑离场。牛顿曾因而叹谓：“我能算准天体的运行，却无法预测人类的疯狂。(I can calculate the motions of heavenly bodies, but not the madness of people)”可见事件影响之大。

3) 巴林银行倒闭

1995年2月，具有230多年历史、在世界1 000家大银行中按核心资本排名列第489位的英国巴林银行宣布倒闭，这一消息在国际金融界引起了强烈震动。

1994年下半年起，新加坡巴林银行期货公司的前台首席交易员尼克·里森认为日经指数将上涨，于是私自买入日经225指数期货，不料1995年1月神户地震后，日本股市大幅下跌，尼克·里森的投资损失惨重。而且里森认为股价将回升，为弥补亏损，里森一再加大投资，但日经指数再度大幅下挫。截至1995年3月2日，巴林银行亏损额达9.16亿英镑，约合14亿美元。3月5日，国际荷兰集团与巴林银行达成协议，接管其全部资产和负债，更名为“巴林银行有限公司”。至此，巴林银行230年的历史终于画上了句号。

实 训 练 习

一、核心概念

金融创新	金融深化	金融抑制	金融约束
金融发展	金融风险	金融脆弱性	金融危机

二、问答题

1．金融创新的原因有哪些？
2．金融创新的种类有哪些？

3．金融发展理论有哪些？
4．金融风险产生的原因有哪些？
5．简述常见的金融脆弱性理论。
6．简述金融危机的原因及防范。

三、案例分析

在金融海啸爆发一年后，人们以为危机已经结束。然而，迪拜 2009 年 11 月 26 日宣布，将重组其最大的企业实体迪拜世界，并将把迪拜世界债务偿还暂停 6 个月。消息令全球金融市场气氛逆转，引发风险资产市场资金快速出逃。受此影响，日股跌 0.6%，A 股跌 3.6%，港股跌 1.78%，欧洲股市开盘至少下跌 2%。

迪拜债务违约风险，警示金融危机尚未结束，类似迪拜的房地产泡沫和金融泡沫爆破危机，在全球随时可能再现。而且，旧的泡沫未撇除干净，新的泡沫又在迅速聚集。由于全球太多的刺激经济方案，热钱泛滥令金融市场回升，但当各地政府部署退市时，热钱催生的泡沫又可能破裂，实体经济亦可能遭受重大冲击，投资者宜提高风险意识，政府亦应未雨绸缪。

崛起在沙漠上的迪拜，近年来一派繁荣，成为世界奢华之都。迪拜政府雄心勃勃，要把迪拜打造成世界级观光和金融中心。海湾地区充足的石油美元在迪拜聚集，令迪拜的金融、贸易、房地产、旅游业飞速发展，许多外国人涌入迪拜，好莱坞的电影明星、体育界的球星抛巨资到迪拜购置房产，一时间迪拜引来无数亿万富翁。随着金融危机横扫全球，严重依赖外资的迪拜骤然失色，金融地产泡沫迅速破裂，许多人的财富大幅缩水，甚至负债累累，仓皇出逃。

请思考：迪拜危机中分别存在的金融创新、金融风险和金融危机的种类是什么？

参 考 文 献

[1] 黄达. 货币银行学[M]. 北京：中国人民大学出版社，1999.
[2] 戴国强. 货币银行学[M]. 北京：高等教育出版社，2000.
[3] 易纲，吴有昌. 货币银行学[M]. 上海：上海人民出版社，1999.
[4] 张亦春. 货币银行学[M]. 厦门. 厦门大学出版社，1995.
[5] 武康平. 货币银行学教程[M]. 北京：清华大学出版社，1999.
[6] 萧松华、朱芳. 货币银行学[M]. 成都：西南财经大学出版社，2001.
[7] 徐刚. 中央银行概论[M]. 上海：上海财经大学出版社，2000.
[8] 曹龙骐. 金融学[M]. 北京：高等教育出版社 2006.
[9] [美]劳埃德・B・托马斯. 货币、银行与金融市场[M]. 马晓萍，等译. 北京. 机械工业出版社，1999.
[10] [美]A・加里・希林. 通货紧缩[M]. 刘锡良，等译. 成都：西南财经大学出版社，2000.
[11] [美]彼得・S・罗斯. 货币与资本市场[M]. 肖慧娟，等译. 北京：机械工业出版社，1999.
[12] 中国人民银行货币政策分析小组. 2002 年中国货币政策执行报告[J]. 北京：金融时报，2003.
[13] 胡庆康. 现代货币银行学教材[M]. 上海：复旦大学出版社，2001.
[14] 华民. 国际经济学[M]. 上海：复旦大学出版社，1998.
[15] 徐龙炳. 货币政策效果的度量[M]. 上海：复旦大学出版社，2000.
[16] 陈彪如，马之. 国际金融市场[M]. 上海：复旦大学出版社，1998.
[17] 周骏. 货币政策与金融调控[M]. 武汉：华中理工大学出版社，1993.
[18] 许健. 中国经济转轨中的货币控制[M]. 北京：中国金融出版社，1997.
[19] 杨胜刚，姚小义. 国际金融[M]. 北京：高等教育出版社，2005.
[20] 陈野华. 西方货币金融学说的新发展[M]. 成都：西南财经大学出版社，2001.
[21] 朱新蓉. 金融学[M]. 北京：中国金融出版社，2004.

北京大学出版社高职高专经管类规划教材书目

财务会计类

序号	书　名	标准书号	主　编	定价	出版年月	配套情况
1	统计学基础	978-7-81117-756-5	阮红伟	30	201101 第 2 次印刷	ppt
2	统计学原理	978-7-81117-825-8	廖江平	25	201111 第 3 次印刷	ppt
3	统计学原理与实务	978-7-5038-4836-0	姜长文	26	201007 第 5 次印刷	ppt
4	实用统计基础与案例	978-7-301-20409-2	黄彬红	35	201204	ppt
5	经济法实用教程	978-7-81117-675-9	胡卫东	39	201111 第 3 次印刷	ppt
6	经济法原理与实务	978-7-5038-4846-9	孙晓平	38	200905 第 3 次印刷	ppt
7	财经法规	978-7-81117-885-2	李　萍	35	201202 第 2 次印刷	ppt
8	会计基本技能	978-7-5655-0067-1	高东升	26	201109 第 2 次印刷	ppt
9	会计基础实训	978-7-301-19964-0	刘春才	29	201201	ppt
10	会计基础实务	978-7-301-21145-8	刘素菊，潘素琼	27	201208	ppt
11	企业会计基础	978-7-301-20460-3	徐炳炎	33	201204	ppt/浙江省重点教材建设项目网站
12	基础会计	978-7-5655-0062-6	常　美	28	201008	ppt
13	基础会计教程	978-7-81117-753-4	侯　颖	30	200907	ppt
14	基础会计教程与实训	978-7-5038-4845-2	李　洁	28	201008 第 5 次印刷	ppt
15	基础会计教程与实训（第 2 版）	978-7-301-16075-6	李　洁	30	201109	ppt
16	基础会计实训教程	978-7-5038-5017-2	王桂梅	20	201106 第 3 次印刷	ppt
17	基础会计原理与实务	978-7-5038-4849-0	侯旭华	28	200908 第 3 次印刷	ppt
18	财务管理	978-7-5655-0328-3	翟其红	29	201107	ppt
19	财务活动管理	978-7-5655-0162-3	石兰东	26	201101	ppt
20	财务会计	978-7-5655-0117-3	张双兰	40	201101	ppt
21	财务管理教程与实训	978-7-5038-4837-7	张　红	37	200911 第 3 次印刷	ppt
22	财务会计（第 2 版）	978-7-81117-975-6	李　哲	32	201003	ppt
23	财务会计	978-7-301-20951-6	张严心，金敬辉	32	201208	ppt
24	财务会计实用教程	978-7-5038-5027-1	丁增稳	36	200805	ppt
25	财务管理	978-7-301-17843-0	林　琳	35	201108	ppt
26	Excel 财务管理应用	978-7-5655-0358-0	陈立稳	33	201108	ppt
27	中小企业财务管理教程	978-7-301-19936-7	周兵	28	201201	ppt
28	成本会计	978-7-5655-0130-2	陈东领	25	201101	ppt
29	成本会计	978-7-81117-592-9	李桂梅	28	201207 第 3 次印刷	ppt
30	成本会计实训教程	978-7-81117-542-4	贺英莲	23	201101 第 3 次印刷	ppt
31	成本费用核算	978-7-5655-0165-4	王　磊	27	201101	ppt
32	成本会计	978-7-301-19409-6	徐亚明	24	201108	ppt
33	成本会计实务	978-7-301-19308-2	王书果	36	201108	ppt
34	审计业务操作	978-7-5655-0171-5	涂申清	30	201101	ppt
35	审计业务操作全程实训教程	978-7-5655-0259-0	涂申清	26	201204 第 2 次印刷	ppt
36	审计学原理与实务	978-7-5038-4843-8	马西牛	32	201007 第 2 次印刷	ppt
37	税务会计实用教程	978-7-5038-4848-3	李克桥	37	200808 第 2 次印刷	ppt
38	涉税业务核算	978-7-301-18287-1	周常青	29	201101	ppt
39	企业纳税实务	978-7-5655-0188-3	司宇佳	25	201101	ppt
40	企业纳税与筹划实务	978-7-301-20193-0	郭武燕	38	201203	ppt
41	纳税申报与筹划	978-7-301-20921-9	李英艳，黄体允	38	201207	ppt
42	会计电算化实用教程	978-7-5038-4853-7	张耀武	28	200802	ppt
43	会计电算化实用教程（第 2 版）	978-7-301-09400-6	刘东辉	20	200806	ppt
44	电算会计综合实习	978-7-301-21096-3	陈立稳，陈　健	38	201208	ppt

45	会计英语	978-7-5038-5012-7	杨　洪	28	200908 第 2 次印刷	ppt
46	财经英语阅读	978-7-81117-952-1	朱　琳	29	201101 第 2 次印刷	ppt
47	行业特殊业务核算	978-7-301-18204-8	余　浩	30	201101	ppt
48	预算会计	978-7-301-20440-5	冯　萍	39	201205	ppt

金融贸易类

序号	书　名	标准书号	主　编	定价	出版年月	配套情况
1	资产评估	978-7-81117-645-2	董亚红	40	201107 第 2 次印刷	ppt
2	国际结算	978-7-81117-842-5	黎国英	25	201207 第 2 次印刷	ppt
3	国际结算	978-7-5038-4844-5	徐新伟	32	200907 第 2 次印刷	ppt
4	国际贸易结算	978-7-301-20980-6	罗俊勤	31	201207	ppt
5	货币银行学	978-7-5038-4838-4	曹　艺	28	201206 第 4 次印刷	ppt
6	国际金融基础与实务	978-7-5038-4839-1	冷丽莲	33	200708	ppt
7	国际贸易概论	978-7-81117-841-8	黎国英	28	201204 第 4 次印刷	ppt
8	国际贸易理论与实务	978-7-5038-4852-0	程敏然	40	200708	ppt
9	国际贸易实务	978-7-301-19393-8	李湘滇	34	201108	ppt
10	国际贸易实务操作	978-7-301-19962-6	王言炉	37	201201	ppt
11	国际贸易实务	978-7-301-20929-5	夏新燕	30	201208	ppt
12	国际商务谈判	978-7-81117-532-5	卞桂英	33	201001 第 2 次印刷	ppt
13	国际商务谈判（第 2 版）	978-7-301-19705-9	刘金波	35	201112	ppt
14	国际商法实用教程	978-7-5655-0060-2	聂红梅	35	201204 第 2 次印刷	ppt
15	进出口贸易实务	978-7-5038-4842-1	周学明	30	200805 第 2 次印刷	ppt
16	金融英语	978-7-81117-537-0	刘　娣	24	201009 第 3 次印刷	ppt/省级精品课程网站
17	财政基础与实务	978-7-5038-4840-7	才凤玲	34	201001 第 2 次印刷	ppt
18	财政与金融	978-7-5038-4856-8	谢利人	37	200808 第 2 次印刷	ppt
19	外贸单证	978-7-301-17417-3	程文吉	28	201109	ppt/浙江省重点教材建设项目网站
20	新编外贸单证实务	978-7-301-21048-2	柳国华	30	201208	ppt
21	商务英语学习情境教程	978-7-301-18626-8	孙晓娟	27	201109	ppt/浙江省重点教材建设项目网站
22	国际贸易实务	978-7-301-20192-3	刘　慧	25	201203	ppt
23	国际商务单证	978-7-301-20974-5	刘　慧，杨志学	29	201207	ppt
24	国际投资	978-7-301-21041-3	高田歌	33	201208	ppt
25	国际金融	978-7-301-21097-0	张艳清	26	201208	ppt
26	商业银行会计实务	978-7-301-21132-8	王启姣	35	201208	ppt
27	保险实务	978-7-301-20952-3	朱丽莎	30	201208	ppt
28	货币银行学	978-7-301-21181-6	王　菲，李松华	37	201208	ppt

营销管理类

序号	书　名	标准书号	主　编	定价	出版年月	配套情况
1	电子商务实用教程	978-7-301-18513-1	卢忠敏	33	201102	ppt
2	网络营销理论与实务	978-7-5655-0039-8	宋沛军	32	201112 第 2 次印刷	ppt
3	电子商务项目式教程	978-7-301-20976-9	胡　雷	25	201208	ppt
4	电子商务英语	978-7-301-17603-0	陈晓鸣	22	201111 第 2 次印刷	ppt
5	市场营销学	978-7-5038-4859-9	李世宗	28	200807 第 2 次印刷	ppt
6	市场营销	978-7-81117-957-6	钟立群	33	201207 第 2 次印刷	ppt
7	市场调查与预测	978-7-5655-0252-1	徐　林	27	201105	ppt
8	市场调查与预测	978-7-301-19904-6	熊衍红	31	201112	ppt
9	市场营销理论与实训	978-7-5655-0316-0	路　娟	27	201107	ppt
10	市场营销项目驱动教程	978-7-301-20750-5	肖　飞	34	201206	ppt

11	市场调研案例教程	978-7-81117-570-7	周宏敏	25	201101 第 2 次印刷	ppt
12	营销策划技术	978-7-81117-541-7	方志坚	26	201012 第 2 次印刷	ppt
13	营销策划	978-7-301-20608-9	许建民	37	201205	ppt/国家级精品课程网站
14	现代推销技术	978-7-301-20088-9	尤凤翔，屠立峰	32	201202	ppt
15	商务沟通实务	978-7-301-18312-0	郑兰先	31	201112 第 2 次印刷	ppt
16	商务礼仪	978-7-5655-0176-0	金丽娟	29	201207 第 2 次印刷	ppt
17	商务礼仪	978-7-81117-831-9	李　巍	33	201205 第 3 次印刷	ppt
18	现代商务礼仪	978-7-81117-855-5	覃常员	24	201206 第 3 次印刷	ppt
19	商务谈判	978-7-5038-4850-6	范银萍	32	200908 第 2 次印刷	ppt
20	商务谈判	978-7-301-20543-3	尤凤翔	26	201205	ppt
21	管理学基础	978-7-81117-974-3	李蔚田	34	201204 第 3 次印刷	ppt/教学参考资料
22	管理学原理	978-7-5038-4841-4	季　辉	26	201007 第 3 次印刷	ppt
23	管理学原理与应用	978-7-5655-0065-7	秦　虹	27	201207 第 2 次印刷	ppt
24	企业管理	978-7-5038-4858-2	张　亚	34	201007 第 3 次印刷	ppt
25	现代企业管理	978-7-81117-806-7	于翠华	38	200908	ppt
26	现代企业管理	978-7-301-19687-8	刘　磊	32	201204 第 2 次印刷	ppt
27	通用管理实务	978-7-81117-829-6	叶　萍	39	201101 第 2 次印刷	ppt
28	中小企业管理	978-7-81117-529-5	吕宏程	35	201108 第 4 次印刷	ppt
29	企业管理实务	978-7-301-20657-7	关善勇	28	201205	ppt
30	连锁经营与管理	978-7-5655-0019-0	宋之苓	37	201208 第 3 次印刷	ppt
31	企业经营管理模拟训练（含记录手册）	978-7-301-21033-8	叶　萍，宫恩田	29	201208	ppt
32	管理信息系统	978-7-81117-802-9	刘　宇	30	200907	ppt
33	现代公共关系原理与实务	978-7-5038-4835-3	张美清	25	201003 第 2 次印刷	ppt
34	公共关系实务	978-7-301-20096-4	李　东	32	201202	ppt
35	人力资源管理	978-7-5038-4851-3	李蔚田	40	200802	ppt
36	人力资源管理实务	978-7-301-19096-8	赵国忻	30	201107	ppt/浙江省重点教材建设项目网站
37	消费心理学	978-7-81117-661-2	臧良运	31	201205 第 5 次印刷	ppt
38	消费心理与行为分析	978-7-301-19887-2	王水清	30	201112	ppt
39	广告原理与实务	978-7-5038-4847-6	郑小兰	32	201007 第 2 次印刷	ppt
40	零售学	978-7-81117-759-6	陈文汉	33	201111 第 2 次印刷	ppt
41	商品学概论	978-7-5038-4855-1	方凤玲	20	201008 第 3 次印刷	ppt
42	秘书理论与实务	978-7-81117-590-5	赵志强	26	200812	ppt

物流管理类

序号	书　名	标准书号	主　编	定价	出版年月	配套情况
1	现代物流概论	978-7-81117-803-6	傅莉萍	40	201010 第 2 次印刷	ppt
2	现代物流管理	978-7-301-17374-9	申纲领	30	201205 第 2 次印刷	ppt
3	现代物流管理	978-7-5038-4854-4	沈　默	37	200908 第 3 第印刷	ppt
4	现代物流概论	978-7-301-20922-6	钮立新	38	201207	ppt
5	企业物流管理	978-7-81117-804-3	傅莉萍	32	201208 第 3 次印刷	ppt
6	物流专业英语	978-7-5655-0210-1	仲　颖	24	201205 第 2 次印刷	ppt
7	现代生产运作管理实务	978-7-301-17980-2	李陶然	39	201011	ppt
8	物流案例与实训	978-7-301-17521-7	申纲领	28	201201 第 2 次印刷	ppt
9	物流市场调研	978-7-81117-805-0	覃　逢	22	201102 第 2 次印刷	ppt
10	物流营销管理	978-7-81117-949-1	李小叶	36	201205 第 2 次印刷	ppt
11	采购管理实务	978-7-301-17917-8	李方峻	28	201205 第 2 次印刷	ppt
12	采购实务	978-7-301-19314-3	罗振华	33	201108	ppt

13	供应链管理	978-7-301-20639-3	杨　华	33	201205	ppt
14	采购与供应链管理实务	978-7-301-19968-8	熊　伟	36	201201	ppt
15	仓储管理技术	978-7-301-17522-4	王　冬	26	201007	ppt
16	仓储管理实务	978-7-301-18612-1	李怀湘	30	201103	ppt
17	仓储与配送管理	978-7-81117-995-8	吉　亮	38	201207 第 3 次印刷	ppt
18	仓储与配送管理实训教程	978-7-81117-886-9	杨叶勇	24	200910	ppt
19	仓储与配送管理实务	978-7-5038-4857-5	郭曙光	44	201009 第 2 次印刷	ppt
20	仓储与配送管理实务	978-7-301-20182-4	李陶然	35	201203	ppt
21	仓储与配送管理项目式教程	978-7-301-20656-0	王　瑜	38	201205	ppt
22	物流运输管理	978-7-301-17506-4	申纲领	29	201109 第 2 次印刷	ppt
23	物流运输实务	978-7-301-20286-9	黄　河	40	201203	ppt
24	运输管理项目式教程	978-7-301-19323-5	钮立新	30	201108	ppt
25	物流信息系统	978-7-81117-827-2	傅莉萍	40	201205 第 2 次印刷	ppt
26	物流信息系统案例与实训	978-7-81117-830-2	傅莉萍	26	200908	ppt
27	物流信息技术与应用	978-7-301-17212-4	谢金龙	30	201107 第 2 次印刷	ppt
28	物流成本管理	978-7-301-20891-5	傅莉萍	28	201207	ppt

请登录 www.pup6.cn 免费下载本系列教材的电子样书(PDF 版)、ppt 和相关教学资源。

欢迎免费索取样书，并欢迎到北京大学出版社来出版您的大作，您可在 www.pup6.cn 在线申请样书和进行选题登记，也可下载相关表格填写后发到我们的邮箱，我们将及时与您取得联系并做好全方位的服务。

联系方式：010-62750667，sywat716@126.com，linzhangbo@126.com，欢迎来电来信咨询。